DANDO TRATOS À BOLA

HILÁRIO FRANCO JÚNIOR

Dando tratos à bola

Ensaios sobre futebol

Copyright © 2017 by Hilário Franco Júnior

Grafia atualizada segundo o Acordo Ortográfico da Língua Portuguesa de 1990, que entrou em vigor no Brasil em 2009.

Capa e ilustração de capa
Rodrigo Maroja

Preparação
Osvaldo Tagliavini Filho

Índice remissivo
Luciano Marchiori

Revisão
Ana Maria Barbosa
Fernando Nuno

Dados Internacionais de Catalogação na Publicação (CIP)
(Câmara Brasileira do Livro, SP, Brasil)

Franco Júnior, Hilário
    Dando tratos à bola : ensaios sobre futebol / Hilário Franco Júnior — 1ª ed. — São Paulo: Companhia das Letras, 2017.

    ISBN 978-85-359-2958-4

    1. Copa do Mundo (Futebol) 2. Ensaios brasileiros 3. Futebol – História I. Título.

17-05715   CDD-796.334

Índice para catálogo sistemático:
1. Futebol : Ensaios   796.334

[2017]
Todos os direitos desta edição reservados à
EDITORA SCHWARCZ S.A.
Rua Bandeira Paulista, 702, cj. 32
04532-002 — São Paulo — SP
Telefone: (11) 3707-3500
www.companhiadasletras.com.br
www.blogdacompanhia.com.br
facebook.com/companhiadasletras
instagram.com/companhiadasletras
twitter.com/cialetras

Sumário

Prefácio 9

PARTE I: COPA DO MUNDO
1. A Copa (síntese) do Mundo 15
2. A unidade uruguaia e a discórdia brasileira: a Copa de 1930 20
3. Nacionalismo, pressão, violência: a Copa de 1934 23
4. "Vencer ou morrer": a Copa de 1938 26
5. As Copas que não aconteceram: 1942 e 1946 29
6. As Copas que não deveriam ter acontecido aqui: 1950 e 2014 32
7. O renascimento de uma nação: a Copa de 1954 35
8. O triunfo da mestiçagem com organização: a Copa de 1958 38
9. Força brasileira no campo e nos bastidores: a Copa de 1962 41
10. Na terra da rainha, o rei português supera o rei brasileiro:
    a Copa de 1966 44
11. Festa mexicana e alegria brasileira: a Copa de 1970 47
12. Futebol eficaz versus futebol total: a Copa de 1974 50
13. Ditaduras imorais e campeão moral: a Copa de 1978 53
14. Futebol bonito versus futebol efetivo: a Copa de 1982 56
15. Terremoto no México e no futebol brasileiro: a Copa de 1986 59

16. Entre camarões e chucrute: a Copa de 1990 62
17. A potência do futebol no país potência: a Copa de 1994 65
18. Da convulsão de Ronaldo à convulsão da França: a Copa de 1998 68
19. Mundo previsível, torneio imprevisível: a Copa de 2002 71
20. Organização germânica e bagunça brasileira: a Copa de 2006 74
21. Alegria de pobres, greve de ricos: a Copa de 2010 77

PARTE II: EM TORNO DA COPA DE 2014
22. O futuro de uma ilusão 83
23. Futebol e cidadania 86
24. O grande roubo anunciado 92
25. Pão e Itaquerão 96
26. Maracanazo social 104
27. A Copa das Copas 107
28. O técnico motivador 111
29. "Brasileiro, com muito orgulho, com muito amor" 119
30. Brasil, país do futebol? 124

PARTE III: IDENTIDADE, MEMÓRIA, SOCIEDADE
31. Comunitarismo e nacionalismo 141
32. Alienação ou participação? 157
33. Guerra e futebol 166
34. Uma lição do futebol 174
35. Aposentadoria e futebol à francesa 178
36. As cores da vida 181
37. A emigração futebolística brasileira entre a globalização
    e a violência social 188
38. O cinquentenário de um esquecimento 195
39. Um país no espelho 200

PARTE IV: PERSONAGENS DO JOGO
40. Rivalidades clânicas 205
41. Clubes de colônia: decadência ou integração? 214
42. Corinthians, retrato do Brasil 226
43. Inimigos cordiais 240

44. O treinador psicólogo 260
45. O treinador revolucionário 267
46. O ex-futuro Ferguson brasileiro 276
47. Ronaldo, divina comédia ou tragédia? 281
48. A cabeça da Medusa 284

PARTE V: O JOGO
49. Jogar é simular, enganar, ludibriar, iludir 293
50. Na fronteira do esporte e do jogo 299
51. O imponderável no futebol 307
52. Futebol, religião laica 318
53. A dança do futebol 329
54. A geometria variável das táticas 334
55. O tabuleiro do futebol 340
56. O futebol arte 351
57. Meu vício é você 360

PARTE VI: OBSERVANDO O OBSERVADOR
58. Futebol, campo de anacronismos 371
59. Mais veneno que remédio: o futebol e o Brasil 393
60. Por uma ciência social do futebol 415

Índice remissivo 433

Prefácio

Quem só percebe de futebol não percebe nada de futebol.

José Mourinho

É provável que poucos estudiosos discordem que não há filosofia, literatura, artes plásticas, artes cênicas e cinematográficas ou música descoladas de seu momento histórico. Mas se todas as manifestações culturais, em maior ou menor medida, expressam os movimentos da história, estes são, por sua vez, frequentemente influenciados por elas. Os vasos comunicantes são muitos e incontestáveis, e inúmeros os trabalhos a respeito. Entretanto, talvez por serem implicitamente considerados expressões menores, os jogos são pouco examinados nas suas conexões histórico-culturais. E merecem sorte diferente. O futebol, para nos restringirmos ao objeto que aqui nos interessa, evidentemente não surgiu, se desenvolveu e se propagou de forma autônoma, a-histórica. Para entendê-lo em profundidade, é imprescindível levar em conta as articulações entre ele e a sociedade global na qual se insere — sem, é claro, ver nelas relações causais, mecânicas.

É inegável que se os vários jogos com bola existentes há séculos puderam se transformar no futebol moderno foi porque este respondia a novas situações históricas, que por sua vez não ficaram isentas do poder cultural e social de atração e mobilização que ele passou a exercer. Por que, então, o futebol é quase sempre descontextualizado? De um lado, devido ao caráter emocional que o cerca, impedindo que torcedores, dirigentes e até mesmo jornalistas o abordem de maneira analítica. E de outro porque, ao contrário dos grandes atores ou cantores, que percebem o conteúdo profundo da mensagem que interpretam, o futebolista profissional, como notam os sociólogos Jean-Michel Faure e Charles Suaud, carrega "uma contradição fundamental devido ao fato de que seu valor socialmente reconhecido vem de uma incorporação de significações que frequentemente o ultrapassam".

Quando da preparação de nosso *A dança dos deuses: Futebol, sociedade, cultura* (Companhia das Letras, 2007), fomos obrigados, diante da extensão que o livro assumiu, a deixar de lado tópicos que gostaríamos de ter incluído ou desenvolvido. Outros surgiram posteriormente, fornecidos pela continuação da reflexão e por novos eventos no mundo do futebol. São estes os componentes do presente livro. Como se perceberá facilmente, apesar de evidentes pontos em comum, os dois trabalhos têm concepções bem diferentes. O anterior tentou construir uma teoria do futebol, uma larga visão histórica e analítica que pedia estreita articulação entre todos os capítulos. O atual é propositadamente fragmentário, mesclando alguns textos de caráter acadêmico com outros de perfil jornalístico. Cerca de metade desses ensaios, de um tipo e de outro, já foi publicada na imprensa, em obras coletivas, revistas ou sites especializados, mas é aqui apresentada na sua versão completa, o que a limitação de espaço muitas vezes não permitiu nos veículos originais. A outra metade, constituída também por textos de ambos os tipos, é inédita.

O presente conjunto de ensaios poderia ser estruturado de diversas outras maneiras. Ele não apresenta um caminho único, linear, permitindo assim que os textos sejam lidos, entrecruzados e conectados de acordo com os interesses de cada leitor. Para garantir a autonomia de cada peça, não eliminamos eventuais pequenas repetições. Em certos ensaios, quando cabia, incluímos ao final uma relação das obras citadas (não das consultadas, o que alargaria muito a listagem). Somente dois deles comportam notas de rodapé, como nas suas aparições originais. De forma geral, não indicamos a fonte das informações sobre fatos e personagens esportivos porque eles foram noticiados por toda a imprensa, nacional ou internacional. Quando, porém, se trata de depoimento e levantamento de dados ou opinião em um órgão específico de comunicação social, este é nomeado.

Enfim, com fórmula diferente de *A dança dos deuses*, esperamos que o presente livro possa interessar àqueles que desejam refletir sobre o fenômeno cultural mais importante do mundo atual e não redutível à emoção e ao divertimento, como quase sempre se faz. Nada há de mau, é claro, no futebol das escalações de times, das biografias de jogadores, dos eventos folclóricos: é ele que mobiliza a imensa maioria dos fãs. Todavia, é legítimo e desejável pensar no futebol também de forma não episódica, usando a "pequena história" factual e imediata para tentar alcançar as estruturas do fenômeno. Se nada existe em si mesmo como objeto de estudo, mas tudo pode — deve — ser transformado em objeto de estudo, por que não o futebol?

Parafraseando o grande jogador e técnico holandês Johan Cruijff, falecido no ano passado, para quem "jogar futebol é simples, mas jogar futebol simples é a coisa mais difícil que há", pode-se talvez afirmar que falar e/ou escrever sobre futebol é simples, mas fazê-lo de forma simples (quer dizer, ao mesmo tempo rigorosa e compreensível) é difícil. Este foi nosso desafio aqui. Esperamos tê-lo conseguido, ao menos em parte.[1]

OBRA CITADA

FAURE, Jean-Michel; SUAUD, Charles. "Les Enjeux du football". *Actes de la Recherche en Sciences Sociales*, Paris, v. 103, pp. 7-26, 1994.

---

1. Agradecemos a William Contini, monitor-bolsista do Núcleo Interdisciplinar de Pesquisas sobre Futebol e Modalidades Lúdicas da Universidade de São Paulo (Ludens-USP), por ter localizado algumas informações sobre o futebol brasileiro que não encontramos no exterior, onde boa parte dos textos deste livro foi redigida.

PARTE I

COPA DO MUNDO

1. A Copa (síntese) do Mundo*

Se a adesão que o Barcelona recebe na Catalunha é enorme, isso se deve ao fato de ser "mais que um clube", segundo a fórmula criada em 1968, em pleno regime franquista. Se o futebol desperta imenso interesse em quase todo mundo, é por ser mais que um jogo. Se a Copa do Mundo provoca de quatro em quatro anos entusiasmo mesmo em quem não acompanha cotidianamente o futebol, é porque ela não é apenas uma disputa esportiva. Sua história é, em certo sentido, a história do mundo contemporâneo.

De fato, a competição corporifica, por exemplo, o orgulho nacional. A primeira edição foi organizada em 1930 pelo Uruguai para festejar o centenário de sua independência. No dia da partida decisiva de 1934, o importante jornal italiano *Corriere della Sera* escreveu que "hoje seremos invadidos pela divina paixão que inevitavelmente está em tudo que é nosso, em tudo que tem a marca da nossa raça". Em 1954, a Alemanha, então debilitada material e moralmente pela Segunda Guerra Mundial, recuperou o amor-próprio e o respei-

---

* Originalmente publicado em português com o título "Futebol e orgulho nacional" (*Le Monde Diplomatique Brasil*, v. 3, n. 35, p. 8, 2010) e em francês como "Football et fierté nationale" (*Autres Brésils*, 6 mar. 2011, disponível em <www.autresbresils.net>). A versão que se vai ler aqui foi atualizada.

to internacional graças à inesperada conquista da Copa. Em 1986, Maradona reconheceu que a partida contra os ingleses era bem mais que futebol: era revanche pela derrota na Guerra das Malvinas, alguns anos antes. A Copa de 2006 permitiu à Alemanha manifestações patrióticas até então evitadas devido ao sentimento de culpa pelo passado nazista.

Por lidar com o orgulho nacional, as Copas do Mundo permitem a emergência de diversas rivalidades. Em 1930, o consulado uruguaio em Buenos Aires foi atacado por uma multidão inconformada com a derrota para o país vizinho. Em 1938, a partida entre Áustria e Hungria foi uma verdadeira batalha, refletindo as tensões não resolvidas das longas décadas em que as duas nações tinham vivido politicamente unidas e culturalmente afastadas. Em 1950, a Argentina se recusou a participar da Copa porque esta ocorreria no Brasil. Em 1974, a seleção alemã foi vaiada em Hamburgo porque nela havia muitos jogadores do Bayern de Munique; quatro dias depois, porém, o público da mesma cidade apoiou com fervor a seleção diante dos irmãos inimigos da Alemanha comunista.

Não surpreende, então, que governos de todas as colorações políticas tenham sempre depositado muitas expectativas nas Copas. O famoso telegrama que o governo fascista enviou aos jogadores italianos antes da final de 1938 nada tinha de ambíguo: "Vencer ou morrer". João Goulart explicou à delegação que se dirigia ao Chile, em 1962, que a Copa do Mundo "faz os brasileiros esquecerem nossas dificuldades econômicas, e assim é mais preciosa que o arroz". A ditadura militar acompanhou de perto a preparação para a Copa de 1970, esperando dividendos políticos do tricampeonato. O mesmo interesse foi dedicado pelos militares argentinos à organização da Copa de 1978. Em reação a isso, em fins de 1977 foi lançado pelo jornal francês *Le Monde* um movimento de boicote à Copa na Argentina para pressionar sua ditadura militar. O uso político de Copas do Mundo não é, contudo, exclusividade de países sem tradição democrática. Na França de 1998, tanto o presidente direitista quanto o primeiro-ministro socialista esperavam que a Copa amenizasse as tensões sociais.

Um importante e vasto fenômeno socioeconômico, a crescente circulação mundial de trabalhadores, também está sintetizado nas Copas. E algumas vezes por razões políticas: em 1938, a Áustria, que acabava de ser anexada pela Alemanha nazista, foi obrigada a ceder vários jogadores à seleção alemã; o húngaro Puskás, que tinha jogado a Copa de 1954 por sua seleção nacional, depois de exilado participou da de 1962 pela Espanha. Mas foi geralmente por razões econômicas que vários atletas defenderam mais de uma seleção. O argentino Luis Monti participou com seu país da Copa de 1930 e da de 1934 com a Itália de seus antepassados. A partir de 1962, a Fifa impediu atletas de representarem mais de uma seleção, porém não de jogarem por outro país que o de nascimento (em 2006, havia cinco brasileiros em outras equipes nacionais; em 2010, eles foram seis; em 2014, cinco). Para os treinadores, a migração é livre, desde o inglês George Kimpton, que dirigiu a França em 1934, até os casos expressivos do sérvio Bora Milutinović, que em Copas do Mundo treinou México (1986), Costa Rica (1990), Estados Unidos (1994), Nigéria (1998) e China (2002), ou do brasileiro Carlos Alberto Parreira, que esteve à frente de Kuwait (1982), Emirados Árabes (1990), Brasil (1994 e 2006), Arábia Saudita (1998) e África do Sul (2010).

As Copas do Mundo são ainda um rico observatório de procedimentos culturais. Em 1938, o goleiro das Índias Orientais Holandesas (futura Indonésia) pretendeu proteger sua meta do ataque húngaro amarrando na rede uma boneca amuleto, procedimento mágico que não teve sucesso: os europeus venceram por 6 a 0. Parte da bagagem que a Escócia levou para a Copa da Argentina foram 456 garrafas de uísque. Na Espanha, em 1982, a seleção do Kuwait queria que sua mascote, um dromedário, desse uma volta em torno do campo antes da partida de estreia. Na mesma Copa, a partida entre Peru e Camarões foi mais uma disputa de feiticeiros do que de jogadores, para os quais o empate sem gols deveu-se à anulação recíproca dos procedimentos mágicos lançados pelos respectivos bruxos. Devido ao gol contra que eliminou a seleção colombiana da Copa dos Estados Unidos, o zagueiro Escobar foi assassinado alguns dias depois de ter retornado ao seu país.

As Copas do Mundo exprimem ainda interesses geopolíticos, daí o número de países participantes ter oscilado de treze em 1930 — logo após o início da Grande Depressão — para dezesseis em 1934, quinze no pré-guerra (1938) e novamente treze no pós-guerra (1950). Entre 1954 e 1978, a fixidez do mapa da Guerra Fria estabilizou o número em dezesseis. À posterior expansão da Comunidade Europeia e ao fim da Cortina de Ferro correspondeu o alargamento do mundo futebolístico, com 24 países presentes entre 1982 e 1994 e 32 a partir de 1998. Sem surpresa, a atual globalização leva a Fifa a projetar a

Copa a partir de 2026 com quarenta ou 48 equipes. Por muito tempo, a Copa, assim como o mundo, foi exclusividade europeia e americana. Se no contexto colonialista de 1934 havia um país africano (Egito), no contexto da descolonização o continente ficou de fora das seis Copas seguintes. No entanto, graças aos crescentes interesses econômicos europeus, a África passou a contar com duas seleções a partir de 1982, com três em 1994 e com cinco desde 1998. A Ásia compareceu em 1938 e esteve presente em cinco das oito Copas realizadas entre 1954 e 1982, mas foi a partir de 1986 que ganhou duas vagas fixas, transformadas em quatro desde 1998.

O Brasil, com sua paixão pelo futebol, não poderia escapar à lógica histórica das Copas. Cada uma delas parece despertar o fraco sentimento nacional. Isso se deu tanto com o populismo de esquerda de Goulart, que em 1962 celebrou "a vitória da nação", quanto com a ditadura militar de direita, que em 1970 procurou associar-se ao tricampeonato. Os jogadores brasileiros nunca são simplesmente selecionados, como na maioria dos países, e sim "convocados" para servir a pátria. Como Dunga proclamou em entrevista coletiva na qual anunciou o grupo para a Copa de 2010, os jogadores "estão preparados para se doar e vencer pelo país", pois "cada um que está aqui tem que ser patriota". De maneira coerente, Dunga não se definiu como especialista em futebol (técnico ou treinador), e sim como "comandante da seleção". Enquanto os italianos torcem pela Azzurra, os franceses pelos Bleus, os ingleses pelo English Team, os alemães pela Nationalmannschaft, os brasileiros torcem mais pelo "Brasil" do que pela Canarinho.

Ou seja, fazemos pequena distinção entre a seleção de futebol e o país. A vitória ou derrota de um parece ser a do outro. O país é visto como um bloco único no qual não apenas o atleta deve ser patriota, mas igualmente todo cidadão: "Peço que o torcedor goste do nosso país", conclamou Dunga. Em 2013, pouco antes da Copa das Confederações, em carta aberta, Scolari exortou a população a participar da campanha de 2014 "vibrando e cantando pela seleção brasileira. [...] Você está convocado para nossa seleção". Nesse espírito patrioteiro e militar é que, pouco depois, em outubro, ocorreu o expressivo episódio sobre a convocação de Diego Costa.

Esse brasileiro naturalizado espanhol que vive na Europa desde os dezenove anos de idade preferiu, no seu legítimo direito de escolher onde trabalhar, jogar pela Espanha, e por isso foi tratado por muitos dirigentes e alguns jornalistas brasileiros como "traidor". Scolari ficou indignado com a decisão do atacante e fez uma crítica piegas — o jogador estaria "dando as costas para um sonho de milhões [de pessoas]" —, esquecendo que ele próprio comandou outra seleção (Portugal) e nela convocou brasileiros naturalizados (Deco e Pepe). Questionado a respeito, o treinador respondeu irritado que eram casos muito diferentes, já que eles "nunca jogaram nenhum minuto pela seleção brasileira", como se os 34 minutos em que Diego Costa esteve em campo pelo Brasil na soma de duas partidas amistosas tivessem sido um ato de inalienabilidade. Alguém na Confederação Brasileira de Futebol (CBF) chegou mesmo a propor o absurdo jurídico e moral de se retirar a cidadania brasileira do atleta.

Enfim, para quem deseja não ser mero sujeito da história, mas também seu agente, cada Copa pode servir, além de torcer, para pensar o mundo em que vivemos.

2. A unidade uruguaia e a discórdia brasileira: a Copa de 1930

Nos Jogos Olímpicos de Paris, em 1924, a bela apresentação da seleção de futebol do Uruguai na vitória de 3 a 0 frente à Suíça provocou grande entusiasmo popular e redespertou a ideia de um torneio internacional somente de futebol realizado a cada quatro anos, nos intervalos das Olimpíadas. Jules Rimet, que era presidente da Fifa desde 1921, reconheceria que "para convencer os céticos, ainda nos faltava uma prova tangível, o exemplo de um fato incontestável, e o torneio de 1924 nos forneceu esse argumento decisivo. [...] A virtuosidade dos uruguaios tornou essa disputa uma surpresa, uma revelação". Assim, o projeto de 1904 e depois de 1919, ambos torpedeados pelos britânicos, foi novamente posto em pé graças ao esforço de Rimet e, sobretudo, de seu colega na Fifa, o ex-jogador e ex-árbitro Henri Delaunay (que conceberia ainda a Eurocopa, cujo troféu leva seu nome). Em 1928, no congresso da entidade reunido em Amsterdam, foi proposto o ano de 1930 como data para a primeira edição da Copa do Mundo. Faltava definir o local.

A Itália ofereceu-se para sediá-la, mas exigiu ficar com quase um terço da receita gerada pela competição. A Fifa, que caminhava para sua própria profissionalização (teria um secretário executivo remunerado a partir de fins de 1931), não aceitou. O Uruguai apresentou-se como a melhor alternativa: a "Suíça da América Latina" tinha o estatuto de bicampeão olímpico, propunha-

-se a pagar a viagem e a estadia dos participantes e comprometia-se a construir um novo e grandioso estádio para o evento. Mas em outubro de 1929, uma conjunção de fatores gerou pânico na Bolsa de Valores de Nova York: em um só dia, mais de 16 milhões de ações foram vendidas, desencadeando uma sucessão de falências e desemprego. A crise contagiou todo o mundo capitalista e levou muitos países europeus a desistirem de participar da Copa. Das dezesseis seleções previstas, compareceram treze: somente quatro da Europa (Bélgica, França, Iugoslávia e Romênia), duas da América do Norte (Estados Unidos e México) e o restante da América do Sul (Argentina, Brasil, Bolívia, Chile, Paraguai, Peru e Uruguai).

Pela única vez na história das Copas, todos os jogos foram disputados em uma só cidade, Montevidéu. Mesmo sem o turismo de torcedores — com exceção de argentinos, 10 mil dos quais assistiram à final — que crescentemente iria caracterizar a competição no futuro, a Copa teve um público acumulado significativo, com 435 500 pessoas num país de 1 734 000 habitantes. Ou seja, um em cada quatro uruguaios assistiu a algum encontro da competição. No futebol da época de poucas preocupações defensivas, o torneio teve setenta gols, média de 3,89 por partida, a menor das cinco primeiras Copas, mas ainda assim a quinta melhor média das 21 edições até hoje disputadas. Em número de gols, a final Uruguai 4 × 2 Argentina só foi igualada uma vez, em 1938 (Itália 4 × 2 Hungria), e superada uma outra, em 1958 (Brasil 5 × 2 Suécia).

A rivalidade entre os países platinos era muito grande, alimentada pela história, pela geopolítica e por mais de uma centena de partidas de futebol já jogadas entre eles (inclusive a final olímpica vencida pelo Uruguai dois anos antes). Disputava-se até mesmo a nacionalidade do grande ídolo do tango, Carlos Gardel, que para os uruguaios nasceu no interior do país e para os argentinos em Toulouse, na França, chegando criança à capital portenha ("nasci em Buenos Aires aos dois anos e meio", teria ele dito). Quando na partida entre Argentina e França os europeus iam empatar e o árbitro brasileiro apitou o final do jogo faltando ainda seis minutos, o público enfurecido por ver o rival favorecido invadiu o gramado. Para a partida decisiva, até mesmo a bola foi motivo de discussão, e a solução foi jogar o primeiro tempo com uma de fabricação argentina e o segundo com uma uruguaia. Durante o jogo, não faltou pressão sobre o árbitro belga: o segundo gol argentino foi muito contestado, um terceiro foi anulado. Jogadas violentas não faltaram dos dois lados. Terminada a partida, o consulado uruguaio em Buenos Aires foi depredado por torcedores frustrados e revoltados.

A participação brasileira sofreu com a rivalidade entre Rio de Janeiro e São Paulo. O futebol paulista teve metade dos convocados, mas não concordou que a comissão técnica de três pessoas fosse composta somente de cariocas. Assim, o único paulista a embarcar (no mesmo navio que trazia Jules Rimet, a taça que em 1946 levaria seu nome e as delegações francesa, belga e romena) foi Araken Patusca, que estava brigado com o Santos Futebol Clube. Derrotada na estreia pelos iugoslavos — segundo Fausto, a Maravilha Negra, "a maioria [dos brasileiros] tremeu de medo" —, a seleção estava praticamente eliminada, e o resultado foi comemorado em São Paulo. A goleada sobre a Bolívia na partida seguinte nada mudou, pois os iugoslavos também a venceriam pelo mesmo placar de 4 a 0. Enquanto a divisão enfraquecia os brasileiros, os unidos uruguaios ganharam com facilidade da Iugoslávia na semifinal por 6 a 1. Para se ter uma ideia do alcance da pressão psicológica provocada pela desunião brasileira naquele momento, é suficiente registrar que um ano depois, em partida no Rio de Janeiro pela Copa Rio Branco, a seleção só com cariocas derrotou os campeões do mundo por 2 a 0.

3. Nacionalismo, pressão, violência: a Copa de 1934

Entendendo os dividendos políticos que sediar uma Copa do Mundo poderia render, Mussolini empenhou-se no projeto. E várias atitudes foram tomadas para ganhá-la. Novas leis facilitaram a naturalização de descendentes de italianos nascidos em outros países, caso do argentino Luis Monti (vice-campeão em 1930) ou de Anfilogino Guarisi, conhecido por Filó enquanto jogou no Corinthians. Para comandar a equipe foi escolhido Vittorio Pozzo, ex-tenente dos Alpini, a tropa italiana de montanha na Primeira Guerra Mundial. Para mostrar a força do país e do regime, estádios foram construídos ou ampliados em Bolonha, Florença, Gênova, Milão, Nápoles, Roma, Trieste e Turim. Como não podia deixar de ser, toda a Copa transcorreu em clima fortemente politizado.

Terminada a competição, Pozzo exaltou o desempenho da seleção italiana, sobretudo no duplo confronto contra os espanhóis pelas quartas de final (1 a 1 na primeira vez, 1 a 0 no jogo desempate), quando "foram necessários homens de têmpera especial para batê-los, homens fortes e confiantes como só o fascismo pode criar". Getúlio Vargas, em sua mensagem aos jogadores que partiam para a Itália, também tinha sido claro: "Ides para um país que se renova moral e materialmente. O italiano, que se sentia deprimido antes do advento do fascismo, sente-se agora orgulhoso de sua raça. É esse exemplo que deve guiar os esportistas brasileiros". No entanto, o Brasil estava filiado à Fifa através da Confederação Brasileira de Desportos (CBD), entidade amadora que não se entendia com a Federação Brasileira de Futebol (FBF), profissional. A briga enfraquecia a seleção, já que os clubes profissionais recusavam ceder seus jogadores (o Palestra Itália chegou mesmo a esconder seus selecionáveis), e assim apenas dezessete viajaram para a Europa. Na primeira partida o Brasil perdeu da Espanha, foi logo eliminado e ficou em antepenúltimo lugar na classificação final.

O Uruguai tinha se recusado a participar em represália à ausência da maior parte dos europeus em 1930. A Argentina, vice-campeã em título, a nação americana mais bem colocada, ficou em nono lugar. Durante a competição, foram marcados setenta gols, o mesmo número da edição anterior, mas com média um pouco superior (4,1) porque no total ocorreu uma partida a menos. Nas arquibancadas, essa Copa perdeu para a anterior, com média de público de 23 235 pessoas e total acumulado de 395 mil, embora a população italiana fosse bem maior que a uruguaia (só a cidade de Roma tinha quase a mesma quantidade que todo o país platino). No plano tático, a novidade foi a utilização por alguns países do sistema WM, criado pelo escocês Johnny Hunter em 1925 e logo a seguir adotado e aperfeiçoado pelo inglês Herbert Chapman no Arsenal.

Após a primeira rodada que reduziu à metade o número de concorrentes — todos eles europeus —, duas partidas das quartas de final foram de um grau de violência que revelava rivalidades e motivações seculares bem mais profundas do que as esportivas. Em Bolonha, o jogo entre Áustria e Hungria, menos do que um confronto entre duas das mais técnicas escolas futebolísticas da época, reportava-se às prolongadas tensões e revoltas no antigo Império austro-húngaro, que se concluíra pela independência da Hungria no ainda recente ano de 1919. Em Florença, o disputadíssimo jogo entre Itália e Espanha lembrava que a última derrota italiana em casa, em 1930, tinha sido contra os espanhóis, e lembrava sobretudo que, no plano histórico, estes haviam dominado por séculos as regiões do sul da bota itálica. Em Milão, a semifinal entre Itália e Áustria trazia dupla recordação: no plano esportivo, quatro meses antes os austríacos tinham vencido um amistoso em Turim por 4 a 2; no plano histórico, eles haviam por longo tempo submetido a Lombardia, região da qual Milão é a capital e de onde tinham sido expulsos somente setenta anos antes.

Finalmente, em Roma, diante de uns 50 mil espectadores, inclusive Il Duce — que antes da partida recebeu a saudação fascista do trio de arbitragem —, a Itália enfrentou a Tchecoslováquia. Esta abriu o placar a quinze minutos do fim do tempo regulamentar, mas o empate veio poucos minutos depois. Logo no começo da prorrogação, os italianos fizeram o gol redentor e conseguiram manter a vantagem, empurrados por uma multidão apaixonada. O testemunho de um jornalista neutro, francês, Maurice Pefferkorn, é interessante: "Durante as duas horas de jogo, o estádio romano foi uma única voz, um único grito [...] que no seu dinamismo e magnetismo soube transmitir suficiente persuasão para obrigá-los a ganhar. [...] Não se pode pretender excluir dos estádios a voz patriótica, mas gostaríamos de uma exaltação menos intensa do espectador". O contágio político do ambiente pareceu-lhe inegável: "Por que é preciso registrar certa reserva à vitória dos italianos? Porque alguns de seus jogadores, e particularmente o célebre Monti, faltaram à mais elementar correção. A Itália ganha a Copa do Mundo, mas sua equipe não honrou o puro futebol como tinham feito em Montevidéu os jogadores uruguaios" (*L'Auto*, nº 132, jun. 1938).

4. "Vencer ou morrer": a Copa de 1938

Se a Copa de 1934 tinha sido marcada pela política, a de 1938 o seria ainda mais. A situação europeia era bastante tensa. Desde 1936, a Espanha estava mergulhada em sangrenta guerra civil, na qual por razões ideológicas e geopolíticas tinham se imiscuído Alemanha e Itália. Esta pretendia obter territórios coloniais na África, fazendo frente à hegemonia da Inglaterra e da França no continente. A Alemanha, depois da derrota na Primeira Guerra Mundial, buscava se rearmar e estender seus territórios pela Europa central. O Oriente não estava em melhores condições, palco da invasão japonesa na China. Vista retrospectivamente, a esperança pacifista manifestada por alguns soa como mera ingenuidade, caso de um influente jornal francês que no dia seguinte ao início da Copa pretendeu que ela "deve se desenrolar sob o signo do bom entendimento e das virtudes humanas" (*Ce Soir*, 5 jun. 1938).

Essa postura refletia a de Jules Rimet, para quem o futebol é "um propagador de compreensão e reconciliação entre as raças". Por isso ele insistiu para que a Copa de 1938 ocorresse na Europa e em particular na sua França. Assim fazendo, porém, ele rompia o rodízio entre os continentes e frustrava os argentinos, que se consideravam no direito de sediar a competição. Seguida por vários outros países americanos, a Argentina resolveu boicotar a Copa. Além da ausência dela e do Uruguai devido a divergências com a Fifa, outras três potências futebolísticas da época ficaram de fora por razões políticas: a Espanha, devido à guerra civil que minava o país; a Áustria, por ter sido anexada pela Alemanha nazista três meses antes de a competição começar; a Iugoslávia, que passava por graves problemas internos, sobretudo as reivindicações nacionalistas croatas. Apesar disso, a Copa da França superou as anteriores no total de gols marcados (84) e na média deles por partida (4,7). Contudo, o estado de espírito dos europeus (doze dos quinze países participantes) estava mais para a guerra que se aproximava do que para a guerra metafórica do futebol, e a média de público por jogo (20 829) foi menor do que nas Copas anteriores.

Longe do palco da futura guerra, sem a concorrência dos rivais sul-americanos e finalmente contando com sua força máxima, a seleção brasileira teve boa participação — terminou em terceiro lugar e teve o artilheiro e melhor jogador da Copa, Leônidas da Silva. E poderia ter alcançado a final, não fossem três detalhes. Como nas quartas de final, em função do empate com a Tchecoslováquia (1 a 1), foi necessário novo jogo dois dias depois (2 a 1), o time chegou cansado à semifinal diante da Itália, que ocorreu também apenas dois dias mais tarde. Nessa partida o Brasil não pôde contar com Leônidas, que apanhara bastante dos tchecos. Enfim, num lance estranhamente infantil, o grande Domingos da Guia chutou um adversário enquanto a bola estava longe da área, o pênalti foi assinalado e o Brasil acabou derrotado pela Itália por 2 a 1. De toda forma, o público brasileiro entusiasmou-se pela primeira vez com uma Copa, acompanhando as partidas da seleção pelo rádio nas transmissões de Gagliano Netto (o mesmo que batizou de "bicicleta" a famosa jogada de Leônidas).

Já na partida inaugural da Copa, entre Suíça e Alemanha, a política ocupou o centro da cena. A equipe germânica, com a suástica no escudo, saudou o público com o tradicional gesto nazista do braço direito estendido e a mão espalmada para baixo. De forma mais sutil, a política manifestou-se na indefinição tática alemã. O sistema WM que a Nationalmannschaft adotava desde a Copa anterior não se harmonizava com o sistema piramidal utilizado pelo Wunderteam austríaco, do qual nove jogadores tinham sido incorporados à delegação alemã como consequência da "união" promovida por Hitler entre os dois países. O empate no tempo normal da partida e na prorrogação levou a um novo encontro, muito violento, vencido pela Suíça, para satisfação do público parisiense e dupla satisfação de Karl Rappan, o técnico austríaco da seleção suíça.

Em Marselha, onde a Itália enfrentou a Noruega, ocorreram manifestações antifascistas. O embate de quartas de final contra a França foi carregado de simbolismo político: frente aos anfitriões, governados por uma coalizão de esquerda, os italianos aproveitaram o fato de o uniforme francês também ser azul para jogarem de preto, cor oficial do fascismo, e saudarem o público com o típico gesto nazifascista. Depois da vitória sobre o Brasil, *La Gazzetta dello Sport* (17 jun. 1938) não hesitou diante da proclamação racista: "Saudamos o triunfo da inteligência itálica contra a força bruta dos negros". Na véspera da decisão contra a Hungria, a delegação italiana recebeu um expressivo telegrama do secretário-geral do Partido Fascista: "Vencer ou morrer". Concretizada a conquista esportiva, ela foi tratada como conquista político-militar — para eternizá-la, a foto oficial mostra Mussolini cercado pelos jogadores em uniforme do Exército. A definição oficiosa apareceria no editorial de *La Gazzetta dello Sport* (20 jun. 1938): "Apoteose do esporte fascista nesta vitória da raça".

A final entre dois países com regimes ditatoriais, a Itália de Mussolini e a Hungria de Horthy, sintetizou bem o mundo de então. E a visão otimista de Rimet — "vendo o entusiasmo da torcida francesa diante do triunfo da equipe italiana [...] esquecia-se que as duas nações atravessavam um período de graves desentendimentos políticos" — restava letra morta, nada podia fazer contra a dureza dos fatos. A política vencia o futebol e repetiria o feito inúmeras vezes.

5. As Copas que não aconteceram: 1942 e 1946

Ironicamente, o pacifista Jules Rimet, que acreditava no futebol como "poderoso meio de progresso físico e moral, dispensador de alegrias sadias, propagador de compreensão e de reconciliação entre as raças", viu a Segunda Guerra Mundial abortar duas edições da Copa do Mundo, as de 1942 e 1946. Entretanto, pode-se aplicar a elas aquilo que o filósofo Charles Renouvier chamou de ucronia, isto é, "a história não tal como ela foi, mas como teria podido ser". A *Folha de S.Paulo* entregou-se certa feita (9 nov. 1997) a esse tipo de exercício, concluindo que a Argentina conquistaria os títulos das Copas de 1942 (hipoteticamente disputada no próprio país) e 1946 (que poderia ter sido jogada em Portugal).

O raciocínio assenta-se em quatro dados históricos. Primeiro, a Copa de 1942 seria disputada na Argentina, já que a Europa estava em guerra, o Uruguai tinha sediado a de 1930 e o Brasil ainda não tinha cacife econômico e esportivo para tanto. Segundo, a Argentina tinha um time forte, campeão sul-americano em 1941. Terceiro, sua seleção estava mais entrosada que qualquer outra, pois disputou no período mais jogos que os principais rivais: foram 43 partidas entre 1941 e 1945, contra 31 do Uruguai, dezessete do Brasil, dezenove da Alemanha e da Suécia, dezesseis da Suíça, oito da Espanha e apenas três da Itália. Quarto, não participar da guerra isentou o país da hemorragia demográfica que, por exemplo, provocou a morte de pelo menos 75 jogadores britânicos — o famoso Stanley Matthews avaliaria que "a Inglaterra foi prejudicada pela guerra, porque depois nunca tivemos um time tão bom".

Embora a conclusão seja fictícia, a ponderação é plausível. Mas deve-se acrescentar a ela três outras fortes possibilidades. A da Itália campeã é a maior delas. Tratava-se da detentora dos últimos dois títulos (1934 e 1938) e poderia ter chegado ao torneio de 1942 em boas condições de vencê-lo. Em 1938, a seleção italiana tinha sido bastante renovada (nove titulares trocados em relação à Copa anterior), era um time melhor que o de 1934 e a maioria de seus jogadores, apesar de veteranos quatro anos depois, poderia ter disputado a Copa de 1942. O técnico continuaria o mesmo (Pozzo ficou no cargo até 1948), e a forte colônia italiana na Argentina criaria um clima favorável à Azzurra.

Outra possibilidade não descartável é o Uruguai, que embora não tenha jogado — como forma de protesto — as Copas de 1934 e 1938 na Europa, sem dúvida disputaria a do país vizinho e seria forte concorrente pela sua tradição, rivalidade e proximidade. Ele era o maior vencedor da Copa América, tendo então oito títulos contra seis da Argentina e dois do Brasil; foi, aliás, o campeão no próprio ano de 1942. Por fim, o Brasil tinha chances concretas — sempre com a ressalva de como teria sido sua organização e preparação —, considerando o terceiro lugar na Copa de 1938. Boa parte do elenco chegaria em 1942 em idade de participar, e os principais jogadores estariam na maturidade (Domingos e Leônidas teriam 29 anos). Outros que eram então jovens promessas já poderiam reforçar a seleção, caso de Zizinho (artilheiro da Copa América de 1942).

Quanto à Copa de 1946, a projeção do jornal é mais discutível. Embora tenha ficado à margem da guerra, Portugal não apresentava situação propícia a receber um evento internacional. Mal saído do conflito provocado por Hitler e Mussolini, o mundo não estaria disposto a prestigiar um regime aparentado ao nazifascismo, como era o salazarista. E este não tinha nenhuma intenção de se abrir para o mundo e permitir prováveis humilhações esportivas nacionais, como viria a ser a goleada de 10 a 0 sofrida diante da Inglaterra em maio de 1947. Mais provável como sede era a Suécia, também neutra na guerra e dona de maior tradição no futebol. Ela havia sido um dos sete países fundadores da Fifa, propusera sediar as Copas de 1930 e 1934, jogara as de 1934 e 1938 com bom desempenho esportivo (oitava colocada numa, quarta na outra) e seria campeã olímpica em 1948.

No que diz respeito ao vencedor dessa hipotética Copa da Suécia de 1946, a Argentina continuava favorita: tendo como base o extraordinário River Plate conhecido por La Máquina — com a famosa linha de ataque formada por Muñoz, Moreno, Pedernera, Labruna e Loustau —, a seleção argentina foi bicampeã da América em 1945 e 1946 (e tricampeã em 1947). Na avaliação de um dos seus jogadores, Rinaldo Martino, a geração dos anos 1940 da Argentina era melhor que a vencedora das Copas de 1978 e 1986. A Itália, baseada no grande time do Torino (que na temporada 1947-8 marcaria 125 gols), era forte concorrente. O Uruguai teria podido levar para aquela Copa a maior parte dos jogadores que seriam campeões do mundo em 1950, embora em 1946 dois dos seus protagonistas fossem ainda muito jovens (Ghiggia com dezenove anos, Schiaffino com 21). O Brasil teria menos chances que em 1942; era um time em formação que em 1946 jogou sete partidas e teve apenas três vitórias.

Como quer que seja, o atacante argentino Juan Carlos Muñoz fez sobre essa ucronia uma observação ao mesmo tempo melancólica e realista — "Estávamos melhor que os outros, mas sem a Copa perdemos grandeza. Se a guerra ocorresse duas décadas depois, a geração de Pelé e Garrincha não teria significado tanto".

6. As Copas que não deveriam ter acontecido aqui: 1950 e 2014

Pouco antes de começar a Copa de 1938, o Brasil anunciou à Fifa a intenção de acolher a Copa de 1942, mas a Alemanha provavelmente teria sido escolhida por ter organizado com sucesso os Jogos Olímpicos de 1936. A decisão nunca aconteceu devido à guerra. Terminado o conflito, a Europa tinha preocupações maiores do que organizar uma competição esportiva. O Brasil foi o único candidato a sediar o torneio de 1950. Para acolhê-lo, propôs seis estádios: três pequenos (com capacidade entre 10 mil e 15 mil espectadores) já existentes em Porto Alegre, Curitiba e Recife; outro especialmente construído em Belo Horizonte (o Independência); um médio e relativamente recente em São Paulo (o Pacaembu, inaugurado em 1940); e outro gigantesco a ser erguido no Rio de Janeiro, então capital do país (o Maracanã).

No plano esportivo, a Copa ressentiu-se de ausências importantes. Áustria, França, Hungria e Tchecoslováquia declinaram do convite priorizando sua reorganização institucional e sua reconstrução material. A Alemanha tinha sido expulsa da Fifa. A Argentina estava em litígio com a Fifa e a CBD. Outras potências futebolísticas apresentaram-se em condições difíceis. A Itália estava debilitada pela guerra e pelo acidente aéreo que no ano anterior tinha matado todo o time do Torino, tricampeão nacional e base da Azzurra. A antes poderosa Espanha via na Copa tão somente uma forma de reintegração no concerto das nações depois da sua sangrenta guerra civil. Apesar da tradição, o Uruguai estava desacreditado.

Assim, o Brasil entrou na competição com a obrigação de ganhá-la. Peso este que se tornou insuportável no momento em que, na partida decisiva, o Uruguai conseguiu empatar (o que, pelas regras da disputa, ainda daria o título ao Brasil). Daí para a derrota, catorze minutos depois, foi um curto passo. Jogadores e torcedores viveram os onze minutos finais deprimidos — o gol de Ghiggia transformou o Maracanã num "silencioso cemitério", testemunhou o jornalista francês Jacques de Ryswick. Terminada a partida, Jules Rimet vagou pelo campo tendo nas mãos a taça que levava seu nome e no bolso o discurso de homenagem aos campeões. Porém, o cerimonial planejado não aconteceria nunca. Ele mesmo contou que "quase escondido" entregou a taça a Obdulio Varela com um aperto de mão e "sem poder dizer uma palavra". Como todos os brasileiros. Anos depois, o capitão vencedor reconheceria que "a tristeza dos brasileiros foi muito maior que a alegria dos uruguaios".

Desde que o Brasil foi escolhido para receber a Copa de 2014, os paralelos com a de 1950 tornaram-se inevitáveis, embora o futebol, o país e o mundo não fossem os mesmos. Do ponto de vista esportivo, sabia-se que a nova geração era mais fraca tecnicamente e, ao contrário das expectativas, revelou-se tão frágil psicológica e taticamente quanto sua predecessora de 1950. Do ponto de vista político, em ambas as Copas houve desperdício de dinheiro público, facilitado pela agenda eleitoral que marcava a escolha do presidente e de governadores apenas dois meses e meio depois do encerramento da competição. Do ponto de vista organizacional, nos dois momentos houve atraso na entrega das obras e inadequação delas em vários níveis.

Contrariando o argumento da Fifa de que Copa do Mundo é ocasião para o país-sede melhorar suas infraestruturas, parte significativa do que o Brasil gastou foi com estádios. Pior, 90% deles vieram de dinheiro público, apesar das promessas iniciais do governo. Verba enorme em país carente de escolas, hospitais, presídios, metrôs, ferrovias, aeroportos, rodovias. Ora, com a politização da população sendo maior então do que 64 anos antes, era concreto o risco de um "Maracanazo social".[1] E de fato, em junho de 2013, paralelamente à

---

1. Sobre isso, ver mais adiante o ensaio 26, "Maracanazo social".

Copa das Confederações e à inauguração de novos estádios, por todo o país ocorreram manifestações populares contra o desperdício, várias vezes acompanhadas por atos de violência.

As queixas da população não pouparam o futebol, com cartazes, faixas, grafites e gritos de ordem proclamando, por exemplo, que "Um professor vale mais que Neymar", "Quando seu filho ficar doente, leve-o a um estádio", "Queremos hospitais padrão Fifa", "Foda-se a Copa". E síntese perfeita da situação — "Já temos estádios para a Copa, só falta um país em volta deles".

Como era de se esperar, o início do torneio abafou tais reivindicações, mas o clima festivo não eliminou as tensões latentes, que contaminaram em certa medida a seleção brasileira, cujos jogadores repetiram várias vezes o desejo de "dar alegria a esse povo sofrido". Nervoso, o time apresentou pouco tempo de bom futebol, quase foi eliminado nas oitavas de final, passou pelas quartas de final sem brilho e, como se sabe, despediu-se na semifinal sofrendo a pior goleada da sua história. Tinha-se então a resposta à declaração de Ronaldo Fenômeno, em fins de 2011, para quem "não [se] faz Copa do Mundo com hospital. Tem que fazer estádio, senão não tem Copa do Mundo, aí você tem que ver o que você quer". Justamente, por que precisávamos de Copa do Mundo? Um país se faz com hospitais e escolas, não com estádios.

7. O renascimento de uma nação: a Copa de 1954

Em plena Guerra Fria, a escolha da neutra Suíça para receber a Copa de 1954 não foi casual, até porque alguns países que não tinham disputado o Mundial no Brasil já estavam em condições de retornar ao cenário internacional. Mais do que isso, naquele mundo que descobria a importância da publicidade, inclusive política, cada nação queria divulgar uma boa imagem, provar a superioridade de seu sistema social, político e econômico. E uma Copa do Mundo do esporte mais popular era excelente oportunidade para tanto. Mesmo porque aquela foi a primeira Copa transmitida ao vivo pela televisão, embora somente para alguns países europeus.

De toda forma, até países afastados do centro da disputa ideológica tinham, por orgulho nacional, desejo de se apresentar bem. Era o caso do Brasil, que precisava fechar a ferida aberta de 1950. Contudo, não tinham desaparecido nem o discurso ufanista dos políticos (para Getúlio Vargas, os jogadores "representam a força e a resistência da raça brasileira"), nem o oportunismo dos dirigentes (23 na delegação, mais do que o número de jogadores), nem o complexo de inferioridade de todos (para o técnico Zezé Procópio, "os árbitros europeus têm horror aos negros"). Além da pressão natural para o encontro de quartas de final contra a Hungria, o melhor time da época, os dirigentes insistiram em bobagens como "defender a pátria" e "vingar os brasileiros mortos" na Segunda Guerra Mundial (?!). Na concentração a confiança era pequena, e no campo os jogadores estavam visivelmente tensos. Dois foram expulsos. Terminado o jogo, todos se envolveram em enorme pancadaria, inclusive dirigentes e jornalistas. A derrota por 4 a 2 tinha sido normal, mas o chefe da delegação, ministro João Lyra Filho, em protesto à Fifa, acusou o árbitro inglês de estar "a serviço de Moscou".

A Hungria tinha outras razões para sonhar com o título mundial. Ela queria mostrar ao mundo a força do bloco soviético em que estava inserida e pretendia fazê-lo por meio do futebol, no qual tinha tradição (fora vice-campeã na Copa de 1938). O Estado investiu para que a seleção nacional ganhasse a medalha olímpica em 1952 e a Copa em 1954. Os clubes foram reformulados e entregues a instituições ou fábricas estatais. O treinador nacional, Gusztáv Sebes, era também vice-ministro dos Esportes. A seleção reunia-se com frequência e era submetida a uma preparação inovadora. Foi ela, por exemplo, que começou a prática do aquecimento antes da partida, o que permitia aos húngaros começarem com intensidade enquanto o adversário ainda ganhava ritmo de jogo. Era comum que nos primeiros dez ou quinze minutos os húngaros abrissem vantagem de um ou dois gols (como aconteceu contra o Brasil e contra a Alemanha na final). No plano tático, eles se entregaram a várias experiências, acabando por transformar o usual WM (ou 3-2-2-3) no inusitado 4-2-4, que seria a matriz de diversos sistemas posteriores. A marcação individual foi substituída por zona; deixou de existir um centroavante fixo no meio da defesa adversária; os laterais passaram a apoiar o ataque. Foi assim que conquistaram a medalha de ouro nos Jogos Olímpicos de Helsinque e formaram uma das maiores equipes da história.

Mas de todos os dezesseis participantes da Copa, aquele que mais precisava fazer boa figura era a Alemanha. Visto pelo mundo como responsável pela Segunda Guerra Mundial, o país desejava recuperar sua imagem de organizado, eficiente, determinado, civilizado. E um esporte coletivo como o futebol permitia tudo isso. Porém as condições para tanto não eram ideais, pois jogador de futebol é homem e jovem, exatamente o perfil demográfico de boa parte dos 5 milhões de alemães mortos na guerra. O campeonato nacional ficou interrompido entre 1945 e 1947, mas a seleção alemã, mesmo impedida de participar de competições internacionais, não foi desativada e desde 1936 estava sob o comando de Sepp Herberger. Se taticamente ele não tinha o brilho de seu colega húngaro, estrategicamente foi inteligente. Na partida contra a Hungria ainda na fase de grupos, ele escondeu o jogo, não se importando de ser goleado por 8 a 3: entrou sem vários titulares e outros atuaram fora de suas posições. O que ele queria era conhecer melhor o adversário. Também não recuou diante da manobra pouco ética de eliminar da Copa o húngaro Puskás, o melhor jogador da época (eleito pela revista italiana *Guerin Sportivo*, em 1996, o nono maior camisa 10 da história, logo atrás de Rivellino e à frente de Zico).

De fato, a violência de um zagueiro alemão tirou Puskás das duas partidas seguintes, e quando ele voltou para a decisão não estava em suas melhores condições físicas. Além disso, a Hungria estava esgotada pelos duros confrontos anteriores, contra o Brasil e o Uruguai, vice-campeão e campeão em 1950, respectivamente. Ainda assim, conseguiu abrir 2 a 0 no placar. Contudo, tinha diante de si não apenas uma equipe, e sim toda uma nação esperando uma revanche contra o destino, um esquecimento da guerra. Daí por que, quando do gol da virada, a seis minutos do final, o mais popular locutor da Alemanha soltou um *Toooooooorrrrrrrrrrrr!!!* de fazer inveja a seus colegas latino-americanos. A vitória da Alemanha sobre a Hungria por 3 a 2 deveu-se em parte aos estímulos causados por alguma substância química usada pelos campeões, como vários indícios comprovam, mas o maior doping foi psicológico, foi o desejo de resgatar o respeito do mundo através do futebol.

8. O triunfo da mestiçagem com organização: a Copa de 1958

Depois de novo fracasso em 1954, começou a circular a tese de que, se a miscigenação do povo brasileiro criava futebolistas habilidosos, era também a causa de sua fraqueza psicológica, de sua incapacidade de lidar com as pressões inerentes às grandes competições. Mas aos poucos foi ficando claro que a explicação não estava na base do sistema, e sim no seu topo. Em 1955, a seleção jogou quatro vezes, com quatro treinadores diferentes. Em 1956, para a primeira excursão europeia da seleção, a CBD resgatou como técnico Flávio Costa, o derrotado de 1950, novamente dispensado após algumas partidas. O substituto, Oswaldo Brandão, foi demitido oito jogos depois, embora tenha classificado o Brasil para a Copa de 1958. Naquele mesmo ano de 1957, a seleção teria ainda dois outros treinadores.

Era preciso um projeto mais abrangente e continuidade na sua aplicação, não experiências tateantes e ocasionais. O contexto nacional ajudava: o presidente democraticamente eleito, Juscelino Kubitschek, tinha um Plano de Metas para o país, a economia crescia 6% ao ano e uma nova capital brotava no centro do Brasil. Naquele momento, também no futebol existiam condições institucionais favoráveis ao planejamento. A CBD era dirigida por dois empresários, um carioca e um paulista: João Havelange na presidência e Paulo Machado de Carvalho na vice-presidência. Coube a este elaborar o plano para a participação brasileira na Copa de 1958 na Suécia, e ele introduziu diversas novidades. Na comissão técnica, ao lado da óbvia presença de um preparador físico e um médico, foram colocados também um dentista e um psicólogo. O relacionamento da chefia com o elenco tornou-se mais profissional e ao mesmo tempo mais caloroso: Nilton Santos diria depois que Machado de Carvalho foi o primeiro dirigente a tratar jogador de futebol como gente.

Para treinador foi escolhido Vicente Feola, um homem mais de bastidores, embora com experiência de campo, pois tinha sido bicampeão paulista em 1948-9 pelo São Paulo e auxiliar de Flávio Costa na Copa de 1950. Discreto e pouco carismático, mas sabendo trabalhar em equipe, ele tinha perfil bem diferente do de seus antecessores e acabaria sendo subavaliado por jornalistas e torcedores. Surgiria a lenda de que um grupo de jogadores insistiu na escalação de Pelé e Garrincha, mas foi Feola que, contrariando a opinião de dirigentes, insistiu em levar para a Suécia o menino santista mesmo contundido. Se aqueles dois jogadores não entraram nas primeiras partidas, foi simplesmente porque não estavam ainda em boas condições físicas. O capitão Bellini reconheceria depois que "Feola ganhou a Copa de 1958 porque conseguia tudo dos jogadores dando-lhes liberdade para discutir, criticar, sugerir".

A opção tática de Feola também não foi suficientemente valorizada pela posteridade. Há várias hipóteses sobre a adoção do 4-2-4 no Brasil, contudo em termos de seleção é inegável que o sistema passou do húngaro Béla Guttmann, que o utilizou com sucesso no São Paulo em 1957, para o homem forte do futebol no clube paulistano, Feola, que o implantou no ano seguinte na equipe nacional. Dentre os técnicos campeões à frente da seleção, ele teria o melhor aproveitamento: 90,91% em 1958-9, contra 80,95% de Zagallo em 1970-4, 74,47% de Parreira em 1990-4 e 77,33% de Scolari em 2001-2. No total de suas passagens pela seleção, Feola obteve 81,31% de aproveitamento, diante dos 78,89% de Zagallo, 65,81% de Parreira e 74,69% de Scolari.

Graças à presença da dupla Garrincha-Pelé e às goleadas nas duas últimas partidas (5 a 2 na França e na Suécia), é costume dizer no Brasil que aquela seleção foi espetacularmente ofensiva. Mas antes de tudo ela foi um time equilibrado. Se marcou o dobro de gols em relação à Copa anterior, jogou o dobro de partidas: portanto, a média de gols foi a mesma que na Suécia e na Suíça (2,66) e bem menor que na Copa de 1950 (3,66). A média de gols obtida pela seleção brasileira esteve bastante abaixo da média geral da Copa de 1958 (3,6).

O fator decisivo residiu nos gols sofridos: de um por partida em 1950 e 1,66 em 1954, tal média caiu expressivamente para 0,66 em 1958. O Brasil protagonizou com a Inglaterra o primeiro 0 a 0 da história das Copas. Não por acaso, a seleção da Copa de 1958 eleita por jornalistas das várias nacionalidades ali presentes foi constituída por uma defesa quase toda brasileira, com Gilmar, De Sordi, Bellini e Nilton Santos.

O balanço geral da Copa da Suécia revela mudanças interessantes no mundo do futebol. O Brasil se redimiu das tentativas falhadas de 1938 e 1950; a Suécia (vice-campeã) e a França (terceiro lugar) subiram ao pódio pela primeira vez; novos convidados ocuparam postos honrosos (País de Gales na quinta colocação, União Soviética na sexta, Irlanda do Norte na sétima); outro novato em termos de Copa entrou em cena (Escócia, 14ª posição); e antigas potências despencaram no ranking (o Uruguai sequer passou pelas Eliminatórias, a Hungria terminou em 11º lugar, a Inglaterra em 12º, a Argentina em 13º, a Áustria em 15º).

9. Força brasileira no campo e nos bastidores: a Copa de 1962

Depois de duas Copas na Europa, novamente um país sul-americano foi escolhido para acolher o torneio: o Chile. E o fez corretamente, mesmo tendo conhecido, dois anos antes do evento, o mais violento terremoto do século xx. A Copa de 1962 teve dezesseis participantes, como acontecia desde 1934, exceto na primeira disputa pós-guerra, em 1950, quando somente treze países compareceram. Pela regra criada em 1938, estavam garantidos o dono da casa e o último campeão; os demais deveriam sair das Eliminatórias, que tiveram 54 inscritos e selecionaram dez países europeus e quatro latino-americanos. A competição foi jogada em apenas quatro estádios, em claro contraste com os doze utilizados na Copa anterior e menos que os oito em 1934, dez em 1938, seis em 1950 e 1954, e somente três em 1930.

No Brasil, ao otimismo geral de 1958 sucedeu um estado de tensão em 1962. O país era sacudido por movimentos sociais esquerdizantes, incentivados pelo governo de João Goulart como instrumento para impor suas reformas, e as greves tornaram-se frequentes, passando de 31 em 1958 (20% das quais no setor público) para 172 em 1963 (58% delas no funcionalismo). Aos problemas da política interna somavam-se os da externa: nas discussões sobre a exclusão da Cuba castrista da Organização dos Estados Americanos (OEA), votada em janeiro de 1962, o governo brasileiro optou pela neutralidade na questão, alimentando ainda mais o descontentamento e o receio dos setores de direita. A situação econômica não abrandava o quadro. Pelo contrário: a inflação, que tinha sido de 26,3% em 1960, passou a 33,3% em 1961 e pulou para 54,8% em 1962.

Enquanto na vida política muita gente aspirava a grandes mudanças, no futebol procurava-se manter tudo como antes. Na comissão técnica da seleção, a única alteração importante foi forçada pelos graves problemas de saúde de Vicente Feola, substituído por alguém de perfil semelhante, Aymoré Moreira. A equipe que jogou a final em Santiago tinha somente três mudanças em relação àquela que jogara a final em Estocolmo, e uma delas devia-se à contusão de Pelé, com Amarildo em seu lugar. Até mesmo o avião e o piloto que levaram a delegação para o Chile foram os mesmos da viagem para a Suécia, quatro anos antes. Durante pelo menos os meses de maio e junho, o futebol funcionou no Brasil, mais uma vez, como válvula de escape à qual o governo não hesitava em recorrer e que a população não se recusava a aceitar. Antes de a delegação embarcar, Jango recebeu-a em Brasília para um almoço com todo o seu Ministério. No retorno dos bicampeões mundiais, após recepcioná-los festivamente e beber uísque na taça Jules Rimet, o presidente celebrou a "vitória da nação" e decretou feriado nacional no dia seguinte.

O interesse político do governo brasileiro pela Copa talvez tenha contribuído para seu resultado. Diante da expulsão que poderia tirar Garrincha da partida decisiva, o primeiro-ministro Francisco Brochado da Rocha contatou a Fifa. O jogador brasileiro e o chileno Honorino Landa, também expulso no mesmo jogo da semifinal, foram julgados pelo tribunal esportivo da federação internacional no dia seguinte. Enquanto o chileno foi suspenso para a disputa do terceiro lugar, Garrincha foi absolvido graças ao relatório lacunar do árbitro peruano e à providencial viagem do bandeirinha uruguaio (que havia trabalhado no futebol paulista alguns anos antes), que poderia testemunhar contra o jogador brasileiro. Antes disso, na fase de grupos, em partida apitada por um chileno e bandeirada pelo mesmo uruguaio, o Brasil tinha sido beneficiado pela não marcação de um pênalti quando perdia de 1 a 0 para a Espanha, que teve ainda um gol incorretamente anulado.

A Copa do Chile trouxe à tona um assunto que seria futuramente muito discutido: o doping. Não existia uma legislação internacional padronizada sobre o assunto, sequer uma lista de substâncias que deveriam ser controladas, o que leva a supor que muitos atletas, de diferentes seleções, podem ter recorrido a elas. O grande Di Stéfano, por exemplo, considerava normal que um jogador tomasse "pílulas excitantes". Fica mesmo no ar a pergunta sobre o que Garrincha pensava a respeito. Após ter atuado mal nos três jogos da primeira fase (contra México, Tchecoslováquia e Espanha) — salvo no lance do segundo gol brasileiro sobre os espanhóis —, ele foi brilhante nas quartas de final contra a Inglaterra, marcando um gol de cabeça e batendo a falta da qual resultou o segundo tento brasileiro, e na semifinal contra o Chile fazendo um gol de esquerda e outro de cabeça, todos fatos inusitados em sua carreira.

No total, a Copa deixou a desejar: teve várias partidas violentas (sobretudo no jogo de 2 a 0 do Chile sobre a Itália), a pior média de gols até então (2,78), o artilheiro de mais baixo aproveitamento na história da competição (o iugoslavo Jerković, com cinco gols, a mesma marca do tcheco Nejedlý em 1934) e o menor público já registrado em uma semifinal de Copa do Mundo (apenas 5890 pessoas viram Tchecoslováquia × Iugoslávia). Além disso, os craques não brilharam — salvo Garrincha nos três últimos jogos —, seja por contusão (Pelé e Di Stéfano), seja por decadência física e técnica (Puskás) ou por falhas surpreendentes (Yashin, o grande goleiro soviético).

10. Na terra da rainha, o rei português supera o rei brasileiro: a Copa de 1966

Enquanto a geração que tinha participado da guerra de 1939 a 1945 saía dela traumatizada e desejosa de um mundo estável, a geração nascida durante e logo após a batalha punha em xeque os valores de seus avós e pais, que tinham conduzido o mundo à grande carnificina. Os jovens do Ocidente buscavam menos regras, mais descontração, mais alegria, mais liberdade: desse desejo surgiram, na década de 1960, a pílula anticoncepcional, o rock 'n' roll, a minissaia, a revolta estudantil de Maio de 1968, o Festival de Woodstock. No futebol, a melhor síntese desse estado de espírito foi o norte-irlandês George Best, que atuava no Manchester United desde 1963 e, pela criatividade (foi Bola de Ouro em 1968) e irreverência ("Em 1969 larguei as mulheres e o álcool. Foram os piores vinte minutos da minha vida"), era chamado de o Quinto Beatle. Bem no meio desse turbilhão social e cultural, a Copa foi realizada na Inglaterra, pátria de algumas daquelas contestações recentes e pátria do futebol surgido pouco mais de um século antes (suas regras tinham sido fixadas em Londres em fins de 1863).

Dentre os dezesseis países selecionados — dez europeus, cinco latino-americanos e um asiático —, havia novidades. Portugal participava pela primeira vez de uma Copa e terminaria no honroso terceiro lugar, tendo ainda o artilheiro da competição, Eusébio, com nove gols. A Coreia do Norte também fez sua estreia em grande estilo: eliminou a Itália (1 a 0) logo na primeira fase do torneio, deu um grande susto em Portugal nas quartas de final antes de levar a virada (5 a 3) e ainda assim terminou na surpreendente oitava colocação. O bicampeão Brasil deixou a Copa na fase de grupos, ocupando o decepcionante 11º posto, que só não foi pior que o 14º do longínquo ano de 1934.

As razões do fracasso brasileiro resultaram de um misto da desorganização de 1934 com a soberba de 1950. Em sua autobiografia, Pelé reconhece que no Brasil de 1966 "não havia uma alma que não fosse tocada por um otimismo exagerado" em relação à seleção. Três meses antes do início da Copa, o número inaugural da revista *Realidade* intitulava sua principal matéria "Foi assim que ganhamos o tri". Esperando colher os frutos da vitória tida como certa, João Havelange interferiu no trabalho de Paulo Machado de Carvalho e acabou por afastá-lo. Sem essa retaguarda, "Feola parecia uma sombra do que fora antes, com muito pouco da autoridade de 1958", avaliou Pelé. Voltou a tradicional política de apadrinhamento dos jogadores, com 47 pré-convocados de quinze clubes diferentes. Nessa situação, os treinos não visavam ao entrosamento da equipe, e sim à escolha daqueles que seriam excluídos da lista final. Os últimos deles receberam a notícia já na Europa, a onze dias da estreia. O diagnóstico de Pelé foi lúcido: "Começamos a perder o título antes mesmo de embarcar para a Inglaterra".

Sem entrosamento e com mau preparo físico, a seleção brasileira fez na estreia uma partida apenas mediana contra a Bulgária, vencendo-a por 2 a 0. Na rodada seguinte, caiu diante da Hungria por 3 a 1. Assim, no fechamento da fase de grupos o Brasil precisava ganhar de Portugal, e por larga diferença de gols. O receio instalou-se na concentração brasileira e a comissão técnica não se entendeu sobre a escalação. O resultado, mais uma derrota de 3 a 1, não poderia ter sido diferente. Como definiu o brasileiro Otto Glória, treinador de Portugal: "O Brasil tem o melhor futebol do mundo. Mas essa é uma das suas piores seleções". O rei Pelé saía ingloriosamente da Copa, sendo substituído no posto por outro negro lusófono, Eusébio, que os ingleses passaram a chamar de King.

Não foi apenas para os brasileiros que a Copa de 1966 deixou más lembranças. A arbitragem permitiu que aquele fosse o mais violento Mundial de todos os tempos. Pelé, por exemplo, vítima do búlgaro Jetchev no jogo de estreia, não pôde atuar na partida seguinte, contra a Hungria. Quando voltou, foi atingido pelo português Morais e, desde o trigésimo minuto de jogo, só fez figuração em campo. A substituição de um jogador por outro — exceto o goleiro — durante uma partida ainda não era permitida pela Fifa, o que só se efetivaria internacionalmente como regra a partir da Copa do Mundo de 1970, no México. A violência não foi apenas física: o treinador inglês, Alf Ramsey, chamou os argentinos de "animais", termo repercutido pelo jornal britânico *The Sunday Mirror* ao proclamar que o capitão argentino "e seus animais desonraram a Copa do Mundo". A arbitragem não funcionou também no plano técnico: dos seis gols da final entre Inglaterra e Alemanha Ocidental (4 a 2), três foram irregulares — inclusive o gol de desempate inglês na prorrogação, que o bandeirinha soviético legitimou mesmo com a bola que bateu no travessão e quicou no chão tendo ficado dezenas de centímetros longe da linha do gol.

Entretanto, nem tudo foi ruim. O público presente foi o maior da história das Copas até então. O público à distância cresceu muito, pois pela primeira vez a Copa inteira foi transmitida pela televisão, ainda em branco e preto, para grande parte do mundo. Dois problemas levantados pelo Mundial anterior foram então solucionados: o exame antidoping e a proibição de um jogador que já atuara por uma seleção vestir a camisa de outra. Também não se pode esquecer que foi a Copa de 1966 que revelou, no plano internacional, dois grandes jogadores: o chileno Figueroa (então com dezenove anos) e o alemão Beckenbauer (vinte), além de confirmar o estatuto do português Eusébio (com 24 anos na ocasião).

11. Festa mexicana e alegria brasileira: a Copa de 1970

Dois problemas antigos que ficaram ressaltados na Copa da Inglaterra levaram a mudanças a partir da Copa no México. Diante do número de jogadores contundidos que continuavam em campo apenas fazendo número, a Fifa decidiu que dois jogadores (além do goleiro, o que já acontecia desde 1958) poderiam ser substituídos durante a partida, o que premiava os melhores elencos, dava maiores possibilidades de trabalho aos treinadores e elevava o nível do espetáculo. Diante da pouca transparência quanto aos jogadores advertidos pelo árbitro, introduziu-se o uso de cartões coloridos exibidos publicamente aos faltosos. Mudanças estas que contribuíram para que a Copa de 1970 tivesse números um pouco melhores que a anterior na quantidade total de gols (95 contra 89) e na média geral destes (2,97 contra 2,78), no público presente nos estádios (1 673 975 contra 1 614 677), na média de torcedores por partida (52 312 contra 50 458), na audiência televisiva da decisão (600 milhões contra 400 milhões). A maior diferença, contudo, foi o ambiente festivo que os mexicanos imprimiram ao evento.

Outra novidade, acompanhando a expansão mundial do futebol e os interesses econômicos da Fifa, foi a redistribuição das vagas. Além das duas reservadas, uma ao campeão anterior (Inglaterra) e outra ao país-sede (México), coube pela primeira vez uma vaga à África, oito à Europa, três à América do

Sul, uma à América Central e do Norte, uma à Ásia e Oceania. Assim, as Eliminatórias foram as mais concorridas até então, estendendo-se por quase dois anos e envolvendo 69 países (onze deles africanos) em 172 partidas. Nesse contexto, algumas surpresas eram inevitáveis. A Romênia voltou a disputar uma Copa depois de 32 anos. Ausente das três edições anteriores, a Bélgica também retornou. O Peru, que até então só participara da Copa de 1930, reentrava no cenário internacional, em detrimento da Argentina, derrubada nas Eliminatórias. El Salvador, Israel e Marrocos faziam suas estreias.

Como a fase de grupos e as quartas de final não apresentaram nenhum resultado inesperado, as semifinais reuniram quatro antigos campeões mundiais em dois jogos emocionantes. Na Cidade do México, se Itália e Alemanha ficaram em 1 a 1 no tempo regulamentar, nos trinta minutos da prorrogação fizeram cinco gols numa sequência empolgante: vantagem alemã, empate italiano, virada italiana, empate alemão e, por fim, vitória italiana. No mesmo horário, em Guadalajara, Brasil e Uruguai reencontravam-se numa Copa do Mundo. Em erros individuais de um zagueiro e do goleiro brasileiros, o Uruguai inaugurou o placar e abriu a ferida do célebre Maracanazo, vinte anos antes. Mas em 1970 a pressão psicológica não era tão grande: a seleção não jogava em casa, não começara favorita e o time era mais maduro. Antes do intervalo veio o empate, e no segundo tempo, jogando com paciência, o Brasil conseguiu marcar aos 31 e aos 44 minutos. A seleção não só estava na final, como também — fator de peso, porém minimizado pela imprensa e pela torcida brasileiras — tinha escapado da prorrogação, que havia esgotado a Itália para a decisão.

Na final, o domínio brasileiro foi pouco eficaz no primeiro tempo, que ficou em 1 a 1, até que a partida se resolveu no segundo tempo, quando o poder de marcação italiano — historicamente a grande virtude da Azzurra — diminuiu. Pesou aí não apenas a prorrogação contra a Alemanha, três dias antes, como também o horário da decisão, meio-dia no calor mexicano. O fôlego italiano acabou aos quinze minutos do segundo tempo, e então Gérson marcou aos 21, Jairzinho aos 24 e Carlos Alberto aos 42, em gol de antologia que concluiu 28 toques na bola dados por nove brasileiros diferentes. Jogada literalmente coletiva que selava a conquista do inédito tricampeonato mundial.

Na memória futebolística brasileira, embora as seleções de 1962, 1994 e 2002 também tenham sido campeãs, a preferência se divide entre a de 1958 e a de 1970. Na opinião de Pelé, compartilhada por muitos comentaristas, a que jogou na Suécia possivelmente tinha melhores individualidades (oito jogadores eleitos na seleção da Copa) que a do México (cinco brasileiros entre os melhores da competição), mas esta teria tido melhor conjunto. Ela marcou mais gols (dezenove a dezesseis), porém foi mais vazada (sete a quatro); o saldo de gols, portanto, é igual (doze). Sendo difícil, na verdade irrelevante, definir qual delas foi melhor, é inegável que duas circunstâncias ajudaram a imortalizar a seleção do tricampeonato. Uma é que, pela primeira vez, a Copa do Mundo foi transmitida pela televisão ao vivo e em cores (para o Brasil ainda em branco e preto), e 52 países assistiram à final. A outra é que, naquela década, o futebol retrancado progredia, e por isso ver Jairzinho, Tostão, Pelé e Rivellino, apoiados por Gérson e Carlos Alberto, atacarem com convicção, constância, habilidade e harmonia era um bálsamo para os amantes do futebol.

Caso do poeta e cineasta italiano Pier Paolo Pasolini, que escreveria no ano seguinte — sem dúvida tendo em mente a demonstração no estádio Azteca — que os brasileiros jogavam um "futebol de poesia". Futebol que marcou ainda mais os espíritos por contraste com a outra final entre Brasil e Itália, em 1994, que terminaria com um insosso 0 a 0 depois de noventa minutos de partida e mais trinta de prorrogação.

12. Futebol eficaz versus futebol total: a Copa de 1974

O mundo naquele ano esteve bem agitado. De um lado esboçaram-se mudanças positivas, como o fim do salazarismo em Portugal (e a consequente independência de suas colônias africanas), a expectativa de redemocratização na Espanha, confirmada no ano seguinte com a morte do general Franco, e a renúncia de Nixon nos Estados Unidos após o escândalo de Watergate. De outro lado, entretanto, não tinham desaparecido grupos e governos favoráveis a ações violentas, fossem eles de esquerda, como o Baader-Meinhof na Alemanha, fossem de direita, como a linha dura militar no Brasil, que não aceitava a abertura "lenta, gradual e segura" proposta pelo presidente Geisel. No plano esportivo, o projeto idealista de Jules Rimet terminou de ser sepultado em junho daquele ano com a eleição de João Havelange para a presidência da Fifa, cargo que ocuparia até 1998.

Na Copa de 1974, a seleção mais aguardada era a da Holanda, dirigida por Rinus Michels, que havia montado o time do Ajax campeão europeu de clubes em 1971 e que, sem grandes mudanças, venceria ainda em 1972 e 1973 sob o comando do romeno Ştefan Kovács. A dinâmica de jogo criada por Michels impressionava pelas novidades que trazia e pelas dificuldades que impunha aos adversários — movimentação constante (daí as célebres denominações de "Carrossel Holandês" ou "futebol total"), ataque e defesa em bloco, troca contínua de passes, alto percentual de posse de bola. Para executar esse tipo de jogo, eram necessários futebolistas não somente de qualidade, mas também ecléticos, desempenhando variadas funções ao longo de cada partida. E Michels os tinha, sobretudo Johan Cruijff, ganhador da Bola de Ouro em 1971, 1973 e 1974, escolhido pela revista italiana *Guerin Sportivo* em 1996 como o terceiro maior camisa 10 de todos os tempos (superado apenas por Pelé e Maradona) e definido pelo jornal francês *L'Équipe* em 2005 como "talvez o melhor jogador europeu de todos os tempos".

Também se esperava bastante da Alemanha Ocidental. Além de jogar em casa, a seleção alemã tinha como base o time do Bayern de Munique, que conquistara o título europeu de clubes apenas cinquenta dias antes da final da Copa do Mundo. Nesse plano, ocorria uma transmissão de cetro que augurava coisas boas para a seleção alemã: ao tricampeonato do time de Amsterdam (1971-3) sucederia o tricampeonato do time de Munique (1974-6). Da mesma forma, quem interrompeu a sequência de Cruijff na premiação de melhor jogador da Europa foi Beckenbauer, Bola de Ouro em 1972 (e depois em 1976). Ademais, como país de futebol, a Alemanha já tinha naquele momento um cartel nada desprezível: ia para sua oitava participação em Copas do Mundo, tendo sido campeã em 1954, vice-campeã em 1966, terceira colocada em 1934 e 1970 e quarta colocada em 1958. Sua pior participação havia sido um décimo lugar na distante Copa de 1938. Embora menos brilhante que a Holanda, a Alemanha tinha uma equipe consistente e mentalmente forte. Como haviam feito vinte anos antes com a Hungria, de novo os alemães se superaram e venceram (2 a 1) a equipe mais bem dotada tecnicamente.

O Brasil, de seu lado, chegou à Copa de 1974 sem a brilhante geração de 1970, da qual continuavam apenas Jairzinho, Rivellino, Piazza e Marco Antônio (este sem ter atuado). Fosse por falta de interlocutores, como tivera no México com Pelé, Gérson, Carlos Alberto e Tostão, fosse por soberba devido ao título conquistado quatro anos antes, Zagallo foi enfrentar a Holanda na semifinal pouco conhecendo dela, qualificando-a depreciativamente como dona de um "futebol alegrinho". A declaração antes da partida foi ainda mais infeliz: "O time deles é bom, mas os holandeses não têm tradição em Copas e isso pesa. A Holanda não me preocupa. Estou pensando na final com a Alemanha". Mas o retrospecto da seleção na primeira fase da Copa não autorizava essa empáfia. O Brasil havia empatado em 0 a 0 com Iugoslávia e Escócia, classificando-se para a etapa seguinte pelo saldo de gols ao vencer o Zaire por 3 a 0.

Ora, esse não era um resultado a levar muito em conta. Dos países que estreavam em Copas (Alemanha Oriental, Austrália, Haiti e Zaire), este último foi o pior de todos. Quando conquistou a Copa Africana de Nações e a classificação para ir à Alemanha, o ditador do país disse que daria generosos prêmios aos jogadores, mas não cumpriu o prometido e a seleção estava desmotivada na Copa: tomou catorze gols e não marcou nenhum. É verdade que, depois do Zaire, o Brasil passou por Alemanha Oriental (que na fase inicial vencera a futura campeã Alemanha Ocidental) e Argentina, porém naquelas cinco partidas o time fez apenas seis gols. A Holanda, por sua vez, antes de enfrentar o Brasil, assinalara o dobro de gols e conseguira resultados mais expressivos contra os mesmos adversários: 4 a 0 na Argentina (a seleção brasileira fez 2 a 1) e 2 a 0 na Alemanha Oriental (nossa seleção venceu por 1 a 0). Não foi surpresa, então, a tranquila vitória da Holanda sobre o Brasil por 2 a 0, nem a derrota brasileira para a Polônia por 1 a 0 na disputa do terceiro lugar.

13. Ditaduras imorais e campeão moral: a Copa de 1978

Aquilo que a rica e civilizada Argentina de antes da guerra não conseguira — sediar a Copa, reivindicada em 1930, 1934 e 1938 —, e que lhe continuou a ser recusado no delicado período peronista — tentativas falhadas em 1950 e 1962 —, ironicamente aconteceu quando o país era dominado por uma sanguinária ditadura militar que tomara o poder em 1976. Na Europa, formou-se um Comitê de Organização de Boicote à Argentina visando a mudar o Mundial para outro país. Na Holanda e na França surgiram protestos contra a Copa da Argentina, inclusive por parte de jogadores. Mas o alemão Berti Vogts, conhecido pela simpatia por regimes políticos fortes, tomou a defesa da Argentina, lamentando que "tantas coisas desagradáveis tenham sido ditas sobre este belo país". De toda forma, o presidente da Fifa, João Havelange, não se mostrava disposto a alterar o programado, e na cerimônia de abertura foi condecorado pelo general Videla, chefe da junta militar. Por outras razões, o papa Paulo VI enviou sua bênção para a Copa, e o secretário de Estado norte-americano Henry Kissinger, convidado especial, saudou o país de "grande futuro em todos os níveis".

Com efeito, se nos bastidores ocorriam torturas e assassinatos políticos, a fachada era de um país organizado e próspero. Segundo informa o escritor uruguaio Eduardo Galeano, "os jornalistas alemães mais veteranos confessaram que o Mundial de 1978 lhes recordava a Olimpíada de 1936, que Hitler tinha celebrado com toda a pompa, em Berlim". Lançada a competição e todo o alvoroço midiático em torno dela, o mundo esqueceu a conturbada situação política argentina. Estela de Carlotto, presidente da associação das Avós da Praça de Maio — que tem como finalidade denunciar as atrocidades cometidas pelo regime e localizar os desaparecidos durante o período da ditadura militar argentina —, conta que enquanto ela e o marido choravam na cozinha o desaparecimento da filha, o resto da família vibrava na sala com os gols da seleção nacional. Terminada a Copa, foi nomeado vice-presidente da Fifa o almirante Carlos Alberto Lacoste, que se suspeitava ter mandado eliminar fisicamente dois companheiros de governo para se tornar o responsável pela organização do Mundial e pelas imensas verbas destinadas a ele.

Dentre os países mais ou menos assíduos em Copas, quase todos estavam lá. Faltaram apenas Inglaterra, Iugoslávia e União Soviética. Como debutantes chegaram o Irã e a Tunísia, que se tornaria o primeiro país africano a vencer uma partida em Copa do Mundo (3 a 1 sobre o México). A artilharia foi um pouco maior (102 gols no total, média de 2,68 por partida) que na edição anterior (97 gols, média de 2,55), e entre eles esteve o milésimo gol em Copas, anotado pelo holandês Rensenbrink no jogo frente à Escócia. E teve também o gol mais rápido da história das Copas até então, marcado pelo francês Lacombe aos 37 segundos contra a Itália (recorde quebrado em 2002 pelo turco Şükür). O goleador do torneio, o argentino Mario Kempes, fez seis gols. Apesar do entusiasmo dos argentinos, o público foi um pouco menor (42 374 por jogo) que na Alemanha (46 684).

A seleção brasileira, comandada por Cláudio Coutinho, que tinha sido um dos preparadores físicos em 1974, não apresentou futebol menos burocrático do que na Copa anterior. Empatou quatro jogos e ganhou três. Para chegar então à final, precisava que a Argentina não derrotasse o Peru por uma diferença de quatro gols. No entanto, ela ganhou de 6 a 0. Logo surgiram suspeitas de corrupção, mas o Brasil tinha vencido o mesmo Peru por 3 a 0 quando este ainda podia aspirar a alguma coisa na competição. Não era impossível, portanto, que a motivada Argentina, jogando em casa, goleasse o Peru, que já não tinha nenhuma chance no torneio. Kempes explicou que a equipe jogou "sem trapaça, mas com muita força em nossas almas". Ao Brasil restou disputar o terceiro lugar contra a Itália, com uma vitória de 2 a 1.

Cláudio Coutinho diria depois que o Brasil foi "campeão moral", sem levar em conta o fraco futebol apresentado. A dúvida sobre a lisura na partida entre Argentina e Peru persistiu, até que em princípios de 2012 o ex-senador peruano Genaro Ledesma denunciou a existência de um plano de cooperação entre as ditaduras argentina e peruana para exterminar opositores. Como parte desse acordo, a seleção do Peru entregou o jogo. Em troca, a Argentina recebeu presos políticos peruanos (entre eles Ledesma) deportados como "prisioneiros de guerra" (*El País*, 7 fev. 2012). O secretário do Tesouro argentino à época, Juan Alemann, acrescentaria mais tarde que seu governo doou 35 mil toneladas de trigo ao Peru e emprestou-lhe 50 milhões de dólares. Como quer que seja, a decisão no Monumental de Núñez opôs Argentina e Holanda. Embora ainda fosse um time respeitável, a Holanda não era mais dirigida por Michels e ressentia-se da ausência de cinco jogadores da final de 1974, entre eles Cruijff. Mesmo assim, quase venceu no último minuto, quando Rensenbrink mandou a bola na trave. O empate em 1 a 1 no tempo regulamentar levou a decisão para a prorrogação, e a Argentina, empurrada por seus torcedores, fez dois gols e ficou com o título.

14. Futebol bonito versus futebol efetivo: a Copa de 1982

No momento em que os brasileiros esperavam mudanças na gestão do país, o futebol surpreendentemente se antecipou. Em 1980, foi eleito presidente da CBD o empresário e ex-presidente do América do Rio de Janeiro, Giulite Coutinho. No mesmo ano, o futebol passou a ter entidade própria, desmembrada dos demais esportes: a CBF. Buscando recuperar o prestígio da seleção brasileira, abalado pelas Copas de 1974 e 1978, ele criou um moderno centro de treinamento em Teresópolis, a Granja Comary, e para treinador da seleção escolheu Telê Santana.

A Copa do Mundo realizada na Espanha em 1982 também apresentaria novidades. Pela primeira vez, eram 24 os países participantes. A geopolítica do futebol mudava: catorze europeus, seis americanos, dois africanos, um asiático e um oceânico. Os estreantes foram Argélia, Camarões, Honduras, Kuwait e Nova Zelândia. Ainda que todos tenham caído na primeira fase, os africanos não decepcionaram. A Argélia derrotou a Alemanha e só não passou para a fase seguinte devido a um vergonhoso arranjo entre alemães e austríacos na última partida do grupo. Camarões obteve três empates e saiu invicto da Copa, perdendo a vaga para a Itália no saldo de gols. Tendo um maior número de seleções fracas, esse Mundial alcançou uma média de gols por partida superior à de quatro anos antes (2,8 contra 2,68). Bastou um único confronto para isso:

Hungria 10 × 1 El Salvador, o placar mais elástico da história das Copas até hoje.

Reverso da medalha, a média de público caiu cerca de 20%, passando de 42 374 para 33 967. Em parte, isso se deveu à má campanha da equipe da casa (a Espanha terminaria em 12º lugar), mas também ao fato de terem acontecido vários jogos sem grande interesse. Se a queda de público foi ruim para o Comitê Organizador local, para a Fifa o importante foi que o número de partidas passou de 38 nas edições anteriores para 52 nesse Mundial, o que significou contratos mais vantajosos de direito de transmissão — a Copa foi televisionada para 140 países e vista por 1 bilhão de pessoas.

Para a imprensa especializada internacional, o Brasil estava mais uma vez entre os favoritos. A anfitriã Espanha, embora país de grande tradição no futebol de clubes, até então raramente havia se apresentado bem em Copas. Seus melhores desempenhos tinham sido um quarto lugar em 1950 e um quinto em 1934. A Argentina, apesar da estreia de Maradona em Copas do Mundo, não tinha a motivação e o poderio de quatro anos antes. Foi derrotada pela Bélgica na partida de abertura, e horas depois a televisão mostrava para todo mundo o comandante da Marinha da Argentina reconhecendo a derrota diante dos ingleses na Guerra das Malvinas. Com o futebol e o orgulho nacional em baixa, a seleção terminaria a competição no melancólico 11º lugar. A França, por sua vez, tinha um bom time. Na semifinal, abriu dois gols de vantagem sobre a Alemanha, mas com menos garra cedeu o empate e com menos sorte perdeu nos pênaltis a vaga para a final.

A Itália chegou à Copa desacreditada, e o atacante Paolo Rossi estava sem ritmo de jogo: acusado de falcatruas para favorecer apostadores da loteria esportiva, ele tinha sido suspenso por dois anos e voltara a jogar apenas um mês e meio antes da Copa. Das quatro primeiras partidas, a Itália ganhou somente uma, empatando as demais, mesmo contra adversários de pouco prestígio, como Peru e Camarões. E mais tarde a justiça italiana investigaria a suspeita de suborno de jogadores camaroneses. O Brasil, que ia enfrentar a Itália nas quartas de final, vinha, ao contrário, apresentando futebol vistoso e eficiente. Conseguiu quatro vitórias nas quatro primeiras partidas, fazendo treze gols e tomando apenas três. Bastava-lhe o empate para avançar à semifinal.

Mas, como todo torcedor brasileiro sabe, logo aos cinco minutos do primeiro tempo Rossi abriu o placar. Aos doze minutos Sócrates empatou, e aos

25 minutos Rossi marcou novamente. A vantagem italiana continuou no segundo tempo por longos 23 minutos, quando Falcão empatou. Aos trinta minutos, contudo, a Itália passou outra vez à frente, sempre com Rossi. Nesse momento, além da vantagem no placar, os italianos tinham clara vantagem psicológica e tática, pois é da sua cultura futebolística controlar o jogo. Assim, estiveram mais perto do quarto gol (que na verdade marcaram, embora anulado pelo árbitro) do que os brasileiros do empate (o único lance perigoso foi uma cabeçada do zagueiro Oscar, para grande defesa de Dino Zoff). Essa partida que fez o favorito Brasil deixar a Copa aconteceu no estádio Sarrià, em Barcelona, mas lembrou muito o Maracanã de 1950.

Embalada pelo feito, a Itália venceu na semifinal a Polônia (2 a 0, dois gols de Rossi) e na final a Alemanha (3 a 1, mais um gol de Rossi). O consolo brasileiro, um relativo consolo, viria dezessete anos depois em uma dessas pesquisas comuns em fins do século xx: a seleção brasileira de 1982 foi incluída entre as cinco melhores de todos os tempos, embora sem ter conquistado um título.

15. Terremoto no México e no futebol brasileiro: a Copa de 1986*

Com grande senso histórico, Telê Santana proclamara em 1982 que a seleção brasileira não era coisa para homem sério. Mas com grande senso revanchista sobre o destino, em maio de 1985 ele aceitou retomar o comando da seleção, cuja classificação para o Mundial no México parecia correr riscos. O problema é que, do ponto de vista do jogo, a esplêndida geração de atletas da Copa da Espanha estava envelhecida. Do ponto de vista da retaguarda institucional, o coordenador da CBF era o deputado Nabi Abi Chedid, que tinha outros interesses além do futebol. Do ponto de vista nacional, a traumática morte de Tancredo Neves, em abril de 1985, levara à difícil presidência de José Sarney. Do ponto de vista latino-americano, as esperanças do protocolo do Mercosul, assinado em novembro de 1985 com a Argentina, logo foram revelando seus limites. Do ponto de vista mundial, o otimismo europeu contrastava com a situação nos demais continentes: não é fortuito que, também em 1985, a Comunidade Europeia tenha adotado como hino a "Ode à alegria" de Beethoven, tenha assinado o tratado que abolia as fronteiras internas, tenha aceitado a adesão de Espanha e Portugal, ambos presentes na Copa de 1986,

---

* Versão original publicada na *Folha de S.Paulo*, 16 maio 2010, Caderno Especial Copa, p. 2.

com a volta de Portugal ocorrendo vinte anos depois de sua anterior e até então única participação em Copas do Mundo.

A África continuava às voltas com suas dificuldades crônicas, agravadas pela descolonização e pelas pressões da Guerra Fria. Apesar de protestos internacionais, em 1985 a África do Sul instalou um governo branco na Namíbia. Não por acaso, participaram da Copa apenas países do norte africano (Argélia e Marrocos), região de PIB per capita bem superior ao da África subsaariana. O Marrocos, treinado pelo brasileiro José Faria, foi o primeiro país africano na história da competição a alcançar as oitavas de final — e, segundo Rivellino, "jogando no estilo brasileiro". A América Latina, por sua vez, também tinha problemas, sobretudo para acolher uma Copa do Mundo. A Argentina redemocratizou-se em 1983, mas era difícil gerir a herança da ditadura. A Colômbia havia sido escolhida oito anos antes como sede da Copa de 1986, mas desistiu em fins de 1982 devido à crise político-social no país. Pensou-se no Brasil para substituí-la, mas além de condições econômicas pouco favoráveis para tal havia disputas políticas nos bastidores do futebol. Giulite Coutinho, reeleito presidente da CBF em janeiro de 1983, era adversário político de João Havelange, que como presidente da Fifa designou em maio do mesmo ano o México para receber a competição. Um ano antes da Copa, porém, um terremoto matou ali 20 mil pessoas e prejudicou as infraestruturas do país: na solenidade de abertura, o sistema de comunicações provocou "o maior desastre da história da televisão esportiva", na avaliação do então secretário-geral da Fifa, Joseph Blatter.

No Brasil, enquanto o país real passava da euforia da redemocratização à dura realidade da falta de espírito público dos políticos, o país da fantasia passava da euforia pela volta do técnico de 1982 à dura realidade do declínio de jogadores importantes e do relacionamento tenso no interior do grupo. À morte do messias político (Tancredo) correspondia certa frustração com o messias futebolístico (Telê). Às dificuldades em disciplinar as forças políticas correspondia a dificuldade em disciplinar certos jogadores (Renato Gaúcho e Leandro antes da viagem, Casagrande e Alemão já no México). Às dificuldades em substituir homens públicos ultrapassados (Sarney tinha sido presidente da Arena, partido de sustentação do regime militar) correspondia a dificuldade em encontrar substitutos para grandes jogadores com problemas físicos (Zico, Sócrates, Falcão). À simpatia que o Brasil gozava no concerto das nações correspondia certa complacência dos árbitros que favoreceram a seleção nas partidas contra União Soviética e Espanha. À desilusão popular provocada pelo novo governo correspondia a decepção provocada pelo jogo da seleção — até mesmo o público mexicano, que em lembrança de 1970 apoiara nosso time nas duas primeiras partidas, passou a torcer pelos argelinos na terceira.

No mundo real havia razões para se duvidar da sorte. Depois do entusiasmo gerado pelo Plano Cruzado, de fevereiro de 1986, os problemas foram ressurgindo e, um ano mais tarde, a inflação ultrapassaria os 365%. O mundo do futebol também lamentou o destino. Na partida de quartas de final contra a França, o Brasil jogou duas bolas na trave (Müller e Careca) e perdeu um pênalti com um grande especialista (Zico). Após o empate em 1 a 1 no tempo regulamentar e uma prorrogação emocionante, embora sem gols, a partida foi para a disputa de pênaltis. O Brasil perdeu a primeira cobrança com outro especialista (Sócrates), sofreu um gol em que a bola bateu na trave e nas costas do goleiro Carlos antes de entrar, enquanto o petardo do zagueiro Júlio César bateu na trave e saiu. Muito azar? Talvez. Mas também faltaram frieza e concentração na hora H. Nessa Copa, se Deus não foi brasileiro, é porque foi argentino: deu uma mãozinha no célebre primeiro gol de Maradona contra a Inglaterra. Porque no futebol, só no futebol — o drama brasileiro é não ter até hoje entendido isso —, algumas vezes a criatividade irresponsável vence a eficácia perseverante, a Argentina derrotou a Alemanha na final. E aumentou no Brasil a sensação de injustiça.

16. Entre camarões e chucrute: a Copa de 1990*

"Estou aqui para dar alegria aos homens. Este é o espírito que faz o nosso futebol ser alegre." Essa declaração sintetiza a maneira de jogar da sensação da Copa de 1990 na Itália, a seleção africana de Camarões. O autor da frase, Roger Milla, já tinha então 38 anos e ainda assim marcou quatro gols naquele Mundial. Enquanto a França, terceira colocada na edição anterior, sequer disputou a Copa de 1990, Camarões, sua ex-colônia, tornada independente somente trinta anos antes, avançou até as quartas de final, sendo superada pela Inglaterra apenas na prorrogação. E isso sem ter os recursos, por exemplo, de outro país sem tradição no futebol, os Emirados Árabes Unidos, cujo crescimento econômico anual de 3% permitiu uma boa preparação sob o comando de Carlos Alberto Parreira, o que não lhe rendeu, porém, sequer um empate.

De fato, Camarões tinha taxa de crescimento de apenas 0,6% e era vítima de graves problemas sociais, como quase todos os países da África negra (em 1988, 1 milhão de pessoas tinha entrado em greve na África do Sul contra o regime racista do apartheid). Apesar disso — ou por causa disso, como a frase de Milla sugere —, na fase de grupos Camarões venceu a então campeã Argentina e a Romênia, e nas oitavas de final passou pela Colômbia. Mas seu técnico

---

* Versão inicial publicada na *Folha de S.Paulo*, 16 maio 2010, Caderno Especial Copa, p. 3.

soviético não conseguiu disciplinar o jogo camaronês — sete gols marcados, nove sofridos — e impedir a eliminação. De toda forma, até então nunca uma seleção africana tinha chegado tão longe na competição, e sua maneira descontraída de jogar marcou os espíritos. A África árabe também não fez feio, com o Egito tendo conseguido dois honrosos empates (contra Holanda e Irlanda) e sido eliminado pela Inglaterra por escasso 1 a 0.

Na contramão disso esteve o cauteloso Brasil, que abandonou seu tradicional futebol agressivo e marcou apenas quatro gols, sendo eliminado nas oitavas de final — ironicamente na sua melhor apresentação — pela Argentina, que, embora tenha chegado à decisão, não estava muito melhor e fez apenas cinco gols na competição. A Copa da Itália, como um todo, foi das mais fracas tecnicamente. E violenta, apesar de a Fifa ter instituído pela primeira vez pesadas multas para atletas punidos com cartão. A partida decisiva teve apenas um gol, de pênalti, enquanto nas treze edições anteriores o placar mais magro tinha sido de dois gols (em 1978). Em todas as outras, o marcador foi mexido três (1934, 1950, 1974), quatro (1962, 1966, 1982), cinco (1954, 1970, 1986), seis (1930, 1938) e até mesmo sete vezes (1958). Não por acaso, logo após a Copa de 1990, a Fifa alterou a lei do impedimento, permitindo ao atacante estar na mesma linha do adversário. E anunciou que a partir de 1994 haveria três representantes africanos na Copa. É verdade que o continente esteve representado já em 1934 (Egito), mas isso tinha voltado a acontecer apenas em 1970 (Marrocos). O dado novo que estimulou a decisão da Fifa foi a esperança de que o futebol solto e ofensivo dos africanos reintroduzisse o espetáculo, como tinha feito Camarões.

A participação brasileira foi a terceira pior da história, superior somente às de 1934 e 1966. Existiam razões futebolísticas e extrafutebolísticas para tanto. O país não ia bem. A Constituição promulgada em 1988 começava a mostrar que tamanho não é qualidade. No ano seguinte, a primeira eleição direta para a Presidência da República depois do fim da ditadura comprovava que democracia não é necessariamente sinônimo de acerto. Na economia, tínhamos um mercado interno dos mais isolados do mundo e grande desequilíbrio nas contas públicas. No futebol, o espírito autocrático prevalecia, e Ricardo Teixeira, mesmo sem experiência, substituiu em 1989 seu sogro João Havelange à frente da CBF. Ele escolheu para a seleção um técnico sem maior expressão e que um ano antes da Copa trabalhava na Arábia, Sebastião Lazaroni. O período de preparação foi ruim, e a desorganização foi tanta que, um mês e meio antes da Copa, apenas dez dos 22 convocados se apresentaram na data marcada. A comissão técnica estava rachada, com o médico e o treinador divergindo quanto ao aproveitamento de Romário, que se recuperava de uma fratura no pé. Jogadores reivindicavam publicamente um lugar no time, conturbando o ambiente. Não havia acordo quanto à divisão do "bicho" prometido pelo título.

Assim, vista retrospectivamente, a conquista da Alemanha Ocidental não causa surpresa. O país era o maior exportador do mundo, e o entusiasmo nacional grande com a queda do Muro de Berlim no ano anterior e com a expectativa da próxima reunificação das duas partes separadas pela Cortina de Ferro, então a caminho de ser dilacerada. Naquele contexto que mexia com o bloco comunista, a Alemanha venceu na fase de grupos a Iugoslávia e nas quartas de final a Tchecoslováquia, cujo dirigente explicou que "pela primeira vez acontecem eleições livres no nosso país depois de quarenta anos, e isso é bem mais importante que a Copa do Mundo". Dirigida por Beckenbauer, campeão como jogador em 1974 e vice-campeão como treinador em 1986, a Alemanha venceu jogando de forma fiel à sua tradição, com muita disciplina tática e determinação.

17. A potência do futebol no país potência: a Copa de 1994[*]

A Copa de 1994 sinalizava a globalização que iria se acentuar com a edição de 2002 na Coreia do Sul e no Japão e com a de 2010 na África do Sul: a alternância da sede entre Europa e América Latina foi rompida com a escolha dos Estados Unidos — fato sintomático por se tratar do país do beisebol, do basquete e do futebol local (espécie de variante do rúgbi), não do futebol de origem inglesa praticado nos demais países. Mas a primeira economia mundial representava um mercado extremamente atraente. Era preciso seduzi-lo. Acostumado aos largos placares dos esportes nacionais, o público estadunidense poderia achar o futebol pouco emocionante, sobretudo se repetido o desempenho da Copa anterior e sua baixa média de gols (2,21), a menor da história da competição. Preocupada com isso, a Fifa estimulou o jogo ofensivo determinando a partir de 1993 que o goleiro não poderia mais segurar com as mãos uma bola intencionalmente recuada com os pés. Ademais, a Copa de 1994 seria a primeira a premiar com três pontos cada vitória, tornando o empate pouco interessante.

O público local, de pequena cultura futebolística, não se mostrou, porém, sensível a tais sutilezas da regra. Uma pesquisa de opinião realizada horas antes

---

[*] Versão inicial publicada na *Folha de S.Paulo*, 16 maio 2010, Caderno Especial Copa, p. 4.

da abertura da Copa indicou que 56% dos estadunidenses não pretendiam assistir a partida alguma. Contudo, classificando-se para as oitavas de final, a seleção anfitriã levou mais de 84 mil espectadores a acompanharem em San Francisco a partida contra o Brasil. A desclassificação não comprometeu o orgulho nacional, depositado na organização do evento que deveria refletir a posição do país como única superpotência mundial desde o fim da Guerra Fria graças à queda do Muro de Berlim em novembro de 1989. O otimismo nacional era grande com a expansão das exportações, o crescimento do Produto Nacional Bruto e a política social de Bill Clinton, que assumira a presidência do país em janeiro de 1993. Planejada para ser um espetáculo, como os Estados Unidos têm o hábito de fazer com todo evento, a Copa foi bem organizada, os árbitros pela primeira vez usaram uniformes coloridos, as partidas desenrolaram-se em estádios imponentes e alcançou-se a maior média de público (68 991) de todas as Copas até hoje.

A média de gols subiu (2,71), mas a qualidade técnica não foi das maiores. Devido ao bom desempenho da seleção de Camarões quatro anos antes, depositava-se muita esperança no futebol africano. Isso foi em parte concretizado pela Nigéria, que terminou em primeiro lugar no seu grupo (do qual fazia parte a Argentina) e vendeu caro a eliminação nas oitavas de final, quando a Itália conseguiu o empate a dois minutos do fim e venceu na prorrogação com gol de pênalti. Todavia, os outros representantes do continente não foram bem. À imagem de seu herói Milla (que não deixou de marcar um gol apesar de seus 42 anos de idade), o time camaronês estava envelhecido e não passou da fase de grupos. O Marrocos conseguiu ser pior, não ganhando sequer um ponto. O drama africano, contudo, não era futebolístico, e sim sociopolítico. No começo de 1994, o ditador do Zaire (atual República Democrática do Congo), Mobuto Sese Seko, exigiu que Ndaye Mulamba, herói da seleção nacional campeã da África vinte anos antes, lhe cedesse a medalha que acabara de receber na Tunísia, que o condecorou em homenagem a tudo o que fizera pelo futebol africano. Diante da recusa, a casa do jogador foi invadida por acólitos do ditador, que espancaram Mulamba, balearam-no na perna e mataram seu filho. Em Ruanda, entre abril e junho, a etnia hutu, apoiada pelo Exército, massacrou 1 milhão de pessoas de outras etnias, sobretudo tútsis.

A síntese do fraco futebol da Copa de 1994 foi a final entre dois tricampeões, Brasil e Itália, que pela primeira vez na história terminou em empate sem gols, obrigando a uma decisão por pênaltis de baixo aproveitamento (quatro chutes em nove foram desperdiçados). As razões disso não foram estritamente futebolísticas. A conquista brasileira com o futebol "contido, triste, chato" denunciado pela imprensa refletia o momento do país. Apesar da democracia reforçada pelo impeachment de Collor em fins de 1992, a violência social continuava a avançar. No mesmo dia em que o vice Itamar Franco assumiu a presidência do país, ocorreu a chacina de presidiários no Carandiru; menos de dez meses depois, a de meninos de rua na Candelária; um mês mais tarde, a de índios ianomâmis em Roraima; poucos dias depois, a de trabalhadores na favela de Vigário Geral. O Plano Real lançado em fevereiro de 1994 não eliminara o ceticismo quanto ao fim da inflação média de 764% nos anos anteriores. Entre 1980 e 1993, o Brasil tinha conhecido quatro moedas, cinco congelamentos de preços, nove planos de estabilização, onze índices para medir a inflação. A Itália não gozava de clima político-social melhor. A Operação Mãos Limpas revelava desde 1992 a corrupção sistêmica que atingia todos os escalões do Estado, contexto no qual Silvio Berlusconi (dono do Milan, o grande time italiano de então) ganhou as eleições de março de 1994 para em julho (mês da Copa) já estar envolvido em escândalos fiscais.

18. Da convulsão de Ronaldo à convulsão da França: a Copa de 1998*

A França, maior potência do mundo entre os séculos XVII e XIX ao lado da Inglaterra, conheceu uma primeira metade do século XX difícil, com duas invasões alemãs, 2 milhões de cidadãos mortos nas guerras, muita discórdia na política interna, a vergonha de parte da população ter colaborado com os nazistas, a perda do império colonial, o recuo do francês como língua internacional. Nesse contexto, desde o início o futebol acenou como um caminho de reafirmação nacional. A França tomou a iniciativa da fundação da Fifa, da criação da Copa do Mundo, da implantação da Liga dos Campeões, da instituição do prêmio Bola de Ouro. A França marcou o primeiro gol em Copas do Mundo e tem o maior goleador em uma única edição (Fontaine, treze gols em 1958), mas até então seu melhor desempenho na competição tinha sido o terceiro lugar em 1958 e 1986. Pior, depois disso não havia se classificado para as Copas de 1990 e 1994. Assim, sediar a última Copa do século XX tornou-se, além da obrigação de uma organização exemplar como país que mais acolhe turistas no mundo, uma oportunidade única no campo esportivo.

O simbolismo era forte. Se a Copa jogada na França em 1938 ocorrera em clima de desunião nacional que levaria à derrota na Segunda Guerra Mundial,

---

* Versão inicial publicada na *Folha de S.Paulo*, 16 maio 2010, Caderno Especial Copa, p. 5.

a de 1998 poderia inaugurar uma convulsão positiva, uma nova e pacífica revolução francesa que ajudasse a pôr fim à "fratura social" diagnosticada pelo presidente Jacques Chirac. Com efeito, a força de certos eventos esportivos, sobretudo de modalidades coletivas como o futebol, reside no fato de funcionarem como depositários de esperanças e frustrações de toda uma comunidade.

No caso francês, a conquista do título teve o poder de valorizar a recente diversidade étnica da nação, sintetizada na seleção constituída por descendentes de antilhanos (Henry), argelinos (Zidane), argentinos (Trezeguet), armênios (Djorkaeff), ganeses (Desailly), guadalupenses (Thuram), polinésios (Karembeu), portugueses (Pires), senegaleses (Vieira). No caso brasileiro, a derrota na final encontrou na mal explicada convulsão de Ronaldo a justificativa do fracasso. No caso croata, o terceiro lugar desse pequeno e novo país — independente da Iugoslávia em 1991, contra a qual precisou lutar até 1996 para garantir a autonomia — serviu para reafirmar o orgulho por sua unidade étnica. A declaração do zagueiro Štimac foi clara: "É muito bom termos feito melhor que os iugoslavos [eliminados nas oitavas de final]".

O torneio de 1998 também lembrou que as Copas do Mundo podem servir para desarmar os espíritos na política internacional. Foi o que aconteceu no encontro entre Estados Unidos e Irã, que preocupava a todos devido às tensões geopolíticas entre os dois países. Contudo, os jogadores das duas seleções posaram de braços dados para as fotos antes do início do jogo, e durante a partida não houve violência nem provocação, mostrando que se o futebol não consegue estabelecer a paz (o que não é seu objetivo), ao menos pode não alimentar a guerra. O que não elimina, é claro, ações violentas isoladas ou de pequenos grupos, como no caso de hooligans alemães que atacaram e feriram gravemente um policial francês, símbolo da ordem estabelecida.

A Copa da França reafirmou o avanço da globalização no futebol. De 24 países nas edições anteriores passou-se para 32, cinco dos quais africanos e quatro asiáticos. A festa teve, assim, convidados inabituais: África do Sul, Croácia, Jamaica e Japão puderam participar pela primeira vez; Arábia Saudita e Coreia do Sul apareciam pela segunda vez consecutiva; o Irã conseguiu voltar depois de vinte anos de sua anterior e até então única presença no torneio. Cada um desses casos não é tributário apenas da mudança de regulamento, mas da própria história. O exemplo da África do Sul é ilustrativo. Embora tenha sido o primeiro país não europeu filiado à Fifa, em 1910, o futebol era ali praticado quase apenas por negros, que, mesmo sendo maioria, eram discriminados. O fim da política de separação racial em 1994 permitiu a afirmação do futebol sul-africano, que dois anos depois organizou e venceu a Copa Africana de Nações. Em 2004, ficaria claro que logo aquele país seria a maior potência econômica africana, e então foi escolhido como sede da Copa do Mundo de 2010. Também é expressivo que em 1998 a final tenha sido apitada pela primeira vez por um árbrito africano, o marroquino Said Belqola.

Igualmente sintomático é que a Ásia — que acolheria a Copa seguinte — tenha passado a ter o dobro de representantes das edições anteriores, e entre eles os países que organizariam em conjunto a primeira Copa do século XXI, Coreia do Sul e Japão. A escolha premiava o progresso do futebol nos dois países e também a pujança econômica deles. De fato, ao longo da década de 1990, o PIB da Coreia do Sul cresceu mais de 6% por ano, e em 1998 sua renda per capita era de 8600 dólares, enquanto o Japão cresceu 2,4% naquele ano e a renda média de cada japonês foi superior a 32 mil dólares (para efeito comparativo, no mesmo ano o Brasil cresceu 1% e a renda foi de 7 mil dólares).

19. Mundo previsível, torneio imprevisível: a Copa de 2002[*]

A Copa de 2002 anunciou tendências do novo século. Pela primeira vez a disputa não ocorreu na Europa ou na América, e sim na Ásia, o continente mais populoso do mundo e que no século XXI deverá liderar vários indicadores econômicos e políticos — em 2009 a China se tornaria a maior exportadora mundial, e em 2014 a maior economia do globo, de acordo com o Fundo Monetário Internacional (FMI). Pela primeira vez, todos os contratos da Fifa foram feitos em euro, a recente moeda comum de diversos países europeus que começara a circular em princípios de 2002. Pela primeira vez, a Copa foi organizada em conjunto por dois países, Coreia do Sul e Japão, relegando à história o fato de este último ter ocupado militarmente aquele outro entre 1910 e 1945. Ou seja, o nacionalismo, que de alguma forma se constitui na motivação esportiva da Copa, ficou em segundo plano diante dos interesses financeiros em jogo (antecipando, aliás, a Eurocopa de 2012, realizada em parceria pela Polônia e pela Ucrânia, rivais que guerrearam entre si do século XIV ao XX). Pela primeira vez numa Copa, manifestaram-se claramente os exageros da economia globalizada, com os custos da organização tendo sido os maiores da história não só até aquele momento, mas incluindo as posteriores Copas de 2006 e

---

[*] Versão inicial publicada na *Folha de S.Paulo*, 16 maio 2010, Caderno Especial Copa, p. 6.

2010 (a de 2014, infelizmente, supera a soma das três anteriores!). Pela primeira vez, a crescente midiatização ultrapassou 1 bilhão de telespectadores assistindo ao vivo a partida final. A audiência cumulativa dos demais 63 jogos atingiu quase 28 bilhões de pessoas espalhadas por 196 países, ou seja, 4,5 vezes a população total do mundo naquela época — cada jogo teve, em média, a impressionante cifra de 437 500 000 telespectadores, ou mais de 5500 Maracanãs lotados.

Mas todos esses dados escondiam uma situação mundial bem contrastante. Tendo apenas 19% da população global, os países mais desenvolvidos eram responsáveis pela produção e pelo consumo de 85% dos bens. A África subsaariana, sobretudo, continuava com seus problemas endêmicos. Em junho, paralelamente à Copa, lá ocorreram mais de trinta guerras civis, grassaram diversas epidemias (só de aids morreram então no continente cerca de 3 milhões de pessoas), manifestou-se o recorrente flagelo da fome (a seca no sul africano deixou uns 15 milhões de pessoas sem alimento suficiente).

Considerando apenas os participantes da Copa de 2002, a África do Sul, apesar de ter crescido 3,7% naquele ano, manteve uma desigualdade interna comparável à dos tempos do apartheid. Em Camarões, a expectativa de vida era de 54 anos e a renda per capita era de apenas seiscentos dólares. Na Nigéria, esse valor caía para 350 dólares, porque embora tenha faturado 280 bilhões de dólares com a venda de petróleo desde sua independência, em 1960, a corrupção desviou boa parte deles e em 2002 o país precisou pedir moratória de sua dívida externa. No Senegal, a dívida externa alcançou na mesma época 70% do PIB do país, cuja população tinha uma expectativa de vida de 52 anos e uma taxa de analfabetismo de mais de 50%. Não surpreende que dias antes da Copa o dirigente camaronês candidato à presidência da Fifa tenha sido batido pelo suíço Joseph Blatter, reeleito apesar das graves acusações de desviar dinheiro da entidade.

Todavia, se o mundo nunca é igualitário, o futebol às vezes consegue ser. A estreante seleção do Senegal, graças a dois bons empates (contra Dinamarca e Uruguai) e duas vitórias (sobre França e Suécia), alcançou as quartas de final. Ironia da globalização, o time inteiro que derrotou a França jogava no campeonato francês, e o técnico do time africano era francês. A vencedora do Senegal foi a Turquia, que não passara da primeira fase na sua participação anterior em Copa do Mundo, no longínquo ano de 1954, e em 2002 ficaria com o honroso terceiro lugar da competição. A Coreia do Sul, que em todas as suas cinco presenças anteriores totalizara somente quatro pontos, em 2002 somou oito pontos e terminou em quarto lugar. Os Estados Unidos chegaram às quartas de final, seu melhor desempenho (em 1930 o país caiu na semifinal, mas havia apenas treze competidores).

Por outro lado, países de tradição ficaram logo fora do caminho. A Argentina, com apenas uma vitória e um empate, nem chegou à fase de mata-mata. A maior decepção foi a França (campeã da edição anterior, campeã da Eurocopa de 2000 e futura vice-campeã mundial em 2006), que não marcou um único gol, apesar de ter em sua seleção os artilheiros dos campeonatos inglês (Henry) e italiano (Trezeguet) daquela temporada. Em três partidas, o time tomou mais gols que nas sete disputadas em 1998, quando sua defesa se tornou a melhor de todas as Copas até então. A Itália, depois de uma medíocre primeira fase (uma única vitória, contra o Equador), foi eliminada nas oitavas de final pela Coreia do Sul. A maior surpresa, porém, para sorte do Brasil, foi a ressurreição futebolística de Ronaldo. Depois da misteriosa convulsão na final de 1998, da grave contusão em 1999, da mais grave em 2000, ele se juntou à seleção em fins de março de 2002, tendo jogado nos quatro anos anteriores apenas o equivalente a uma temporada. Ainda assim foi o artilheiro da Copa, e com gols decisivos nas vitórias da semifinal (sobre a Turquia) e da final (contra a Alemanha).

20. Organização germânica e bagunça brasileira: a Copa de 2006*

Poucas vezes os estreitos vínculos entre futebol, política e economia, que sempre acompanharam as Copas do Mundo, foram tão evidentes como na edição de 2006, realizada na Alemanha. Toda a enorme capacidade financeira e gerencial dos anfitriões resultou numa Copa operacionalmente perfeita. Como o país já tinha a infraestrutura necessária, gastou apenas com estádios, e beneficiou-se com a visita de cerca de 2 milhões de turistas. A competição permitiu ao país expiar a chamada "grande culpa nazista" e mostrar ao mundo sua face moderna (não por acaso, a seleção alemã apresentou a menor média de idade do torneio, bem como o treinador mais jovem) e dinâmica (o jogo ofensivo resultou no melhor ataque e no artilheiro da competição). As manifestações patrióticas banidas no pós-guerra puderam reaparecer de forma espontânea e sem ranços do passado.

No caso da Itália, que se sagraria campeã, aqueles vínculos, embora de outra natureza, não eram menos claros. À imagem da má figura que o país fazia nos anos anteriores em todas as áreas do cenário internacional, o capitão Cannavaro declarou logo no começo da competição: "Sejamos bem italianos, bem cínicos". À imagem do governo corrupto, vários dirigentes e jogadores

* Versão inicial publicada na *Folha de S.Paulo*, 16 maio 2010, Caderno Especial Copa, p. 7.

passavam na época por investigação judicial devido ao escândalo de partidas manipuladas no campeonato nacional. À imagem do racismo de parte significativa da sociedade, após a vitória contra a França o vice-presidente do Senado italiano louvou a conquista do título em cima de uma equipe de "negros, muçulmanos e comunistas". À imagem de um país ainda cheio de traços fascistas, o zagueiro Materazzi provocou a célebre cabeçada de Zidane ao ofender suas raízes não europeias (na mesma linha, ele declararia no começo de 2010 que na Itália os criminosos "quase nunca são italianos", são imigrantes contra os quais seria bom existir a pena de morte).

A seleção brasileira também não ficou isenta do intenso clima político do país, um contaminando o outro. Na política e no futebol prevaleciam interesses pessoais e de pequenos grupos sobre os interesses do conjunto. O presidente da CBF pensava mais nas finanças da sua instituição do que nas condições de preparação do time, que se deu de forma festiva, com pouca disciplina, muita badalação, treinos com público pagante e abertos à televisão fechada. Ele depois argumentaria não saber dos desmandos, como se a responsabilidade final não fosse sua. O presidente da República pensava mais nos interesses de seu partido do que nos do país, argumentando depois que não conhecia as manobras do mensalão. A promiscuidade entre política e futebol foi mais adiante. A mais alta personalidade da nação, com tantas coisas importantes a fazer, preocupou-se com a condição física do principal jogador, chamando-o de "gordo". Ronaldo, que deveria estar concentrado na preparação para a Copa, retrucou qualificando o presidente da República de "bêbado". Ambos tinham razão, mas o ambiente de botequim evidentemente não ajudou nem a política nem o futebol. Nunca na história deste país houve corrupção tão ampla e orquestrada. Nunca na história recente deste país houve despreparo tão grande para uma Copa do Mundo.

Algo semelhante acontecia com as seleções da África negra, que devido ao enquadramento institucional deficiente não conseguiam impor a qualidade técnica e física de seus jogadores, reconhecida nos grandes campeonatos europeus. Tentava-se superar esse problema com a contratação de treinadores europeus (à frente de quatro das cinco seleções africanas em 2006), mas a questão era (e é) mais ampla, ultrapassando o campo meramente esportivo. A história das Copas mostra que, de cada continente, participam quase sempre os países de melhores condições globais. Os mais assíduos representantes africanos sempre foram (com exceção do Zaire em 1974) os da primeira metade do ranking político, econômico e social do continente. Na Copa da Alemanha, no entanto, esse dado foi subvertido. Dos 53 países africanos, classificaram-se quatro novatos: dois mal situados no ranking (Angola em 33º e Togo em 38º), um intermediário (Costa do Marfim, em 25º) e apenas um bem colocado (Gana, em nono, que aliás foi a única seleção africana que avançou para as oitavas de final). A Tunísia, que comparecia pela quarta vez, era dona do quinto melhor índice do continente.

No mundo do futebol cada vez mais mercantilizado (a Fifa distribuiu 261 milhões de dólares às seleções participantes da Copa de 2006), a habilidade dos jogadores e a inteligência tática dos treinadores é apenas uma das variáveis em jogo. A Comunidade Europeia, que tinha se ampliado para 25 países em 2004, preencheu um terço das vagas do Mundial e ocupou todo o pódio de 2006. Porém com distribuição invertida em relação à realidade concreta dos respectivos países: o terceiro colocado foi a Alemanha, o país mais vasto, mais populoso e de maior PIB do continente; o vice-campeão, a França, com o segundo maior território e população e com o terceiro PIB; e o campeão, a Itália, o terceiro em população e quarto em PIB.

21. Alegria de pobres, greve de ricos: a Copa de 2010

A bem-sucedida experiência da Copa de 2002 na Ásia estimulou a Fifa a realizar a edição de 2010 na África. A decisão não chegou a surpreender por estar dentro da lógica da globalização do futebol e da ampliação que já vinha ocorrendo da presença africana no evento. A escolha específica da África do Sul, de menor tradição futebolística que outros países, deveu-se ao fim do regime de segregação racial em 1994 e ao potencial econômico do país. No entanto, o investimento na reforma de cinco estádios, na construção de outros cinco e no melhoramento das infraestruturas superou o que o PIB de 363 bilhões de dólares permitia. E algumas vezes com alto custo social, como no caso do deslocamento de 20 mil pessoas na Cidade do Cabo para erradicar favelas próximas ao estádio, pois esse era "um perímetro Fifa", como definiu o então secretário-geral da entidade. Como os cerca de 4 bilhões de dólares aplicados pelo país não foram suficientes, a Fifa anunciou alguns meses antes do início da competição que iria socorrer financeiramente o Comitê Organizador sul-africano.

Tal necessidade decorria de dois fatores. De um lado, a procura por ingressos foi bem menor do que a esperada devido aos seus altos preços, tendo em vista a renda per capita local, de 8 mil dólares (mas a dos negros, que representam 80% da população, era inferior a 4 mil dólares). De outro lado, percebia-se que também os turistas estrangeiros não seriam na quantidade inicialmente estimada — o balanço final, depois da Copa, registrou apenas 309 mil deles — devido à violência social no país. Os dados então disponíveis, de 2008, não eram de fato convidativos: 18 500 homicídios e quase a mesma cifra de tentativas, 250 mil assaltos e 50 mil estupros, além de revoltas xenófobas que custaram a vida a uma centena de negros africanos de outros países.

Apesar desse quadro, ou por causa dele mesmo, os sul-africanos mostraram-se entusiasmados com a Copa, afáveis com os torcedores estrangeiros, alegres em receber as melhores seleções do mundo. Durante as partidas, as célebres vuvuzelas — cornetões de um metro de comprimento que emitem som forte e estridente — procuravam criar um ambiente festivo, mas irritavam jogadores e torcedores não habituados. Como antecipara um dos organizadores locais, "esta será a mais barulhenta Copa do Mundo da história". De qualquer forma, a alegria dos sul-africanos era espontânea (na estreia, o time entrou em campo cantando e dançando), apesar de, pela primeira vez, a equipe da casa ter sido eliminada logo na primeira fase.

Na verdade, a Copa como um todo foi tecnicamente fraca. Os mais recentes eleitos como melhor jogador do mundo naquele momento — Cannavaro (2006), Kaká (2007), Cristiano Ronaldo (2008) e Messi (2009) — jogaram abaixo das expectativas. A arbitragem cometeu alguns erros grosseiros. Até a bola (chamada de Jabulani) era ruim e fazia trajetórias inesperadas para tormento dos jogadores, sobretudo dos goleiros. A Holanda, vice-campeã nesse Mundial, foi campeã em cartões amarelos (22), nove dos quais na decisão. A campeã Espanha perdeu logo na estreia para a Suíça e chegou ao título com quatro magras vitórias por 1 a 0 e uma única por 2 a 0 (contra Honduras...). Aliás, a média de gols da competição foi de apenas 2,26 por partida, a segunda menor da história. Para Pep Guardiola, comentando a Copa para o jornal *El País*, a única seleção que mereceu destaque pela forma de jogar foi a do México, treinada pelo argentino Ricardo La Volpe.

De toda forma, a conquista espanhola foi mais uma expressão da globalização, pois pela primeira vez um país europeu obteve o título fora do seu continente. O reverso da globalização foi a seleção francesa, formada por jogadores que evoluíam fora do país e pareciam estar na Copa por obrigação. Eles mantinham postura blasée com jornalistas e torcedores, relação tensa com o técnico, mostravam pouco empenho em campo. No intervalo da segunda partida, contra o México, o atacante Anelka ofendeu o treinador Raymond Domenech. Ele foi excluído da delegação, e no dia seguinte os demais jogadores rebelaram-se, recusando-se a treinar. O clima ficou insuportável. A França perdeu também o encontro seguinte para a África do Sul (a única vitória dos donos da casa) e foi eliminada. Além do episódio inédito da greve, os então vice-campeões do mundo deixaram a Copa sem mostrar futebol: "As vuvuzelas são para os ouvidos o que a equipe da França é para os olhos", ironizou o argentino Mario Kempes, artilheiro da Copa de 1978.

A outra grande decepção foi o pentacampeão Brasil. A rigor, porém, o desempenho da seleção não surpreendeu quem tinha acompanhado sua preparação: a comissão técnica era novata; o elenco tinha a maior média de idade da competição (acima de 29 anos) e ainda assim demonstrava instabilidade emocional; o jogador de quem mais se esperava, Kaká, não estava em boas condições físicas. Adotando um superado discurso nacionalista, o treinador Dunga privilegiou a força, não a habilidade — para "fazer o melhor para a seleção brasileira [...] nós vamos sofrer, nós vamos sangrar". Privilegiou o voluntarismo, não a inteligência — "todos que estão na seleção brasileira estão preparados e prontos para se doar [pois] a seleção é o nosso país, a nossa pátria".

PARTE II

EM TORNO DA COPA DE 2014

22. O futuro de uma ilusão*

O Mineirazo diante da Alemanha provocou forte impacto emocional e talvez tenha entrado no imaginário brasileiro para ficar. Assim, é preciso vê-lo na sua real dimensão, pois no futebol, como na vida e na história, as grandes vitórias e as grandes derrotas não são fatos isolados, são expressões de algo que largamente as ultrapassa. É indispensável levar em conta uma evidência de anos, mas que o brasileiro médio relutou em aceitar com medo de reabrir velhas feridas narcísicas: sediar o Mundial de 2014 tinha tudo para resultar em duplo fracasso, social e esportivo, apesar do pretensioso discurso oficial sobre a "Copa das Copas".[1]

No plano meramente futebolístico — que há décadas alimenta o sentimento nacional, sintoma de disfunções psicológicas e culturais graves —, acreditou-se que jogar a Copa em casa seria sinônimo de vitória (e de definitivo exorcismo do fantasma do Maracanazo de 1950). Para a maioria dos brasileiros, essa simples possibilidade era quase uma formalidade, um dado natural

---

* Publicado no site do Núcleo Interdisciplinar de Pesquisas sobre Futebol e Modalidades Lúdicas da Universidade de São Paulo (Ludens-USP) em 16 julho de 2014. Disponível em: <www.usp.br/ludens/>.
1. Ver ensaio 27, "A Copa das Copas".

— a começar pela presidente da República e pelo treinador, erro elementar e fatal, como se viu pelo desequilíbrio emocional dos jogadores após a injusta vitória sobre o Chile. Ora, das vinte Copas disputadas até hoje, apenas seis foram ganhas pela equipe da casa. Era pura soberba imaginar que onde a geração futebolística de 1950, tecnicamente bem superior, havia fracassado, esta atual poderia ter sucesso.

A única precondição para tanto inexistia: um grupo mediano pode ser vitorioso desde que constitua uma equipe, possua automatismos coletivos, tenha um plano de jogo inteligente e claro, com reais alternativas conforme as necessidades de cada partida. Mas isso pressuporia um verdadeiro treinador, não um "pai", à frente da seleção. E Scolari, como se sabe há muito, é bom treinador de vestiário, não de campo; ele entende de futebolistas, não de futebol.[2] No desastre contra a Alemanha, por exemplo, a "tática" (?!) escolhida foi uma série de longas diagonais da defesa para a velocidade de Bernard. O resultado adverso foi se ampliando sem a correspondente e necessária mudança tática, simplesmente porque não existia repertório para tanto. E assim o Brasil levou a maior goleada de sua história (a anterior, no longínquo 1920, havia sido um 6 a 0 diante do Uruguai), a maior goleada das semifinais de todas as Copas do Mundo.

Com material humano mais restrito, pelo menos Bélgica, Chile, Colômbia, Costa Rica e México apresentaram padrão e qualidade de jogo que a seleção brasileira nunca teve nessa Copa. As primeiras partidas já sugeriam o que estava pela frente. Elas foram de uma pobreza espantosa, apenas reproduzindo o que dera certo um ano antes, na final da Copa das Confederações, contra a Espanha, como se se tratasse de fórmula garantida: partir para o "abafo" e marcar logo um gol, forçando o adversário a se abrir. Enfim, um completo vazio tático, um deserto de ideias. Mas o mesmo Scolari não tinha sido campeão do mundo em 2002? É justamente aí que reside o problema: nesse intervalo de doze anos, o futebol evoluiu, o treinador não. Não por acaso, nesse longo período, além da Copa das Confederações de 2013 (vitória ilusória porque as demais seleções claramente não se prepararam como a brasileira, nem tiveram a sua motivação), ele ganhou tão somente um campeonato no Uzbequistão (em 2009) e uma Copa do Brasil (em 2012, com o Palmeiras). Ademais, não se

---

2. Ver ensaio 28, "O técnico motivador".

pode pretender que a mesma receita dê certo com ingredientes diferentes (e inferiores): a seleção de 2014 não tinha Cafu, Roberto Carlos, Ronaldinho Gaúcho, Rivaldo e Ronaldo Fenômeno.

Todavia, não seria justo depositar toda a responsabilidade nos ombros do treinador. Ele apresentava o perfil simplório e messiânico que parece agradar a muitíssimos brasileiros, no futebol e na política. Ele foi escolhido e bancado pela CBF, cujos dirigentes não entendem nada de futebol e de organização, apenas brincam de política, se deliciam com mordomias, defendem interesses pessoais, e não a causa maior do futebol brasileiro. Diante disso, muitos reclamam uma democratização da CBF argumentando que o futebol faz parte do patrimônio cultural nacional. No entanto, a qualidade dos membros da entidade e seu *modus operandi* pouco diferem dos do Congresso Nacional.

Apesar de todos os seus inconfessados interesses, a CBF não teria poder para trazer a Copa para o país não fosse a iniciativa e o apoio do governo brasileiro. E nesse plano as manobras escusas atingiram um patamar de fazer corar os amadores da CBF. Não é preciso lembrar que gastar muito dinheiro público em obras visando à Copa garantia o financiamento do Partido dos Trabalhadores por parte das empreiteiras escolhidas. Da suposta "festa popular" participaram nos estádios pouco mais de 2 milhões de brasileiros (ou seja, apenas 1% da população), e para essa minoria se divertir algumas horas gastou-se o equivalente a 650 mil casas populares, que poderiam dar uma vida mais digna a pelo menos 3 milhões de pessoas.

Alto preço, portanto, pago pela população brasileira pelo suposto orgulho em sediar a Copa (que nada acrescentou à imagem do país no exterior) e pela ilusão da alegria que seria ganhar o título em casa. Só resta esperar que o choque de realidade seja tão forte quanto a chinelada recebida no Mineirão, e que se entenda que a diferença realmente importante em relação à Alemanha não esteve no número de gols sofridos, e sim na qualidade dos homens públicos, na solidez das instituições, na pujança da economia, na riqueza da cultura.

23. Futebol e cidadania*

Que o futebol é gostoso de jogar e de assistir é afirmativa com a qual deve concordar a grande maioria, talvez a totalidade, dos leitores deste livro. Mas essa paixão pelo jogo não deve inibir o espírito crítico em relação ao uso que lhe dão muitos políticos, dirigentes e jornalistas. Por exemplo, por interesses diversos, eles celebraram a designação do Brasil para sediar a Copa do Mundo de 2014, a qual simplesmente — e agora o leitor talvez discorde do autor — não deveria ter acontecido aqui, ou ao menos não deveria ter acontecido naquele momento e do jeito que foi (des)organizada.

Para começo de conversa, sejamos claro, ao contrário do que dizia certo discurso patrioteiro, sediar a Copa do Mundo de 2014 não deveria ser motivo de orgulho nacional. Depois da Copa de 2002 na Ásia (Coreia do Sul e Japão), a seguinte na Europa (Alemanha) e a última na África (África do Sul), a de 2014 precisaria acontecer na América, de acordo com o princípio de rodízio de continentes estabelecido desde 1930. Ora, nenhum país do continente se dispôs a receber, financiar e organizar o evento. A não ser o Brasil. Por quê? Responder com a paixão nacional pelo futebol seria muito simplista.

Na verdade, confluíram os interesses políticos de dois personagens que,

---

* A versão original deste texto foi publicada em *Carta Fundamental*, n. 57, abr. 2014, pp. 14-7.

para colocarem em prática seus projetos pessoais, manipularam o previsível entusiasmo da população. O então presidente da CBF, Ricardo Teixeira, viu numa Copa bem realizada (do ponto de vista da Fifa…) o trampolim definitivo para assumir a presidência da entidade internacional nas eleições de 2015. O então presidente da República, Luiz Inácio Lula da Silva, viu na Copa dois benefícios: em termos amplos, mais um instrumento do seu populismo; em termos específicos, uma manobra para desviar a atenção da opinião pública e da imprensa do escândalo da compra de votos no Congresso Nacional. Não por mera coincidência, apenas dois meses depois de descoberto o chamado Mensalão, o Brasil se propôs como sede para a Copa de 2014, prometendo a construção de vários novos estádios. Todos eles, garantiu então o governo, sem dinheiro público.

Sete anos depois, o que se viu? Estádios caros e inúteis levantados com dinheiro público em locais que sequer participam do campeonato nacional e que têm torneios estaduais irrelevantes, mas cujos caciques políticos precisavam ser agraciados pela rede de clientelismos de acordo com a grande praga do "é dando que se recebe". Para ficar com um exemplo eloquente, o estádio de Brasília custou mais do que o novo Maracanã, e depois da Copa receberia um campeonato regional com baixíssima média de público (e talvez dois ou três jogos da Série A). Mau planejamento? Muito pelo contrário… Estádios particulares teriam orçamentos apertados e bem controlados, tornando mais difíceis e menos rentáveis os esquemas de corrupção federal, estadual, da CBF e da Fifa. A definição que o jornalista britânico Andrew Jennings deu às manobras da Fifa — "jogo sujo" — pode perfeitamente ser estendida aos seus parceiros desse conjunto bem azeitado de interesses escusos.

"É com um nó no estômago de medo de um enorme fracasso que se assistirá a este evento de sonho." Foi dessa forma que o editorial de uma das mais importantes revistas especializadas do mundo, a *France Football* (n. 3537, 28 jan. 2014), definiu a situação poucos meses antes de a Copa começar. Para explicar por que "o Mundial brasileiro suscita inquietude", a revista publicou uma matéria de dez páginas que não alimentava o orgulho nacional. Em entrevista à revista, Joseph Blatter, então presidente da Fifa, esclareceu que teriam bastado de oito a dez estádios dentro das normas, mas o governo brasileiro quis levantar dezessete (!) e não aceitou ficar com menos de doze, levando a Copa a custar 33 bilhões de reais a um país cujo orçamento para a Educação era de 38 bilhões de reais. A *France Football* lembrou ainda que o ex-presidente Lula, "fervoroso torcedor do Corinthians, pressionou bastante para que não tivesse sucesso o projeto de renovação do estádio do Morumbi, que teria custado duas vezes menos". A revista explica aos seus leitores europeus que as grandes empreiteiras brasileiras contam com os jeitinhos (*"petits arrangements"*) dos políticos, já que elas são as principais financiadoras dos partidos. Assim, "os entraves políticos, a corrupção e a alta dos preços tornaram-se fardos insuportáveis" que as autoridades negam com um "otimismo simplório".

Diagnóstico duro — porém realista — que, se realizado por um órgão da imprensa brasileira, seria taxado de mentira e de jornalismo elitista. E apesar da evidência dos fatos, no atual contexto excessivamente ideologizado e radicalizado da vida nacional, muitos são os cidadãos a defender que a Copa brasileira transcorreu muito bem, como se isso pudesse justificar a desorganização e a corrupção que a acompanharam. A presidente da República continuou a usar o rótulo, este sim mentiroso, de "Copa das Copas". Um jornalista, dois dias depois do encerramento do torneio, talvez como compensação à deplorável participação da seleção brasileira, conseguiu escrever que essa Copa "foi, com certeza, uma das melhores de todos os tempos" (*O Estado de S. Paulo*, 15 jul. 2014). No quê, não fica claro.

A grande maioria dos estádios era nova (como em toda Copa) e, ainda assim, com várias deficiências a denunciar o acabamento apressado das obras: trinta dias antes da abertura da competição, três estádios ainda estavam incompletos, e o gramado dos doze palcos estava no padrão do nosso campeonato nacional, não no de uma Copa do Mundo. Ironicamente, os trabalhadores dessas obras não mereceram atenção do governo do Partido dos Trabalhadores, e somente depois de nove deles terem morrido na construção de estádios (na Copa anterior, na África do Sul, morreram dois, e nenhum nas precedentes) é que foi lançada uma cartilha de prevenção de acidentes, faltando menos de um mês para começar a Copa. A mobilidade urbana também esteve longe de ser eficiente: a um mês da Copa, apenas quatro das trinta obras programadas estavam finalizadas. É verdade que na segurança pública não chegou a haver grandes problemas, mas o esquema preventivo custou mais de 1,2 bilhão de reais e foi intimidante para quem vinha de centros civilizados.

No plano estritamente esportivo, pode-se argumentar que a média de público foi a segunda maior da história do torneio. O fato não deve surpreender nem entusiasmar, haja vista o tamanho da nossa população, duas vezes a da Alemanha ou quatro vezes a da África do Sul, para comparar com os países anfitriões das duas Copas anteriores. Para ser preciso, o Brasil é o segundo país mais populoso de todos os que já sediaram uma Copa do Mundo, e a média de público (53 591) em 2014 perde com folga justamente para a de 1994, que aconteceu num país de maior população — embora sem tradição no futebol —, os Estados Unidos (68 900). Para relativizar ainda mais o dado, é preciso lembrar que a média brasileira esteve muito pouco acima da obtida na Copa da Alemanha (52 400), país que, como já indicamos, tem menos da metade da nossa população. Quanto ao espetáculo, a Copa de 2014 apresentou a 13ª média de gols (2,67) dentre as vinte edições da competição, embora tenha havido alguns jogos de bom nível, inclusive com a participação brasileira, infelizmente (Brasil 1 × 7 Alemanha). Para esse resultado geral mediano, o país gastou muito mais do que qualquer outro ao sediar uma Copa do Mundo.

As autoridades argumentaram, repetindo o discurso da Fifa, que o valor despendido é investimento em infraestrutura benéfica para toda a população. Mas como somente uns 15% do total vieram do setor privado, se o restante não foi investido antes, foi apenas por falta de vontade política. Além disso, um quarto do total foi colocado em estádios, o que evidentemente não é prioridade num país de tantas carências. Com os mais de 8 bilhões de reais gastos em estádios, quantos hospitais, escolas, rodovias, ferrovias e aeroportos poderiam ter sido construídos, ampliados e reformados? Para recordar um único dado, um estudo sobre educação publicado pelo Fórum Econômico Mundial em setembro de 2013 apontava que, dentre 122 países, o Brasil ocupava o 88º lugar no ranking geral, o 105º quanto à qualidade do ensino e o 112º em matemática e ciências. Um país desses precisa de escolas ou de estádios? Não é de estranhar, então, as manifestações populares contra a realização da Copa do Mundo que começaram paralelamente à Copa das Confederações, em junho de 2013. É pena que elas tenham aparecido com anos de atraso e que diante do desperdício irreversível tenham muitas vezes, de forma equivocada, descambado para a violência.

Contudo, o atraso do protesto é indicador sociológico interessante: revela a ingenuidade pretensiosa e a cidadania deficiente dos brasileiros. Ingenuidade, porque a escolha do país como sede da Copa foi entendida como uma festa da qual todos participariam, enquanto de fato apenas uma ínfima parcela da população teria recursos para comprar os caros ingressos e se deslocar para as cidades cujos jogos lhe interessassem. Cidadania pobre, porque preferiu a incerteza de ver o país ser hexacampeão mundial jogando em casa à certeza de evitar o elevado custo social dessa tentativa.

É sintomático como aquelas duas expressões culturais confluíram nas declarações e decisões oficiais. A pretensão ingênua aparece na afirmação de Lula e depois na de Dilma Rousseff de que o Brasil iria realizar "a melhor Copa de todos os tempos", e também na do então ministro dos Esportes, para quem "temos muita coisa para ensinar ao mundo". Em abril de 2013, apesar do estouro nos orçamentos e atraso nas obras, a presidente insistiu que "somos um país insuperável no campo e estamos mostrando que somos insuperáveis também fora do campo". Ora, na melhor das hipóteses, as palavras foram inadequadas. Se somos insuperáveis no campo, não deveríamos ter vencido cinco Copas, e sim (até aquele momento) dezenove. Se somos insuperáveis fora dele, por que então, apesar de sete anos de preparação (mais do que qualquer país já teve), houve tanto atraso na conclusão das obras e outras jamais saíram do papel (caso do trem-bala entre Rio de Janeiro e São Paulo)?

O pequeno senso de cidadania da classe política fica ilustrado por dois comportamentos. Primeiro, o alto nível de corrupção, que se estima nos custar incríveis 85 bilhões de reais por ano (só o que envolve a Petrobras, revelado em 2014, teria consumido cerca de 25 bilhões de reais). Segundo, os gastos exorbitantes para as condições do país — o Brasil despendeu para a Copa de 2014 três vezes mais que a Coreia do Sul e o Japão em 2002 e a Alemanha em 2006, e quatro vezes mais que a África do Sul em 2010. O fato torna-se ainda mais gritante caso lembremos que aqueles três primeiros países têm economias bem mais pujantes que a nossa. Na comparação com a África do Sul, os números são equiparáveis: o Produto Interno Bruto per capita (total de bens e serviços produzidos dividido pelo número de habitantes) é de 11 900 dólares no nosso caso, de 11 100 dólares no caso do país africano. Mas enquanto este procurou gastar dentro das suas possibilidades, o Brasil agiu como um novo-rico que vive acima de seu padrão, alguém que quer mostrar aos outros que tem mais do que na verdade tem.

Apesar da obviedade da constatação, há uma falsa cidadania — não só dos governantes — que se indigna com facilidade. Quando em março de 2012 o então secretário-geral da Fifa afirmou que o Brasil deveria receber "um pontapé na bunda" por conta do atraso no cronograma, muitos brasileiros sentiram-se injustiçados e ofendidos, mas o tempo mostrou que, apesar da expressão deselegante, o dirigente francês (corrupto, diga-se de passagem) tinha razão quanto ao conteúdo. Quando em fevereiro de 2014 a Adidas lançou duas camisetas referentes à Copa do Mundo no Brasil tendo clara conotação sexual, o presidente da Embratur repudiou o fato e declarou que "não aceitaremos que a Copa seja usada para o turismo sexual", fingindo desconhecer que desde o começo de 2013 as prostitutas de Belo Horizonte (e depois de outras cidades-sede) recebiam aulas gratuitas de inglês para melhor acolher os torcedores estrangeiros... E, que se saiba, as autoridades brasileiras jamais pretenderam imitar a decisão inglesa de fechar os bordéis durante a competição, como foi feito nos Jogos Olímpicos de Londres, em 2012.

A intenção do presente ensaio não é, evidentemente, opor cidadão e torcedor, pois as duas condições não são excludentes, podem conviver no mesmo indivíduo. Contudo, é preciso reconhecer: é mais importante ser cidadão do que torcedor. Um país democrático, justo, culto, rico, pode existir sem torcedores, mas não sem cidadãos. Por isso é lastimável que o Brasil tenha perdido a Copa de 2014 bem antes de ela começar. E perdido para ele mesmo.

OBRA CITADA

JENNINGS, Andrew. *Jogo sujo: O mundo secreto da Fifa*. São Paulo: Panda Books, 2011.

24. O grande roubo anunciado*

Antes mesmo de terminar a fase de grupos da Copa de 2014, alguns pontos já mereciam atenção. É o caso dos vários erros de arbitragem, alguns grotescos e decisivos, decorrentes de escalações políticas, e não técnicas — árbitros de países de futebol fraco e pouco internacionalizado. Ou das atuações até certo ponto surpreendentes de seleções como Chile, Colômbia, Costa Rica e México. Ou da eliminação precoce de Inglaterra, Espanha e Itália, países campeões do mundo e donos das maiores ligas europeias. Ou do marasmo tático no qual predominaram sistemas antigos com uma ou outra variante. Entretanto, mais do que um balanço esportivo, é a questão sociopolítica que desde o início chamou a atenção de brasileiros e estrangeiros.

Na Europa, houve certo espanto pelas vaias insistentes e raivosas que a torcida brasileira dedicou a Diego Costa nas duas partidas que ele jogou pela Espanha. Afinal, o Brasil não recebeu, ao longo de décadas, milhões de estrangeiros que ajudaram a construir o país? Todo brasileiro não é, em maior ou menor medida, descendente de imigrantes? Não há atualmente cerca de 3 mi-

---

* Texto originalmente publicado no site do Núcleo Interdisciplinar de Pesquisas sobre Futebol e Modalidades Lúdicas da Universidade de São Paulo (Ludens-USP) em 25 de junho de 2014. Disponível em: <www.usp.br/ludens/>.

lhões de brasileiros espalhados pelo mundo, trabalhando em diferentes atividades, em diversos países? Por que, então, a rejeição ao sergipano que virou espanhol? O ator Thiago Lacerda tentou explicar a vaia, à qual aderiu, dizendo que o jogador não poderia atuar por outra seleção porque é preciso "ter uma responsabilidade cívica mínima". Como se vê, continua viva entre nós a arcaica e perniciosa identificação entre futebol e nacionalidade, e assim se distingue mal quem merece vaia. Ou bem mais do que isso.

Os gastos com a Copa contribuíram para a elevação da inflação, que se não ultrapassou os 6,5% (na mesma época, 0,38% na zona do euro, 1,32% nos Estados Unidos), foi somente graças a manobras artificiais e insustentáveis a longo prazo, como não fazer reajuste de tarifas e do preço de combustível, ou intervir na cotação do dólar para retardar a desvalorização do real. Como a inflação — os brasileiros deveriam saber por terem longamente convivido com o fenômeno entre as décadas de 1960 e 1990 — empobrece sobretudo os mais pobres, entrar conscientemente na espiral de gastos públicos provocados por uma Copa quando há tantas prioridades insatisfeitas no país foi uma decisão aparentemente incoerente com a política social do governo. Mas como pouco depois da competição o escândalo da Petrobras revelou grandes desvios de dinheiro da estatal para alimentar o caixa do PT e de outros partidos da sustentação política do governo, não é descabido supor que algo semelhante tenha ocorrido com obras da Copa. Por exemplo, o estádio de Brasília — cidade sem tradição alguma de futebol, mas cujo governador era do PT — teve orçamento inicial de 696 milhões de reais e, mesmo terminada a Copa, continuou a gerar gastos de construção (até meados de 2014, recebeu 26 aditamentos às obras iniciais), elevando o montante a 1,8 bilhão de reais e tornando-se um dos dez mais caros do mundo.

Se na história policial de todo país há grandes roubos realizados à luz do dia, bancos ou joalherias esvaziados, nenhum deles, a não ser em certos romances, é previamente anunciado — tampouco comemorado por quase toda uma população de 200 milhões de pessoas. No entanto, foi o que aconteceu no Brasil. Com a irreflexão e a falta de espírito crítico que caracterizam muitos brasileiros, a escolha do país em 2007 para sede da Copa do Mundo em 2014 foi recebida com as previsíveis patriotices. Anunciada pelo messias-presidente, que assim encobria a grande corrupção governamental no Congresso Nacional, a população recebeu com entusiasmo a perspectiva de organizar e financiar — duas atividades historicamente pouco cultivadas pelo Estado brasileiro — a Copa.

Passados seis anos e torrados muitos bilhões de dinheiro público — mais do que em qualquer Copa realizada por qualquer país em qualquer tempo —, parte da população começou a protestar. Em meados de 2013, 67% dos brasileiros ainda aprovavam a realização da Copa no país, embora reclamando contra os gastos excessivos que contribuíam para os desvios de corrupção que nos custaram 85 bilhões de reais em 2012, segundo observadores internacionais. Percebeu-se o absurdo de levantar alguns estádios absolutamente inúteis (Brasília, Cuiabá, Manaus, Natal) e outro absolutamente imoral (propriedade privada construída em Itaquera e que todo cidadão se viu obrigado a financiar).[1] Estádios que, com exceção do particular, terão altos custos de manutenção praticamente sem gerar receita.

Ademais, comprovando a má qualidade da construção (o que denuncia o superfaturamento), apenas quatro meses depois do encerramento da Copa, o estádio de Cuiabá já necessitava de várias reformas. Fato que, aliás, não é exclusividade dos estádios: cinco meses após inaugurado, o novo terminal do aeroporto de Cumbica teve rompimento de canalização e ficou inundado. Bem de acordo com o hábito nacional de colocar tranca depois da porta arrombada, o ministro da Fazenda veio a público em novembro de 2014, quatro meses após o fim da Copa e alguns dias depois da reeleição presidencial, para dizer que os gastos governamentais deveriam ser diminuídos e que o BNDES (que colocara muito dinheiro na construção dos estádios) receberia repasses menores do Tesouro Nacional (que entre 2000 e 2011 teve 76% de prejuízo nesses repasses).

Na antevéspera da abertura da Copa, tentando acalmar os ânimos, a presidente Dilma Rousseff, em pronunciamento televisivo, argumentou que entre 2010 e 2013 o governo havia gasto 1,7 trilhão de reais em saúde e educação, "212 vezes mais do que em estádios". Vistos os antecedentes do governo — o economista Renato Fragelli, professor da Fundação Getulio Vargas, afirmou categoricamente que a partir de 2012 o governo "começou a manipular a contabilidade pública" —, não é absurdo suspeitar que aquela cifra seja mera maquiagem. Hipótese plausível e referendada pela simples observação empírica e pela vivência diária dos cidadãos, que sentem uma realidade diferente da ofi-

---

1. Ver o ensaio 25, "Pão e Itaquerão".

cial. O montante citado pode até ter saído dos cofres públicos com aquela destinação, o que não significa que ali tenha chegado, ou que tenha sido bem aplicado. De qualquer forma, os bilhões gastos em estádios teriam permitido, para ficar com o exemplo da presidente, mais hospitais e mais escolas — a menos que o governo julgasse que a sociedade já estava bem servida nesses quesitos. Para lembrar apenas o setor educacional, dados disponíveis de 2011 indicam que a taxa de analfabetismo funcional da população com mais de quinze anos é de 20,4% (chegando a 30,8% no Nordeste), e somente 12% dos brasileiros têm curso superior completo.

Assim, os famigerados 8 bilhões de reais dos estádios teriam sido bem-vindos no transporte coletivo (cuja deficiência estrangula as grandes cidades), na segurança pública (dentre as cinquenta cidades mais violentas do mundo, dezesseis são brasileiras), na habitação popular (cujo déficit é de 8 milhões de unidades), no sistema penitenciário (onde faltam 200 mil vagas), no saneamento básico (quase metade dos municípios não tem rede de esgoto), no sistema portuário (completamente obsoleto, enquanto o Brasil investiu 1 bilhão de reais em um porto em Cuba), nas redes rodoviária (tão somente 6% das estradas são asfaltadas), ferroviária (a velocidade média dos nossos trens não chega a ridículos 30 km/h) e fluvial (praticamente inexistente). Enfim, por qualquer ângulo que se analise, sediar a Copa foi para o Brasil ou um grande desperdício ou uma grande oportunidade (a mais) oferecida à corrupção endêmica. Na verdade, ao que tudo indica, foram as duas coisas.

Romário tem razão ao afirmar que "a Copa do Mundo de 2014 é o maior roubo da história do Brasil", mas engana-se — provavelmente por razões políticas do então deputado federal e agora senador — quanto à atribuição de responsabilidades. O maior culpado não foi o então presidente da Fifa (sem dúvida personagem muito pouco recomendável), que não é brasileiro e nem tomou a iniciativa de criar a oportunidade do engodo, mesmo se para isso é sempre melhor Brasil, Rússia e Catar do que, por exemplo, Japão ou Alemanha: o lucro da Fifa na Copa de 2014 foi o dobro da de 2006 e o triplo da de 2010, em parte graças à isenção de impostos de 1 bilhão de reais recebida do governo brasileiro. A rigor, a falcatrua nasceu da confluência de interesses de três instituições de passado suspeito: a Fifa, a CBF e o PT. A necessidade de se "ter uma responsabilidade cívica mínima" não deve ser buscada dentro de um campo de futebol.

25. Pão e Itaquerão*

Panem et circenses. A conhecida fórmula pela qual o poeta satírico Juvenal definiu a política populista romana no começo do século II pode perfeitamente ser aplicada ao Brasil deste princípio do século XXI. Não por coincidência, quatro eventos de grande ressonância popular foram articulados no intervalo de poucos anos. O primeiro ligado ao *panem*: em outubro de 2003 surgiu o Bolsa Família, que reunificava e atribuía novo nome e alcance a três programas de transferência de renda já existentes, mas que, por terem sido criações do governo anterior, o presidente Lula, em abril daquele ano, tinha considerado de espírito nocivo — "não contribui com as reformas estruturais que o Brasil precisa para que as pessoas possam viver condignamente, às custas do seu trabalho" —, antes de perceber seu valor eleitoral.

Os eventos ligados ao *circenses* vieram a seguir. Em setembro de 2006, pouco depois de ter vindo a público o escândalo da compra de votos no Congresso Nacional, conhecido por Mensalão, Lula desviou a atenção da opinião pública ao prometer à Fifa construir novos estádios para o país sediar a Copa do Mundo de 2014. Em julho de 2007 aconteceram no Rio de Janeiro os Jogos Pan-Americanos, que custaram 4 bilhões de reais, dez vezes a previsão inicial,

---

* Versão ampliada de texto publicado em *O Estado de S. Paulo*, 14 ago. 2011, p. J6.

doze vezes a média das quatro edições anteriores, o dobro da edição posterior. Por fim, em outubro de 2009, a mesma cidade foi escolhida para sediar os Jogos Olímpicos de 2016, cujo orçamento girava em torno de 23 bilhões de reais e acabou por ser de mais de 38 bilhões de reais (dos quais, porém, 57% de participação privada, contra apenas 15% no caso do Mundial).

A bem conhecida complacência nacional diante de desmandos e corrupção dos políticos fica agravada pelo "pão e circo" que anestesia ainda mais a sociedade brasileira. Tanto que ela demorou a ver que, em vez da retórica oficial presunçosa e fantasiosa — organizar a melhor Copa de sempre —, o governo deveria ter se preocupado em não gastar onde não lhe cabe e gastar onde é sua obrigação. Questionado sobre o alto custo da Copa para o país, o então secretário-geral da Fifa argumentou que no Brasil futebol é "religião" e que o evento deixaria um "legado" de investimentos. Na verdade, o único "legado" garantido foi o maior endividamento público, que poderia se justificar no caso de investimentos em infraestrutura que beneficiasse toda a população de forma permanente.

Contudo, muito dinheiro público foi colocado em obras que servem apenas a algumas dezenas de milhares de pessoas poucas horas por semana. Estima-se que cerca de 8 bilhões de reais foram investidos em estádios, quatro dos quais (Brasília, Cuiabá, Manaus, Natal) não serão autossustentáveis após a Copa, isto é, continuarão a gerar despesas muito acima de suas receitas. Enquanto a construção do Allianz Arena de Munique em 2006 custou à Alemanha cerca de 630 milhões de reais (em valores convertidos e atualizados), o novo Maracanã concluído em 2013 consumiu 1,2 bilhão de reais e precisou de certas reformas para os Jogos Olímpicos de 2016. A diferença de valores fica mais significativa se levarmos em conta que os estádios não são de tamanhos muito diferentes (70 mil espectadores no caso alemão, 78 mil no brasileiro) e que a mão de obra alemã é mais cara que a brasileira. A desproporção ainda cresce quando lembramos que o PIB per capita alemão era de 65 mil reais naquele ano, e o brasileiro, de 19 mil reais. A explicação para tal descompasso parece estar justamente na origem do investimento, totalmente privado num caso, 90% público no outro.

O Maracanã, contudo, sendo estadual, serve por igual a todos os clubes cariocas após a Copa. Bem mais comprometedor é o caso da arena paulista, propriedade privada levantada em boa parte com dinheiro público. Em nome da "exposição" internacional da cidade durante o evento, centenas de milhões foram investidos no estádio do Corinthians. A Prefeitura de São Paulo concedeu 420 milhões de reais de isenção fiscal à obra, valor com o qual se poderiam ter construções de utilidade social infinitamente maior — por exemplo, mais de quatrocentas creches com capacidade para cem crianças cada, ou cerca de 9 mil casas populares, ou quase cem escolas. O governo do estado de São Paulo entrou com 40 milhões de reais para as arquibancadas móveis que permitiram ampliar o projeto inicial e garantir que a abertura da Copa ocorresse naquele estádio. A quantas salas de aula ou leitos hospitalares isso corresponde?

Em junho de 2013, diante das manifestações contra o aumento na tarifa do transporte público, o governador e o prefeito de São Paulo queixaram-se explicando que, para financiar esse gasto, iriam diminuir os investimentos em obras públicas, deixando de mencionar, é claro, a ajuda ao estádio do Corinthians, que não é obra pública nem prioridade social. O governo federal, por sua vez, participou com 65 milhões de reais de isenção de taxas e impostos, além de 400 milhões de reais através da Caixa Econômica Federal e do BNDES, que financiam a juros baixos e longo prazo de pagamento. Todo esse dinheiro não ajudaria a ampliar e modernizar vários equipamentos urbanos?

Mas a perspectiva da Copa levou todas as instâncias governamentais a privilegiarem um estádio de futebol privado, embora bancado pelo conjunto da sociedade, que adiantou quase todo o montante e paga metade do custo total de 1,2 bilhão de reais. Presente suficiente para que o então presidente do Corinthians, Andrés Sanchez, afirmasse que três ou quatro anos mais tarde seu clube seria o mais rico do mundo. Até pode vir a ser (embora em 2016 somente 6% do custo tenha sido amortizado), caso os empréstimos não sejam efetivamente reembolsados devido aos interesses eleitoreiros dos nossos homens públicos. Assim como muitos simpatizantes do PT, depois da condenação dos mensaleiros, passaram a sugerir que sua eventual falta ética seria justificável em função de uma causa maior — a perpetuação do partido no poder —, sem dúvida o petista Andrés Sanchez acreditava que manobras escusas de bastidores eram justificáveis pela causa maior da construção do estádio corintiano e do fortalecimento do clube.

O mais espantoso é que aparentemente ninguém se espantou com tal situação. Despendendo bem menos, os cofres públicos teriam permitido ao Morumbi ou ao Parque Antártica (ambos com situação geográfica melhor na capital paulista) ser transformado no estádio da cidade para a Copa. O que, bem entendido, também não deveria acontecer, por serem igualmente propriedades privadas. Mas o Corinthians, com seus 25 milhões de torcedores (15 milhões deles no estado de São Paulo), representa uma massa eleitoral atraente. Não por acaso, o lançamento oficial das obras foi um verdadeiro comício. O então prefeito Gilberto Kassab (são-paulino confesso) viu no estádio corintiano boa oportunidade para voos mais altos, para dar asas à ambição pessoal, não a um projeto político fundado em ideias: quando em setembro de 2011 ele criou o Partido Social Democrático (PSD), declarou que a nova formação não é "nem de esquerda, nem de direita, nem de centro". Não é casual, portanto, que o PT, sempre buscando cooptar partidos e políticos de quaisquer tendências, tenha, em fevereiro de 2012, homenageado Kassab como convidado de honra na sua convenção nacional, e que, em dezembro de 2014, ele tenha sido nomeado para o Ministério das Cidades pela presidente Dilma.

Não precisando naquela época de novas jogadas para engrossar seu cacife eleitoral, o papel do presidente Lula na construção do estádio corintiano foi de fundo mais emocional que político. Nesse último plano, seus objetivos já tinham sido atingidos ao trazer a Copa para o país. Aproveitar a ocasião para obter finalmente um estádio para o clube de coração decorreu do seu aguçado senso de oportunismo. Diferentemente de Fernando Henrique Cardoso, corintiano que "fica em cima do muro", que "nunca fez nada pelo Corinthians, ao contrário de Lula", como se queixa Sanchez na sua autobiografia, sem entender que a diferença essencial entre os dois personagens é um ter tratado a Presidência da República com dignidade e o outro como propriedade privada (pessoal, familiar, partidária, clubística). Como o jornalista José Nêumanne Pinto diagnosticou na sua bem documentada biografia de Lula, este "sempre teve dificuldade para distinguir o bem do mal, mas nunca deixou de ter plena noção do que pode ou não lhe convir".

Pelo relato de Sanchez, a iniciativa do estádio foi de Lula, que em 2009, após uma reunião sobre assuntos petroquímicos com dirigentes da Odebrecht, lhes teria pedido para "dar uma mão para o Corinthians ajudando a fazer o estádio". Depois disso, o presidente corintiano reuniu-se pelo menos duas vezes com Lula para tratar do assunto. Fora da presidência, Lula organizou um novo encontro entre o clube e a construtora, no qual "esclareceu seu papel de incentivador para o acordo e propôs-se fiador de que as partes envolvidas cumpririam o que fosse acordado". Sanchez diz que "sua ajuda se limitou a me aconselhar com a Odebrecht", para páginas adiante garantir que "se não tivéssemos a necessidade de comercializar o nome do estádio, o nome merecido seria o de Luiz Inácio Lula da Silva". Antecipando tal impossibilidade, em 2010, no centenário do clube, este homenageou Lula como torcedor-símbolo.

Enquanto presidente da República, o envolvimento dele com o estádio corintiano foi evidentemente inadequado, mas o perfil festivo do personagem e do ambiente nacional com a perspectiva da Copa tornou aquilo normal aos olhos do pequeno senso crítico nacional. Como José de Souza Martins escreveu com razão logo após o Brasil ter sido escolhido para sediar a competição: "Essa Copa será evento de Primeiro Mundo em país de Terceiro Mundo. É preciso, pois, antecipar e esticar sua durabilidade. É o que dá sentido e importância política à festa popular nos países atrasados". E mais, prossegue o sociólogo da Universidade de São Paulo, não é casual que a campanha para sediar o evento tenha ocorrido no governo do PT, "nossa única corporação de interesses partidários que compreendeu e aceitou que a sociedade brasileira seja uma sociedade fraturada em duas humanidades, política e civilmente antípodas, que coexistem carneiril e pacificamente. O que nela politicamente cimenta os opostos é a festa litúrgica do advento do Messias e do Milênio. A esperança reduzida à espera permanente" (*O Estado de S. Paulo*, 4 nov. 2007). Porque o Messias ajudou muito a concretizar a esperança corintiana do estádio próprio, o enredo carnavalesco de 2012 da escola de samba Gaviões da Fiel foi uma homenagem a ele.

Em termos práticos, contudo, a estratégia do estádio foi de autoria de Ricardo Teixeira. Ele não teve receio ou vergonha de afirmar à repórter Daniela Pinheiro que "em 2014, posso fazer a maldade que for. A maldade mais elástica, mais impensável, mais maquiavélica" (*Piauí*, n. 58, jul. 2011). Na verdade, ele não esperou tanto tempo: um ano antes da entrevista, já havia tirado o Morumbi da Copa por razões políticas, forçando assim a construção do Itaquerão. De fato, enquanto presidente do Comitê Organizador local da Copa do Mundo, ele decidira excluir o estádio do São Paulo para punir o clube pela participação, em abril de 2010, na reeleição de Fábio Koff à frente do Clube dos 13. Fundado em julho de 1987 por iniciativa do próprio São Paulo e do Flamengo, o Clube dos 13 visava fortalecer os grandes clubes na negociação dos direitos televisivos e na relação com a CBF, de maneira que a mera existência dele (mesmo que pouco eficaz na prática) sempre representou um empecilho ao monopólio de Teixeira sobre o futebol brasileiro.

A Fifa, como era de se prever, não somente concordou com a decisão de Ricardo Teixeira — futuro presidente da federação internacional, imaginava-se naquele momento —, como estimulou a construção de um novo estádio em São Paulo. Nada surpreendente, pois a exigência do famoso padrão Fifa nos estádios e seus entornos não é desinteressada, uma vez que não visa apenas ao conforto de torcedores e jornalistas, mas também à maior movimentação de verbas e, assim, à maior possibilidade de desviá-las. Uma simples reforma com recursos privados, como teria sido no caso do Morumbi, não engordaria as propinas destinadas a Blatter, Valcke, Teixeira e todos os protagonistas do "jogo sujo" da Fifa, para usar a expressão de Andrew Jennings.

Profundo conhecedor dos bastidores da entidade, que investigou durante anos, o jornalista britânico Andrew Jennings estava no Brasil no momento em que o Morumbi era descartado da Copa, e então reconheceu facilmente o modelo de atuação da organização. Contra os interesses escusos da "Fifa Máfia" — para recorrer agora a termos de outro pesquisador do assunto, Thomas Kistner —, seriam necessárias duas coisas inexistentes no país: dirigentes locais éticos e senso de cidadania da população. Na Copa de 2006, a Fifa exigiu a construção de um novo estádio em Dortmund, mas devido à oposição de Beckenbauer (presidente do Comitê Organizador) e da população local, o Signal Iduna Park foi apenas reformado e ainda assim é o mais bonito estádio do mundo, de acordo com o jornalista inglês Tony Evans (*The Times*, 13 ago. 2009).

Em meados de 2010 ocorreu uma confluência de interesses: a Fifa buscava estimular a construção de novos estádios para a Copa de 2014; Teixeira estava à procura de um estádio em São Paulo; Lula entendeu que aquela era uma oportunidade de ouro para ajudar seu clube; Kassab não deixou passar uma excelente ocasião eleitoreira; a empreiteira convidada viu ali a ocasião de estreitar seus laços com o governo e associar seu nome a uma obra bastante midiatizada. Todas as condições estavam montadas para tirar do papel o novo estádio. A articulação coube evidentemente ao presidente do Corinthians, que podia assim entrar para a história do clube como o concretizador do sonho de mais de um século — ponto de honra corintiano, já que os rivais Palmeiras e São Paulo haviam levantado estádios próprios com apenas dezenove e trinta anos de existência, respectivamente. Além disso, Sanchez tinha o Morumbi entalado na garganta desde que, no começo de 2009, o então presidente do clube tricolor decidiu (inabilmente, aliás) não entregar mais de 10% dos ingressos para o Corinthians quando visitante naquele estádio.

Em seu relato, porém, Sanchez alega que nada sabia da exclusão do Morumbi como palco da Copa porque, quando a decisão foi tomada, ele estava na África do Sul, chefiando a delegação brasileira que disputava o Mundial de 2010. Mas isso não significa, é claro, que ele não tenha sido anteriormente informado. Não foi Teixeira quem o nomeara para aquela função? A nomeação não foi uma recompensa simbólica ao apoio que o presidente do Corinthians dera ao candidato testa de ferro de Teixeira ao Clube dos 13? No entanto, como tal candidato havia sido derrotado, a dupla Teixeira-Sanchez, rebelando-se contra o processo democrático, pelo voto, implodiu o Clube dos 13 recorrendo a um verdadeiro "golpe de estádio". O presidente do Corinthians fechou diretamente com a Rede Globo um acordo isolado, argumentando que o Clube dos 13 negociava mal os direitos televisivos. O que era apenas parte da verdade. Uma testemunha ocular, o então presidente do Atlético-MG, Alexandre Kalil, revelou em abril de 2013 (em entrevista ao programa *Bola da Vez*, da ESPN Brasil) que Sanchez, justificando aos colegas tê-los abandonado, explicou que assim fazia porque "vou ganhar um estádio, pô!".

Teixeira não só cumpriu sua parte, como meses depois, em novembro de 2011, convidou Sanchez para ser o diretor de todas as seleções da CBF. O projeto era claro: com a Copa de 2014 no Brasil bem organizada, Teixeira se tornaria presidente da Fifa em maio de 2015, enquanto Sanchez, com o apoio do chefe, iria substituí-lo na CBF. Em suma, ao contrário do protesto do ex-presidente corintiano em sua autobiografia, talvez não seja tão "desinformada e escrota" essa gente "que me chama de mafioso, de mercenário. Me acusam de defender interesses escusos, negociatas". O fato de a resposta a essas acusações ser "o meu trabalho e o que ele gera ao clube" nada mais é que o reconhecimento implícito de que, para ele, os fins justificam os meios. Sem dúvida, Teixeira, Sanchez, Kassab e Lula se merecem. Quem não os merece é o Brasil.

Todo clube tem, naturalmente, direito de desejar um belo estádio, e um clube da grandeza do Corinthians deveria mesmo tê-lo. Mas por meios limpos. Com dinheiro próprio. Vindo exclusivamente da comunidade clubística. Para feito comparativo, na mesma época o Olympique Lyonnais erguia seu novo estádio, previsto para ser uma das sedes da Eurocopa de 2016, a ser realizada na França, e quase não recebeu dinheiro público para tanto. O empreendimento para 59 mil espectadores custou cerca de 480 milhões de euros, dos quais apenas 32 milhões adiantados por uma instituição financeira pública — ou seja, 93% dos recursos foram privados. Apesar disso, o Parc Olympique Lyonnais tem 19% a mais de capacidade que a Arena Corinthians, numa cidade quinze vezes menos populosa e para um clube com menos da metade de torcedores que o clube paulista. Porque se poderia argumentar que a realidade cultural e econômica desse exemplo é diferente, pensemos então na Arena do Grêmio de Porto Alegre, inaugurada em fins de 2012. Com maior capacidade de público (60 mil) do que a Arena Corinthians (49 mil), ela teve custo bem menor (540 milhões de reais), pago — embora muitos detalhes ainda sejam um pouco nebulosos — em 61% pela iniciativa privada (cerca de 50% no caso corintiano) e com 5,5% de isenção fiscal (48% no estádio paulista).

Devido ao histórico do estádio corintiano, a denominação geográfica geralmente usada, "Itaquerão", é demasiado neutra para designar algo de origens tão bastardas. Mais exato seria "Teixeirão", "Kassabão", "Andresão" ou "Lulão". Qualquer que seja o nome, trata-se de um novo símbolo de um Brasil antigo. País de troca de favores escusos, acordos opacos, pistolões, fraude, corrupção, país que já deveria ter desaparecido e teima em sobreviver, vigoroso, devido a personagens como aqueles. A construção do Itaquerão é expressão de um país no qual muitos ainda buscam o caminho fácil para obter o que não conseguem com trabalho duro e persistente. Assim, a Copa do Mundo de 2014 no Brasil divertiu muita gente durante um mês e continuará a divertir alguns poucos durante muitos e muitos anos. Os vencedores da disputa de 2014 já eram conhecidos por antecipação, embora jamais tenham calçado chuteiras nem jogado à vista de todos.

OBRAS CITADAS

JENNINGS, Andrew. *Jogo sujo: O mundo secreto da Fifa*. São Paulo: Panda Books, 2011.
JUVENAL. *Satira X*. Org. e trad. de Pierpaolo Campana. Florença: Monnier, 2004.
KISTNER, Thomas. *Fifa Máfia: O livro negro dos negócios do futebol*. Barcarena: Marcador, 2013.
PINTO, José Nêumanne. *O que sei de Lula*. Rio de Janeiro: Topbooks, 2011.
SANCHEZ, Andrés; SANCHEZ OLLER, Tadeo. *O mais louco do bando*. São Paulo: G7 Books, 2012.

26. Maracanazo social*

Mesmo acompanhando a célebre definição de Winston Churchill pela qual a democracia é "a pior forma de governo, excetuadas todas as outras que foram experimentadas de tempos em tempos", não se pode deixar de reconhecer que ela sofre de uma séria disfunção estrutural — de forma geral, seus homens públicos analisam situações e tomam decisões de curto prazo, mirando a próxima eleição. A visão de longo prazo que deveria caracterizar todo gestor e legislador é abandonada em nome de interesses imediatos, pessoais ou grupais. Foi o que aconteceu quando da proposta brasileira de sediar a Copa do Mundo de 2014.

Mas como em democracia todo governo é reflexo de sua população, a miopia social não foi somente dos políticos, já que grande parte dos brasileiros aplaudiu a ideia de receber a Copa do Mundo. Foram necessários seis anos e bilhões de reais desperdiçados antes que começassem protestos populares em junho de 2013, dias antes do início da Copa das Confederações. Aos poucos foi-se entendendo que cada metro quadrado levantado em estádios significava

---

* Publicado na coluna "Pontos de vista" do site do Núcleo Interdisciplinar de Pesquisas sobre Futebol e Modalidades Lúdicas da Universidade de São Paulo (Ludens-USP) em 16 de junho de 2014. Disponível em: <www.usp.br/ludens/>.

um metro quadrado a menos em hospitais; cada cadeira nas novas arenas, uma cadeira a menos em escolas; cada camarote e vestiário, uma casa popular não construída; cada pedaço de gramado para a atuação exclusiva de 22 homens adultos durante uma ou duas vezes por semana, um pedaço a menos de parques democraticamente abertos todos os dias para crianças, jovens e idosos, homens e mulheres.

Talvez parte da população tenha percebido também que, se o Brasil chegasse à final da Copa do Mundo, teria participado de sete partidas, e portanto, na melhor das hipóteses, a seleção seria vista nos estádios por menos de 500 mil pessoas, das quais nem todas, evidentemente, seriam brasileiras, e dentre essas, várias delas (as de maior poder aquisitivo) teriam visto o time ao vivo mais de uma vez. Ou seja, somente cerca de 300 mil brasileiros, digamos, teriam acompanhado a seleção de perto. Todos os demais a veriam pela televisão, e para isso tanto fazia a Copa ser no Brasil, na Europa, África ou Ásia. A "festa popular" da hipotética conquista estaria ao alcance de 0,15% da população nacional, mas concretamente custou vários bilhões de reais ao conjunto de cidadãos.

Assim, não é nada estranho que, dois dias antes da abertura da competição, 45% dos brasileiros tenham se declarado contrários à realização do evento. Outra pesquisa indicava que, para 51% da população, o legado da Copa seria negativo para o país, cuja imagem no exterior ficaria pior segundo 40% dos entrevistados. Sem compreenderem que algo significativo tinha mudado na percepção popular a respeito da Copa, alguns antigos ídolos demonstraram insensibilidade social e continuaram fazendo declarações autocentradas no mundo do futebol. Um deles tentou transferir sua função monárquica da metáfora para a realidade social e deu lições de moral sobre o amor devido à Canarinho. Outro deles, ídolo de joelho de barro, procurou travestir a situação insistindo em falar fenomenais besteiras a respeito dos investimentos públicos em estádios e da repressão às manifestações. Tudo isso alimentou a indignação e os protestos, que se prolongaram por um ano.

As tentativas de negar esse quadro foram desastrosas, como fez uma semana antes do início da competição a presidente da República na imprensa internacional (*El País*, 8 jun. 2014). Ela então definiu o evento como "Copa pela inclusão": mas o que dizer da população removida das periferias dos estádios, 40 mil só no Rio de Janeiro, ou do preço dos ingressos que excluiu a maioria de ir aos estádios? Para a presidente, a organização da Copa "é motivo de orgulho para os brasileiros": mas o que significaram as manifestações populares contrárias ocorridas em todo o país? Ela insistiu que "dentro e fora do campo, estaremos unidos": mas e a evidente fratura social que o país sofria e se arrasta até hoje? Segundo ela, a Copa mostraria ao mundo que o Brasil é "uma democracia madura e pujante": mas e a escolha de cidades-sede por apadrinhamento político ou o superfaturamento das obras?

É verdade que o Brasil oficial, irreal, foi denunciado por outros ídolos, que mantiveram o espírito crítico. Romário não hesitou em declarar à revista francesa *So Foot* (n. 116, maio 2014) que "a Copa do Mundo de 2014 é o maior roubo da história do Brasil". Ao jornal português *Expresso* (n. 2171, 7 jun. 2014), Tostão acusou a aberração dos gastos públicos, da construção de estádios inúteis, da remoção de famílias pobres que viviam nos seus arredores. "E depois, claro, o fato de o Brasil parar em função do Mundial, como se fosse a coisa mais importante que existe, é absurdo. O país ainda tem milhões de problemas sociais por resolver." A elite pensante, que pouco ou nada se manifestou quando da proposta brasileira de sediar a Copa, despertou para a questão. Por exemplo, Ruy Braga, do Departamento de Sociologia da Universidade de São Paulo, fez uma avaliação grave, porém lúcida: "Há um quadro muito sombrio de crescimento da violência do Estado contra os direitos da cidadania que ameaça a própria democracia brasileira".

Com a tomada de consciência da seriedade da situação por uma parcela da sociedade civil (os jovens e os mais bem remunerados foram os que mais rejeitaram a Copa), de alguns ex-jogadores e de parte do segmento intelectual, a pátria esteve a caminho de descalçar as chuteiras. O previsível entusiasmo com o início da competição não mascarou por muito tempo as fragilidades morais das elites e as dificuldades concretas de boa parte da população. Quatro anos antes da Copa, alertávamos que o risco dela não seria tanto um novo Maracanazo futebolístico (acabou sendo um Mineirazo) quanto o que então chamamos de "Maracanazo social" (*Folha de S.Paulo*, 12 jul. 2010) — quer dizer, diante da dissipação de recursos públicos, sucederia um clima de forte descontentamento, tangenciando a instabilidade institucional. Esse foi o legado da Copa.

27. A Copa das Copas*

A "Copa das Copas" prometida pela presidente da República terminou. Felizmente. Se ela tivesse se prolongado, tudo indica que as frustrações ainda estariam se acumulando. De fato, para a seleção brasileira, a Copa não poderia ter sido mais medíocre, e a torcida intuiu isso desde o começo. A audiência do jogo inaugural na televisão aberta caiu vinte pontos percentuais em relação a 2010 (aliás, foi o menor ibope de um jogo do Brasil em Copas do Mundo pela televisão aberta em todos os tempos). Todo observador lúcido sabia que o elenco era mediano, que não existia um time propriamente dito, com um padrão tático definido e um comando técnico com alternativas claras para diferentes situações.

Foi o que mostrou a humilhante derrota frente à Alemanha. Ironicamente, esse desastre teria sido evitado se a seleção tivesse sido desclassificada antes — como merecia. Moralmente, ela foi a segunda colocada no seu grupo, já que beneficiada por um pênalti inexistente, um gol impedido e a anulação de dois gols legítimos do México na sua partida contra Camarões. Assim, nas oitavas

---

* Originalmente publicado sob o título "Fracasso na Copa do Mundo em casa é salutar", *Folha de S.Paulo*, 21 jul. 2014, p. D4.

de final, o Brasil não deveria ter enfrentado o Chile (que quase nos eliminou), e sim a Holanda (que nos goleou na disputa pelo terceiro lugar).

A esperança de que o Maracanazo de 1950 fosse varrido para debaixo do tapete da história não apenas não aconteceu como àquele trauma juntou-se o Mineirazo de 2014. É verdade que uma simples comparação, posição por posição, já mostrava que a geração de 1950 era superior à atual. No entanto, podia-se legitimamente esperar que a experiência internacional da geração de 2014 suprisse, no plano mental e tático, suas limitações técnicas. Isso não aconteceu devido ao comando da seleção, que, de tão centrado na motivação, criou instabilidade emocional no grupo e abafou a bagagem tática que os jogadores traziam de seus clubes europeus.[1] O essencial da questão, porém, não são nomes, e sim estrutura, modelo de trabalho. Não bastaria trazer um treinador estrangeiro — hipótese aventada após a Copa e logo descartada pela CBF, infelizmente, embora o atual trabalho de Tite seja bom — se não lhe fosse dada autonomia, tempo e condições materiais, se o calendário do futebol nacional não fosse racionalizado.

Ou seja, embora a responsabilidade de Scolari no fracasso histórico de 2014 seja inegável, ela não é isolada. Faltou comando competente na seleção porque também faltou na CBF e no governo. Nos três planos abundaram truculência, arrogância e pretensão. A capacidade gerencial escasseou. A confederação é uma corporação fechada que defende interesses de pequenos grupos, raramente os do futebol brasileiro. O partido do então governo e seus aliados passavam o tempo tentando aumentar seu poder e distribuir cargos, não governando em prol da nação. O problema é comportamental, cultural, daí não ter sido superado nas décadas entre o Maracanazo e o Mineirazo — o modo de ser coletivo do brasileiro continua baseado no improviso, no jeitinho, nas meias soluções de última hora. Não conseguimos ou não queremos antecipar uma dificuldade. Só vamos pensar nela quando estiver grande e sua solução for mais difícil ou mais cara.

De toda forma, se um dos objetivos era propagandear o país no exterior, isso foi alcançado. Hoje o mundo tem a comprovação de que somos um país muito rico, pois construímos um estádio em Manaus para ser utilizado apenas em quatro partidas da Copa e praticamente nada depois (cada jogo tendo custado, portanto, 150 milhões de reais), e a mesma coisa em Cuiabá (125 milhões

---

1. Ver o ensaio 28, "O técnico motivador".

de reais), Natal (100 milhões de reais) e, já que o estatuto de capital merece, Brasília, onde cada um dos sete jogos consumiu 257 milhões de reais! Além disso, a televisão de muitos países divulgou o "pitoresco" dos morros cariocas com suas favelas, vielas labirínticas e miséria. A criatividade brasileira ganhou um público bem mais largo graças à cena aérea que correu o mundo mostrando um arrastão na praia de Copacabana que deixou centenas de turistas sem carteira, celular, máquina fotográfica e relógio. Graças a dez torcedores ingleses agredidos por um grupo de nativos, muita gente no exterior pôde tomar conhecimento dos modernos e bem equipados hospitais nacionais. Pena que todo esse espetáculo não tenha atraído tantos turistas estrangeiros quanto merecia, pois se eles foram bem mais numerosos que na África do Sul em 2010, foram bem menos que na Alemanha em 2006.

Contudo, como toda viagem é aquisição de conhecimento, nossos visitantes puderam aprender bastante sobre o Brasil. Como etnógrafos, constataram que a atração nacional é mais por etiquetas do que por conteúdos. Ficaram sabendo, por exemplo, que na Cidade Maravilhosa acontecem 5 mil homicídios por ano, dos quais apenas 8% são investigados e menos ainda chegam a julgamento. Como sociólogos, assistiram a várias cenas de um patriotismo quadrienal que encontrou uma nova via de expressão no Hino Nacional cantado com furor. Como linguistas, perceberam que as hipérboles são uma especialidade brasileira: Thiago Silva é "o melhor zagueiro do mundo", Neymar é "um novo Pelé", o Brasil é "o país do futebol" etc. Como psicólogos, notaram a ciclotimia nacional que alterna momentos de grande entusiasmo com outros de clara depressão.

Não seria correto, portanto, diminuir o alcance do evento. Os 33 bilhões de reais gastos pela sociedade brasileira para sediar a Copa fizeram a felicidade de muita gente. No plano esportivo, além da campeã Alemanha, os torcedores de Bélgica, Chile, Colômbia, Costa Rica e México puderam se orgulhar de suas seleções terem apresentado futebol mais consistente que o dos brasileiros. Mesmo a Argentina, derrotada na final, pode se gabar de ter terminado a competição à frente do Brasil. A verdadeira festa, porém, fizeram alguns políticos, empreiteiros e dirigentes, certos meios de comunicação de massa e o Corinthians, que em mais de um século de história não teve competência para construir estádio próprio e ganhou um graças a manobras de bastidores e ao dinheiro público.

Sim, o Brasil perdeu a Copa do Mundo jogada em casa. Mas isso é salutar: permite-nos economizar alguns anos de ressaca e a ilusão de que somos bons em alguma coisa (supérflua) e podemos continuar a ser como somos. Não podemos. Não devemos.

28. O técnico motivador

"Soldados, vocês estão nus, mal alimentados. [...] Quero levá-los às mais férteis planícies do mundo. Ricas províncias, grandes cidades, ficarão em seu poder. Nelas vocês encontrarão honra, glória e riqueza." Essas palavras que Napoleão Bonaparte dirigiu a seus homens em princípios do século XIX, ao começar a submissão da Itália, não diferem das utilizadas por inúmeros conquistadores ao longo da história. Mobilizar animicamente um grupo diante de uma tarefa difícil e perigosa sempre fez parte das incumbências de todo comandante. Ora, porque o futebol é uma representação da guerra, porque toda partida é uma batalha sem sangue, o discurso que um treinador lança a seus jogadores antes de um confronto decisivo não difere no conteúdo daquele pronunciado pelo general francês. Saber motivar um elenco é uma das características requeridas de um técnico de futebol. Característica às vezes tão valorizada que deixa em segundo plano as facetas de estrategista e de tático que também seriam de se esperar, como no modelo ideal de Napoleão.

Boa ilustração disso ocorreu em fins de 2012, quando, diante da aproximação da Copa das Confederações (2013) e da Copa do Mundo (2014), os dirigentes do futebol brasileiro resolveram substituir o técnico Mano Menezes por Luiz Felipe Scolari. O motivo não foi seu currículo recente, já que nos dez anos anteriores conquistara somente um campeonato no Uzbequistão em

2009 e uma Copa do Brasil com o Palmeiras em 2012 (de onde, após 165 partidas com apenas 52,5% de aproveitamento, foi despedido deixando o clube virtualmente rebaixado à segunda divisão, o que se confirmaria algumas rodadas depois). A razão da escolha desse treinador limitado na leitura do jogo e na criação de alternativas táticas era clara: despertar o espírito de grupo (aquilo que na Copa de 2002 foi chamado de "família Scolari") e motivá-lo para a competição. Isso ele provara saber fazer, mesmo que às vezes num registro melodramático, como nas palestras durante aquela Copa, quando mostrava para os jogadores cenas de crianças famintas e grupos de desabrigados. A mensagem era evidente: a "família" não era apenas o elenco, mas todo o país. Algumas vezes a motivação podia se fazer mesmo à custa da moral. Na Copa Libertadores da América de 2000, quando de sua primeira passagem pelo Palmeiras, no intervalo da partida contra o Corinthians, ele não viu problema em mandar "escarrar no Edílson", esperando assim desestabilizar o jogador rival mais perigoso. Na essência, Scolari interpreta o futebol mais como disputa física e psicológica do que técnica e tática.

Com tal visão de jogo, ele mobiliza sua tropa e vence batalhas importantes, desde que a guerra não seja muito longa. Em competições de muitas partidas, seu sucesso é pequeno (Campeonato Brasileiro de 1996), salvo em ligas inexpressivas (Japão em 1997, Uzbequistão em 2009, China em 2015 e 2016); as disputas rápidas são sua especialidade — Copa do Mundo (2002), Copa das Confederações (2013), Libertadores (1995, 1999), Copa do Brasil (1991, 1994, 1998, 2012), entre outras. A ênfase na motivação explica seu fracasso no Chelsea, que dirigiu por menos de seis meses (36 partidas). O fraco domínio da língua inglesa foi fator essencial não pela dificuldade que causa na montagem e orientação de uma equipe — na própria Inglaterra havia outros treinadores estrangeiros que se expressavam mal em inglês e conseguiram ainda assim realizar bons trabalhos, como os italianos Claudio Ranieri, Carlo Ancelotti e Roberto Mancini —, mas pela impossibilidade de realizar aquilo que é a essência do seu estilo: criar empatia, transmitir emoção, despertar e canalizar a sensibilidade dos jogadores. A mesma coisa aconteceu com Joel Santana à frente da seleção da África do Sul.

O caso de Felipão pode ser arquetípico, mas está longe de ser isolado. Um número expressivo de treinadores alicerça o trabalho mais em motivar seus atletas para a competição do que em orientá-los taticamente. Em geral são do tipo que no Brasil se chamam de copeiros, especialistas em disputas mata-mata para as quais é possível manter o elenco num estado de tensão produtiva constante, pouco abaixo da linha de esgotamento psíquico. Trata-se quase sempre de ex-jogadores de pouca técnica que ao longo da carreira aprenderam a conhecer e gerenciar o estresse, isto é, a capacidade de adaptação do organismo a determinadas circunstâncias mediante a liberação de diversos hormônios.

Se o treinador não pode intervir no processo fisiológico do estresse, ele pode exercer papel decisivo na sua faceta psicológica. Experimentos em laboratório mostraram que mais importantes que as características físicas da situação agressiva são as possibilidades que o sujeito tem de modificá-la pelo comportamento. A resposta fisiológica ao estresse é mais fraca quando a previsão e o controle comportamental são melhores e o indivíduo se beneficia de uma atitude positiva do seu meio social. Ou seja, até certo ponto é possível o treinador minimizar no seu grupo o mau estresse (*distress*, esgotamento físico e mental, risco cardiovascular, baixa do sistema imunitário) e estimular o bom estresse (*eustress*, mobilização de recursos fisiológicos e psicológicos para enfrentar situações difíceis).

O técnico motivador é um profissional tomado pela vontade de vencer, de conquistar sempre mais, e que sabe transmitir esse anseio a seus homens. Mas a maneira de fazê-lo é obviamente variada. Alguns não hesitam mesmo em buscar o confronto para sacudir seus jogadores, como no caso do italiano Fabio Capello. Marco Simone, ex-jogador do Milan, revela: "Ele adora te desafiar. Ele leva a provocação ao último grau, ao limite do enfrentamento físico. Na hora você não entende nada, mas depois compreende". O essencial é que o próprio treinador esteja muito motivado para passar esse estado de espírito a seus comandados, senão, pergunta-se Arsène Wenger, "quem motiva o motivador?". A resposta implícita é clara: "ele próprio", o que explica o fato de essa carreira terminar, de forma geral, relativamente cedo. A rigor, na visão do técnico francês, trata-se menos de uma prática do que de um perfil: "Todo competidor vive sempre à espera da próxima competição. Eu sou como um apostador no cassino que não pensa senão na cartada seguinte".

A mensagem básica do motivador é fazer da vitória uma necessidade, é incutir a ideia de que se deve disputar cada bola como um faminto vai a um prato de comida, segundo a expressão consagrada. Ou como Ibrahimović definiu o trabalho de José Mourinho: "Ele nos faz jogar como animais raivosos". Para ter sucesso nessa tarefa, é melhor contar com um perfil específico de profissional, que o próprio Mourinho define assim: "O jogador de futebol ideal?

Títulos, zero. Dinheiro, pouco". No seu trabalho em clubes, Tite também pensa que o segredo está em um elenco mediano no qual haja constante disputa pela titularidade, mais do que em ter só jogadores acima da média, pois no primeiro caso é mais simples para o treinador manter a motivação constante. Alex Ferguson fazia isso por meio da velha estratégia que repetia constantemente a seus jogadores: "Somos nós contra o resto do mundo". Já no início de carreira, ao assumir o pequeno Aberdeen e tentando espaço diante dos grandes clubes da capital, ele adotou um discurso incisivo com seus jogadores: "Glasgow não gosta de nós, nós também não vamos gostar deles". E assim, durante oito anos à frente do clube (de 1978 a 1986), Ferguson quebrou a hegemonia do Celtic e do Rangers (os dois principais times do país) ganhando três campeonatos nacionais, quatro Copas da Escócia, uma Copa da Liga Escocesa, uma Copa Europeia dos Vencedores de Copas e uma Supercopa da Europa.

A rigor, independentemente de outras características, espera-se que todo treinador de futebol seja um pouco gerente de recursos humanos — alguém que define critérios de contratação, constantemente avalia os atuais funcionários, elogia ou critica o desempenho deles sempre que necessário, dispensa aqueles que não têm competência para o projeto do clube ou identificação com ele. E, sobretudo, como os jogadores sempre dizem, em todos os países, bom treinador é aquele que sabe extrair o melhor de cada um deles. Parte dessa tarefa é tê-los sempre motivados. Mas, como afirmou com conhecimento de causa o longevo e vencedor Ferguson, não é fácil manter "tanto a motivação do treinador para continuar a ganhar como a dos jogadores para continuarem competitivos". E prossegue ele:

> A experiência diz-me que não há uma receita de motivação que se possa aplicar a um grupo por igual. Cada caso é um caso. Cabe ao líder ter a sensibilidade necessária para perceber, em cada momento e com cada jogador, qual a dose adequada. A motivação, quando exagerada, pode ser um obstáculo. Nesses casos, os jogadores ficam tensos porque a mensagem é exagerada para as expectativas deles.

Ou, ao contrário, eles ficam excessivamente confiantes. Carlos Bianchi conta um episódio desse tipo, ocorrido em 1995. Em jogo que parecia decisivo para seu Vélez Sarsfield diante do Boca Juniors, que estava três pontos à frente a sete rodadas do término do campeonato, o argentino reconheceu que "eu forcei demais no aspecto confiança, foi uma má preparação psicológica e me sinto responsável" pela desmobilização do time e pela derrota (embora o Vélez acabasse por conquistar o título nacional naquele ano).

Daí por que, desconfiando das virtudes e dos riscos da motivação constante, alguns a colocam mesmo em segundo plano. Era o caso de Telê Santana. Ou de seu pupilo Muricy Ramalho, que valorizava mais o empenho cotidiano, a repetição exaustiva de certos gestos técnicos e determinadas situações de jogo. Ele não acreditava na necessidade de trabalho motivacional específico, pois não é um discurso inflamado no vestiário que substitui treinos insuficientes durante a semana. Como repetiu várias vezes, a maior motivação para um jogador de clube importante é estar ali, é fazer parte dessa elite, é crescer cada vez mais na carreira. A motivação deve vir de dentro dele mesmo. Se é preciso que o treinador o instigue constantemente, tal jogador não tem o perfil vencedor que deseja um clube de ponta ou uma seleção nacional. A pressão é parte da profissão, e o futebolista deve saber mantê-la num nível benéfico ao seu desempenho. Esse era também o pensamento de Bill Shankly, o mítico treinador do Liverpool entre 1959 e 1974 que levou o clube da segunda divisão ao título europeu. Ele explicava a seus jogadores: "Pressão é trabalhar como mineiro. Pressão é estar desempregado. Pressão é tentar evitar o descenso ganhando cinquenta xelins por semana. Nada disso tem a ver com a Copa dos Campeões Europeus ou a final da Copa da Inglaterra. Isso é recompensa".

Em teoria, Shankly e Muricy têm razão, mas não se pode deixar de levar em conta o perfil psicológico dos jogadores com quem se trabalha. No caso inglês, todos os observadores estão de acordo em que os futebolistas locais são combatentes por natureza, são dotados de acentuado *fighting spirit* [espírito lutador]. Não é casual que as duas mais emocionantes decisões da Liga dos Campeões tenham envolvido clubes ingleses que lutaram até o final para reverter um placar adverso — em 1999, o Manchester United perdia do Bayern de Munique até o nonagésimo minuto, mas marcou aos 91 e aos 93 e ficou com o título; em 2005, o Liverpool foi para o intervalo perdendo por 3 a 0 do Milan, mas em seis minutos empatou e depois venceu na decisão por pênaltis. O caso brasileiro é diferente, pois não é raro que a origem social humilde e a baixa escolaridade levem muitos jogadores a se deslumbrarem com os primeiros sucessos e a diminuírem a concentração e o esforço.

O trabalho de estimular um grupo de futebolistas não é exclusivo de um ou outro país, de um ou outro treinador: o peso que se atribui à tarefa depende de diversas variáveis, inclusive o estilo de comando. Questionado sobre a decisão da Copa do Mundo de 2006, o italiano Marcello Lippi afirmou, categórico: "Um treinador não precisa dizer nada antes de uma partida assim! Centenas de vezes me perguntaram o que eu tinha dito antes da final. Eu não disse absolutamente nada". Antes da final do Mundial de Clubes de 2009, contra o Estudiantes, Guardiola preocupou-se em fazer uma preleção curta para não desconcentrar os jogadores, sem dispensar no fecho uma frase de impacto, bem meditada, que ao mesmo tempo alimentasse a confiança e estimulasse um esforço extra do Barcelona: "Se perdermos hoje, continuaremos a ser a melhor equipe do mundo. Se ganharmos, seremos eternos".

A variável mais decisiva, evidentemente, é a da cultura do clube e dos jogadores que o compõem em determinado momento. Na experiência inglesa de Scolari, talvez tenha faltado justamente essa percepção de que o trabalho motivacional é um dado cultural. Motivar um grupo brasileiro ou português, relativamente homogêneo na língua, na origem e na tradição cultural, não é a mesma coisa que fazê-lo no Chelsea, com jogadores de doze nacionalidades diferentes. E alguns multiculturais, como Didier Drogba — com quem Felipão teve dificuldades —, que mesclava origens africanas da Costa do Marfim, cultura francófona, experiência mediterrânea em Marselha e vivência de quatro anos no clube londrino quando o técnico brasileiro lá chegou. Ele não era insensível ao trabalho motivacional, mas como todo jogador, ou mais amplamente como todo indivíduo, precisava ser motivado da maneira adequada. Como, aliás, tinha feito com Mourinho: "Alguém que, no plano da motivação, é pura e simplesmente o melhor. Eu sempre dei tudo por todos os meus treinadores. Por todos. Mas ele era especial".

Além disso, a tarefa de motivar depende do nível cultural do próprio treinador. Se Wenger mereceu ser alcunhado de Mister Motivator é porque soube criar um denominador comum entre os vários clãs do elenco do Arsenal. Na temporada 2005-6, havia ali cinco franceses, três ingleses, três espanhóis, três holandeses, dois brasileiros, dois costa-marfinenses, dois suecos, dois suíços, um alemão, um estoniano, um italiano e um bielorrusso. Mas se a motivação é, em algum grau, condição necessária, não é condição suficiente. Mais do que motivador, é por ser Le Professeur que Wenger conquistou três campeonatos ingleses, sete Copas da Inglaterra e seis Supercopas da Inglaterra.

Depois da final da Copa da Itália de 2010, Mourinho criticou o treinador derrotado da Roma, Claudio Ranieri, que "pôs os jogadores a ver o filme *Gladiador*, como se fossem crianças". Se a crítica do português parece proceder no contexto cultural italiano, ela seria exagerada no contexto brasileiro, em que os técnicos recorrem várias vezes a expedientes desse tipo. Daí a inadequação cultural de Scolari ao futebol inglês, bem resumida pelo jornal *The Daily Telegraph* (9 fev. 2009) ao noticiar a demissão do brasileiro, definido como "um peixe fora d'água" na Premier League. Caso semelhante ocorreu com Vanderley Luxemburgo, que, embora taticamente mais competente que Scolari, dirigiu o Real Madrid em 2005 por apenas 45 vezes, em grande parte devido à mesma dificuldade em lidar com um grupo de jogadores culturalmente heterogêneo (sete nacionalidades diferentes) e uma imprensa com outros valores e parâmetros.

Mesmo "dentro d'água", para prolongar a metáfora do jornal inglês, o peixe deve ter cuidado para não derrubar o aquário. E é isso que parece ter acontecido com a seleção brasileira na Copa de 2014, cuja "pane geral de dez minutos" diagnosticada por Scolari (na verdade, avaliação tão pobre como as alternativas táticas da equipe) foi a manifestação do excesso de motivação que retirou o equilíbrio e a inteligência de jogo da equipe, tangenciando mesmo em certos momentos o oposto, a apatia. O treinador, depois de dez anos de insucesso, tinha a grande chance da redenção, potencializada pelo fato de a Copa ser no Brasil. Os jogadores assumiram o papel, que não era deles e de ninguém, de vingadores da derrota em casa em 1950. A torcida imaginava, estimulada por declarações descabidas das autoridades, que o custo social da organização da Copa só poderia redundar na vitória. O destempero da equipe já era perceptível durante a execução do Hino Nacional, cantado a pleno pulmões pelos jogadores mesmo depois de a melodia ter terminado. Eram verdadeiros soldados indo para a guerra. Que perderam feio, porque nela não basta a coragem, é preciso ter estratégia e tática adequadas.

OBRAS CITADAS

BURNAT, Jean; DUMONT, G. H.; WANTY, Émile (Orgs.). *O dossier Napoleão*. Trad. de Maria José Teixeira de Vasconcelos. Amadora: Bertrand, 1962.

FERGUSON, Alex. *Managing My Life: My Autobiography*. Londres: Hodder & Stoughton, 1999.

LUZ, Nuno; PEREIRA, Luís Miguel. *Mourinho: Nos bastidores das vitórias*. Lisboa: Prime Books, 2011.

RIOLO, Daniel; PAILLET, Christophe. *Secrets de coachs: Les plus grands entraîneurs de foot se confessent...* Paris: Hugo, 2011.

RIVOIRE, Xavier. *Arsènal Wenger: The Coach*. Paris: Mango Sport, 2006.

29. "Brasileiro, com muito orgulho, com muito amor"

Durante a Copa de 2014, como de quatro em quatro anos, mais uma vez foram vistas faixas e ouvidos cânticos com o refrão acima. O fato está tão instalado na paisagem mental brasileira e parece tão normal que nunca merece alguma análise. No entanto, a simples existência do quadrienal patriotismo futebolístico já mereceria certa reflexão. Qualquer nacionalismo cega, como se sabe, e seus destemperos não são, evidentemente, exclusividade brasileira: pouco depois da suspensão de Luis Suárez por ter mordido um adversário (terceira vez na carreira do jogador), o presidente do Uruguai acusou a Fifa de perseguir o jogador "porque ele não tem curso universitário"!

É por um mecanismo psicológico normal que as pessoas tendem a amar o que possuem, porque nem sempre é possível possuir aquilo que se ama. Desse mecanismo fazem parte pessoas, objetos, locais e abstrações. Este último ponto é mais delicado, fica no fio da navalha, pois as abstrações englobam pessoas que sequer se conhecem e que por contágio recíproco acabam exacerbando o sentimento comum e transformando-o em patológico — ao longo da história, matou-se e morreu-se em nome de Deus, de nações e, mais recentemente, de clubes.

O problema não está, porém, no "com muito amor" proclamado pelos torcedores, pois se trata de algo assumidamente subjetivo: ama-se uma pessoa, um animal, uma coisa ou um país independentemente de suas qualidades intrínsecas. O amor não se discute, mesmo que, visto de fora, se possa discordar dos méritos do objeto amado ("quem ama o feio, bonito lhe parece", diz a sabedoria popular). A questão ganha outro peso quando se considera o "com muito orgulho". Entra-se então no plano considerado pelo próprio sujeito como objetivo: a etimologia indica que a palavra vem do alto-alemão (intermediada pelo francês, catalão e castelhano antes de chegar ao português) com o significado de "excelente", "renomado". A acepção primeira que o *Dicionário Houaiss* dá para orgulho é "sentimento de prazer, de grande satisfação sobre algo que é visto como alto, honrável, creditável de valor e honra".

Quando a torcida de um clube usa o refrão, ela se refere aos títulos conquistados ao longo de sua história, e por isso tal sentimento é legítimo. Mas se no lugar de "Galo", "Mengo", "Colorado" ou qualquer outra denominação comunitária fala-se em "brasileiro", isso remete não apenas ao "clube Brasil", à seleção nacional, mas também ao país em toda sua vastidão histórica, geográfica, cultural. É verdade que, na origem, se trata de uma elipse: diz-se "brasileiro" por "torcedor brasileiro". Porém, ao longo do tempo, o sentido inicial foi se perdendo e completou-se a confusão entre Brasil enquanto país e Brasil enquanto seleção de futebol.

Em função disso, "com muito orgulho" ganha uma conotação perigosa da qual não se tem consciência. Orgulhar-se de algo significa tentar preservar esse algo, que se considera inquestionável. O orgulho, por definição, é barreira psicológica às mudanças, às transformações. É justificativa do statu quo, seja ele pessoal ou nacional. Ora, desse ponto de vista — correndo o risco de despertar muitas indignações patriotas —, a pergunta se impõe com naturalidade: o brasileiro se orgulha do quê?

De ser um povo simpático e cordial? Mas trata-se aqui de um clichê, muito mais do que um fato sociológico: Sérgio Buarque de Holanda mostrou que a sociabilidade do brasileiro é superficial, encobre emoções exageradas e revela dificuldades no estabelecimento de relações sociais maduras. De viver em uma sociedade honesta? A resposta só pode ser negativa, tendo em conta que em 2014 o país ocupou o 69º lugar no ranking de corrupção mundial (no qual o primeiro é o mais virtuoso), de acordo com a ONG Transparência Internacional — corrupção que, entre 2001 e 2010, desviou 720 bilhões de reais (*Veja*, n. 2240, 26 out. 2011), sem lembrar, é claro, os bem conhecidos episódios posteriores. De ter construído uma sociedade de "ordem e progresso" que protege e valoriza seus membros? O nível de violência desmente: entre 2002 e 2012, 556 mil pessoas foram assassinadas no país, o que "excede largamente o número de mortes da maioria dos conflitos armados registrados no mundo", diz o relatório do Mapa da Violência 2014, que coloca o Brasil como o sétimo país mais violento do mundo. De ter uma sociedade com impostos de Primeiro Mundo e serviços públicos de Terceiro Mundo? Qualquer tentativa de resposta é desnecessária. Será, então, que o brasileiro se envaidece de ter dado importantes contribuições culturais ao mundo? Não é o caso, nem poderia ser, já que, segundo a Unesco, o Brasil é o oitavo país do mundo em número de adultos analfabetos, e pelo exame do Programme for International Student Assessment (Pisa), dentre 65 países, o Brasil é o 59º em ciências, o 58º em matemática, o 55º em leitura e o 58º em geral nesse ranking educacional mundial.

E assim *la boucle est bouclée*, voltamos ao ponto de partida — intuindo que não há muita coisa de que se orgulhar, o brasileiro agarra-se a um dos poucos campos em que conseguiu reconhecimento internacional, o futebol. Daí por que quando este não cumpre sua função social e psicológica a desilusão e/ou a revolta é tão grande. A final da Copa de 2014 representou um impasse para muitos brasileiros: torcer para a Argentina, nossa rival histórica, como vingança pela humilhação nacional imposta pela Alemanha ao nos golear por 7 a 1, ou torcer pelos que nos arrasaram para que os *hermanos* não ganhassem o título mundial em pleno Maracanã (algo que nunca conseguimos e que seria outra humilhação)? A segunda opção parece ter sido a da maioria, não sem provocar outras feridas no orgulho nacional. Aliás, diante dos gastos excessivos na organização da Copa e do apoio do "Rei do Futebol" ao evento, alguns estádios brasileiros viram-se estimulados a cantar que "*Maradona es más grande que Pelé*".

O orgulho pelo futebol é sintoma de carência em muitos outros planos da vida coletiva. Um interessante estudo da Universidade Yale (*Folha de S.Paulo*, 29 jun. 2014) estabeleceu a partir de vários critérios um ranking de felicidade que a conquista da Copa geraria. Nele fica claro que essa alegria é inversamente proporcional à qualidade de vida geral oferecida pelo país — no topo estava a Nigéria, seguida pelo Brasil, depois México, Rússia, Irã, Costa do Marfim, Colômbia, Gana, Argélia e Camarões. Apenas a partir do 11º lugar (Itália) é que surgiam países de maior Índice de Desenvolvimento Humano e ao mesmo tempo potências no futebol: Argentina (12º), Inglaterra (13º), França (15º), Espanha (17º), Alemanha (21º) e Uruguai (25º). Países ricos e estáveis, sem muita tradição no futebol, ocupavam o fim dessa classificação: Bélgica (29º), Suíça (30º), Estados Unidos (31º) e Austrália (32º).

Porque todo orgulho ferido busca desculpas, muito se especulou sobre a ausência de Neymar nas duas últimas partidas da Copa de 2014. Evidentemente, ele fez muita falta, mas só isso já indica uma fraqueza: a dependência de uma equipe nacional de um único jogador. Em 1962, o Brasil conseguiu o bicampeonato com Pelé tendo jogado menos do que Neymar em 2014 (115 minutos contra 357 minutos, respectivamente). Pouco antes da Copa, a Alemanha perdeu por contusão o eficiente Marco Reus, e a Argentina chegou à final sem seu segundo melhor jogador, Di María. Na verdade, o equivalente a uma equipe inteira nem pôde chegar ao Brasil: Valdés (Espanha), Van der Wiel (Holanda), Badstuber (Alemanha), Willems (Holanda), Holden (Estados Unidos), Walcott (Inglaterra), Montolivo (Itália), Thiago Alcântara (Espanha), Benteke (Bélgica), Falcao (Colômbia) e Ribéry (França). Também não vieram os suplentes desse hipotético time de lesionados: Van der Vaart (Holanda), Castillo (Equador), Montes (México), Strootman (Holanda), Giuseppe Rossi (Itália) e Jerry Akaminko (Gana).

Como os resultados da seleção brasileira na Copa jogada em casa impediram que o amor e o orgulho nacionais ficassem satisfeitos pela via tradicional do futebol, boa parte da população buscou satisfazê-los logo a seguir por outra variante igualmente forte e perigosa, a ideologização. Embora "ideologia" pareça remeter somente a "ideia", na verdade contém muito de afeto: é tentativa de racionalizar um sentimento coletivo, colocando sua ênfase — como qualquer sentimento — nos pontos positivos do que se acredita, enquanto camufla os negativos. Foi o que se viu no diálogo de surdos da eleição presidencial, poucas semanas depois da Copa, sobretudo por parte do governo e sua crença de que os fins (inclusão social) justificam os meios (corrupção, negação de instrumentos democráticos, partidarização da vida política nacional). Assim, em certa medida, pode-se incluir a Copa de 2014 entre aquelas cujo viés ideológico foi bastante acentuado, como aconteceu em 1930 (nacionalismos), 1934 e 1938 (fascismo), 1970 (ditadura militar no Brasil) e 1978 (regime militar na Argentina), e como possivelmente acontecerá na Rússia em 2018.

OBRAS CITADAS

HOLANDA, Sérgio Buarque de. *Raízes do Brasil* [1936]. São Paulo: Companhia das Letras, 1995.

HOUAISS, Antônio; VILLAR, Mauro de Salles. *Dicionário Houaiss da língua portuguesa*. Rio de Janeiro: Objetiva, 2001.

30. Brasil, país do futebol?*

Como se sabe, o futebol começou no Brasil documentadamente poucos anos após a instituição da República e o início da etapa histórica propriamente nacional. E apesar de algumas resistências iniciais, cerca de quatro décadas depois a identidade brasileira passou a ser construída em boa parte em torno do novo esporte. Em 1938, Gilberto Freyre, analista e agente daquele fazer histórico, observava:

> Nosso estilo de jogar futebol me parece contrastar com o dos europeus por um conjunto de qualidades de surpresa, de manha, de astúcia, de ligeireza e ao mesmo tempo de brilho e de espontaneidade individual [...] [que] parece exprimir de modo interessantíssimo para os psicólogos e os sociólogos o *mulatismo flamboyant* e ao mesmo tempo malandro que está hoje em tudo que é afirmação verdadeira do Brasil.[1]

---

* Texto publicado originalmente na *Revista USP*, n. 99, 2013, pp. 47-56.
1. Gilberto Freyre, "Foot-ball mulato", *Diário de Pernambuco*, 8 jun. 1938, p. 4. Reproduzido em Gilberto Freyre, *Sociologia*. Rio de Janeiro: José Olympio, 4ª ed., 1967, v. 2, p. 432 (grifo do autor).

No mesmo ano, ainda por ocasião da Copa do Mundo na França, a poetisa Gilka Machado cantava os heróis que fizeram o mundo "compreender/ numa linguagem muda,/ escrevendo com os pés/ magnéticos e alados/ uma epopeia internacional!", e que "os Leônidas e os Domingos/ fixaram na retina do estrangeiro/ a milagrosa realidade/ que é o homem do Brasil!".[2]

Tentando explicar por que aquela realidade não se concretizava em conquistas, Nelson Rodrigues, pouco antes da Copa de 1958, forjou a conhecida expressão "complexo de vira-latas".[3] Contudo, como é frequente nesse tipo de situação psicológica, a vitória despertou o sentimento oposto, de superioridade, com a torcida e a imprensa não aceitando a partir de então a hipótese de não ganharmos todas as Copas. Quando isso ocorre, sempre se buscam explicações que pretendem manter intocada a autoimagem do nosso futebol — faltou organização por parte da CBD (1966) ou da CBF (2006); perdemos sendo campeões morais (1978); não tivemos sorte (1982 e 1986); o treinador era incompetente (1990) ou inexperiente (2010); houve um complô (1998). Mas somos realmente superiores? Ou se trata de um dos muitos clichês próprios ao mundo do futebol? A verdade é que nos acostumamos a definir o Brasil como "país do futebol" sem maior reflexão a respeito.

Não está mesmo claro se a expressão significa país onde o futebol é mais praticado, ou mais apreciado, ou mais bem compreendido, ou mais bem jogado, ou que produz os maiores futebolistas, ou que mais vence. Ou todas essas coisas a um só tempo. A dificuldade em decidir não reside apenas no olhar nacional a respeito, inevitavelmente viciado. O mesmo ocorre com estrangeiros que gostam de futebol e conhecem bem o Brasil, como exemplificam dois correspondentes ingleses. Alex Bellos, que aqui trabalhou entre 1998 e 2003, julga que se os brasileiros amam mais Garrincha do que Pelé é porque este simboliza a vitória, aquele o prazer de jogar: "O Brasil não é um país de vencedores. É um país de gente que gosta de se divertir". Tim Vickery, que reside aqui desde 1994, acredita por sua vez que os brasileiros gostam da vitória mais do

---

2. Gilka Machado, "Aos heróis do futebol brasileiro" [1938], em *Poesias completas*. Rio de Janeiro/ Brasília: Cátedra/ Instituto Nacional do Livro, 1978, pp. 200-1.
3. Nelson Rodrigues, "O complexo de vira-latas" [31 maio 1958], em Nelson Rodrigues, *À sombra das chuteiras imortais*. Org. de Ruy Castro. São Paulo: Companhia das Letras, 1993, pp. 51-2.

que do futebol propriamente dito.[4] Tentemos examinar, então, todas aquelas possibilidades de entendimento da expressão "país do futebol".

Essa condição do Brasil estaria comprovada, afirmam alguns, pelo número de jogadores e clubes existentes no país. De fato, um levantamento da Fifa em 2007 mostrou que o Brasil era o país com mais jogadores profissionais no mundo, 16 200, enquanto a Inglaterra, por exemplo, possuía 6 mil. Ainda que a cifra bruta seja impressionante, é preciso ver por detrás dela. Boa parte desses praticantes considerados profissionais não consegue viver com a remuneração do futebol, e se insistem nisso, é tanto devido ao sonho alimentado pelo exemplo dos ídolos milionários e famosos quanto pela impossibilidade de exercerem outra atividade. Quando em 2006 o francês Thierry Henry comentou que a técnica dos brasileiros devia-se ao fato de muitos garotos não irem à escola e não terem outra coisa a fazer a não ser jogar bola na rua, levantaram-se protestos considerando a observação preconceituosa e ofensiva.

Todavia ela era correta, e a comprovação disso está no fato de que à medida que o Brasil melhora seus índices sociais e tira garotos da rua, elevando seus indicadores econômicos e escasseando terrenos baldios nas grandes cidades, os craques espontâneos vão desaparecendo. As escolinhas de futebol, apesar de seus métodos científicos, não substituem as "escolinhas" dos terreiros. As bolas improvisadas, os pés descalços, o solo irregular aperfeiçoavam o domínio da bola e a criatividade. Em certa medida, futebol é esporte da carência, daí o eixo da exportação de jogadores estar se deslocando da América Latina para a África.

Levando em conta as respectivas populações, o peso do contingente brasileiro de futebolistas não é superior ao inglês. Por outro lado, a profissionalização reflete mais o contexto socioeconômico do que o amor pelo esporte. Em Bangladesh, por exemplo, 6 milhões de pessoas jogam regularmente futebol, mas não existe nenhuma que o faça profissionalmente. Em termos de praticantes amadores, países como China (com 26 milhões), Estados Unidos (com 25,5 milhões) e Índia (com 20,5 milhões) estão à frente do Brasil, que conta com 13 milhões. Esses 7% da população brasileira também ficam bem atrás dos 27% da Costa Rica e dos 20% da Alemanha. Quanto aos clubes de futebol

---

4. Alex Bellos, *Futebol: O Brasil em campo* [2002]. Trad. de Jorge Viveiros de Castro. Rio de Janeiro: Jorge Zahar, 2003, p. 103. Tim Vickery, citado em *Placar*, n. 1371, p. 45, out. 2012.

profissional, nenhuma cidade brasileira pode se vangloriar de possuir catorze deles, metade dos quais na divisão principal, como é o caso de Londres; ou de Buenos Aires e seus dezesseis clubes (37 na Grande Buenos Aires), seis dos quais na elite do futebol argentino.

E nada também permite afirmar que o Brasil é o país que mais gosta de futebol. A presença de público nos estádios é bem inferior à de outros países de tradição no esporte. Ou mesmo de tradição mais recente. Em Portugal, na temporada 1951-2 (antes, portanto, da inauguração dos grandes estádios, entre 1952 e 1956) foram vendidos cerca de 1 milhão de ingressos, o que é muito significativo numa população que na época girava em torno de 8 milhões de pessoas.[5] Sessenta anos depois, o campeonato nacional brasileiro vendeu menos de 5 milhões de ingressos. Ou seja, apesar da distância temporal dos dois casos, a relação ingresso/ habitante foi cinco vezes maior em Portugal (0,125) do que no Brasil (0,025). Tomando para ambos os países a mesma data-base (2012), a média de público dos três clubes de melhor desempenho nesse aspecto foi de 37 465 pessoas em Portugal e de 29 694 no Brasil.[6] Diferença ainda mais significativa se levarmos em conta que a população portuguesa é dezoito vezes menor que a brasileira.

Mais importante: a questão não é circunstancial, é estrutural. A média brasileira de público na última década do século xx foi de 12 586, e apenas em dois anos ultrapassou um pouco os 15 mil pagantes. Nos trinta primeiros anos do Campeonato Brasileiro (1971-2000), a maior média, verificada em 1983, foi de 22 953.[7] Em 2012, continuamos no patamar da década anterior, com uma média de 13 010 espectadores nos estádios. Nossos extremos também são piores que os de outros países: os cinco menores índices de público estiveram abaixo de 1500 pessoas, um deles de tão somente 449 pagantes; dos cinco maiores, três ficaram na casa dos 40 mil, um na dos 50 mil e apenas um acima dos 60 mil.[8]

---

5. Ricardo Serrado, *História do futebol português. Das origens ao 25 de Abril. Uma análise social e cultural*. Lisboa: Prime Books, 2010, v. 1, p. 331.
6. "Os 100 clubes com maior média de público no mundo". Disponível em: <www.pluriconsultoria.com.br/relatorio.php?id=182>.
7. *Placar*, n. 1171, pp. 55 e 29, jan. 2001.
8. Dados extraídos de Fernando Martinho, "As receitas e médias de público do Brasileirão 2012". Disponível em: <www.futebolbusiness.com.br/2012/12/as-receitas-e-medias-de-publico-do-brasileirao-2012/>.

Considerando a temporada brasileira de 2011 e a europeia de 2011-2, dentre os cem primeiros clubes mandantes com maior média de público no mundo, 78 são europeus, dez mexicanos, quatro chineses, dois japoneses, dois norte-americanos, um canadense e somente três brasileiros. O mais bem colocado entre os brasileiros é o Santa Cruz, na 39ª posição. Os três de maior torcida posicionam-se bem abaixo: o Flamengo aparece apenas na 135ª colocação (19 mil espectadores), o Corinthians na 65ª (29,4 mil) e o São Paulo na 112ª (21,5 mil). Outros clubes tradicionais também ficam distantes na lista: o Bahia aparece em centésimo lugar, o Internacional em 143º, o Coritiba em 147º, o Vasco em 172º e o Grêmio em 184º. Acima de todos os brasileiros encontravam-se dois clubes mexicanos: o América em nono lugar, com 53 750 espectadores por jogo, e o Tigres em 29º, com 41 625. Também superou os brasileiros um clube alemão então na segunda divisão, o Eintracht Frankfurt, em 37º lugar, com um público médio de 37 335 espectadores. À frente do Corinthians, que naquele ano foi o mais bem colocado dos três grandes brasileiros em termos de presença de torcida, estão ainda um clube norte-americano (Seattle Sounders, em 33º), três chineses (Guangzhou Evergrande em 44º, Beijing Guoan em 48º e Guizhou Moutai em 58º), um japonês (Urawa Red Diamonds, em 47º), dois outros mexicanos (Atlas Guadalajara em 52º e Monterrey em 59º) e um canadense (Montreal Impact, em 61º).

O contraste com a Alemanha é particularmente expressivo, pois a média de público ali é o triplo da brasileira (apesar de termos mais que o dobro de população): 45 116 pessoas por partida na temporada 2011-2, e 42 421 na seguinte. O maior público no Brasil em 2012, numa partida entre São Paulo e Náutico, foi de 62 207 torcedores, enquanto o Borussia Dortmund, na temporada 2011-2, foi seguido a cada jogo por 80 478 pessoas, número estável na temporada seguinte (80 520). Em relação à Inglaterra, a desvantagem brasileira é mais antiga. A média de 13 010 torcedores que foram aos estádios em cada partida de 2012 no Brasil constitui cifra bem inferior à inglesa em 1911-2! Nessa longínqua temporada, a primeira divisão inglesa atraiu 16 775 pessoas por partida; em 1913-4, o número subiu para 23 115; em 1927-8, para 25 364; em 1932-3, caiu para 23 225, em função da Grande Depressão; mas em 1938-9 a média superou os níveis pré-crise econômica com 30 659 torcedores, e em 1949-50 atingiu a marca de 40 702.[9] Nos anos recentes, a diferença cresceu ain-

---

9. Nicholas Fishwick, *English Football and Society, 1910-1950*. Manchester: Manchester University Press, 1989, pp. 48-9 e 52-3.

da mais, com os estádios ingleses tendo taxa de ocupação superior a 95%. Enquanto o maior público do mundo na temporada 2012-3 foi num Barcelona 2 × 2 Real Madrid (96 589 espectadores), grandes clássicos do Campeonato Brasileiro estiveram muito abaixo: somadas as duas partidas de 2012, turno e returno, 57 904 torcedores viram o Fla-Flu, 46 836 o Grenal, 43 587 o Corinthians × Palmeiras e 39 133 o Atlético-MG × Cruzeiro.

O torcedor brasileiro não é, enfim, tão apaixonado quanto se propala. Uma pesquisa do Ibope em 2002, ano de Copa do Mundo, mostrou que de cada dez brasileiros três não torciam por clube algum. Uma pesquisa do Datafolha em 2010 comprovou que a massa de brasileiros sem clube (25%) superava a maior torcida nacional (Flamengo, 17%), fato confirmado com alguma variação de números (respectivamente 20,8% e 16,8%) por uma pesquisa do começo de 2013 realizada pela Pluri Consultoria em conjunto com a Stochos Sports & Entertainment. Aliás, se o resultado fosse diferente, como explicar que nos dias de semana a televisão aberta prefere transmitir novela — outra grande expressão da cultura popular brasileira — no horário tradicional do futebol, que é transferido para bem mais tarde, em prejuízo do torcedor em casa e, sobretudo, no estádio? E como explicar também que no domingo a mesma televisão aberta privilegie programas de auditório?[10] Com o Corinthians jogando a decisão do Mundial de Clubes de 2012, fato inédito e único, a audiência da Rede Globo foi de 31 pontos, enquanto na mesma época a novela *Salve Jorge*, transmitida pela emissora seis vezes por semana durante meses, alcançou trinta pontos em média por dia. Aquela partida teve 61% de *share* (percentual de aparelhos sintonizados em determinado programa em relação ao total de domicílios com televisores ligados naquele momento), ao passo que, cinco meses depois, a final da bem menos importante Liga Europa obteve na televisão portuguesa 60% de *share* para Benfica × Chelsea.

O brasileiro médio considera-se grande conhecedor de futebol, e o assunto aparece com frequência nas conversas. Mas trata-se realmente do povo que melhor conhece a filosofia e a história do jogo, que tem a melhor leitura tática

---

10. Para efeitos comparativos, na televisão portuguesa, em 2008, das quinze maiores audiências apenas duas não estiveram relacionadas com o futebol. Ver pesquisa citada por Carlos Nolasco, "Migrantes de calções e chuteiras: dinâmicas migratórias do futebol português", *Cabo dos Trabalhos: Revista Electrónica dos Programas de Mestrado e Doutorado CES/ FEUC/ FLUC*. Disponível em: <http://cabodostrabalhos.ces.uc.pt/n4/ensaios.php>.

dele? Na verdade, seu nível de cultura futebolística é apenas sofrível. Confunde-se saber de cor a escalação de times, lembrar com precisão centenas de lances, estar a par de detalhes da carreira de muitos jogadores, com entender o espírito e as formas do jogo. Mesmo no simples plano da informação, a deficiência é clara. Uma pesquisa realizada em fins de março de 2013 pela consultoria Hello Research mostrou que 85% dos torcedores brasileiros não sabiam o que é a Copa das Confederações,[11] que começaria no país dois meses e meio mais tarde e da qual o Brasil já era o maior vencedor, até então com três conquistas (1997, 2005, 2009).

Reflexo dessa situação é a quantidade e a qualidade das publicações especializadas. A tradicional *Gazeta Esportiva*, criada em 1947 e que deixou de ter edição em papel em 2001, conheceu sua tiragem máxima ao noticiar o tricampeonato do Brasil na Copa de 1970, com 534 530 exemplares. Por comparação, o jornal esportivo francês *L'Équipe*, surgido em 1946 e que circula até hoje com tiragem diária entre 350 mil e 400 mil exemplares, bateu seu recorde em 1998 com a conquista da França na Copa do Mundo, com 1 645 907 exemplares. Considerando as respectivas populações naqueles momentos, o diário esportivo brasileiro publicou um pouco menos de seis exemplares por cada mil habitantes, enquanto o francês publicou 28 — quer dizer, quase cinco vezes mais. O brasileiro *Lance!*, surgido em 1997, publicou em 2012 cerca de 80 mil exemplares por dia, em claro contraste com alguns diários europeus: o português *A Bola*, fundado em 1945, tem uma tiragem de 120 mil; o espanhol *Marca*, lançado em 1938, distribui diariamente entre 260 mil e 300 mil (lidos por 2 milhões de pessoas); o diário italiano *La Gazzetta dello Sport*, fundado em 1896, imprime 300 mil (lidos por 4 milhões de pessoas, o que faz dele o jornal mais manuseado do país).

A grande revista mensal brasileira especializada em futebol é *Placar*, criada em 1970 e cuja tiragem está em torno de 100 mil exemplares. Ou seja, pouco menos que os 110 mil impressos pela inglesa *FourFourTwo*, fundada em 1994 e que, além da atualidade do futebol, interessa-se pelo seu enraizamento na sociedade. A mesma tiragem de *Placar* é alcançada, com outro nível jornalístico e gráfico, pela francesa *So Foot*, lançada em 2003, de abordagem socioló-

---

11. Disponível em: <www.portal2014.org.br/noticias/11529/85+DOS+BRASILEIROS+NAO+SABEM+O+QUE+E+A+COPA+DAS+CONFEDERAÇOES.html>.

gica e culturalista e linguagem irreverente. Na mesma linha que a congênere francesa e criada em 2000, a alemã *11 Freunde* vende cerca de 74 mil exemplares mensais. Mesmo na Suécia, de tradição futebolística menor, foi lançada em março de 2000 uma revista refinada no tratamento dos temas e nos ensaios fotográficos, a *Offside*, que vende pouco mais de 18 mil unidades a cada edição bimensal. Assim, a proporção de cada revista vendida por habitantes em seu respectivo país é de 1900 no caso da *Placar*, 1095 no da *11 Freunde*, 650 no da *So Foot*, 527 no da *Offside*, 482 no da *FourFourTwo*.

Parte essencial do clichê "Brasil, país do futebol" é a crença de que aqui se joga com mais habilidade, com mais qualidade. A rigor, porém, o nível de nossas competições é mediano, quando não baixo. O enquadramento institucional impede que a potencialidade esportiva se torne realidade. Se tivéssemos um produto futebolístico realmente organizado e de alto nível técnico, ele seria visto regularmente em muitos outros países, como ocorre com as competições nacionais e continentais europeias. A Premier League inglesa, por exemplo, tem 212 contratos de televisionamento para o estrangeiro, que lhe têm rendido anualmente 800 milhões de euros desde a temporada 2013-4. Os direitos televisivos para o próprio Reino Unido foram vendidos pela liga inglesa por 1,167 bilhão de euros por ano. Computando ainda a cessão de direitos para rádio, internet e resumos semanais na televisão, o negócio atinge 2,207 bilhões de euros por ano (no Brasil, em 2012, os clubes receberam o correspondente a cerca de 340 milhões de euros).

Mas largas parcelas do jornalismo esportivo nacional costumam "provar" a condição de país do futebol supostamente detida pelo Brasil apontando o equilíbrio de seu campeonato, no qual sempre há vários candidatos ao título. A observação é procedente, tanto que em 42 anos de Campeonato Brasileiro, de 1971 a 2012, dezessete clubes diferentes ganharam a competição. Todavia, a interpretação do fato não é tão óbvia quanto se pretende. A verdade é que forte concorrência geralmente significa nivelamento por baixo. Os campeonatos mais equilibrados são os mais fracos. Nas ligas europeias de 2012-3, a diferença de pontos entre o primeiro e o segundo colocados foi de 25 na Alemanha, quinze na Espanha, onze na Inglaterra, nove na Itália, sete na Holanda, seis na Bélgica, três na Suíça, dois na Rússia e um em Portugal. O Bayern de Munique e o Barcelona foram campeões liderando seus campeonatos da primeira à última rodada. Na França — embora o campeão tenha dado uma arrancada na reta final e terminado doze pontos na frente, beneficiado pelos tropeços dos perseguidores diretos —, a algumas rodadas do término, havia apenas dois pontos de diferença, levando a revista *France Football* a reconhecer em editorial que o futebol de seu país "é campeão europeu do suspense, mas lanterna do espetáculo".[12]

Diagnóstico semelhante poderia ser feito em relação ao Brasil. No que diz respeito ao suspense, o Brasileirão de 2012 acabou com cinco pontos de vantagem do campeão sobre o vice, somente dois pontos em 2011, 2010 e 2009, três pontos em 2008. Quanto ao espetáculo, não é exata a imagem recorrente de que o futebol brasileiro é de ataque e o campeonato prolífico em gols. A média foi de 2,49 gols nas 15 632 partidas jogadas ao longo de 42 anos de Campeonato Brasileiro (considerando aqui de 1971 a 2012), e ainda que ela tenha subido para 2,69 se computados somente os dez últimos anos em questão (de 2003 a 2012), está longe da marca obtida pelos principais campeonatos europeus.

A falta de espetáculo nacional é clara: em 2012, o Brasileirão teve 2,47 gols por partida. Na mesma temporada (2012-3 pelo calendário esportivo europeu), a Bundesliga (Alemanha) atingiu 2,93; a Liga (Espanha), 2,87; a Premier League (Inglaterra), 2,8; a Série A (Itália), 2,67. Mesmo campeonatos menores superam a artilharia brasileira, caso do holandês (3,15) e do português (2,76). O Fluminense, campeão brasileiro de 2012, marcou 1,6 gol por partida, largamente superado pelos seus congêneres europeus: Barcelona (3,03), Bayern de Munique (2,88), Ajax (2,44), Porto (2,33), Manchester United (2,26), Juventus (1,87), Paris Saint-Germain (1,78). Os campeões brasileiros dos anos anteriores não se saíram melhor: em 2011, o Corinthians fez 1,39 gol; em 2010, o Fluminense fez 1,63; em 2009, o Flamengo fez 1,53; em 2008, o São Paulo fez 1,74. Em pontos conquistados, o aproveitamento do campeão brasileiro de 2012 foi, arredondando os números, de 68% contra 76% do italiano, 78% do inglês, 88% do espanhol, 89% do alemão.

Admitindo o fraco nível técnico do futebol jogado no Brasil, alguns comentaristas argumentam que a razão está na intensa exportação de "pé de obra", reconhecimento ao talento nacional. De fato, 6648 futebolistas profissionais deixaram o país entre 2003 e 2009, e em 2012 os clubes brasileiros foram os que mais exportaram (1429 jogadores conforme a CBF) e mais fatura-

---

12. Rémy Lacombe, "Entraînant ou en traînant". *France Football*. n. 3490, p. 3, 26 fev. 2013.

ram com isso (243 milhões de reais, segundo a Fifa).[13] A saída maciça de futebolistas é inegável, mas é preciso relativizar os dados e examiná-los do ponto de vista demográfico e econômico. Se nos maiores campeonatos europeus de 2007 trabalharam em números absolutos 104 brasileiros e 72 argentinos, em termos proporcionais estes representavam quase o triplo daqueles, já que a população do Brasil é quatro vezes maior que a da Argentina. Atualizando os números para 2012 e alargando-os para as 31 maiores ligas europeias, os 515 brasileiros e os 188 argentinos significam a mesma proporção a favor dos *hermanos*.

Acima de tudo, é preciso não reduzir a importação europeia exclusivamente à qualidade do material humano brasileiro. Do lado da demanda, houve grande expansão com a resolução da Lei Bosman, de 1995, que estabeleceu a livre circulação de futebolistas pela Comunidade Europeia. Em 2008-9, o contingente estrangeiro era de 59,2% na Inglaterra, 53,1% em Portugal, 51,6% na Alemanha, 39,4% na Itália, 37,3% na Espanha, 34,1% na França. Do lado da oferta, a propensão a emigrar é forte para os jogadores profissionais brasileiros porque 84% deles ganham menos de dois salários mínimos, segundo dados da CBF divulgados em 2009. Para clubes e agentes, a exportação também é interessante, já que o euro oscila entre 2,5 e 3,5 vezes o valor do real, e o dólar em torno de duas vezes.

Que o baixo valor monetário de exportação de jogadores brasileiros seja fator importante na escolha dos importadores é algo que vemos na tendência recente do próprio mercado exportador da Europa. Quando, por razões conjunturais, cai o custo desse tipo de trabalhador europeu, ele toma espaços anteriormente ocupados por brasileiros. É o caso da Espanha, que foi duramente atingida pela crise econômica (no início de 2013, a dívida dos seus clubes da primeira divisão chegou a 3,6 bilhões de euros) e que de país quase exclusivamente importador passou a ser também exportador: até 2010, ela não aparecia

---

13. Ver, respectivamente, Antônio Jorge Soares et al., "Jogadores de futebol no Brasil: Mercado, formação de atletas e escola", *Revista Brasileira de Ciências do Esporte* (Porto Alegre), n. 33, p. 910, 2011; Disponível em: <http://www1.folha.uol.com.br/treinamento/2013/07/1305031-em-2012--brasil-exportou-quase-o-mesmo-numero-de-jogadores-que-importou.shtml>; <http://esporte.uol.com.br/futebol/ultimas-noticias/2013/04/23/exportador-brasil-ganha-r-243milhoes--com-venda-de-jogadores-em-2012.htm>.

entre os oito maiores vendedores de jogadores; em 2011, ocupou a oitava posição, com 114 atletas; em 2012, subiu para o sexto lugar, com 148. Um exemplo disso é o Swansea, modesto time galês que, em sua primeira partida da Premier League na temporada 2013-4, tinha seis espanhóis entre seus titulares. Mais significativo, o material humano espanhol exportado é muito mais valorizado que o nosso: em 2014, com cem jogadores transferidos para outras ligas nacionais, a Espanha faturou 667 milhões de dólares, enquanto o Brasil, com 689 atletas vendidos ao exterior, lucrou 221 milhões de dólares. A França também acentuou seu papel de exportadora para os vizinhos: desde 2009, ali trabalham a cada ano cerca de 250 franceses, proporcionalmente três vezes mais do que os quinhentos e poucos brasileiros. É expressivo que a economia mais pujante da Inglaterra seja o destino de boa parte do contingente francês: 359 jogadores nos últimos dez anos, entre as temporadas 2003-4 e 2012-3.[14]

Apesar do que repete certa mitologia nacionalista, não temos sempre grandes craques e grandes equipes. Com lucidez, Tostão reconhece que "essa ideia de que só o Brasil é o país do futebol é uma ideia meio exagerada". Não se pode pensar que "jogador brasileiro é sempre bom", diz ele. "E na verdade não é assim. Bons são alguns, craques são poucos. Tem uma turma de bons e uma turma de péssimos".[15] Comprovando a constatação, no começo de 2007 o site de *La Gazzetta dello Sport* publicou uma pesquisa sobre os piores jogadores estrangeiros contratados por clubes italianos, e os brasileiros ocuparam posição de destaque na lista. Além de se aplicar aos jogadores, o raciocínio de Tostão poderia também ser estendido aos treinadores brasileiros, cujo mercado fora do país limita-se à periferia do Oriente Médio e cuja experiência em grandes centros é mínima e malsucedida (Luxemburgo no Real Madrid em 2005, Scolari no Chelsea em 2008). O fato ganha realce quando lembramos que nos centros futebolísticos importantes trabalham técnicos argentinos, chilenos, romenos, portugueses. Em meados de 2015, estes últimos eram cinco na Inglaterra, cinco na Espanha, cinco na França, dois na Itália, um na Alemanha, um na Holanda e outros 37 no restante da Europa (sem contar o próprio Portugal), com um total de 250 treinadores portugueses espalhados pelo mundo (*Expresso*, 20 jun. 2015).

14. Os dados deste parágrafo, que apresentam pequenas variações conforme as fontes utilizadas, foram extraídos de *Placar*, n. 1375, p. 72, fev. 2013, e *France Football*, n. 3489, p. 10, 19 fev. 2013.
15. Entrevista a Christian Schwartz, *Gazeta do Povo* (Curitiba), p. 3, 10 maio 2008.

Algumas pessoas poderiam dizer que todos os argumentos anteriores são periféricos, que o importante é "dentro das quatro linhas", e ali o Brasil é o único pentacampeão mundial de futebol. É verdade, mas também nesse domínio a superioridade nacional não é tão flagrante quanto se gosta de pensar. Foi necessário jogar seis Copas do Mundo para conquistar a primeira, em 1958. Depois do tricampeonato em 1970, levamos mais seis Copas para ganhar de novo, e com estilo e qualidade que nada tinham a ver com os títulos de 1958, 1962 e 1970. Vencemos cinco vezes, mas sem que isso represente superioridade destacada — nossas conquistas vieram da participação em vinte Copas do Mundo, o que dá 25% de aproveitamento, enquanto Alemanha e Itália têm 22,22% (quatro conquistas em dezoito Copas disputadas) e o Uruguai, 16,66% (duas em onze). O caso uruguaio é interessante: com população equivalente à de uma cidade como Belo Horizonte, o Uruguai alcançou dois títulos olímpicos (só conseguimos um, recentemente e em casa), duas Copas do Mundo e quase o dobro de títulos de Copa América em comparação com o Brasil (quinze contra oito).

O possível contra-argumento de que o Brasil tem o mérito de ter participado de todas as Copas do Mundo — caso único no futebol mundial — é pouco consistente. Relembremos os fatos: em 1930, todos os filiados à Fifa foram convidados; em 1934, havia 32 inscritos para dezesseis vagas, e o Brasil deveria disputar a sua com o Peru, mas este desistiu e o Brasil classificou-se sem jogar; em 1938, por razões políticas, Argentina e Uruguai renunciaram a disputar a única vaga reservada à América do Sul, e assim o Brasil classificou-se automaticamente; em 1950 e 2014, o Brasil participou como país-sede; em 1962, 1966, 1974 e 1998, sua vaga já estava garantida por ter sido campeão das respectivas edições anteriores.

A Itália, de seu lado, ficou de fora de duas edições: uma por deficiência técnica, não tendo passado pelas Eliminatórias de 1958, e outra por opção, recusando o convite para participar em 1930. A Alemanha também não quis disputar em 1930 e não pôde comparecer em 1950, absorvida que estava pela sua reconstrução, já que tinha sido arrasada pelos bombardeios dos Aliados em 1944 e 1945 e encontrava-se debilitada pela morte de 5 milhões de cidadãos. O Uruguai não aceitou disputar a Copa de 1934 por represália ao que considerou o boicote de vários países europeus à Copa de 1930 e recusou também estar na de 1938, pois esta deveria, pelo princípio do rodízio, ser disputada na América do Sul, e não na Europa.

* * *

Existem práticas e produtos culturais bem conhecidos em todo o mundo e que, pelo seu enraizamento ou excelência, estão associados a determinados países. Entretanto, ninguém pensaria em reduzir a França a "país da baguete" (ou "país do perfume"), a Espanha a "país da *siesta*" ou os Estados Unidos a "país do cinema". Como, então, o Brasil se tornou o "país do futebol"? Devido a um constructo de princípios do século xx. Depois de certa hesitação na década de 1920 quanto à nocividade (por exemplo, Lima Barreto e Graciliano Ramos) ou ao benefício (caso de Coelho Neto) social da novidade que era o futebol, a popularização desse esporte a partir dos anos 1930 levou muitos intelectuais a vê-lo como expressão da nacionalidade (Gilberto Freyre, José Lins do Rego, Mário Filho). Porque as virtudes desta seriam as virtudes daquele, o estilo de jogar brasileiro, baseado no talento individual, na improvisação e na exuberância, decorreria da sociedade mestiça na qual cada um precisa contar com sua astúcia para sobreviver diante da frágil organização coletiva. Se, pela sua amplitude, a mestiçagem étnica e cultural brasileira é única no mundo, o futebol que ela pratica também o é, o que justificava, mesmo antes de surgir a etiqueta, falar em "país do futebol". Desse ponto de vista, os posteriores resultados positivos no campo de jogo teriam sido apenas a comprovação dessa verdade intuída.

Tal explicação essencialista e racista era ingênua e resultava de um momento histórico bem definido, o que não impediu que fosse longamente repetida. A razão desse sucesso foi dupla. De um lado, por causa de certa inércia intelectual decorrente da prática reflexiva pouco institucionalizada (a primeira legislação universitária brasileira é de 1931), do prestígio dos defensores daquela interpretação e de algum pudor em se negar ou mesmo nuançar a existência da pretensa democracia racial. Assim, o que tinha sido proclamado por uns poucos nomes importantes foi — e continua — sendo reproduzido ao longo de décadas. De outro lado, a aceitação acrítica daquela visão de Brasil resultou de certas demandas psicológicas. Foi o caso da valorização da mestiçagem — à qual nossos vizinhos atribuíam a suposta inferioridade dos brasileiros (chamados de *macaquitos* por argentinos e uruguaios) —, transformada em explicação das vitórias futebolísticas. Estas foram aos poucos criando uma identidade para a nacionalidade, que não se reconhecia nem no desaparecido Estado monárquico de origem estrangeira nem no novo Estado republicano do qual a maioria da população sentia-se excluída.

Desde então, o futebol passou a ser o grande elemento de identidade nacional, o campo de atuação no qual o brasileiro tem qualidades reconhecidas por si próprio e pelos outros. Ora, como "identificação é a forma mais original de ligação sentimental com um objeto",[16] a conclusão das presentes reflexões pode surpreender e mesmo incomodar — alguns jogadores notáveis e algumas grandes conquistas futebolísticas fornecem ao Brasil um elemento compensatório para sua mediocridade histórica. O país agarra-se a isso para esquecer que nunca produziu um número importante de consagrados inventores, cientistas, filósofos, poetas, romancistas, teatrólogos, pintores, escultores, cineastas, políticos, guerreiros, heróis.[17]

Intuindo o fato, Gilka Machado tentou poeticamente inverter a hierarquia cultural estabelecida e colocar os futebolistas brasileiros no seu topo, proclamando que "aos vossos pés geniais/ curvam-se, reverentes,/ os cérebros do Universo". Se por motivos diversos o país não conseguiu "se insinuar/ no coração/ do Mundo", pouco importa: "Que obra de arte ou de ciência,/ de sentimento ou de imaginação/ teve a penetração/ dos gols de Leônidas"? A afirma-

---

16. Sigmund Freud, *Psychologie des masses et analyse du moi* [1921]. Trad. de Janine Altounian, André Bourguignon, Pierre Cotet et al. Paris: PUF, 1991 (Oeuvres complètes, v. XVI, §118, p. 45).
17. Um parâmetro comparativo poderia ser a atribuição do prêmio Nobel nas suas diferentes áreas, mesmo deixando de lado os grandes ganhadores (até 2014): Estados Unidos, 350 vezes; Reino Unido, 123; Alemanha, 105; França, 61. Enquanto o Brasil não recebeu nenhum prêmio, países muito menores em área e população já foram agraciados, como Suécia (trinta vezes), Suíça (dezesseis), Holanda (quinze), Noruega (doze), Dinamarca (onze), Bélgica (nove), Escócia (nove), Israel (oito), Finlândia (quatro), Romênia (três), Grécia (duas) e Portugal (duas). Inclusive países minúsculos na escala brasileira já foram condecorados uma vez, como Chipre, Ilhas Faroé, Islândia e Tibete, ou duas vezes, como Albânia, Lituânia e Luxemburgo. Dentre os chamados emergentes, a Rússia possui catorze distinções, a China, dez, e a Índia, sete. Alegar o passado colonial, a vida política instável ou limitações econômicas explica pouco, quando se sabe que Bangladesh, Gana, Indonésia, Nigéria, Paquistão e Trinidad e Tobago receberam a honraria, e que a África do Sul obteve-a oito vezes, o Egito, seis, e a Argélia, duas. Mesmo países divididos não deixaram por isso de produzir alta cultura: a Irlanda tem quatro prêmios, a Irlanda do Norte, cinco. Pior ainda, na América Latina vários países já foram premiados com o Nobel: Argentina (quatro vezes), México (três), Chile (duas), Guatemala (duas), Colômbia, Costa Rica, Peru e Venezuela (uma vez cada).

ção brasileira ocorreria de outra forma, por meio de "atletas franzinos/ gigantes débeis/ que com astúcia e audácia,/ tenacidade e energia" revelam para a Europa "um debuxo maravilhoso/ do nosso desconhecido país".[18]

O problema, como o tempo foi revelando, é a fragilidade da fórmula "país do futebol", que pressupõe que ele vença sempre, ou quase, e com estilo. Quando isso não acontece, o país imaginário se esgarça e revela o país real. Se a plasticidade sem vitória de 1938 foi suficiente para a geração de Gilberto Freyre e Gilka Machado, a de 1982 despertou no ano seguinte o humor autoderrisório da canção "Inútil", do grupo Ultraje a Rigor: "A gente não sabemos/ escolher presidente/ A gente não sabemos/ tomar conta da gente/ [...] A gente faz filho/ e não consegue criar/ A gente pede grana/ e não consegue pagar". E depois de enumerar uma dezena de atividades reveladoras de que "A gente somos 'inúteu'", uma última aparece, quase como síntese das anteriores: "A gente joga bola/ e não consegue ganhar". Então a canção se fecha com o refrão insistindo: "'Inúteu'/ A gente somos 'inúteu'/ 'Inúteu'/ A gente somos 'inúteu'".

Mesmo tendo o país mudado bastante de lá para cá, a falta de eventos marcantes que ao longo da nossa história tenham forjado um forte sentimento de nacionalidade fez com que este continuasse sendo construído em torno de elementos acessórios. Em especial o futebol, ao qual se atribui a função de saciar a "sede de glória/ de um povo/ novo".[19] E assim como antes de a glória chegar o complexo de vira-latas nos paralisava, depois o complexo de pedigree fará o mesmo. Pensar-se como "país do futebol" poderia ser somente uma definição irrelevante, porém ela tangencia a soberba se concordarmos com Ror Wolf em que "o mundo sem dúvida não se resume ao futebol, mas no futebol, e isso não é segredo, encontra-se toda uma parte do mundo".[20] O Brasil carece, no futebol e na vida, de um olhar realista, equilibrado, não de autoimagens enganosas. Poder-se-ia, então, começar por esta constatação — o Brasil é país de bons futebolistas, não o país do futebol. E despindo-se dessa máscara, talvez ele possa finalmente ser mais do que isso.[21]

---

18. "Aos heróis do futebol brasileiro", op. cit., pp. 202 e 201 (em ordem de citação aqui no texto).
19. Idem, ibidem, p. 201.
20. Ror Wolf, *Das nächste Spiel ist immer das schwerste*. Königstein: Athenäum, 1982, p. 319.
21. Seria inútil tentar atualizar todas as informações deste texto, de fins de 2013, pois o tempo requerido para a produção do livro já as tornaria ultrapassadas. O essencial é que os dados surgidos desde então reforçam nossa interpretação tanto no que diz respeito ao futebol de seleções como de clubes.

PARTE III

IDENTIDADE, MEMÓRIA, SOCIEDADE

31. Comunitarismo e nacionalismo

Paralelamente ao despontar do futebol, surgiram dois conceitos que teriam grande importância no posterior desenvolvimento desse esporte: o de comunitarismo e o de nacionalismo. Se no Ocidente a ideia de comunidade está presente em Aristóteles e na Bíblia e difunde-se a partir da segunda metade do século XI, foi com a antropologia de fins do século XIX que ela passou a ser definida e estudada. Já a ideia de nação — "comunidade imaginada", de acordo com Benedict Anderson — desenvolve-se entre fins do século XVIII e princípios do XX com o progresso da imprensa, por ser uma construção cultural que utiliza a herança histórica para criar uma nova cultura, oficial e homogeneizante. Para antropólogos, historiadores, sociólogos e para o senso comum, as duas noções foram por décadas consideradas opostas, até que Anthony Cohen negou o eclipse da primeira em favor da segunda, mostrando que toda comunidade "existe na mente de seus membros e não deveria ser confundida com a afirmação geográfica ou sociográfica dos 'fatos'".

Justamente porque o nacionalismo, como diz Mario Vargas Llosa, "não é uma doutrina política, e sim uma ideologia e está mais próximo do ato de fé em que se fundam as religiões do que da racionalidade que é a essência dos debates da cultura democrática" (*El País*, 22 set. 2013), ele pôde ser absorvido pelo mundo do futebol com as torcidas passando a se autodenominar nações ("nação rubro-negra", "nação tricolor", "o Porto é uma nação" etc.). Algumas vezes o nacionalismo futebolístico ajudou a construir ou consolidar o nacionalismo tout court. Como Eric Hobsbawm percebeu, uma comunidade imaginada de milhões de anônimos parece mais real quando sintetizada em uma equipe de onze pessoas bem identificadas, por meio da qual "o indivíduo, mesmo aquele que apenas aplaude, torna-se, ele próprio, um símbolo da sua nação". A maior contribuição do futebol para o reforço do nacionalismo deu-se, contudo, por meio da ideia de estilos nacionais, surgida na Europa da década de 1920 com competições internacionais como a Copa Mitropa, a Copa Escandinávia e a Copa Báltica.

Aquela ideia teria, como se sabe, grande ressonância no Brasil desde os anos 1930, em especial com Gilberto Freyre. Um ano depois do vexame na Copa de 1954, ele reconheceu que "para efeitos práticos de vitórias nos torneios internacionais de hoje, caracterizados por uma nítida predominância de padrões anglo-saxônicos, melhor fora que a tendência brasileira de jogo fosse a cooperativista". Mas como o interesse do sociólogo não era tanto o esporte quanto a afirmação da nacionalidade, ele concluiu que "não temos os brasileiros de que nos envergonhar quando se diz do nosso estilo de jogar futebol, que dá demasiada expressão às façanhas dos heróis ou bailarinos individuais". Contudo, admitindo a relação entre sociedade e jogo, ele não deixa de acrescentar que "precisamos é de conciliar esse individualismo com a disciplina, sem a qual o esforço de um grupo se degrada, afinal, em histeria anárquica".

Mesmo que, como a história dos dois últimos séculos comprova, uma comunidade imaginada tenha tanto ou mais força que comunidades concretas, esse imaginário foi se esgarçando em função das várias utilizações catastróficas que fizeram dele. É verdade que a Copa do Mundo, que na origem pretendia desviar o sentimento nacional dos campos de batalha para os campos esportivos, tornou-se com o tempo um terreno para expressões exageradas do nacionalismo. Aos poucos, porém, ela vai sendo abalada pela globalização, pela excessiva mercantilização do evento, pela crescente perda de respeitabilidade da Fifa. Mas é inegável que a competição ainda desperta muito interesse. Um estudo do Banco Central Europeu examinando a evolução dos pregões da Bolsa de Valores em quinze países durante a Copa do Mundo de 2010 mostrou que quando uma seleção estava em campo os negócios no país daquela seleção caíram 45% e os volumes negociados, 55%. No entanto, o interesse pela maior disputa entre nações não é superior à maior disputa entre comunidades clubísticas: a final da Liga dos Campeões da Europa em 2010 foi transmitida para 236 países; um mês depois, a final da Copa do Mundo era televisionada para 204 países.

Um episódio expressivo da Copa de 1982 ilustra a má imagem que o nacionalismo tem desenvolvido no futebol. Foi ele que possibilitou o redespertar, ainda que efêmero, do ultrapassado e perigoso pangermanismo, forte no século XIX. Na ocasião, a partida entre Alemanha e Áustria foi um evidente arranjo que permitiu a ambas as seleções se classificarem para a etapa seguinte: a alemã precisava vencer e a austríaca não podia perder por mais de um gol. A Alemanha logo fez 1 a 0, e depois os dois times ficaram descaradamente tocando a bola sem pôr em risco a meta adversária. A "partida da vergonha" levou a associação dos treinadores alemães a enviar uma carta de desculpas à Argélia, que tinha sido desclassificada pelo saldo de gols. Um jornal austríaco deixou no dia seguinte uma página inteira em branco, com apenas uma pequena nota explicativa dizendo que os repórteres não podiam relatar a partida por estarem muito envergonhados de serem austríacos (*Kurier*, 26 jun. 1982).

O nacionalismo futebolístico tem recuado à medida que cresce a percepção de que a emoção e a mobilização cotidianas estão mais nas comunidades do que no denominador comum a elas que é a nação. O público e os jogadores vivenciam as partidas entre seleções como feriados nacionais: mais do que sentimento patriótico, elas são uma quebra de rotina, uma festa. Na Copa de 1990, antes do encontro entre Itália e Argentina a ser realizado em Nápoles, Maradona pediu que o público local apoiasse a seleção argentina argumentando que os napolitanos "durante 364 dias por ano são estrangeiros no seu próprio país. Eu sou napolitano 365 dias por ano". Depois da desclassificação italiana, um torcedor local reconheceu que — e seu sentimento certamente era o de muitos outros — "gostaria que a Itália tivesse vencido, mas isso é nada em comparação com as vitórias do Napoli de Diego [Maradona]".

O fato não é estranho, já que a comunidade constrói mais identidade que a nação, pois ela é uma totalidade humana (*human whole*) cujos membros vivem para e por ela, diz Robert Redfield. Na comunidade, mesmo a frustração prolongada pode desempenhar forte função aglutinadora. Sofrer em conjunto aproxima seus membros, reforça a comunhão grupal, em especial quando na mesma cidade ou região existe um rival vencedor. É o que acontece com o Torino, por exemplo, que na década de 1940 era a melhor equipe italiana e uma das melhores da Europa, mas que não ganha o *scudetto* do campeonato italiano desde 1976 e ainda vê a grande rival Juventus abocanhar títulos nacionais e internacionais.

O mesmo se passa com o Manchester City, clube mais popular na cidade, embora em mais de 130 anos de história tenha ganhado somente quatro campeonatos nacionais e um único título internacional (Recopa Europeia em 1969-70), ao passo que seu vizinho Manchester United tornou-se um dos maiores vencedores do mundo e, conforme uma pesquisa de 2012, o de maior torcida planetária. Algo semelhante ocorre com o AEK Atenas: rebaixado em 2012-3 para a segunda divisão grega e sem condições de jogá-la a contento, pediu para disputar a terceira divisão. Nela, apesar do grande número de torcedores desempregados e do necessário aumento do preço dos ingressos, o clube superou as 10 mil assinaturas de carnês para a temporada 2013-4, mais que os tradicionais rivais Olympiacos e Panathinaikos jogando a primeira divisão.

No Brasil, fenômeno parecido aconteceu com o Corinthians, cuja torcida cresceu durante o largo jejum de títulos do clube, entre 1955 e 1976, período em que o Santos e o Palmeiras (em menor escala) monopolizavam as conquistas. Mais recentemente, o Santa Cruz protagonizou um processo análogo. Em 2006, o clube caiu para a Série B do Campeonato Brasileiro; em 2007, passou para a Série C; em 2008, para a Série D. Ainda assim, sempre atraindo grandes públicos. Em 2011, quando retornou para a Série C, sua média por partida em casa foi de 38 836 torcedores, a maior do país, ultrapassando com folga o Corinthians, em segundo lugar nesse quesito (27 987), e o São Paulo, em terceiro (24 528).

É verdade que a frustração nacional também pode encontrar no futebol ao mesmo tempo uma importante válvula de escape e um elemento cimentador. Foi o que aconteceu, para lembrar o exemplo clássico, com a vitória da Alemanha na Copa de 1954. Ou, para ficar com um episódio recente, com a classificação de Portugal para a Copa de 2014. A vitória do país pobre e instável sobre a rica e estável Suécia, em Estocolmo, foi uma afirmação da nacionalidade: "Precisamente nesse instante em que o medo poderia ter tomado conta da alma lusitana que ressurgiram os heróis do mar (e ontem do gelo), que regressou a campo esse nobre povo, essa nação valente e imortal, disposta a levantar ontem de novo o esplendor de Portugal" (*A Bola*, 20 nov. 2013). Mas em países de fraco sentimento nacional, a seleção não oculta o pertencimento dos torcedores às suas comunidades: durante as partidas da seleção, muitos brasileiros vestem a camisa de seu clube, agitam sua bandeira, apoiam mais seus jogadores que os demais.

Em qualquer circunstância, um clube de futebol, como toda comunidade, necessita de coesão interna claramente exprimida: "A vitória vem da harmonia" (*Victoria concordia crescit*), proclama o lema do Arsenal; "Você nunca estará sozinho" (*You'll never walk alone*), declaram os adeptos do Liverpool; "Azul e branco por toda a vida" (*Blau und Weiss ein Leben lang*), manifestam os do Schalke 04; "Te seguirei onde você estiver" (*Ti seguirò ovunque tu sarai*), dizem os do Milan; "Vários se tornam um só" (*Et pluribus unum*), reza a divisa do Benfica; "Estamos sempre convosco", afirmam os torcedores do Sporting de Portugal; "Até a pé nós iremos, com o Grêmio onde o Grêmio estiver", cantam os desse clube; "Eu nunca vou te abandonar", anunciam os do Corinthians.

Não importa as dificuldades, a efemeridade das vitórias, é preciso sempre recomeçar, como exalta poeticamente o famoso cântico do West Ham United, de Londres: "Estou sempre soprando bolhas,/ Lindas bolhas no ar/ Que voam tão alto, quase tocam o céu/ E como meus sonhos, elas se desfazem e morrem/ A felicidade está sempre escondida/ Já procurei por toda parte/ Estou sempre soprando bolhas/ Lindas bolhas no ar/ United! United!" (*I'm forever blowing bubbles,/ Pretty bubbles in the air/ They fly so high, nearly reach the sky/ And like my dreams they fade and die/ Fortune's always hiding,/ I've looked everywhere/ I'm forever blowing bubbles,/ Pretty bubbles in the air/ United! United!*).

Se aceitarmos a hipótese de Pierre Clastres, para quem a guerra é um recurso típico de comunidades tribais que têm como objetivo a manutenção da autonomia e a homogeneidade interna, não fica difícil entender por que nos primeiros tempos do futebol cada cidade criou um clube para se firmar diante das cidades vizinhas, ou por que, no interior da mesma cidade, dois segmentos sociais, duas "tribos" urbanas, constituíram cada qual um clube para consolidar a própria identidade e simbolicamente superar o grupo diferente e concorrente. Esse processo está atestado já na pré-história do futebol com a *soule* da França medieval, jogo violento que frequentemente provocava ferimentos sérios em seus participantes, tendo por isso sido proibido pelo rei em 1319 e depois em 1369 — sem desaparecer —, pois externalizava, de acordo com Gamard, "seja ódios raciais e lutas locais seculares, seja rivalidades inspiradas pela diferença de idade e de situação social". Aquele jogo, diz um texto de 1374, era confronto "de aldeia contra aldeia".

Na Inglaterra não foi diferente. Desde o século XIV, o *foot-ball* (embora não se saiba exatamente o que o termo então indicava), apesar de reiteradas vezes proibido pelas autoridades como causa de distúrbios, continuou a ser jogado porque "proporcionava um desses escapes para as constantes tensões entre grupos sociais", afirmam Norbert Elias e Eric Dunning. Enquanto na Europa pré-industrial a identidade coletiva colocava poucos problemas, definida que era pela etnia ou pela religião, a partir da expansão colonialista do século XIX e a consequente complexidade das relações sociais a questão identitária tornou-se tema maior. O futebol teve nisso peso importante. De fato, "está entre as grandes instituições culturais que em todo o mundo formaram e cimentaram as identidades nacionais. O futebol tem a capacidade de definir, celebrar e colocar em imagem a identidade cultural e a mentalidade de uma aldeia, uma cidade, uma região, um país e mesmo um continente", diz Schulze-Marmeling.

Pela forte dimensão simbólica que comporta, o futebol revela grande capacidade para despertar um sentimento de grupo, embora não o faça isoladamente, e sim em conjugação com outras formas fundadoras de identidade, explica um professor de história contemporânea de Stuttgart, Wolfram Pyta. É significativo, ele prossegue, como até 1945 o futebol não desempenhou quase nenhum papel na formação do sentimento nacional alemão (ainda que estivesse presente nas identidades locais e regionais), constituído por diversos elementos culturais antigos e enraizados. Porém, com a derrota do nazismo e a decorrente crise de consciência coletiva, o futebol passaria a reforçar a identidade nacional alemã, em especial com a conquista, somente nove anos depois do fim da guerra, da Copa de 1954, várias vezes considerada "a segunda fundação da República Federal da Alemanha". É expressivo que o relato daquela final, publicado logo a seguir por Fritz Walter, capitão da seleção da Alemanha Ocidental, tenha vendido 1 milhão de exemplares. Outro bom exemplo é o da Bélgica atual, país periodicamente sacudido pelo desejo separatista da comunidade flamenga (neerlandófona) e no qual um dos símbolos identitários, ao lado da cerveja e da monarquia, é justamente a seleção nacional de futebol, os Diables Rouges.

Com efeito, identidade não é tanto algo em si, mas para si, algo que se constrói contra o outro e para fazer face ao outro. Foi o que se deu quando, em 1908, três rapazes paulistas se mudaram para Porto Alegre e quiseram ingressar no Grêmio Porto Alegrense para jogar futebol. Recusados por serem imigrantes, gente sem referência na cidade, resolveram no ano seguinte fundar um clube, o Internacional. Quer dizer, uma comunidade fechada gerou como reação outra comunidade, que congregaria todos os excluídos, inclusive negros, a partir de fins dos anos 1930 — embora um primeiro jogador negro tivesse ingressado já em 1925, enquanto eles só seriam aceitos no Grêmio a partir de 1952. Os perfis opostos das duas comunidades geraram conflitos desde o princípio. Na segunda partida entre os times, em 1910, já ocorreu o primeiro sururu. Na 11ª partida, em agosto de 1918, os jogadores do Internacional brigaram com os torcedores do Grêmio, houve uma centena de feridos e um jogador gremista esfaqueou um colega rival.

O caso gaúcho não é exceção. Geralmente as rivalidades são criadas e alimentadas pela proximidade, pelo contato constante que se dá mais forçosamente com o clube de outra parte da mesma cidade ou de cidade próxima. Dito de outra forma, mais em ambiente comunitário que nacional. Em seu blog, o conhecido jornalista Juca Kfouri perguntou várias vezes aos internautas: "Você prefere ser campeão do Mundial de Clubes da Fifa ou da Copa do Mundo?". A opção unânime sempre foi a primeira. Na Europa, por decorrência da longa história de rivalidade entre as nações, as instâncias comunitária e nacional se sobrepõem. Os clubes colocam seu objetivo máximo na competição continental, maneira de se afirmar a um só tempo contra os desafetos locais e internacionais.

James Maw, editor do site da revista inglesa *FourFourTwo*, explicou em depoimento à revista *Placar* (n. 1373, dez. 2012) que "vencer a Champions League é visto como o topo do futebol mundial. Ganhar o Mundial de Clubes seria como um pequeno bônus. Suspeito que a maioria dos torcedores preferiria ganhar novamente a Champions League em maio a voltar do Japão com um troféu em dezembro". Uma ilustração disso ocorreu em 2012, quando o Chelsea, sem chances de disputar o título inglês mas com boas possibilidades de obter a classificação para a Liga dos Campeões do ano seguinte, preferiu jogar com força total contra o Sunderland e chegar ao Japão para a disputa do Mundial de Clubes cinco dias depois do Corinthians, desgaste físico que acabaria pesando na derrota dos ingleses.

Bom campo de observação das ambíguas relações entre comunitarismo e nacionalismo é a Espanha. Devido ao seu perfil fortemente regionalista, o Barcelona (que se define em catalão pela célebre expressão *més que un club*, "mais que um clube") tende a aproveitar muitos jogadores vindos do seu centro de formação, La Masia. Na final da Liga dos Campeões de 2011, eles foram sete dentre os titulares; em 2012, o time frequentemente atuou com oito, nove ou mesmo dez atletas da casa; no começo de 2013, eles foram treze a participar de um jogo entre Barça e Espanyol, dez jogando pelo Barcelona e três pelo rival local. Pela mesma razão, sempre que possível o clube escolhe para treinador um ex-jogador seu (deve ser o caso nos próximos anos de Xavi Hernández, hoje perto da aposentadoria), alguém que conhece o espírito da casa, que é identificado com a torcida.

Por contraste, o Real Madrid, de vocação historicamente internacional, com frequência busca treinadores estrangeiros, que preferem trabalhar com jogadores que já conhecem de outros clubes, e assim pouco utilizam a *cantera*. Porque o clube catalão está voltado para uma comunidade cultural e territorial bem definida (mesmo a capela do Camp Nou é dedicada à Virgem de Montserrat, padroeira da Catalunha) e que se julga vítima do centralismo da capital, sua filosofia de jogo independe do treinador e dos atletas de cada momento. Porque o clube castelhano sempre esteve mais aberto ao mundo, coerentemente com a trajetória histórica colonialista da região, tem uma filosofia da vitória que busca concretizar contratando quem lhe parece melhor contribuir para tanto, sem importar a procedência ou o estilo de jogo.

Se por longo tempo o Real Madrid foi de certa forma a segunda equipe de todo o país (menos dos barcelonistas), com o Dream Team formatado e dirigido por Cruijff entre 1988 e 1996 começou a nascer uma geração de torcedores não catalães do Barcelona. Guardiola, jogador daquela equipe, percebeu que a contribuição de Cruijff "é intangível, mas enorme". "Ele deu ao clube uma identidade própria. Antes o clube formava bons jogadores, mas não sabia bem como fazê-los jogar. Chegava um treinador e jogava-se assim, chegava outro e jogava-se assado. Ele chegou e durante dez anos jogamos com um estilo, com uma maneira definida." E, como bom catalão, Guardiola insistiu: "O mais importante, independente dos títulos ou da maneira de jogar, extraordinária, é o toque de identidade que permite reconhecer o jogo do Barcelona; é isso o mais importante". A identidade local encontrou uma identidade futebolística, e esta reforça aquela.

O próprio Guardiola reconheceu que atuar na seleção espanhola é importante profissionalmente pelo nível das competições, mas a satisfação para um catalão é jogar no Barcelona, e para um basco, no Athletic de Bilbao ou na Real Sociedad. Na Espanha, ele afirma, os clubes sempre foram mais importantes que a seleção. Tal depoimento é da época em que ele era jogador, portanto anterior às conquistas espanholas da Eurocopa (2008 e 2012) e da Copa do Mundo (2010), que de certa forma, porém, confirmam seu diagnóstico — aquelas vitórias só foram possíveis com um técnico identificado com o Real Madrid (Vicente del Bosque), com o capitão do time da capital (Casillas) e com o estilo de jogo do Barcelona (que forneceu a maior parte dos titulares). Assim, na Espanha o futebol supera a política, consegue a harmonia que esta ainda não encontrou. Mas harmonia relativa, como demonstra a comemoração da Copa de 2010, quando os jogadores do Barcelona fizeram a volta olímpica com a bandeira da Catalunha. A identidade e o orgulho comunitários sobrepujaram os nacionais.

Episódio interessante aconteceu no começo de 2014 com a morte de Eusébio, o Pantera Negra, que causou grande comoção em Portugal. Milhares de pessoas foram ver seu corpo dar a volta pelo gramado do estádio da Luz, em Lisboa; em sua missa estiveram presentes o presidente português, o primeiro-ministro e várias outras autoridades; seu enterro foi seguido por muita gente debaixo de chuva torrencial. Na estátua do jogador diante do estádio do Benfica foram colocados muitos cachecóis do clube e alguns dos rivais Sporting e Porto, prova da admiração que ele despertava em todos, independentemente da paixão clubística. Mas no dia seguinte um grupo de benfiquistas tentou destruir aquelas oferendas de torcedores rivais, obrigando o clube a retirá-las até colocar uma grade de proteção em torno da estátua e poder recolocar a homenagem dos rivais, que na verdade só engrandecia o jogador falecido e seu clube, mas que a cegueira comunitarista de alguns não percebeu.

A popularidade do futebol oscila entre o peso dos nacionalismos nas Copas do Mundo e o prestígio dos comunitarismos clubísticos. Estes, em certos casos, vão muito além de seus limites geográficos e sociais tradicionais: têm seguidores e torcidas organizadas em todo o país e mesmo em todo o mundo (o Barcelona, por exemplo, conta com 114 torcidas organizadas fora da Espanha), isto é, ganham certa faceta internacional. Em outros casos, o comunitarismo clubístico confunde-se com o comunitarismo tout court: na Alemanha, a cidade de Hoffenheim tem 36 mil habitantes e seu clube recebe em casa uma média de quase 26 mil torcedores; na França, o clube da pequena Guingamp, de apenas 7280 habitantes, vendeu 9780 carnês de entradas para a temporada 2013-4; em Portugal, a equipe de Paços de Ferreira, cidade de 7500 habitantes, frequentemente lota seu estádio de 5250 lugares; na Inglaterra, a terceira divisão apresenta a sétima melhor taxa de ocupação de estádios no mundo, à frente da primeira divisão de muitos países. Quando Berlusconi profetizou em 1990 que uma copa de clubes iria no futuro substituir a Copa do Mundo, pensou-se que era mais uma *boutade* do polêmico personagem, porém tudo indica que, nesse assunto, ele detectou uma tendência concreta. E fácil de compreender: o torneio máximo de seleções ocupa a atenção de todos durante um mês, de quatro em quatro anos, enquanto as competições de clubes acontecem toda semana, às vezes mais de uma vez por semana, ao longo de dez ou onze meses a cada ano.

Por serem mais óbvios, por decorrerem de um acidente de nascimento, os laços nacionais são também mais frágeis. Os laços comunitários, por sua vez, são mais sólidos, resultam da escolha de apoiar determinado clube. Claro que falar em comunidade não significa atribuir ao grupo uma homogeneidade que não existe no plano histórico, nem sociológico, nem mesmo linguístico (a consagrada expressão *Sprachgemeinschaft*, "comunidade linguística", não encobre a diversidade de níveis dos falares). Todo indivíduo habitualmente pertence a várias comunidades ao mesmo tempo, geográfica, profissional, política, religiosa, sexual, etária etc. Essa diversidade no interior de cada comunidade do futebol encontra um denominador comum na história do clube e nos seus grandes símbolos humanos (jogadores, técnicos e dirigentes emblemáticos), abstratos (camisa, escudo, hino) e físico (estádio). Se as disputas futebolísticas entre nações fazem reemergir antigas rivalidades esportivas e políticas, é inegável que seu poder de atração encolheu diante de competições intercomunitárias envolvendo times que são a própria negação das nacionalidades e a afirmação do poder das grandes comunidades em reunir bons jogadores de todas as procedências.

Nos primeiros tempos, comunitarismo e nacionalismo foram complementares no futebol: clubes, jogadores e torcedores tinham orgulho em participar da saga de sua seleção nacional. Com o tempo, ao sabor da evolução política, a situação foi ficando mais complexa. Algumas vezes, ditadores procuraram fundir na sua pessoa os dois sentimentos sociais. Mussolini parece ter favorecido a Roma, fundada por um secretário da seção municipal do Partido Fascista poucos anos após este chegar ao poder. Hitler simpatizava com o Schalke 04, cujos jogadores ocuparam posição de destaque na milícia paramilitar nazista, a SA (Sturmabteilung, "tropa de assalto", o que permitia o trocadilho com o fato de *Sturm* ser "atacante" na linguagem do futebol). Franco nunca explicitou, mas há indícios de sua simpatia pelo Real Madrid, cujo estádio frequentou várias vezes e cujas vitórias internacionais o regime tentou explorar. Perón proclamou sua adesão ao Racing na Argentina, e Médici ao Flamengo; Pinochet tornou-se presidente do Colo-Colo no Chile, García Meza do Wilstermann na Bolívia, e o filho de Ceausescu do Steaua de Bucareste, na Romênia.

Se é verdade, como disse Clemens Pornschlegel, que "o nacionalismo no futebol só poderá desaparecer quando o princípio político do Estado-nação não existir mais", também é verdade que ele tem claramente retrocedido nos últimos tempos. O comunitarismo está ultrapassando o nacionalismo graças a um apoio aparentemente contraditório, a globalização. Embora as primeiras experiências da entrada do grande capital no futebol tenham sofrido resistência por parte de torcidas temerosas da despersonalização dos clubes e da perda do espírito comunitário, não foi isso que aconteceu. E a razão é simples: para o capital investido se multiplicar, é preciso contar com a paixão dos torcedores que lotam estádios, compram produtos licenciados do clube, assistem a seus jogos pela televisão e, assim, atraem milionários contratos de publicidade. Salvo casos esporádicos de investimento de longo prazo, o grande capital busca clubes que possuem uma história vencedora, que contam com uma torcida importante, que são enfim uma grife.

O caso do Milan é emblemático. Quando o magnata das telecomunicações Silvio Berlusconi o comprou em 1986, o clube estava falido, caíra duas vezes para a segunda divisão e nada ganhava havia tempos. Mas desde então acumulou 28 títulos (até 2014): oito *scudetti* da Série A da Itália (1987-8, 1991-2, 1992-3, 1993-4, 1995-6, 1998-9, 2003-4, 2010-1), cinco Liga dos Campeões (1988-9, 1989-90, 1993-4, 2002-3, 2006-7), duas Copas Intercontinentais (1989 e 1990), um Mundial de Clubes (2007), cinco Supercopas da Europa (1989, 1990, 1994, 2003 e 2007), seis Supercopas da Liga Italiana (1988, 1992, 1993, 1994, 2004 e 2011) e uma Copa da Itália (2003). O Manchester United é outro exemplo bem conhecido. Em 120 anos de história, havia ganhado onze títulos nacionais e venceria nove nos quinze anos seguintes à sua compra em 1998 pelo magnata australiano Rupert Murdoch, que o revendeu em 2005 ao norte-americano Malcolm Glazer. Antes da globalização, o clube havia conquistado uma Liga dos Campeões (1967-8) e não possuía nem a Copa Intercontinental nem o Mundial de Clubes. Desde então, obteve dois títulos da Liga dos Campeões (1998-9 e 2007-8), uma Copa Intercontinental (1999) e um Mundial de Clubes (2008).

Assim, cada vez mais comunitarismo e nacionalismo vão se opondo. Não se trata, é verdade, de fenômeno novo: em março de 1953, na cidade de Barcelona, aconteceu uma partida entre Espanha e Bélgica que foi vista por 45 mil pessoas; em maio do mesmo ano, 60 mil torcedores foram assistir a um jogo entre Barcelona e Athletic de Bilbao. Mas a intensidade do fenômeno cresceu com a globalização, que debilitou o espírito nacional e aumentou as receitas diretas e indiretas geradas por cada partida de clubes, que os leva (e a seu público) a verem no calendário das seleções datas que são roubadas às competições que mais lhes interessam. Os jogadores, de seu lado, geralmente não têm mais o mesmo estímulo de décadas passadas para servir sua seleção, que deixou de ser o impulsionador de carreira de antes. Mesmo em países de forte sentimento nacional, a seleção não é unanimidade. O espírito antilondrino e regionalista da cidade de Manchester concretiza-se no United, em cujo estádio há uma bandeira da "República de Mancunia" e cujos torcedores têm antigo sentimento contrário à seleção inglesa, daí terem gostado quando um jogador seu na época, o português Cristiano Ronaldo, marcou contra o English Team na Eurocopa de 2004 e na Copa do Mundo de 2006 (e nessa partida, ainda por cima, acusou Wayne Rooney ao árbitro, levando à expulsão de seu então companheiro de clube).

A oposição entre comunitarismo e nacionalismo não é total, contudo, devido à porosidade de suas fronteiras. Em 1953, por exemplo, bastaram duas vitórias do Wolverhampton contra o Spartak de Moscou (4 a 0) e o Honvéd de Budapeste (3 a 2) para que o *Daily Mail* (14 dez. 1953) proclamasse o time inglês "campeão do mundo". Ao nacionalismo inglês respondeu no dia seguinte o jornal francês *L'Équipe*, ponderando que, apesar de terem sido importantes, aquelas vitórias foram em jogos amistosos realizados nos arredores de Birmingham e não poderiam ter o alcance pretendido pelo time inglês, que "não se apresentou ainda em terrenos de adversários e nem mesmo em terreno neutro". Ao noticiar os resultados dos jogos de volta da repescagem para a Copa do Mundo de 2014, o jornal madrileno *Marca* (20 nov. 2013) deixou de lado as rivalidades nacionalistas e, por razões comunitaristas, insistiu em sua manchete no desempenho de dois jogadores do Real Madrid, Benzema ("guia a França em uma vitória épica") e Cristiano Ronaldo (qualificado de "ouro mundial" em referência à escolha do ganhador da Bola de Ouro que ocorreria dias mais tarde).

Exemplo recente da mesma porosidade ocorreu em agosto de 2011, pela Supercopa da Espanha. A tensa partida entre Barcelona e Real Madrid (3 a 2) estava para acabar quando um jogador da capital deu um carrinho violento. A confusão generalizou-se; o treinador madridista enfiou um dedo no olho do colega barcelonista. Compreendendo dias depois a gravidade de tudo que se passara, o capitão Casillas, à revelia de Mourinho, telefonou para alguns colegas do Barcelona para pedir desculpas (e seria por isso punido pelo seu técnico). Ele explicou depois que "se a Eurocopa tivesse acontecido naquele momento, a Espanha não teria passado nem da primeira fase". Com efeito, o bom entendimento entre os jogadores dos dois clubes tinha sido fundamental para a seleção conquistar a Copa do Mundo de 2010 e deveria ser mantido para a Eurocopa de 2012 que se aproximava, mesmo que às custas do enfraquecimento temporário do comunitarismo madridista. Por outro lado, passando para uma escala diferente, a convergência entre internacionalismo e comunitarismo parece possível, como sugere o caso do papa Francisco, chefe da maior comunidade do mundo (1,2 bilhão de católicos) e que não oculta fazer parte da pequena comunidade do San Lorenzo de Almagro (1,2 milhão de torcedores), de Buenos Aires.

Quando, situação frequente, o comunitarismo penetra o nacionalismo, os resultados esportivos são quase sempre negativos. Sabe-se que a desastrosa participação do Brasil nas duas primeiras Copas do Mundo deveu-se aos desacordos de bastidores entre paulistas e cariocas, cada lado desejando impor seus jogadores e dirigentes. A dolorida derrota de 1950 deveu-se, em parte, à postura comunitária do treinador Flávio Costa. Mesmo no Rio de Janeiro, muitos achavam a seleção demasiado carioca, sobretudo vascaína: no elenco havia oito jogadores deste clube, o dobro do segundo fornecedor, o São Paulo. Em vez do insinuante ponta-direita Cláudio, do Corinthians, Flávio Costa convocou o medíocre Alfredo II, do Vasco. Noronha, jogador técnico e experiente, ficou na reserva enquanto o apenas viril Bigode jogava. O clássico Nena, do Internacional, deu lugar ao mediano Juvenal. E a dupla Bigode e Juvenal, do Flamengo, falhou em dois lances contra a Suécia e em outros dois contra a Espanha, prenunciando os dois gols fatais que o Brasil sofreria na final contra o Uruguai — Bigode batido em velocidade e Juvenal chegando atrasado na cobertura.

Algumas vezes, o comunitarismo clubístico encontra no nacionalismo regional um reforço, como nos casos já referidos do Barcelona, do Athletic de Bilbao e da Real Sociedad. E do Napoli, que, quando deixou sua condição de equipe mediana graças a Maradona e passou a efetivamente rivalizar com os poderosos clubes do norte italiano, era recebido nas partidas em Milão e Turim com cartazes que proclamavam ironicamente "napolitanos, bem-vindos à Itália" ou, mais agressivamente, "Vesúvio, contamos contigo". Reverso da medalha, as vitórias napolitanas funcionaram em todo o desprezado sul italiano como resgate do orgulho regional, ampliando assim os limites do comunitarismo do clube, que passou a ter a quarta maior torcida do país.

Outras vezes, a defesa do comunitarismo pode assumir feição nacionalista, como no tratamento que alguns jornalistas deram ao episódio da transferência de Neymar do Santos para o Barcelona. Luiz Zanin, por exemplo, pensa que o jogador não foi para a Espanha "por qualquer dessas bobagens ditas por aí", como aprimoramento tático ou o fato de poder jogar com e contra os melhores futebolistas (*O Estado de S. Paulo*, 28 maio 2013). Neymar teria ido simplesmente pelo dinheiro e empurrado pelas muitas vozes que defendiam que ele deveria partir, num "crime coletivo que poderá ser estudado um dia como *case* particular do nosso ancestral complexo de vira-latas". Ora, o jornalista foi traído nesse comentário pelo seu comunitarismo santista travestido de indignação nacionalista. Neymar não mudou de emprego só por dinheiro, mas também para jogar no imponente Camp Nou, e não na acanhada Vila Belmiro; para participar todo ano da melhor competição interclubes que é a Liga dos Campeões, e não (de vez em quando) da Libertadores de péssimos estádios e baixo nível técnico; para enfrentar os melhores zagueiros e assim se aperfeiçoar técnica e taticamente; para se medir com os melhores atacantes; para poder, um dia, ser reconhecido como o melhor do planeta. A plena realização profissional do jogador passava pela sua transferência para um dos maiores clubes do mundo.

* * *

O futebol já foi, inúmeras vezes, acusado de derivas comunitárias e nacionalistas. Contudo, sem negar seus excessos, é preciso considerar que praticamente todo indivíduo ou instituição oscila entre aqueles polos. Apenas umas poucas pessoas de elevado nível moral e grande coragem intelectual conseguem navegar indenes entre esses Caribde e Cila da vida social. É o caso do célebre ensaísta e dicionarista inglês Samuel Johnson (1709-84), para quem, segundo seu amigo e biógrafo James Boswell, "o patriotismo é o último refúgio de um canalha (*scoundrel*)". Ou a filósofa judia alemã Hannah Arendt (1906-75), que, rebatendo a acusação de não revelar "amor pelo povo judeu", afirmou que "nunca em toda a minha vida amei qualquer povo, qualquer comunidade, nem o povo alemão, francês ou americano, nem a classe trabalhadora ou algo do tipo. De fato, só amo meus amigos, e o único tipo de amor que conheço e acredito é o amor de pessoas".

OBRAS CITADAS

ANDERSON, Benedict. *Comunidades imaginadas: Reflexões sobre a origem e a difusão do nacionalismo* [1983]. São Paulo: Companhia das Letras, 2008.
ARENDT, Hannah; SCHOLEM, Gershom. "Eichmann in Jerusalem: An Exchange of Letters between Gershom Scholem and Hannah Arendt". *Encounter* (Londres), n. 22, pp. 51-5, jan. 1964.
BOSWELL, James. *Boswell's Life of Johnson* [1791]. Londres: Oxford University Press, 1953.
CLASTRES, Pierre. *Recherches d'anthropologie politique*. Paris: Seuil, 1980.
COHEN, Anthony. *The Symbolic Construction of Community*. Londres: Routledge, 1985.
ELIAS, Norbert; DUNNING, Eric. "O futebol popular na Grã-Bretanha medieval e nos inícios dos tempos modernos" [1971]. Em *A busca da excitação* [1985]. Lisboa: Difel, 1992, pp. 257-78.
FREYRE, Gilberto. "Ainda a propósito do futebol brasileiro". *O Cruzeiro*, Rio de Janeiro, p. 28, 25 jun. 1955.
HOBSBAWM, Eric. *A questão do nacionalismo: Nações e nacionalismo desde 1870* [1990]. Lisboa: Terramar, 1998.
GAMARD, L. "Le Jeu de choule en Picardie". *Revue du Folklore Français* (Paris), n. 1, pp. 223-5, 1930.
PORNSCHLEGEL, Clemens. "Wie kommt die Nation an den Ball? Bemerkungen zur identifikatorischen Funktion des Fußballs". Em Matías Martínez (Org.), *Warum Fußball? Kulturwissenschaftliche Beschreibungen eines Sports*. Bielefeld: Aisthesis, 2002, pp. 103-11.

PYTA, Wolfram. "Einleitung: Der Beitrag des Fußballsports zur kulturellen Identitätsstiftung in Deutschland". Em *Der lange Weg zur Bundesliga: Zum Siegeszug des Fußballs in Deutschland*. Münster: Lit, 2004, pp. 1-30.

REDFIELD, Robert. *The Little Community*. Chicago: Chicago University Press, 1965.

SCHULZE-MARMELING, Dietrich. *Fußball: Zur Geschichte eines globalen Sports*. Göttingen: Werkstatt, 2000.

32. Alienação ou participação?

Calcados na célebre referência de Marx à religião como "ópio do povo" para indicar um instrumento de alienação que desvia os proletários da crítica política, vários pensadores disseram a mesma coisa (e pela mesma razão) do futebol, sobretudo nos seus primeiros tempos. Segundo intelectuais e militantes socialistas, quando em fins do século XIX a jornada de trabalho diminuiu, os industriais estimularam os operários a formarem times de fábrica para ocuparem seus sábados à tarde desde então livres, afastando-os da ociosidade e de atividades consideradas nefastas, além de mantê-los em boa forma física para o trabalho durante a semana. Assim nasceram, entre muitos outros clubes, Arsenal, Bangu, Cruz Azul, Manchester United, PSV Eindhoven, Sochaux, Talleres, West Ham.

Entretanto, como observou com razão o etólogo britânico Desmond Morris, se "existe uma pequena ponta de verdade na teoria", é simplismo rotular o futebol de ópio do povo. A acusação é exagerada, pois é da natureza humana que qualquer ação que entusiasme e entretenha as pessoas acabe por diminuir o espírito crítico delas, afastando-as da contestação. Ao contrário, poder-se-ia ver no futebol o produto típico de uma nova sociedade, menos elitista, mais aberta, na qual ele é veículo de ascensão social graças à popularização que o tornou o ganha-pão, direto ou indireto, de milhões de pessoas em todo o mundo. Muitos segmentos anteriormente excluídos do jogo social tornaram-se protagonistas graças a ele. Inclusive, é claro, no Brasil.

Em 1927, um jogo do campeonato brasileiro de seleções estaduais entre Rio de Janeiro e São Paulo terminou quando os paulistas resolveram se retirar de campo em protesto contra uma decisão arbitral. Washington Luís, presidente da República na época, estava presente nas tribunas do estádio São Januário e ordenou que a partida fosse reiniciada, e a resposta do centroavante paulista Feitiço foi que o presidente mandava no país, mas ele e seus colegas mandavam no campo de jogo. E o time foi embora. Em 1940, na cerimônia de inauguração do Pacaembu, durante o desfile das delegações de clubes, a do São Paulo Futebol Clube — embora entidade ainda recente na época e nascida do elitista Paulistano — foi a mais ovacionada, como forma de o público paulista afirmar sua oposição a Getúlio Vargas, presente no estádio. Ambiguamente, os gritos de "São Paulo, São Paulo" referiam-se ao clube e, talvez sobretudo, ao estado cuja Revolução Constitucionalista de 1932 tinha sido sufocada pelo ditador. Em 1982, o movimento conhecido por Democracia Corinthiana começou como uma forma mais igualitária de o elenco se relacionar com a comissão técnica e a direção do clube, para logo se tornar uma bandeira daqueles que, independentemente de simpatias clubísticas, pediam o fim da ditadura militar e a redemocratização do país.

Assim, para ultrapassar as interpretações maniqueístas, é preciso reexaminar a questão de outros pontos de vista, e um dos mais promissores é o da cultura. Se até há pouco se pensava em termos de uma distinção entre cultura erudita da elite e cultura de diversão do restante da população, pesquisas recentes mostram a diversidade atual dos gostos das classes superiores, que se às vezes rejeitam certos hábitos populares (caso da telerrealidade na Inglaterra), outras vezes aderem a muitos outros (por exemplo, o consumo de séries televisivas, literatura policial e rock 'n' roll em países como Estados Unidos, França e Brasil). De forma geral, desde meados do século xx, desenvolve-se aquilo que o prêmio Nobel de literatura de 2010, o peruano Mario Vargas Llosa, qualifica de "civilização do espetáculo".

É verdade que o senso do vistoso, do espetacular, é próprio do ser humano, como sugerem os grandes painéis pictóricos nas paredes de grutas pré-históricas, os vários festivais teatrais e esportivos na Grécia antiga (inclusive os Jogos Olímpicos), as lutas de gladiadores e as corridas equestres na Roma clássica. Essa tendência atingiria de certa forma seu ponto culminante com o cristianismo, que concebeu a mais espetacular de todas as ações — Deus invisível se fez homem e morreu crucificado numa colina cercado por dois ladrões. Foi nessa linha que em fins do século XII, por pressão dos fiéis, introduziu-se na liturgia o gesto de logo após a transubstanciação (que torna um pedaço de pão em carne de Cristo) o sacerdote elevar a hóstia acima da cabeça para que ela seja visível por todos os presentes na igreja.

Séculos depois, sobre essa longa base cultural, o capitalismo — cuja essência é cristã, demonstrou Max Weber —, com sua vocação para tudo transformar em mercadoria, apropriou-se da imagem e do espetáculo. Sabemos como hoje o cinema, a televisão, o show businnes e o futebol movimentam cifras enormes em todo o mundo. Mas, a rigor, o procedimento capitalista começou bem antes de aquelas atividades existirem. Por exemplo, no mesmo ano de 1863, no qual alguns estudantes ingleses estabeleceram as regras do futebol, seu compatriota Thomas Cook organizou a primeira viagem turística guiada em grupo, em que sete pessoas, saindo de Londres, utilizaram vários meios de transporte até atingirem o cume do monte Rigi, às margens do lago Lucerna, na Suíça. Foi essa mesma busca de emoção e de espetáculo que logo levou à venda de ingressos para as disputas de futebol, que passaram a ser mais bem preparadas e organizadas, gerando maiores receitas e dando início à espiral que conhecemos.

Faccs complementares da Revolução Industrial, o proselitismo cristão e o expansionismo capitalista levaram ao neocolonialismo do século XIX e ao contato com povos longínquos e em outro estágio cultural, ditos "povos primitivos". A descoberta e o estudo desses povos resultaram na tomada de consciência da existência do "outro" (ou na crise de consciência da exploração do "outro") e no consequente alargamento do conceito de cultura, que foi deixando de ser somente a refinada produção artística e intelectual do Ocidente e passou a ser quase tudo. Com o etnólogo alemão Gustav Klemm, em meados do século XIX, *Kultur* tornou-se as diversas formas de atividade humana. A partir daí, estudiosos ocidentais estabeleceram uma distinção entre natureza e cultura sem perceberem que a primeira também é cultural, e não só pelas intervenções humanas que sofreu ao longo dos séculos, mas igualmente pelo fato de sua definição derivar do desejo do homem de fundar sua peculiaridade e sua irredutibilidade em relação às outras formas de vida. Ou seja, o amplo conceito etnológico de cultura chegou a um impasse, pois se tudo é cultural, a cultura não existe, no sentido de não ter especificidade, identidade própria.

Sem entrarmos nessa discussão, que não cabe aqui, importa notar que a posterior passagem do capitalismo industrial para o capitalismo de serviços acentuaria grandemente a tendência plurissecular da espetacularização e, com ela, o aprofundamento das mudanças culturais. A necessidade estrutural de ampliar o consumo de bens, serviços e produtos culturais implicou ajustar seu conteúdo ao maior número de pessoas, ampliando a quantidade e baixando a qualidade. Nascia a cultura de massa. No início desse processo, um grande poeta e vencedor do prêmio Nobel de literatura de 1948 diagnosticou como ingênua a ideia de que através da educação se pode transmitir cultura ao conjunto da sociedade.

Essa democratização, argumenta T.S. Eliot, só é possível em detrimento da alta cultura, empobrecendo-a, tornando-a cada vez mais superficial. É inegável que na mesma época o mundo presenciava grande avanço nas técnicas e nas ciências. Contudo, ele pondera, isso é conhecimento, enquanto cultura é algo anterior, é uma sensibilidade, uma propensão do espírito que dá sentido e orientação ao conhecimento. Como já havia dito o filósofo francês Désiré Roustan: "O saber é condição necessária da cultura, mas não condição suficiente. [...] Quando se pronuncia a palavra *cultura*, pensa-se sobretudo na qualidade do espírito, na qualidade do julgamento e do sentimento". Como dirá depois o sociólogo alemão Thomas Luckmann, cultura é "configuração de sentido orientada para a ação".

Na efervescência da sociedade francesa que poucos meses depois desembocaria na revolta estudantil de Maio de 1968, Guy Debord retomou a análise na qual Marx havia chamado de alienação o estado social decorrente do fetichismo da mercadoria, pois esta se coloca no centro do interesse do consumidor, desviando-o de considerações culturais ou políticas. A obsessão pela aquisição de produtos muitas vezes supérfluos ou mesmo inúteis esvazia o indivíduo de outras inquietações, gerando sua coisificação. No entanto, Debord entendeu que o fenômeno descrito por Marx não estava mais circunscrito a produtos manufaturados como no capitalismo de fins do século XIX, propondo então falar em "espetáculo", isto é, na "ditadura efetiva da ilusão na sociedade moderna". Embora não se refira a ele, o pensador francês poderia perfeitamente ter ilustrado sua tese com o futebol.

Poucos anos mais tarde e sob outra perspectiva, George Steiner voltou ao tema. Mesmo concordando com Eliot em que a cultura sempre esteve estreitamente associada à religião, Steiner tira do fato conclusões diferentes. Combatendo o fanatismo religioso e suas mazelas, os filósofos do Iluminismo e depois Nietzsche mataram Deus e libertaram assim o demônio humano, o espírito cruel, malévolo e destruidor que a religião controlava. O sentimento geral de aborrecimento, tédio e melancolia do século XIX europeu trouxe consigo um desejo oculto de violência e cataclismo testemunhado por uma cultura que anunciava a explosão sanguinária e purificadora das revoluções, guerras mundiais e limpezas étnicas e ideológicas. "A inteligência e a sensibilidade achavam-se, literalmente, fascinadas pela expectativa de uma fogueira purificadora", aquilo que o escritor Théophile Gautier (1811-72) tinha formulado de maneira sintética e forte: "Antes a barbárie do que o tédio". A desilusão com a cultura refinada e elitista que provocara tantas tragédias pôs fim a ela. Começava a era da pós-cultura.

A enorme maioria da produção literária, jornalística, artística, musical, cinematográfica, televisiva e informática das últimas décadas parece dar razão às considerações de Eliot, Debord e Steiner, em especial a partir da globalização, fundada no esgarçamento das fronteiras nacionais e no alcance tecnológico das comunicações. Com ela, mais do que nunca, busca-se intensamente produtos que divirtam, deem prazer, permitam a evasão fácil da realidade cotidiana. Nos termos de Gilles Lipovetsky, as sociedades ocidentais atuais levam as pessoas a preferirem viver simulações da realidade, mais do que a realidade propriamente dita. Para tanto, elas assentam-se, econômica e animicamente, na invenção e no consumo de um entretenimento pouco exigente. As pessoas andam de metrô e ônibus ouvindo música ou lendo algo ligeiro; dirigem automóvel falando ao celular ou escutando rádio; ficam em casa hipnotizadas diante da televisão e da internet; ao longo do dia, comunicam-se incessantemente por tablets ou smartphones; vão até mesmo à privada acompanhadas desses aparelhos ou de uma revista. Indícios de falta de tempo? Ou falta de hábito de ficarem consigo próprias e de refletirem?

Ansiosa pela ilusão de tudo conhecer e controlar, a civilização atual transformou a informação em espetáculo, em especial se ela é sobre um atentado terrorista, um crime hediondo, a queda de um avião, o naufrágio de um transatlântico, uma guerra. Confundindo os diferentes domínios, muita gente se considera culta por ser bem informada, por seguir com frequência o noticiário. Como Rolf Dobelli sugeriu no título de um artigo provocador, mas nem por isso menos pertinente, "Notícias são ruins para você, e parar de lê-las o fará mais feliz" (*The Guardian*, 12 abr. 2013). As informações da atualidade, diz o romancista e empresário suíço, fragmentam nossa atenção e afetam nossa memória de trabalho, o que, de fato, já tinha sido constatado por estudos de psicologia cognitiva. Curiosamente, o mesmo periódico inglês que publicou esse artigo fez logo a seguir uma sondagem com seus leitores, e 63% deles concordaram em que seria "melhor não saber o que se passa no mundo".

Na pasteurização cultural atual, tudo se torna válido em nome do igualitarismo e do multiculturalismo. Ora, diz Eliot, há conflito entre cultura e igualitarismo: "Uma 'cultura de massa' será sempre uma cultura de substituição, um sucedâneo, e mais cedo ou mais tarde a decepção tornar-se-á evidente para os mais inteligentes daqueles a quem essa cultura foi impingida". A padronização leva ao sucesso produtos culturais que sejam assimiláveis independentemente das diferenças de idiomas e hábitos locais. Daí a cultura de massa estar alicerçada mais na imagem e no som do que na palavra, mais na ação do que na reflexão. Como o futebol.

Ele é, portanto, um dos melhores representantes da democratização cultural que deu nascimento a outra sensibilidade, a outras formas de expressão. Se "no princípio era o Verbo", agora é a imagem. As pessoas tendem a valorizá-la acima de tudo, tendem elas próprias a se produzirem como imagem pelas roupas que vestem, pelos adereços que portam, pela maquiagem que usam, pelos carros que dirigem, pelos *selfies* que fazem. A vida privada, mesmo de cidadãos comuns, torna-se espetáculo desvelado em *reality shows* ou redes sociais. Seus adeptos defendem que a sociedade ideal é aquela na qual se sabe tudo sobre todos. Como diz Wolfgang Sofsky, "a indiscrição é vista quase como se fosse uma virtude democrática, porque afirma que todas as pessoas estão em pé de igualdade", sem perceberem que essa situação está muito perto da definição de totalitarismo.

O futebol faz parte dessa lógica da promiscuidade imagística e informativa. Dos 1282 gols de Pelé, aquele que foi talvez o mais bonito (pelo menos ele próprio assim o qualifica) só tem valor contábil por ter sido marcado contra um clube pequeno, o Juventus da Mooca, no seu acanhado estádio, diante de poucas pessoas e, sobretudo, sem registro da televisão. Por ser imagem, o futebol não apenas possibilita sua fruição, como também revela seu significado sociológico: "O espetáculo não é um conjunto de imagens, mas uma relação social entre pessoas midiatizada por imagens", diz Debord. O futebol não seria, então, a expressão típica da pós-cultura, da civilização do espetáculo? Com efeito, ele está ao alcance da mão em toda parte, todo o tempo. Mesmo longe do estádio e do momento do jogo pode-se estar sempre conectado com ele graças à televisão, à internet, ao rádio, à imprensa escrita, aos sites dos clubes. Vale para o torcedor de futebol o comentário de Debord: "O consumidor real torna-se consumidor de ilusões". Ele não consome algo concreto, palpável, e sim uma encenação. E sem o estímulo reflexivo que pode transmitir o teatro ou, às vezes, o cinema.

A atualidade é ainda o domínio do som, daí as palavras serem com frequência maltratadas ou simplificadas. Nem poderia ser diferente, já que o discurso verbal possui uma lógica própria, uma hierarquia de valores, um sistema de gêneros e de flexões que cada vez menos se adequam à dinâmica social, à imediatez e ao impacto que ela deposita em tudo. A síntese disso são os videoclipes, pequenas peças de visual intenso e dinâmico com som correspondente. Em teoria, a música seria seu objeto, mas o enquadramento de imagens tão absorventes com seu colorido e efeitos especiais coloca em segundo plano a performance vocal do cantor, que se confunde com a das imagens e apresenta a vantagem de ocultar as (frequentes) deficiências musicais do intérprete. Também o futebol, com suas situações de muito vigor e muita emoção, leva atores e espectadores a falarem pouco, comunicarem-se mais por interjeições, gritos, frases curtas, palavras de ordem, cânticos. Mesmo no pós-jogo o discurso é simples na forma e no conteúdo, é estereotipado.

Diz Desmond Morris:

> Se a arte, a ciência e a política desaparecessem amanhã da sociedade, os heróis da Tribo do Futebol fariam poucos comentários sobre o fato, pela simples razão de que mal dariam por ele. O trabalho com os pés é a sua arte, a estratégia, sua ciência, e a promoção, sua política. Eles têm pouca necessidade de qualquer outra forma de expressão. Vivem quase todos totalmente dentro da esfera do esporte e consideram o mundo exterior como se fosse um domínio alheio."

A dura avaliação de Morris é acompanhada, de outro ângulo, por Vargas Llosa:

> Um jogo de futebol pode ser para os entusiastas — eu sou um deles — um espetáculo magnífico de destreza e harmonia de conjunto e de exibição individual, que entusiasma o espectador. Mas, nos nossos dias, os grandes jogos de futebol servem acima de tudo, como os circos romanos, de pretexto e libertação do irracional, de regressão do indivíduo à sua condição de parte da tribo.

O problema, porém, ele admite, não está no futebol em si mesmo, mas na cultura atual que se tornou "um mecanismo que permite ignorar os assuntos problemáticos, distrair-nos do que é sério, submergir-nos num momentâneo 'paraíso artificial', pouco menos que o sucedâneo de uma baforada de marijuana ou uma carreira de cocaína, isto é, umas pequenas férias de irrealidade". Com efeito, prossegue Vargas Llosa, vivemos hoje num mundo "onde o primeiro lugar na tabela de valores vigente é ocupado pelo entretenimento e onde se divertir, fugir ao aborrecimento, é a paixão universal". E conclui:

> Este ideal de vida é perfeitamente legítimo, sem dúvida. Só um puritano fanático poderá censurar os membros de uma sociedade que queira dar consolo, descontração, humor e diversão a umas vidas geralmente enquadradas em rotinas deprimentes e às vezes embrutecedoras. Mas converter essa propensão natural para passar uns bons momentos num valor supremo tem consequências inesperadas: a banalização da cultura, a generalização da frivolidade.

Vários analistas concordam em que a ignorância cultural é produto da sociedade de informação, distração e consumo, na qual o amplo leque oferecido de mercadorias e atividades é definido por uma única ideia: divertir. Outros enfatizam o papel da revolução tecnológica na destruição do mundo no qual contemplar, ler, refletir e discutir — atividades necessariamente lentas e não ao alcance de todos — era a base de certa cultura crítica. Porque a inserção nessa cultura é difícil para a maioria das pessoas, ela passou a ser crescentemente simplificada, oferecendo produtos de fácil digestão intelectual. Daí a pós-cultura ser na verdade contracultura caracterizada por efemeridade nas artes plásticas, padronização na literatura, aleatoriedade na música, descartabilidade no cinema e na televisão, dissolução de fronteiras claras entre criador e público.

Ela prima, enfim, pela emoção imediata sem esforço reflexivo, como acontece com o futebol. Por outro lado, contudo, não se pode esquecer, recorrendo à observação de Eliot, que "a cultura nunca poderá ser inteiramente consciente — sempre haverá nela mais do que aquilo de que temos consciência". Inclusive em casos insuspeitos como o futebol, pois há "seriedade e significado ocultos [mesmo] quando nos divertimos com uma brincadeira estúpida". É preciso, portanto, renunciar a etiquetagens simples. Se o futebol é alienante do ponto de vista da alta cultura, é participativo do ponto de vista da cultura de massa. A rigor, não se trata de atividade alienante nem politizante, nem de direita nem de esquerda (como debateu o interessante dossiê da revista francesa *So Foot*, n. 18, dez. 2004-jan. 2005). O futebol é aquilo que homens concretos fazem dele em cada momento e local.

OBRAS CITADAS

DEBORD, Guy. *La Société du spectacle* [1967]. Paris: Gallimard, 1996.
ELIOT, T.S. *Notes towards the Definition of Culture*. Londres: Faber and Faber, 1948.
KLEMM, Gustav. *Allgemeine Kulturgeschichte der Menschheit*. Leipzig: Teubner, 1843-52, 10 v.
LIPOVETSKY, Gilles. *A era do vazio: Ensaio sobre o individualismo contemporâneo* [1983]. Lisboa: Relógio d'Água, 1988.
LUCKMANN, Thomas. "Die massenkulturelle Sozialform det Religion". Em Hans-Georg Soeffner (Org.), *Kultur und Alltag*. Göttingen: Schwartz, 1988, pp. 37-48.
MARX, Karl. *Manuscrits économico-philosophiques de 1884*. Trad. de Franck Fischbach. Paris: Vrin, 2007.
MORRIS, Desmond. *The Soccer Tribe*. Londres: Jonathan Cape, 1981.
ROUSTAN, Désiré. *La Culture au cours de la vie* [1930]. Paris: Institut Pelman, 1951.
SOFSKY, Wolfgang. *Privacy: A Manifest*. Princeton: Princeton University Press, 2008.
STEINER, George. *No castelo do Barba Azul: Algumas notas para a redefinição de cultura* [1971]. Lisboa: Relógio d'Água, 1992.
WEBER, Max. *A ética protestante e o "espírito" do capitalismo* [1904]. Org. de Antônio Flávio Pierucci. Trad. de José Marcos Mariani de Macedo. São Paulo: Companhia das Letras, 2004.

33. Guerra e futebol

Barbara Ehrenreich demonstrou que, se em quase todas as sociedades as mulheres são afastadas dos jogos guerreiros pelos homens, desde que as circunstâncias permitam, elas revelam a mesma brutalidade dos machos. O cristianismo nada mudou nisso, pois se era pacifista nos seus princípios, acabou por aliar religião e guerra, sacralizando esta e belicizando aquela. Ora, continua a mesma autora, a guerra está no gene humano porque de presa que era dos grandes animais nos primeiros tempos de vida sobre a Terra, o ser humano passou a predador. A violência presente no futebol feminino parece lhe dar razão. Em março de 2007, um simples encontro pela segunda divisão francesa (Celtic Marseille × VGA Saint-Maur) gerou entrevero em campo entre duas jogadoras e mais tarde as marselhesas tocaiaram as adversárias na estação de trem que as levaria de volta a Paris. Uma delas foi agredida com capacete de moto e chutes depois de desmaiada, tendo ficado cinquenta dias incapacitada. Uma semana antes, o blog de outra equipe feminina francesa, o ES Le Cannet-Rocheville, tinha proclamado que "a violência é boa!" (*L'Équipe Magazine*, n. 1294, 21 abr. 2007).

Podemos prolongar a hipótese de Ehrenreich e imaginar que cada caçada pré-histórica terminava numa festa que celebrava a vitória sobre a natureza, a sobrevivência do grupo graças ao alimento recém-obtido. Sem que seja possível tirar conclusões seguras do fato, é importante lembrar que, ao longo de muitos séculos, a Europa conheceu religiões nas quais deuses bélicos desempenharam papel de destaque. Os celtas, que ocuparam grande parte do continente antes do domínio romano e continuaram mesmo depois a prevalecer nas ilhas Britânicas, tinham panteão bélico dos mais numerosos, com divindades da guerra masculinas e femininas. Os antigos romanos, cujo império englobou boa parte da Europa ocidental e uma faixa do norte da África e do Oriente Médio, tinham, além de um deus especialista da guerra (Marte), outras divindades (como Jano, Júpiter e Quirino) que também estavam diretamente associadas à guerra. Os germanos, que puseram fim ao Império Romano e mesclaram-se com as populações de toda a Europa ocidental, tinham no deus da guerra (Thor) sua divindade mais popular.

Foi na civilização ocidental que o poder de destruição cresceu muito no último século e meio, o que por reação gerou tentativas de sublimar a guerra e alimentou ideias utópicas de paz. Não parece casual que tenha sido nesse contexto que, em 1863, foram codificadas as regras do futebol, nascido um pouco antes nos colégios ingleses como forma de disciplinar e desviar a violência de alunos que incendiavam salas de aula e agrediam a população das aldeias vizinhas. Ou seja, o novo esporte era parte do processo cultural mais amplo que tentava promover certa humanização da guerra, como procurou fazer no ano seguinte a Convenção de Genebra ao estabelecer um acordo internacional sobre a forma de feridos, doentes e prisioneiros serem tratados durante conflitos armados. Assim como "a simulação é fundamental na conduta da guerra" (*A arte da guerra*, de Sun Tzu, obra conhecida no Ocidente desde 1772), no futebol ela também ocupa papel central. Dentro de campo, a grande expressão da tentativa de iludir o adversário é o drible, é fingir um movimento para fazer outro. Fora de campo, preparando-se para o confronto, a simulação é igualmente antiga e importante. Para a semifinal da Olimpíada de 1924, os iugoslavos mandaram espionar os uruguaios, que, percebendo tal ato, realizaram um treino enganador, induziram os oponentes ao erro e ganharam a partida por 7 a 0.

Desde o começo do século XX, pelo seu pretendido caráter catártico o futebol passou a ser levado em conta na política internacional devido à possibilidade de exaltação pacífica dos sentimentos nacionais que ele parecia oferecer. Quatro meses depois do fim da Primeira Guerra Mundial, em março de 1919, uma partida em Bruxelas entre as seleções da Bélgica e da França celebrou a amizade entre os dois países e recebeu mais de 25 mil espectadores. A partir de então, durante mais de meio século, o fim da guerra mereceu uma partida comemorativa entre as duas seleções, sempre jogada na data da assinatura do Armistício de Rethondes, 11 de novembro. Era a guerra simbólica substituindo a guerra concreta. Dois anos depois, em 1921, um órgão do Ministério dos Negócios Estrangeiros definiu os esportistas em geral como "embaixadores da França no mundo".

Eleito presidente da Fifa no mesmo ano, o francês Jules Rimet se consagraria à organização da Copa do Mundo por acreditar que o futebol poderia promover a harmonia entre os povos. O novo torneio com o qual ele sonhava deveria ser elemento de distensão e afastar o risco de guerras mortíferas como aquela que pouco antes (e da qual ele havia participado) matara 10 milhões de pessoas e deixara 3 milhões de inválidos. Apesar de o futebol não ter evitado a Segunda Guerra Mundial, dois anos depois de ter deixado a presidência da Fifa e poucos meses antes de morrer, Jules Rimet foi, em 1956, objeto de uma campanha que visava indicá-lo para o prêmio Nobel da paz.

O pacifismo de Rimet assentava-se na esperança de que o futebol fosse uma sublimação de todo conflito armado, por guardar as características da guerra ritual primitiva. De fato, ele ocorre numa savana (terreno de jogo) entre jovens que, com gestos de força e habilidade físicas (correr, chutar, saltar, cabecear, agarrar, peitar), procuram atingir seu alvo (gol) mais vezes que o adversário. Cada batalha é de curta duração (noventa minutos), com períodos de trégua entre elas (de extensão variável conforme os calendários esportivos). Todo confronto é regulamentado (dezessete regras do jogo) para os guerreiros (jogadores) e de livre manifestação para os civis dos clãs (os torcedores), que estimulam seus soldados (literalmente, "aqueles que lutam por um soldo, uma remuneração", como é o caso dos futebolistas profissionais) e depreciam os membros do clã contrário. Por tudo isso, essa guerra funciona como fator de solidariedade interna a cada clã (unido pela existência dos rivais) e de equilíbrio entre os clãs (cujo confronto geral impede a supremacia definitiva de um deles).

O mesmo fazia o *tlachtli* dos astecas e maias, jogado com uma pesada bola de borracha que deveria ser colocada num aro preso à parede de um pátio de tamanho variado (entre 25 e 63 metros de comprimento por seis a doze metros de largura). As disputas com equipes que representavam clãs, bairros ou cidades geravam muitas apostas, mesmo de territórios, e dessa forma cumpriam função de redistribuição econômica e política, solucionando conflitos por meio do jogo, que substituía a guerra. Assim como no Ceilão antigo a guerra não tornava necessária a morte do rival — para ser vencedor bastava se apoderar das insígnias reais —, no futebol a destruição do adversário é simbólica: basta penetrar no seu gol. No entanto, o sociólogo francês Alain Ehrenberg pensa que no esporte o antagonismo não se refere ao universo da guerra, e sim ao da identidade social. Até certo ponto isso é verdade, pois não é a guerra que estabelece identidades, mesmo que as reforce, são as identidades que provocam guerras.

Se já se pôde dizer, como fez o historiador italiano Franco Cardini, que antropologicamente a guerra é uma "festa cruel", é permitido pensar no futebol como uma guerra benigna. O espírito bélico inerente ao futebol transparece de forma especial nas partidas em que se coloca com força a afirmação de comunidades espacialmente próximas e identitariamente afastadas. É o caso, no plano dos clubes, dentre muitos exemplos possíveis, do Celtic católico e do Rangers protestante, do Arsenal burguês e do Tottenham proletário (cujos torcedores cantam "Vamos em guerra contra o Arsenal"), da Lazio fascista e da Roma socialista, do Boca Juniors dos pobres e do River Plate dos ricos, do Grêmio elitista e do Internacional popular etc. A esses recortes sociológicos — hoje em dia mais imaginários que concretos — de rivais no interior de uma mesma sociedade correspondem, no plano mundial, certos encontros plenos de simbolismos históricos, como entre Inglaterra e Escócia, Inglaterra e Alemanha, Alemanha e Holanda, Holanda e Bélgica, Bélgica e França, França e Alemanha, França e Itália, Portugal e Espanha, Uruguai e Argentina, Argentina e Brasil etc.

Os estudos apresentados em um congresso internacional intitulado O Esporte e a Guerra, ocorrido em 2012 em Rennes, na França, demonstram ser fundado parafrasear Carl von Clausewitz (1780-1831), o grande teórico da guerra moderna, e afirmar que o esporte é a guerra realizada por outros meios. Aliás, a Primeira Guerra Mundial foi descrita pela imprensa esportiva da época como "o Grande Jogo". A análise dos dois fenômenos permite concluir que a guerra é um elemento estruturante do esporte assim como o esporte é um elemento estruturante da guerra. Esporte é expressão de um combate regulamentado, de uma liberação controlada das pulsões, e ao mesmo tempo instrumento de aperfeiçoamento físico, de preparação para afrontamentos concretos. É o que faziam os Jogos Olímpicos antigos, trégua sagrada nas guerras endêmicas que envolviam as cidades-Estado gregas. Ou, mais tarde, os torneios dos cavaleiros medievais, que eram uma preparação para a guerra tanto quanto esta o era para aqueles. Embora sem o caráter literal desses eventos, não se pode negar que, desde o século XIX, esse papel é desempenhado pelo futebol.

Não surpreende, dentre uma infinitude de exemplos possíveis, que na Copa do Mundo de 1938, após uma primeira partida violenta contra a Tchecoslováquia (dois brasileiros e um tcheco expulsos, dois brasileiros e três tchecos contundidos) e a vitória brasileira no jogo desempate, o ministro das Relações Exteriores do Brasil tenha cumprimentado os jogadores como "invencíveis lutadores" e a CBD os tenha chamado de "bravos legionários". Tampouco espanta que, para explicar a seus leitores como fora a primeira derrota em casa da Inglaterra para uma seleção não britânica, na célebre partida de 1953 contra a Hungria (3 a 6), o prestigioso *The Times* (26 nov. 1953) tenha definido a partida como "Azincourt ao contrário", em referência à batalha do século XV na qual os ingleses, graças à sua superioridade tática, venceram os franceses aparentemente mais fortes. Talvez seja mesmo possível especular sobre certo paralelismo, indefinido e seguramente inconsciente, entre o progresso do futebol no século XX e o encadeamento de guerras que nesse período produziu, segundo o estudioso norte-americano Milton Leitenberg, 231 milhões de mortos.

Como na guerra, a vitória no futebol depende das escolhas corretas e articuladas de estratégia e tática, sabendo-se que quando os fatos levam a mudanças na primeira provocam mudanças na segunda. Um exemplo militar poderia ser a estratégia do regime nazista e sua total mobilização da sociedade alemã para a Segunda Guerra Mundial, com a convocação de milhões de homens, o desenvolvimento da indústria bélica, a ocupação de ricos territórios limítrofes, a propaganda nacionalista e militarista. Aos imensos recursos materiais e morais correspondeu uma tática ofensiva rápida e arrasadora (*Blitzkrieg*) que conjugava deslocação mecânica das tropas e apoio aéreo. Mas as vitórias iniciais não puderam ser estendidas à Grã-Bretanha, por razões geográficas (insularidade), e à União Soviética, por razões climáticas (inverno), o que impossibilitou nos dois casos o avanço das forças motorizadas. O fracasso tático afetou a estratégia devido às imensas perdas humanas e materiais, forçando a adoção de nova postura, de defesa do próprio território alemão.

Também no futebol, quanto mais consistente for a estratégia, menos mudanças ocorrerão na tática. Clubes bem estruturados, isto é, de estratégia clara e sólida — boa infraestrutura (estádio, centro de treinamento, departamento médico e fisioterápico, alojamentos etc.), orçamento realista, dispensas e contratações planejadas de jogadores —, tendem a trocar menos de tática, ou seja, de treinador. Uma opção estratégica frequente (e comum à guerra e ao futebol) para a conquista de certo território ou de certo título é incluir a renúncia programada de outra região ou de outra competição para não dispersar recursos. Isso não impede que, por exemplo, o planejamento de obter vitórias em casa e empates fora, o que implica tática mais ofensiva no próprio terreno e mais defensiva no do adversário, precise ser alterado quando o fracasso em determinada partida força a um jogo mais aberto na seguinte.

Se, grosso modo, a estratégia cabe aos dirigentes e a tática aos treinadores, certos jogadores, pela sua visão de jogo e por sua capacidade de liderança, exercem importante papel tático. Não por acaso, para descrever a atuação do pequeno e inteligente Raymond Kopa na vitória da França sobre a Espanha no dia anterior, um jornal inglês chamou-o de "Napoleão do futebol" (*Daily Express*, 18 mar. 1955). Mas na imensa maioria dos casos espera-se dos jogadores não a inteligência de generais, e sim a bravura de soldados. O jogador de técnica limitada porém dedicado é geralmente mais apreciado que o habilidoso de pouca coragem e aplicação. Pelé e Maradona foram os maiores justamente porque aliaram as duas qualidades. Em razão do próprio espírito do jogo, são inúmeros os exemplos de atos heroicos no futebol. Tão somente como ilustração, lembremos dois casos famosos, um local, outro internacional.

Na final do Campeonato Paulista de 1946, entre Palmeiras e São Paulo, depois de uma briga generalizada em campo (que se estendeu às arquibancadas por quase dez minutos), dois jogadores de cada lado foram expulsos e o argentino Armando Renganeschi, zagueiro tricolor machucado durante a confusão, foi se exilar na ponta esquerda, já que substituições não eram permitidas pela regra naquela época. Então, 25 minutos depois, um cruzamento de Bauer fez a bola bater no travessão e subir, na volta o goleiro palmeirense Oberdan Cattani tentou colocá-la para escanteio e ela tocou de novo o travessão, o que deu tempo para Renganeschi se arrastar em direção à área e finalmente empurrar a bola do título para dentro do gol. Na Copa do Mundo de 1970, na semifinal Alemanha 3 × 4 Itália, apesar de gravemente lesionado, Beckenbauer precisou continuar em campo porque as substituições permitidas já haviam sido feitas. Ele então jogou os 23 minutos restantes do tempo regulamentar e mais os trinta minutos da prorrogação com o braço imobilizado, colado ao corpo. Se de um lado as faixas e a dor limitaram sua movimentação — o que não deixou de influir nos três gols italianos, marcados aos oito, catorze e 21 minutos da prorrogação —, de outro lado elas acentuaram o sentido heroico de seu esforço justamente porque este se revelou insuficiente. Os dois episódios talvez se tenham tornado ainda mais marcantes no imaginário das torcidas devido a um elemento comum e claramente associado à dor e à honra: ambos os jogadores estavam contundidos no peito, centro vital e simbólico de todo guerreiro.

O futebol foi muitas vezes criticado por estimular a violência entre torcidas e em certos casos entre países (como El Salvador e Honduras, em 1969). É fato que não se pode negar o potencial explosivo do futebol, mas é preciso relativizar e considerar que, de maneira geral, a simulação que ele faz da guerra (embate entre defesa e ataque) ameniza ou até impede combates em sentido literal, mesmo que a atmosfera apaixonada do jogo algumas vezes distinga mal entre as duas situações. Já aconteceu de a execução simbólica que é o pênalti ter derivado para uma execução concreta. Dentre alguns outros casos, na Costa do Marfim, em 1998, um torcedor invadiu o campo e matou a facadas o jogador que se preparava para cobrar uma penalidade máxima. O exemplo mais divulgado da guerra simbólica suspendendo a guerra real ocorreu em fevereiro de 1969, quando a Guerra de Biafra conheceu um breve cessar-fogo somente para que o Santos de Pelé fizesse um amistoso na Nigéria.

Visto pelo ângulo do confronto de dois grupos, salta aos olhos o caráter metafórico do futebol enquanto guerra, mas é preciso acrescentar que, no interior de cada grupo, pode ser decisivo o peso do comportamento oposto, o altruísmo. Ao publicar seu *A descendência do homem* (1871), Darwin procurou completar e nuançar certas questões apresentadas no anterior *A origem das espécies* (1859), mostrando que para a seleção natural não basta ser apenas fisicamente mais forte, é preciso ainda desenvolver o instinto social — presente em espécies como as abelhas, formigas e vários mamíferos. Preservar os mais fracos, mulheres e crianças, melhora as condições de reprodução e crescimento do grupo, de maneira que dar a vida por outros membros da espécie foi fator evolutivo importante. O etólogo francês Rémy Chauvin dá um exemplo interessante de altruísmo: entre as perdizes, a proximidade de uma ave de rapina leva um indivíduo da espécie a fingir ter a asa machucada e a se colocar diante do predador, mas na direção contrária à do próprio ninho.

Para aumentar suas chances de sobrevivência, toda comunidade precisa estar preparada tanto para a guerra externa como para o altruísmo interno. No futebol não é diferente. A garra, a coragem, a solidariedade do grupo e se necessário o sacrifício de um jogador pela equipe são fatores indispensáveis para o sucesso.

OBRAS CITADAS

CARDINI, Franco. *Quell'antica festa crudele: Guerra e cultura della guerra dal Medioevo alla Rivoluzione Francese*. Milão: Mondadori, 1995.
CHAUVIN, Rémy. *Les Sociétés animales*. Paris: PUF, 1982.
CLAUSEWITZ, Carl von. *De la guerre* [1832]. Paris: Minuit, 1988.
DARWIN, Charles. *The Descent of Man, and Selection in Relation to Sex*. Org. de Paul H. Barret e Richard Broke Freeman. Londres: Pickering, 1989.
EHRENBERG, Alain. "Des stades sans dieux". *Le Débat*, Paris, n. 40, pp. 47-61, 1986.
EHRENREICH, Barbara. *Blood Rites: Origins and History of the Passions of War*. Nova York: Metropolitan, 1998.
LEITENBERG, Milton. *Deaths and Wars in Conflicts in the 20th Century*. Nova York: Cornell University Press, 2006.
ROBÈNE, Luc (Org.). *Le Sport et la guerre: XIXème et XXème siècles*. Rennes: Presses Universitaires de Rennes, 2012.
SUN TZU. *A arte da guerra*. Rio de Janeiro: Paz e Terra, 1996.

34. Uma lição do futebol*

A decisão da Copa do Mundo da Alemanha em 2006 insuflou no Brasil as discussões dos dias anteriores, desde a derrota da nossa seleção para a França. Por que aquela boa geração de jogadores, vencedores em seus clubes europeus, não participou da final contra a Itália, repetindo a inesquecível decisão de 1970 protagonizada por uma geração excepcional com a qual se pretendeu comparar a de 2006? Jornalistas, torcedores assíduos e torcedores quadrienais tinham muitos argumentos a respeito. A culpada seria a CBF, que devido a interesses econômicos fez um planejamento que não criou condições de trabalho favoráveis. O culpado seria o treinador Carlos Alberto Parreira, que escalou o time mais pelo renome de certos jogadores do que pela situação técnica e física deles. Os culpados seriam os jogadores medalhões, mais preocupados com recordes pessoais (como o número de gols de Ronaldo ou o número de partidas de Cafu), transferências, contratos publicitários, compromissos sociais.

Todas essas alegações eram verdadeiras, mas tratavam apenas de aspectos imediatos da questão. É fundamental insistir sobre o fato de o futebol ser, mais do que um esporte, uma janela privilegiada para se observar as estruturas pro-

---

* Sob o título "Napoleão, Garibaldi e os canalhinhas", este texto foi publicado em *O Estado de S. Paulo*, 9 jul. 2006, caderno Aliás, p. J6.

fundas da sociedade. A própria forma de jogar, aquilo que se chama de estilos nacionais, parece decorrer de algumas dessas estruturas, mais do que de meras opções de certos treinadores. Aquela Copa fez relembrar que a França tem uma história imperialista que se reflete em seleções geralmente "napoleônicas", ou seja, agressivas, vitoriosas na maior parte das vezes — embora derrotadas antes de atingir o grande objetivo (com a exceção de 1998) — e comandadas dentro de campo por alguém de ascendência colonial. De fato, assim como Napoleão Bonaparte nasceu na Córsega (que na época acabava de ser incorporada pela França), os jogadores históricos dos Bleus têm origem colonial. O maior goleador de todas as Copas em uma única edição (treze gols em 1958) foi Just Fontaine, nascido no Marrocos, que se tornara protetorado francês vinte anos antes. O jogador de melhor média de gols (e segundo maior artilheiro) na história da seleção francesa, Michel Platini, é neto de italiano que migrou para a França em busca de melhor sorte. O grande maestro da seleção campeã de 1998 e daquela que jogou uma nova final em 2006 era Zinédine Zidane, filho de pais argelinos e nascido na França apenas dez anos depois de a ex-colônia francesa Argélia ter obtido sua independência.

A Itália, por sua vez, adversária da França na decisão de 2006, sempre jogou de maneira "garibaldina", isto é, seguindo a tática de guerrilha utilizada por Giuseppe Garibaldi na luta pela unificação política do país em fins do século XIX. Guerra e futebol baseados em ataques de surpresa com poucos homens e rápidos recuos para a defesa. Um relatório técnico redigido para a federação em 1904 constatava que "os italianos têm maior disposição para a defesa do que para o ataque". E essa vocação acabou por enraizar-se, ditada pelas necessidades de um país pobre que se expressava defensivamente no futebol como na vida. Por isso o estilo do *calcio* não acompanhou as profundas mudanças socioeconômicas da década de 1950, nem foi afetado pela reabertura do mercado a jogadores estrangeiros em 1980. Nada a estranhar, portanto, na reação do zagueiro Cannavaro diante da tentativa de o técnico impor no início daquela Copa um estilo mais agressivo: "Com Lippi, tentamos mudar nosso jeito de jogar, mas somos bons mesmo é na defesa. Por que não defender bem e ganhar por 1 a 0?".

Considerando o futebol uma abertura valiosa para entender uma dada sociedade, o que poderia revelar a "seleção canalhinha", na expressão de João Ubaldo Ribeiro? Na verdade, nada que não se soubesse: apenas coisas que se fazia de conta que não importavam ou que se queria acreditar que eram aceitáveis em nome de algo pretensamente maior. No entanto, exatamente porque o futebol é síntese da nação, quando o mesmo comportamento acontece na seleção e leva à derrota, a gritaria é geral. Afirma-se que a "tragédia de Frankfurt" (cidade na qual o Brasil foi eliminado da competição) veio de preparação inadequada. A seleção transformou o que deveriam ser treinos técnicos e táticos em exercícios pirotécnicos para agradar ao público suíço e alemão e a quem mais quisesse vê-los pela televisão. No lugar de treinos destinados a azeitar os automatismos da equipe, houve espaço para exibições individuais que pareciam mais voltadas a preparar novas atuações dos garotos-propaganda. Tudo isso é verdade, mas não exclusivo da seleção. Antes de ser eleito presidente da República, Lula não passou anos fazendo pirotecnias políticas em vez de se preparar adequadamente para a função que almejava?

Censurou-se com razão a seleção de 2006 por ter privilegiado interesses outros que não os esportivos. Por motivos econômicos, a CBF marcou amistosos preparatórios absurdos (contra a Rússia sob vinte graus negativos, enquanto a Copa seria realizada sob trinta graus positivos) ou inócuos (contra uma seleção municipal suíça e contra a Nova Zelândia). A escolha dos locais de concentração e treinamento foi leiloada, o que levou a treinos abertos ao público (com cobrança de ingresso) e televisionados, impedindo que fossem trabalhadas alternativas táticas e jogadas ensaiadas. Censura tardia, porque naquele momento quase todos os brasileiros fecharam os olhos a esses fatos confiando em que a seleção iria vencer. Da mesma forma, um ano antes, quando vieram à tona os escândalos do Mensalão, não foi a maioria da sociedade, inclusive a oposição, que fez vistas grossas para o possível envolvimento do presidente da República, argumentando que a abertura de um processo de impeachment prejudicaria o bom momento econômico pelo qual passava o país (e que na verdade se devia tanto à conjuntura internacional quanto às decisões internas)?

Após a eliminação nas quartas de final, todos deploraram a teimosia de Parreira, que insistiu com uma dupla de ataque que pouco tinha jogado junta, dupla formada por jogadores que ocupavam a mesma faixa de terreno e tinham pequena movimentação, oferecendo restritas alternativas aos homens de meio-campo. Um destes, Ronaldinho Gaúcho, mostrou-se muito abaixo das possibilidades e das expectativas, e mesmo assim foi substituído em uma única partida por poucos minutos. Os laterais vinham mal tanto na função defensiva quanto na ofensiva, e continuaram intocáveis. O técnico parecia ser o único a não saber da existência de tais problemas. Mas como ficar indignado com isso, se não se ficou indignado com o fato de o presidente da República ser o único a não saber que companheiros de partido, colocados por ele na cúpula do poder, armaram e executaram enorme assalto aos cofres públicos?

Depois de vencer Portugal na semifinal, o técnico francês afirmou que aquela seleção "foi mais difícil que o Brasil", o que fez alguns espíritos nacionalistas sentirem-se tão humilhados quanto com a célebre frase (apócrifa) que se atribui ao presidente francês Charles de Gaulle: "O Brasil não é um país sério". Mas por que o Brasil foi presa fácil para a França? A resposta imediata (e correta) de todo torcedor foi "por causa da apatia do time brasileiro". Apatia quase sempre explicada com algo como "reflexo da passividade de Parreira", ou "com Felipão teria sido diferente", ou "Ronaldinho não jogou nada", ou "Roberto Carlos falhou grotescamente no gol decisivo", e por aí vai. Avaliações procedentes, todavia insuficientes. A verdade é que tanto o cidadão quanto o torcedor brasileiros têm tendência a depositar suas expectativas — e, quando frustrados, suas críticas — em individualidades, não em coletividades. A esperança estava em Lula, não em um programa de governo; nos Ronaldos ou no "quadrado mágico", não em um time. Espera-se sucesso de gestos isolados, não de esforço contínuo e planejado. Seja na política seja no futebol, confia-se em que um Messias vá resolver qualquer dificuldade.

Enfim, se é mais propício refletir na dor do que na alegria, talvez a "seleção que merece ser esquecida" não deva nunca ser esquecida. Ela pode ser uma boa ilustração de como o futebol permite pensar muito além das quatro linhas.

35. Aposentadoria e futebol à francesa*

Em 12 de outubro de 2010, uma terça-feira, a coincidência na França dos calendários político e esportivo comprovou mais uma vez as interessantes relações especulares entre sociedade e futebol. Durante o dia, em várias cidades do país, manifestações contra a reforma no regime de aposentadoria reuniram entre 2% (cálculo do governo) e 5% (contagem dos sindicatos) da população. Em Metz, onde o cortejo político teve uns 8 mil participantes (mais de 6% da população local, portanto acima da média nacional), o velho estádio da cidade reuniu à noite, com carga máxima, 25 mil espectadores (ou quase 20% dos habitantes) para assistirem à partida entre França e Luxemburgo pelas Eliminatórias da Eurocopa de 2012. O jogo foi ainda acompanhado pela televisão por quase 15% dos franceses.

No evento político, os manifestantes proclamaram o desejo de que o país conseguisse pleno emprego e justiça social pouco mudando as regras então vigentes. No evento esportivo, os torcedores anunciaram o desejo de que a seleção francesa de futebol pudesse rapidamente retomar o caminho das conquistas. Para os primeiros, o ponto central era a rejeição do projeto pelo qual a

---

* Publicado originalmente em *O Estado de S. Paulo*, 17 out. 2010, p. J3.

idade de aposentadoria passaria dos sessenta aos 62 anos. Para os segundos, era esquecer o fiasco nacional na Copa do Mundo da África do Sul que ocorrera no meio daquele mesmo ano. Os grevistas reconheciam que algo precisava ser feito para diminuir o enorme déficit da seguridade social, mas só aceitavam medidas paliativas. Os torcedores pensavam que a mudança de treinador e de alguns jogadores seria suficiente para alcançar seus objetivos. Nem uns, nem outros queriam ver que os problemas eram estruturais, não circunstanciais.

Tanto a França político-social quanto a França do futebol não aceitam rever certos conceitos. No país das revoluções predomina hoje curioso imobilismo, gerado pela idealização do passado e pelo medo do futuro. No país dos *maîtres à penser*, a falta de ideias atualmente paralisa tanto a direita quanto a esquerda. No país da criatividade, o que se vê é um empobrecimento no campo intelectual desde a morte de Lévi-Strauss e no campo de jogo desde a aposentadoria de Zidane. Todavia, pela sua própria condição passional, grevistas e torcedores não veem os limites que a realidade impõe a seus desejos.

Não percebem que a visão da política e do futebol precisaria mudar. Não aceitam que a França deve acompanhar o mundo, não o inverso. Os grevistas consideram que o Estado de bem-estar social não pode fazer concessões. Os torcedores pensam que os Bleus devem jogar sempre bem. Nem passa pela cabeça dos primeiros admitir que o mundo mudou e que as tão celebradas Trente Glorieuses (os trinta anos gloriosos e de prosperidade entre 1945 e 1975) fazem parte da história. É difícil para os segundos aceitarem que a Idade de Ouro possa estar no passado, não no futuro. A uns falta humildade para reconhecer que novas potências surgiram no mundo; a outros, que Platinis e Zidanes não despontam a cada geração.

Assim, o mundo social e o mundo futebolístico alimentam reciprocamente seus sonhos e suas desilusões. A revolta dos jogadores da seleção francesa, que em julho daquele mesmo ano, em plena Copa do Mundo, recusaram-se a treinar como protesto contra seu treinador, causou grande celeuma no país, mas não se pode esquecer que as passeatas políticas contra o presidente francês em maio, junho, setembro e outubro serviram de moldura para o motim esportivo.

Entretanto, nem tudo foi convergência entre as manifestações políticas da tarde e a partida de futebol daquela noite. Enquanto os grevistas demonstraram forte rejeição ao presidente do país, Nicolas Sarkozy, os torcedores revelaram enorme esperança no outro "presidente" (Le Président), apelido do novo treinador da seleção francesa, Laurent Blanc. Nas ruas foram agitadas muitas bandeiras de organizações sindicais; no estádio, muitas bandeiras nacionais. Em algumas passeatas cantou-se *A Internacional*, nas arquibancadas cantou-se (mesmo durante o jogo) *A Marselhesa*. Os protestos políticos revelaram corporativismos que pesavam mais que a unidade nacional — metroviários e ferroviários, que se beneficiam de regime especial de aposentadoria, fazem "greve preventiva". A torcida pela seleção francesa escondia os corporativismos clubísticos em nome da unidade nacional.

No essencial, contudo, mundo político e mundo futebolístico convergiam. No caso da França atual, a melhor definição talvez tenha sido a de Arsène Wenger, técnico francês que trabalha no Arsenal da Inglaterra, ao comentar aquela partida para a televisão. Os futebolistas franceses, disse ele, historicamente não sabem centrar nem chutar de fora da área. O estilo nacional é de drible e muito toque de bola, frequentemente improdutivo. A tendência é buscar não as soluções mais simples, e sim as consideradas mais bonitas. A partida daquela terça-feira comprovou tal observação (e os debates políticos de então também...). A França teve dificuldade para chegar a um magro 2 a 0 contra o fraquíssimo Luxemburgo, 130º no ranking da Fifa e cuja seleção jogou boa parte do segundo tempo com um homem a menos. O interessante da análise de Wenger, porém, é que ela tem alcance bem maior do que o pretendido. Ele se referia à seleção francesa, mas podemos estender sua constatação ao país — a França tem uma forma "poética" (sic) de enfrentar as dificuldades.

36. As cores da vida*

Quando me foi pedido um depoimento sobre minha vivência de torcedor, não hesitei sobre qual episódio escreveria. Mais do que relatar uma grande alegria ou uma forte decepção, que fazem parte do acervo pessoal de todo torcedor, relembrei uma descoberta que se estendeu por várias horas. Tudo começou na madrugada de um dia muito frio — por razões profissionais, eu vivia no exterior — diante da televisão, onde me instalei para assistir ao videoteipe de uma partida que terminara algumas horas antes e cujo resultado eu ainda desconhecia. A situação tinha algo de surreal. Tratava-se do jogo mais importante até então da história do meu clube, e eu me encontrava sozinho na sala, distante muitos milhares de quilômetros do restante da torcida. Da rua não vinha nenhum ruído além do som de uns poucos automóveis que ali passavam naquele domingo enevoado de dezembro. Não havia nem gritaria, nem buzinaço, nem estouro de rojões, fossem eles para me deixarem mais otimista quanto à possível vitória ou mais pessimista pensando que poderiam ser sons irônicos de torcidas despeitadas. Fazia um silêncio quase religioso. Liguei a televisão.

* Publicado originalmente em Carlos Magno Araújo, Samarone Lima e Gustavo de Castro (Orgs.), *A cabeça do futebol*. Brasília: Casa das Musas, 2009, pp. 123-31.

Estranhamente, acompanhei a partida calmo, apesar de o placar logo ter sido aberto pelo adversário, reputado o melhor time do mundo na época, verdadeira seleção de craques de quatro nacionalidades diferentes — um Dream Team, como a imprensa internacional o chamava. É verdade que o empate, apenas quinze minutos depois, contribuiu muito para minha tranquilidade. A agitação veio com o gol da vitória a onze minutos do encerramento, onze demorados minutos até o apito final. Este, contudo, não me fez gritar nem pular, continuei pregado no sofá, e apenas as lágrimas que corriam revelavam minha emoção. Seguiu-se uma sensação de imenso bem-estar, de paz. Horas depois, minha reação continuava a me intrigar: onde estava a excitação que sempre me acompanhou nas grandes conquistas? As respostas óbvias — faltava o ambiente de estádio, não via bandeiras e festejos pelas ruas, não assistia à repercussão do evento pela imprensa — não me satisfaziam. Eu sentia que não eram verdadeiras, ou ao menos não eram toda a verdade.

Na tarde daquele mesmo dia, na letargia que se seguiu às emoções da manhã e ao almoço *bien arrosé*, a resposta à minha questão foi aos poucos se desvelando. Ainda que eu seja tomado pelo frenesi de torcedor em ambientes inflamados, no fundo tenho uma relação de confiante cumplicidade com meu clube. Não sinto necessidade de debochar de adversários derrotados, a gozação não acrescenta nada à minha satisfação pelas vitórias. Estas se bastam. Elas me bastam. Não são instrumentos para tripudiar ninguém. Torcedor frio? Não, apenas torcedor identificado e envolvido que não precisa do oponente para sentir que é torcedor. Mas então, se eu torcesse para *a* ou *b* seria a mesma coisa? A pergunta soou como uma agressão na minha cabeça ainda um pouco atordoada e me despertou de vez.

Lembrei a transmissão da manhã. O nome do clube pronunciado pelo locutor estrangeiro tinha perdido a sonoridade que eu estava acostumado a ouvir, a falar, a gritar nos estádios. Ele perdera, assim, um pouco da própria identidade. O hino do clube não foi tocado em um só verso, uma só nota, talvez porque os telespectadores não iam entender a letra. E dessa forma também desapareceu esse outro elemento da personalidade clubística, que desde criança escutei e cantei. Mas a camisa, naturalmente, estava lá. E — a revelação veio num lampejo — esse era o elemento central! A identidade profunda do torcedor com o clube se dá sobretudo pela camisa — o "manto sagrado", como se tornou hábito falar no Brasil de alguns anos para cá. Ainda que o nome do clube não seja gritado ou o hino não seja tocado, é graças à camisa que o essencial não se perde. É o que se percebe no ato de o torcedor vesti-la, orgulhoso, mesmo em dias sem jogo. É o que se vê durante uma partida de futebol: onze camisas que correm, que se batem, que se organizam, que demonstram talento, que comemoram. Que fazem história. Camisas? São seres humanos que as vestem. Sim, mas os homens constroem instituições (sejam elas famílias, empresas, escolas, Estados ou clubes) para que a curta finitude deles se prolongue na longevidade delas. Os homens passam, as camisas ficam.

E naquele instante entendi por que meu amor clubístico tinha nascido em outro mês de dezembro, no já distante ano de 1957, quando da final do Campeonato Paulista. Eu tinha então vivido um duplo apelo estético. De um lado, o do jogo do time —sobretudo de dois artistas, Zizinho e Canhoteiro — e a consequente conquista do título, o que certamente influenciou o garoto que eu era. De outro lado, mais importante, ficou claro para mim naquele domingo invernal que, mesmo se a partida de 35 anos antes num domingo estival tivesse sido perdida, a impressão causada pelas camisas continuaria intocada. Diante do branco anódino do adversário de 1957, as faixas verticais em vermelho, branco e preto (naquele dia o time jogou com o segundo uniforme) ficaram gravadas na retina, marcaram a sensibilidade do menino. Sensibilidade depois aguçada ao ver a camisa principal, cujas faixas horizontais ganham maior realce sobre o fundo branco.

Ainda com a cabeça cheia de imagens da partida daquela manhã, misturadas com outras imagens vistas ao vivo ou pela televisão ao longo de décadas, em diferentes estádios, diante de variados adversários, compreendi também que se o amor (dirigido a qualquer objeto) pode nascer de quase nada, ele pode igualmente morrer de quase tudo se não for alimentado pela comparação. Gosta-se de um tipo de alimento ou de roupa ou de música porque se experimentou outros alimentos, outras roupas, outras músicas. Prefere-se um livro, um país ou mesmo uma pessoa porque se conhece outros livros, outros países, outras pessoas. Amar é comparar, mesmo que esse mecanismo sempre ativo seja inconsciente. Em relação ao futebol, ocorre a mesma coisa. Na sociedade altamente concorrencial de hoje, uma galeria de troféus bem recheada é sem dúvida muito importante. Mas como nenhum clube, por mais vencedor que seja, está imune a fases mais ou menos longas de escassez de conquistas, o que mantém o amor a ele são outros fatores, mais estáveis — o nome, o hino, a camisa. Sem jamais ter pensado nisso anteriormente, embora tenha assistido a um número incontável de partidas de futebol, me vi fazendo uma espécie de crítica estética comparativa do meu sentimento futebolístico. O que não tem nada de ofensivo, como alguns integristas poderiam imaginar. Pode-se amar alguém e reconhecer que a pessoa não é a mais bela ou a mais inteligente do mundo.

Pensando nos três maiores clubes da minha cidade, algumas coisas foram ficando claras para mim. No plano do nome, "São Paulo" foi a escolha menos criativa, mais banal, pois adotar o nome da cidade e jogar com o patriotismo local é uma das receitas mais comuns no mundo do futebol quando se trata de nomear clubes. Com outra receita corriqueira, a de homenagear clubes tradicionais, "Corinthians" caiu no extremo oposto, o da excentricidade. O nome tem sonoridade forte, mas significação duvidosa para o público brasileiro. Boa parte de seus torcedores não deve saber que essa palavra extraída da tradução inglesa do título de uma das epístolas do apóstolo Paulo designa os nativos e habitantes de uma cidade cuja localização provavelmente ignoram (a grega Corinto, daí o gentílico coríntio). "Palmeiras" é, dos três, o melhor nome, por não ter ressonância apenas local ou artificialmente estrangeira, e sim bem brasileira na palavra e no objeto que ela designa. Essa opção, embora nada tenha de original (vários outros clubes tinham usado tal nome), superou em muito a forma anterior, que havia associado um vocábulo arcaico ("Palestra", local em que se pratica esportes) com outro nostálgico e deslocado na realidade brasileira ("Itália"). No plano dos hinos, não é preciso grande esforço analítico: qualquer crítica musical isenta mostra que o do Palmeiras é fraco na melodia e na letra; o do São Paulo, apenas mediano; o do Corinthians, o melhor dos três.

Naquela altura de minhas elucubrações, ficava reforçada a primeira intuição. Minha opção pessoal pelo Tricolor não nascera devido ao nome ou ao hino do clube, embora naturalmente eles tenham sido incorporados ao meu sentimento geral. É o magnetismo das cores que agiu e ainda age sobre mim. O monocromatismo trivial (e puritano) de camisas brancas ou verdes não me comove. Quando o vermelho, o branco e o preto foram associados pelo novo clube, em 1930, tratou-se simplesmente de fundir as camisas das duas agremiações que davam origem ao São Paulo Futebol Clube: o branco-vermelho do Clube Atlético Paulistano (fundado em 1900 e que em fins de 1929 desativara o departamento de futebol) e o branco-preto da Associação Atlética das Palmeiras (fundada em 1902 e que estava para ser extinta na época). Mas o produto final esteve muito além do que, conscientemente, os fundadores pretenderam.

Com efeito, o poder de atração do vermelho-branco-preto não é dado histórico, é antropológico. Não se resume ao desejo de harmonização com as cores da bandeira estadual e, portanto, com o nome adotado pelo clube recém-criado. Durante milhares de anos, desde a Pré-História, o principal sistema cromático foi constituído por aquelas três cores, como mostra o clássico estudo de Brent Berlin e Paul Kay. Elas parecem ter se enraizado na consciência coletiva, pois nos primeiros seis meses de vida os bebês não distinguem outras cores, como sugerem experimentos de oftalmopediatria. O primeiro homem, Adão, foi criado vermelho, preto e branco, de acordo com o Targum, versão aramaica e comentada do texto bíblico realizada no século II. Os povos indo-europeus, por sua vez, associavam cada uma daquelas cores a um dos três grupos sociais em que estavam divididos: o branco, por sua pureza, era associado aos sacerdotes; o vermelho do sangue, aos guerreiros; o preto da terra fértil, aos pastores e camponeses. Mais que a sociedade, porém, as três cores definiam para eles o próprio mundo. Branco é o começo do dia, o amanhecer, como lembra a etimologia de "alvorada", "alvorecer" e outros termos derivados de "alvo", do latim *albus*, que significa branco, claro, puro. Vermelho é o meio-dia, quando o sol está na sua posição mais alta. Preto é a noite. No quadro específico do clube brasileiro, houve uma inversão na sequência das cores que coincide com a cronologia de nossa povoação: vermelho (indígenas), branco (europeus), preto (africanos).

Mas o alcance simbólico é ainda mais amplo. Se toda cor, mesmo isoladamente, pode expressar certos estados psicológicos e certos valores filosóficos, sua maior força metafórica e emotiva é alcançada na articulação com outras. No caso do sistema cromático das três cores, ele define mais que a sociedade, mais que o mundo — define a própria vida. Vermelho sugere o nascimento de todo ser humano, cuja carne e sangue são daquela cor, cujo organismo transforma os alimentos em uma mistura que apresenta, de acordo com Platão, "todo tipo de cores, mas com predomínio do vermelho". Branco indica tanto o crescimento do indivíduo, cujos ossos e dentes são dessa cor, quanto sua reprodução realizada pelas secreções. Preto caracteriza duplo ciclo biológico: o renovável, que vai do branco dos dentes que produz a massa vermelha da alimentação até o negro dos excrementos, e o definitivo, que vai da escuridão do útero à escuridão da sepultura.

Esses significados universais foram incorporados pela cultura cristã e nela ocuparam papel central por muitos séculos. Refletindo o despontar de uma crescente importância do azul — que os antigos romanos tinham desprezado, considerando-o cor de bárbaros —, que passou a ser associado à Virgem, a abadessa e mística Hildegarda de Bingen (1098-1179) identificou as três cores com a Sinagoga, que lhe apareceu em uma de suas visões como "uma mulher branca da cabeça ao umbigo, negra do umbigo até os pés, estes da cor de sangue". Apesar disso, aquela tríade cromática estava longe de ser ultrapassada, como demonstraria o cardeal Lotário de Segni (1160-1216), futuro papa Inocêncio III, ao definir poucos anos depois as cores das vestes litúrgicas — branco usado no tempo do Natal, da Epifania, da Páscoa, da Ascensão, de Todos os Santos, de festas da Virgem, dos anjos e dos santos não mártires; vermelho no Domingo de Ramos, na Sexta-Feira Santa, no Pentecostes, nos dias dos apóstolos, evangelistas e mártires; preto no período do Advento, na festa dos Inocentes, na Septuagésima, no Dia de Finados. O verde, que havia sido algumas vezes associado pelos indo-europeus à terceira função social, foi aproveitado pela liturgia cristã para indicar o tempo comum, isto é, os dias restantes do calendário, pois é "uma cor intermediária entre o branco, o preto e o vermelho".

O sistema cromático vermelho-branco-preto não é, ademais, exclusivo das culturas judaica, indo-europeia e cristã. Ele estava presente, por exemplo, entre os selk'nam, indígenas da Terra do Fogo praticamente desaparecidos hoje. Um de seus mitos conta que, no tempo das origens, as mulheres reuniam-se periodicamente numa grande cabana cerimonial, chamada Hain, para se dedicar a um rito que garantia poder a elas. Aliadas com a lua, as mulheres fantasiavam-se de espíritos pintando o corpo com argila vermelha, branca e preta e colocando máscaras de casca de árvore. Ao saírem da cabana, elas ameaçavam os homens que não lhes obedeciam, e assim, temerosos, eram eles que buscavam comida, carregavam fardos, cozinhavam e cuidavam das crianças. Até que um dia o sol descobriu que tudo não passava de um truque e contou aos homens, que se vingaram matando quase todas as mulheres e passando a se fantasiar no rito do Hain, de forma que o primitivo matriarcado foi substituído pelo patriarcado.

A mesma trilogia de cores está presente até hoje entre os bororos do Mato Grosso. Uma matéria veiculada anos atrás pela Rede Globo (*Fantástico*, 31 ago. 2003) mostrou uma indígena daquela tribo que, após a fase inicial do rito de sepultamento, retirava-se usando como manto uma bandeira do São Paulo Futebol Clube. Esse dado isolado poderia ser atribuído a uma prosaica demonstração de simpatia clubística, mas contextualizado na cultura local revela uma enraizada sensibilidade cromática. O cocar de um dos oficiantes do rito fúnebre apresenta claro predomínio daquelas cores. O chefe do cerimonial, que nitidamente é o maior defensor das tradições bororos, tem o rosto coberto por argila clara e tinta preta e vermelha. Por fim, como atualmente o uso das cores litúrgicas cristãs é flexível e pode ser adaptado às condições culturais de cada comunidade, o padre salesiano que acompanha o sepultamento no cemitério cristão — onde se encerra hoje em dia o rito indígena — porta estola (peça do vestuário litúrgico) quadriculada com alguns elementos verdes e clara primazia de vermelho, branco e preto.

Aquele 13 de dezembro de 1992 chegava ao fim de maneira gloriosa. De manhã, meu Tricolor batera o Barcelona e tornara-se campeão mundial pela primeira vez. De tarde, tive certeza que a intuição do garoto de 1957 tinha sido mais do que uma escolha futebolística, fora um encontro com valores plurimilenares. A constatação reforçou, de forma paradoxal apenas na aparência, minha convicção na diversidade. Apesar de certas convergências essenciais, o homem não é o mesmo em todas as partes e em todas as épocas. Ótimo para a humanidade. E para o futebol, que só pode existir pelas diferenças e rivalidades: "Pergunte a um sapo o que é a beleza, o belo admirável. Ele responderá que é sua fêmea, com dois grandes olhos redondos saindo de sua pequena cabeça, cara larga e achatada, barriga amarela, dorso castanho" (Voltaire).

OBRAS CITADAS

BERLIN, Brent; KAY, Paul. *Basic Color Terms: Their Universality and Evolution* [1969]. Berkeley: University of California Press, 1991.
HILDEGARDA DE BINGEN. *Scivias*. Org. de Aldegundis Führkötter e Angela Carlevaris. Turnhout: Brepols, 1978 (Corpus Christianorum Continuatio Medievalis, 43).
INOCÊNCIO III. *De sacro altaris mysterio*. Org. de Jean-Paul Migne. Turnhout: Brepols, 1988 (Patrologia Latina, v. 217), col. 773-916.
PLATÃO. *Timée*. Org. de Albert Rivaud. Em *Oeuvres complètes*. Trad. de Luc Brisson. Paris: Flammarion, 2011, pp. 1979-2050.
Targum du Pentateuque. Genèse. Org. e trad. de Roger Le Déaut. Paris: Cerf, 1978 (Sources Chrétiennes, 245).
VOLTAIRE. *Dictionnaire philosophique*. Paris: Garnier-Flammarion, 1964.

37. A emigração futebolística brasileira entre a globalização e a violência social*

Em 2 de agosto de 2007, a imprensa esportiva brasileira deu grande destaque ao fato de um jovem futebolista, Alexandre Pato, ter deixado o Internacional de Porto Alegre e assinado contrato com o Milan da Itália. Chamava atenção sua curta trajetória no clube de origem, com apenas 25 partidas como profissional. Embora muito divulgada, a notícia nada tinha de inusitado. Ela fazia eco, num caso particular, às críticas que a opinião pública dirigira à seleção brasileira na Copa do Mundo do ano anterior, cujo mau desempenho tinha sido creditado ao fato de vinte dos 23 jogadores convocados trabalharem em clubes do exterior, o que teria diminuído o envolvimento deles com o time nacional. Lembrou-se, então, que da grande seleção tricampeã de 1970 nenhum jogador atuava no exterior, e que do belo time de 1982 faziam carreira no estrangeiro apenas Falcão e Dirceu. Mas reconheceu-se que a tendência era irreversível, pois o time tetracampeão de 1994 tivera doze jogadores naquela condição, e o pentacampeão de 2002, dez. Aquela transferência era ainda mais expressiva porque em 1980 o mesmo clube (Internacional) tinha vendido Falcão com 27 anos de idade e agora cedia Pato com apenas dezessete.

---

* Versão ampliada de texto publicado em *O livro do ano 2007. Enciclopédia Barsa*. São Paulo: Barsa Planeta Internacional, 2008, pp. 320-3.

Quase unanimemente, esse fenômeno é considerado nefasto ao futebol brasileiro e atribuído à globalização — isto é, conforme a definição do Fundo Monetário Internacional (FMI), "interdependência econômica crescente do conjunto dos países do mundo, provocada pelo aumento do volume e da variedade das transações de bens e serviços, assim como dos fluxos internacionais de capitais e [...] da difusão acelerada e generalizada de tecnologia". No futebol, a globalização implantou-se em fins de 1995, quando a justiça da Comunidade Europeia acatou a queixa do jogador belga Jean-Marc Bosman e determinou que os futebolistas têm direito à livre circulação, como qualquer outro trabalhador. Três anos mais tarde, o húngaro Tibor Balog reivindicou que a regra fosse estendida aos países de fora da Comunidade Europeia, fato aceito pela Fifa em 2001. Desde então, a "difusão acelerada e generalizada de tecnologia", que permite em qualquer parte do mundo ver as principais partidas de futebol (televisão por satélite, internet), intensifica as "transações de bens e serviços" (contratação de jogadores, venda de camisas e outros produtos com a grife dos clubes) e, portanto, os "fluxos internacionais de capitais" (naquele ano de 2007, perto de 2 bilhões de euros só de transferências de jogadores).

Esse novo contexto mundial não poderia deixar de afetar profundamente o futebol, fora e dentro de campo. Mesmo nos países do Primeiro Mundo da bola. É inegável que, a partir do Arsenal dos *frenchies* montado pelo treinador francês Arsène Wenger em 1996, o jogo praticado na Inglaterra sofreu grandes mudanças técnicas e táticas. Invertendo tradição de décadas, o futebol italiano passou a importar goleiros (no campeonato de 2007-8, quase um terço deles era estrangeiro) e a exportar centroavantes (na mesma temporada, Luca Toni jogou na Alemanha, Rolando Bianchi na Inglaterra, Giuseppe Rossi na Espanha, Cristiano Lucarelli na Ucrânia). O Brasil, que costumeiramente exportava atacantes, já tem há vários anos jogadores de todas as posições atuando em todos os continentes. Na verdade, essa emigração futebolística não é recente.

Em 1931, entre outros exemplos, Fausto, a Maravilha Negra, trocou o Vasco da Gama pelo Barcelona; Leônidas da Silva, o Diamante Negro, o Bonsucesso pelo Peñarol de Montevidéu; Ministrinho, o Palestra Itália pela Juventus de Turim; De Maria, o Corinthians pela Lazio de Roma. Um companheiro deste último tanto na equipe brasileira como na italiana, Filó, iria se sagrar campeão do mundo pela seleção italiana em 1934. Não há dúvida, contudo, que a expatriação futebolística brasileira intensificou-se na passagem para este século. Os

223 jogadores transferidos para clubes do exterior em 1995 tornaram-se 553 em 1997, 665 em 2002, 858 em 2003, 857 em 2004, 804 em 2005, 851 em 2006, 1085 em 2007, 1176 em 2008, 960 em 2009.

O público brasileiro conhece os mais importantes deles, objeto de interesse da mídia internacional, mas a maioria permanece anônima no país. Apenas certos eventos especiais revelam esses personagens para o Brasil. A Copa do Mundo de 2006 trouxe à tona cinco jogadores que, naturalizados, atuaram na competição pelas seleções de Portugal, Espanha, México, Japão e Tunísia. Soube-se também que quatro técnicos brasileiros treinavam outros países (Arábia, Costa Rica, Japão e Portugal). Em maio de 2007, quando de uma convocação para a seleção, o público brasileiro descobriu a existência do centroavante Afonso Alves, um mineiro que em 2002, com vinte anos de idade, tinha migrado para a Suécia e depois passara a jogar na Holanda. Em julho do mesmo ano, noticiou-se que o zagueiro Pepe havia trocado o Porto pelo Real Madrid. A notícia fez furor nos meios esportivos nacionais porque o clube espanhol pagava ao clube português a enorme soma de 30 milhões de euros pelo jogador, um terço a mais do que o Milan gastaria dias depois para ter o atacante Alexandre Pato. A surpresa no Brasil foi maior porque Pepe nunca atuara em grande clube nacional, tendo deixado Alagoas em 2001, com dezessete anos, para fazer carreira em Portugal. Também assombrou saber, poucos dias mais tarde, em fins de julho, que o Iraque acabara de ganhar a Copa da Ásia tendo como treinador o carioca Jorvan Vieira, outro desconhecido do público brasileiro porque já fazia trinta anos que ele vivia no mundo árabe, para onde tinha ido em 1978, com 24 anos de idade.

Em rigor, não deve causar estranheza que muitos futebolistas brasileiros tenham partido cedo para o exterior e sejam desconhecidos no seu próprio país. Submetidos a forte concorrência local e continental, os grandes clubes europeus têm como parte de seu planejamento a busca de jovens talentos, a contratação antecipada (e portanto mais barata) de futuros possíveis craques. Por exemplo, em fins de 2005, o Porto contratava junto ao Grêmio Porto Alegrense o meia Anderson, de dezessete anos, que disputara somente cinco partidas do Brasileiro da Série B daquele ano. Meses depois, em meados de 2006, o Arsenal concluía a transferência do volante Denílson, de dezoito anos, revelado pelo São Paulo e em cujo time principal jogara apenas doze partidas. Quando o Milan contratou Pato, na décima maior transação do futebol em 2007, sabia que precisava esperar meses para utilizá-lo, pois ele completaria dezoito anos dois dias depois de as inscrições estarem encerradas em toda a Europa.

Essa procura por jogadores promissores não almeja evidentemente apenas brasileiros. E algumas vezes o investimento é de longo prazo. É bem conhecido que quando o Barcelona acolheu Lionel Messi em 2000, com treze anos de idade, ele precisava passar por demorados cuidados médicos que, em caso de sucesso, lhe permitiriam jogar profissionalmente anos mais tarde. O mesmo clube recrutou em 2002 o mexicano Giovani dos Santos, também de treze anos, que seria colocado no elenco principal somente cinco anos depois. Exemplo acabado desse processo de garimpagem ocorreu em agosto de 2007, quando o Manchester United assinou contrato com Rhain Davis, menino de nove anos de idade (!) cuja habilidade com a bola nos pés foi gravada pelo seu avô em um vídeo de apenas quatro minutos enviado depois ao clube inglês.

Sendo a África e a América Latina os principais fornecedores de jovens promessas, o pano de fundo de tal processo seria efetivamente a globalização, como geralmente se afirma? Sim, mas apenas em parte, porque o futebol espelha as forças sociais, políticas, econômicas e culturais que compõem a sociedade observada. Por isso a emigração futebolística brasileira não pode ser explicada de maneira reducionista apenas pela habilidade de nossos jogadores e pela força econômica dos países ricos. Esses fatores explicam a intensa demanda, mas não a ampla oferta. Para tanto, não se deve pudicamente deixar de lado um agente bem menos reconhecido e igualmente importante: a violência social. É verdade que ela não se encontra descolada da globalização, porém esta não deve ser vista como fatalidade incontornável, como desculpa para as próprias deficiências da sociedade.

Se é inegável que em muitos casos a globalização ampliou o fosso entre países ricos e pobres, como na África negra, em outros permitiu o desenvolvimento, caso do Leste asiático. A diferença essencial parece residir no fato de a democracia estar para a política assim como a concorrência para a economia. Vários estudos de órgãos internacionais comprovam que países de baixo nível de escolaridade e altas taxas de corrupção e desigualdade social tendem a se tornar vítimas e não beneficiários da globalização. Ao lado disso, fatores internos a cada país também pesam. A França é grande exportadora de futebolistas porque seu sistema fiscal não estimula a permanência ou a entrada de altos salários. Das nações africanas partem anualmente centenas de jogadores para escaparem de Estados autoritários, corruptos, miseráveis e, com frequência, mergulhados em guerra civil. A situação na América Latina não é estruturalmente diferente.

A realidade é simples, embora incômoda: os futebolistas brasileiros expatriados representam uma pequena porcentagem da camada mais marginalizada da juventude nacional que deixa o país buscando melhores condições de vida. Nada estranho, já que a faixa etária de quinze a 24 anos é a que mais sofre com a violência no Brasil. Situação que não é recente e vem se agravando. Em 1980, a taxa de homicídio por cada 100 mil habitantes era de trinta indivíduos entre os jovens e 21,3 no restante da população; em 1990, respectivamente 38,8 e 18,1; em 2000, 52,1 e 20,8. No começo deste século XXI, as taxas continuam altas: em 2001, 52,4 e 27,8; em 2002, 54,7 e 28,4; em 2003, 55,5 e 28,9; em 2004, 51,7 e 20,8. Em relação ao total de homicídios, a proporção de jovens atingidos não parou de crescer: de 26,9% em 1982, passou a 29,9% em 1987, chegou a 32,3% em 1992, alcançou 35,2% em 1997, atingiu 38,4% em 2004 e saltou para 53,4% em 2012. O Mapa da Violência elaborado pela Organização dos Estados Ibero-Americanos (OEI) referente ao decênio 1994-2004 não deixa margem à dúvida. Neste país violento — o quarto mais violento do mundo em 2007, segundo a Organização das Nações Unidas (ONU) —, as maiores vítimas são os jovens. O número desses jovens assassinados naquele período cresceu 64,2%, contra 48,4% na população total, cifra bastante alta diante dos 16,5% de crescimento populacional. O Mapa da Violência 2014 (referente ao ano de 2012) mostra que por cada 100 mil habitantes há quatro homicídios de indivíduos com menos de treze anos de idade, e 75 daqueles que atingem os 21 anos.

Mas quem são esses jovens vítimas (e atores) da violência? Segundo dados de 2004, eram em especial do sexo masculino (93,7% dos jovens assassinados), negros ou pardos (vitimados quase em dobro dos jovens brancos), pouco escolarizados (naquela faixa, apenas 22% terminam o ensino médio), desempregados (total de 28,8%, percentual que sobe para 35,4% na subfaixa dos quinze aos dezessete anos) e pobres (25,08% da população total). Ou seja, o perfil de origem da maioria dos jogadores profissionais brasileiros e, de forma ampla, de parcela importante dos emigrantes de todas as profissões. Além de sofrer mais com as vicissitudes nacionais, esse segmento demográfico é menos enraizado, mais arrojado, mais adaptável a outros ambientes culturais. Daí por que de terra de imigração que historicamente somos, tornamo-nos também, a partir de meados dos anos 1980, terra de emigração. Ao longo da década de 1990, a cada ano, quase 150 mil jovens entre quinze e 24 anos deixaram o país. Nos anos 2000, cerca de 100 mil indivíduos abandonaram anualmente o Brasil, dentre eles muitos jovens.

Estima-se que existam hoje mais de 3 milhões de brasileiros espalhados pelo mundo, dos quais cerca de 3 mil são futebolistas. Não se trata, como se vê, de porção estatisticamente significativa (apenas 0,1% do contingente emigrado), e sim bastante midiatizada. Os emigrantes pedreiros, garis, cozinheiros, motoristas, vendedores etc. que têm sucesso no exterior não se tornam notícia, ao contrário dos futebolistas. Os diferentes profissionais que fracassam em outro país, ou não se integram bem à sociedade local e acabam por se repatriar, continuam no anonimato, enquanto os jogadores de futebol nessa situação são objeto de interesse por parte da torcida e da imprensa.

Tudo indica que não sejam casuais os elos entre violência social e expatriação profissional. Tomemos como exemplo o ano de 2004, um dos de maior exportação de jogadores, com um total de 857 para 81 diferentes países, inclusive alguns inesperados como Malásia, Panamá, Sudão, Suriname ou Vietnã. Do total de jovens falecidos naquele mesmo ano, 39,7% foram assassinados, percentual que se elevou em alguns estados, como Rio de Janeiro e Pernambuco, a mais de 50%. Pelos registros da CBF, contudo, naquele período os clubes cariocas transferiram para o exterior 127 jogadores, e os pernambucanos, apenas quinze. Acontece que muitos jovens que buscam no futebol a escapatória para seu ambiente social violento dirigem-se para centros futebolísticos maiores dentro do país, e destes é que eventualmente partem para o exterior. Sendo um desses polos de imigração interna, entende-se por que o Rio de Janeiro, com uma taxa de homicídio de jovens um terço maior que a de Pernambuco, tenha exportado quase dez vezes mais futebolistas. Em novembro de 2007, o jogador Abedi trocava o Vasco da Gama pelo Hapoel, e, apesar dos atentados terroristas em Israel, ele afirmou que " me sinto mais seguro em Tel Aviv do que no Rio de Janeiro".

De forma geral, os estados que apresentam taxa de homicídio bem maior que a de exportação de jogadores são centros futebolísticos menores. Pode-se pensar que ou seus jogadores partem para centros maiores (por isso não aparecem na estatística estadual de exportação), ou naqueles locais a taxa de homicídio é alta justamente porque o futebol (por razões diversas, sobretudo fraqueza dos clubes) não funciona como exutório social suficiente. É o caso, por exemplo, de Alagoas (2,45% de homicídio, 1,63% de emigração futebolística), Bahia (4,59% e 2,91%), Ceará (2,87% e 0,93%), Espírito Santo (3,47% e 1,4%), Maranhão (1,3% e 0,7%) e Pará (2,93% e 1,63%). Pela razão inversa, uma taxa de exportação significativamente maior do que a de assassinatos de jovens parece revelar melhor estrutura social e clubística, como acontece no Paraná (8,75% e 6,15%) e Rio Grande do Sul (8,98% e 3,85%). A situação típica — que reúne mais da metade dos jovens assassinados e dos jogadores expatriados — é de certa correspondência entre esses dados. Naquele ano de 2004, o estado de São Paulo teve 23,1% dos assassinatos de jovens em todo o país e 25,9% dos jogadores exportados; o Rio de Janeiro, 15,1% e 14,8%; Minas Gerais, 9,37% e 7,58%; Goiás, 3,5% e 2,84%.

Logo, os exemplos de futebolistas emigrados não são exceção, e sim a ponta do iceberg de um fenômeno social muito mais amplo. Diante disso tudo, são estéreis as avaliações frequentemente feitas a respeito da influência que a saída de jogadores tem sobre o futebol brasileiro. Não bastam soluções quixotescas, como proibir a saída de jovens abaixo de certa idade ou a não convocação para a seleção de jogadores atuando em clubes estrangeiros. Por mais importante que seja o futebol, ele é produto da sociedade e não consegue viver isolado dela. A solução para os problemas estruturais do futebol brasileiro está na solução dos problemas estruturais da sociedade brasileira.

38. O cinquentenário de um esquecimento*

A identidade de qualquer pessoa está alicerçada na sua memória: ela é, hoje, o conjunto de suas lembranças sobre a infância, os parentes, os amigos, as experiências afetivas e profissionais, os conhecimentos adquiridos. É a partir da memória que cada um de nós, conscientemente ou não, vive seu presente e constrói seu futuro. Tais constatações óbvias para indivíduos são igualmente válidas para sociedades. Ao lado da memória pessoal existe uma memória coletiva, como mostrou há décadas o sociólogo francês Maurice Halbwachs. A autoimagem de uma nação, seu comportamento, sua forma de lidar com o presente e o futuro, derivam em grande parte dessa memória coletiva.

Os ingleses prezam muito seu Estado monárquico parlamentarista porque desde 1215 ele foi sendo construído para chegar ao que é atualmente. Os franceses, ao contrário, interiorizaram a ideia de República e seu lema "Liberdade, Igualdade, Fraternidade", ambos resultantes da Revolução de 1789, que não é para eles apenas um evento narrado em manuais escolares, e sim algo que repercute ainda hoje no modo de ser e na vida cotidiana. Não é preciso multiplicar os exemplos: todo povo possui sua memória coletiva, embora a

---

* Publicado em *O livro do ano 2008. Enciclopédia Barsa*. São Paulo: Barsa Planeta Internacional, 2009, pp. 358-61.

relação com ela apresente intensidades e modalidades diferentes. Essa memória manifesta-se geralmente por meio de grandes festas cívicas (como o May Day inglês, o Independence Day norte-americano, a Queda da Bastilha francesa ou o Nationalfeiertag alemão) e imponentes monumentos nacionais (caso da abadia de Westminster em Londres, da Estátua da Liberdade em Nova York, do Arco do Triunfo em Paris, do Portão de Brandemburgo em Berlim). E ainda por meio da rememoração de certas vitórias esportivas.

No nosso autoproclamado país do futebol, porém, a conquista da Copa do Mundo de 1958 na Suécia não mereceu maiores atenções no seu quinquagésimo aniversário. À primeira vista, o fato apenas refletiu a fraca identificação dos últimos tempos entre o público brasileiro e sua seleção nacional, que raramente se apresenta no país e é quase exclusivamente constituída por jogadores que trabalham no exterior. Exemplo perfeito desse novo perfil da seleção ocorreu em 2008, quando uma partida entre Brasil e Suécia, finalistas da Copa de 1958, aconteceu não em um ou outro daqueles países, e sim em Londres, e não na data da conquista brasileira (29 de junho), mas três meses antes (26 de março). A CBF reconheceu que o encontro foi um amistoso comum, sem caráter de comemoração. Esta aconteceria, segundo a instituição, "em outra oportunidade", que acabou sendo apenas uma rápida lembrança do evento quando da festa de encerramento do Campeonato Brasileiro de 2008.

Entrevistado dias antes do amistoso londrino sobre a importância da Copa da Suécia, o capitão Lúcio afirmou: "Não é do meu tempo, então não sei quase nada [sobre ela]". O centroavante Luís Fabiano teve reação semelhante: "Eu nem era nascido na época. Não sei de nada, nem quem jogava". Guardadas as devidas proporções, é o mesmo que dizer que nenhum brasileiro de hoje precisa conhecer algo sobre a descoberta do Brasil, a proclamação da Independência ou da República, porque não vivia naqueles momentos. A imprensa registrou com certa indignação aquelas frases dos jogadores da seleção, mas ela própria pouco explorou o tema, limitando-se quase sempre a matérias curtas, descritivas e superficiais. A única obra de fôlego (independentemente da apreciação que se faça sobre sua qualidade) dedicada ao evento foi um documentário com depoimentos de participantes brasileiros e estrangeiros daquela Copa (*1958: O ano em que o mundo descobriu o Brasil*, de José Carlos Asbeg). Não foi lançado um livro dedicado ao feito. Não houve um grande ato oficial que marcasse aquela conquista como ponto de inflexão na história futebolística do país, e talvez mesmo na história nacional tout court.

Com efeito, nunca é demais lembrar que o sucesso naquela Copa acompanhou e foi acompanhado de várias conquistas políticas, econômicas, sociais e culturais da nação — fenômenos paralelos, aos quais não se devem atribuir relações de causa e efeito, mas entre os quais não se pode tampouco negar a existência de vasos comunicantes. A modernidade que o país tentou alcançar por meio do Plano de Metas de Juscelino Kubitschek teve como correspondente esportivo o Plano Paulo Machado de Carvalho, que implantou uma organização nova, de racionalidade empresarial, na preparação da seleção nacional de futebol. A superação das históricas rivalidades entre Rio de Janeiro e São Paulo levou, no plano político, à construção de Brasília, e, no plano esportivo, à escolha perfeitamente equilibrada entre jogadores, membros da comissão técnica e dirigentes das duas grandes cidades.

Mesmo o novo ritmo que associava a musicalidade tradicional do Brasil a certas influências estrangeiras — a Bossa Nova — não deixou de ter sua expressão futebolística na maneira ora cadenciada, ora acelerada, ora planejada, ora improvisada com que a equipe jogou na Suécia. Enfim, havia uma analogia entre a intenção presidencial de realizar "cinquenta anos em cinco" em seu mandato e o projeto do "marechal da vitória" de conquistar a Copa pela primeira vez: assim se poria fim ao complexo de inferioridade que caracterizava o país tanto no futebol quanto no comportamento nacional como um todo. Mas se para o Brasil, em termos esportivos, há um antes e um depois de 1958, por que esse marco é esquecido, ou ao menos depreciado? A primeira vez jamais se esquece, diz a sabedoria popular. Ou se esquece? Depende do sujeito, individual ou coletivo.

Comparação interessante pode estar no caso dos alemães, que em 2004, mesmo já sendo tricampeões mundiais na ocasião, não deixaram de celebrar os cinquenta anos de seu primeiro título em Copas. E já no ano anterior, um filme que aliou ficção e reconstituição de fragmentos da partida final entre Alemanha Ocidental e Hungria na Copa do Mundo de 1954 na Suíça (*O milagre de Berna*, de Sönke Wortmann) foi assistido por cerca de 10% da população alemã, inclusive o então primeiro-ministro, que reconheceu ter chorado ao vê-lo. Reação bem diferente, portanto, da dos brasileiros diante da vitória de 1958. Alguns poderiam alegar que a marca do evento na memória coletiva alemã deveu-se às condições históricas do país naquela época. Depois de derrotada na Segunda Guerra Mundial e ter sido mundialmente acusada pelo desencadear do conflito e pelas barbaridades cometidas, a Alemanha tinha baixíssima autoestima. Mas um grande esforço coletivo levou a uma rápida e surpreendente recuperação econômica. No meio desse processo, a vitória no futebol contra a então poderosa seleção húngara ajudou a cicatrizar algumas feridas no amor-próprio alemão, daí a lembrança do evento ter continuado viva mesmo cinquenta anos mais tarde.

Ora, sem ter sentido na própria carne o drama da guerra, o Brasil passou em 1958 por situação relativamente comparável à da Alemanha em 1954. Ambos tinham conhecido longos anos de ditadura (inaugurada em 1930 no Brasil e em 1934 na Alemanha), dirigismo econômico e populismo. Tanto a Alemanha como o Brasil redemocratizaram-se após o fim da guerra. O primeiro país passou a restaurar a arrasada Berlim, enquanto o segundo iria construir Brasília entre 1957 e 1960. Um recuperou seu parque industrial destruído pelo conflito mundial, o outro deu um salto na industrialização, começando a fabricação de automóveis em 1958. A riqueza nacional alemã triplicou entre 1950 e 1964, a brasileira duplicou (já se calculou que, em valores atualizados , o salário mínimo em 1958 equivalia a seiscentos reais, o maior de nossa história até 2011). O sentimento de povo derrotado foi superado pelos alemães com a conquista do Mundial da Suíça, o sentimento de inferioridade dos brasileiros foi aplacado com a vitória na Copa da Suécia. Diante disso tudo, a questão torna-se ainda mais pertinente e inquietante: por que os "frios" alemães lembraram afetuosamente de 1954 e os "afetuosos" brasileiros recordaram friamente de 1958?

Na última crônica antes da estreia do Brasil naquela Copa, Nelson Rodrigues disse que o problema da seleção não era nem de técnica, nem de tática: era de "fé em si mesmo". Fé que, justamente em função do contexto nacional e futebolístico da época, estava fortalecida. É bem conhecida a passagem que sinalizou claramente essa nova autoconfiança. Na partida final, os suecos abriram o placar e a seleção brasileira viu-se em desvantagem pela primeira vez na competição. Com calma, o capitão Bellini recolheu a bola no fundo do gol e entregou-a a Didi, instruindo-o a tranquilizar o time. Caminhando lentamente até o meio de campo, Didi dizia a seus companheiros: "Pessoal, vamos encher de gols esses gringos". Foi o que aconteceu, e dessa forma o "complexo de vira-latas", na conhecida expressão de Nelson Rodrigues, foi substituído por um complexo de pedigree. O novo sentimento, expressado pela canção popular que logo após a Copa garantia que "Com brasileiro não há quem possa", parece ter sido bem interiorizado desde então. Demasiado profundamente, talvez. Quando se acredita que a habilidade do futebolista brasileiro basta, que a organização pode ser dispensada, o resultado é desastroso, como nas Copas de 1966 e 2006. Sempre que esquece a lição de 1958, o futebol brasileiro se dá mal. Sempre que se lembra dela, apresenta-se bem, mesmo que não vença (como em 1982), o que é contingência do esporte.

Todavia, a pouca atenção dada em 2008 ao feito de 1958 não deve ser debitada apenas ao mundo do futebol. Este é uma caixa de ressonância da sociedade. E a brasileira tem o mau hábito de esquecer rapidamente tanto seus erros e seus vilões como seus acertos e seus heróis, sejam eles políticos, artistas, escritores, pensadores ou jogadores de futebol. Na época do cinquentenário da conquista, vivia-se uma fase de relativa melhoria nas condições gerais de vida, o que parece ter, mais uma vez, levado o brasileiro a pensar apenas em termos imediatos. A começar pelo presidente da República, que com o bordão "nunca antes na história deste país" creditava exclusivamente ao seu governo conquistas que tinham fundamentos anteriores e exteriores. A manchete do caderno esportivo de *O Estado de S. Paulo* dedicado ao triunfo na Suécia rotulou 1958 como "um ano para não sair da memória". No entanto, excetuada uma pequena parcela da população, aquele sucesso parece não ter se instalado na memória coletiva. Fato compreensível, pois sua solidez depende de uma longa história e de uma aguçada consciência nacional, e no nosso país ela sempre esteve debilitada pelas fortes flutuações que caracterizam a história brasileira e pelos sentimentos fragmentados e conflitantes que ocorrem em todos os domínios do nosso viver social. Menospreza o passado quem se relaciona mal com o presente em qualquer aspecto, inclusive no futebol.

OBRAS CITADAS

HALBWACHS, Maurice. *La Mémoire colletive* [1950]. Org. de Gérard Namer. Paris: Albin Michel, 1997.

RODRIGUES, Nelson. *À sombra das chuteiras imortais: Crônicas de futebol*. Org. de Ruy Castro. São Paulo: Companhia das Letras, 1993.

39. Um país no espelho*

Em fevereiro de 2014, quando o jogador Tinga, do Cruzeiro, foi alvo de injúrias racistas no Peru, a opinião pública brasileira ficou indignada. E sentiu-se reconfortada por viver numa democracia racial. Mas logo a seguir percebeu que o rei estava nu. No começo de março, o árbitro Márcio Chagas da Silva foi vítima de manifestações racistas em Bento Gonçalves (RS); no dia seguinte foi a vez do volante Arouca, do Santos, em Mogi-Mirim (SP); três dias depois foi a do lateral Assis, do Uberlândia, em Patos de Minas (MG). Nesses episódios, portanto, os ofensores não foram nem vizinhos preconceituosos nem agressivos habitantes de metrópoles. Foram brasileiros comuns de pequenas cidades. As autoridades e a opinião pública viram-se então obrigadas a olhar de frente para um problema antigo que se fingia não nos dizer respeito.

Assim surpreendidas, para combater o problema recorreram às clássicas tentativas que se têm revelado anódinas. Interditar estádios ou enchê-los de faixas contra o racismo talvez acalme a consciência de algumas pessoas, mas talvez também exacerbe o ressentimento de outras. A punição pecuniária para o clube envolvido poderia ser mais útil se aplicada corajosamente, mas o foi de forma tímida e em somente um caso, com o Esportivo de Bento Gonçalves

---

* Pubicado originalmente em *O Estado de S. Paulo*, 16 mar. 2014, p. E3.

multado em 30 mil reais (e cinco jogos de interdição do estádio). O castigo esportivo talvez se revelasse eficaz em ocorrências semelhantes — perda automática de pontos, eliminação da competição em caso de reincidência —, não fosse vetado pelo corporativismo dos clubes e pelos interesses políticos e financeiros de federações e da CBF.

De toda forma, as medidas repressivas não bastam; é preciso identificar as raízes do problema. Na Europa, os episódios racistas no futebol são igualmente de difícil trato, mas ao menos parecem mais fáceis de serem compreendidos. É quase previsível, por exemplo, que na Itália, em longa crise econômica e institucional e com mais de 2,3 milhões de cidadãos desempregados, ocorram reações xenófobas diante da chegada a cada ano de milhares de africanos ilegais e de assimilação complexa. Por contraste, o caso do Brasil pode causar espanto: os alvos de racismo não são estrangeiros ou indivíduos de cidadania recente, e sim de uma já longínqua ascendência africana. E isso só aumenta a estupefação, já que a melhor expressão do nosso suposto igualitarismo racial estaria justamente no futebol.

A realidade é, mostram os fatos, bem mais nuançada. Não é inútil lembrar que no começo do século XX havia rejeição aos negros e mestiços no futebol brasileiro. A plena entrada deles nesse palco, na década de 1930, deveu-se mais ao reconhecimento de seu talento esportivo do que de seus direitos sociais. Situação que se prolonga até hoje. Também à questão racial se aplica a definição que Sérgio Buarque de Holanda deu do brasileiro como "homem cordial", isto é, diz a etimologia, ligado às coisas do coração, às emoções profundas escondidas por um comportamento de aparência calorosa que revela, porém, dificuldade na adesão à civilidade, que implica certa coerção.

Ora, como espaço privilegiado da emoção, o futebol não poderia deixar de sintetizar e manifestar algumas tensões sociais latentes. Ele não é nem menos, nem mais racista que outros domínios da sociedade brasileira (ou qualquer outra sociedade). É seu espelho mais visível. Um episódio de discriminação ocorrido num bar, digamos, ficará restrito ao conhecimento de poucas pessoas; se o palco for um estádio de futebol, o fato ganhará larga publicidade. Dizia o noticiário que Arouca fora ofendido por "três ou quatro torcedores", e Assis por um único, números portanto não superiores se comparados a cenas de desrespeito racial em um hipotético bar. É evidente que todo ato racista é condenável independentemente da quantidade de pessoas que o praticam, mas também independentemente do local em que ocorre: ele não é mais incivilizado por se dar em um estádio.

Comentando tais acontecimentos, o ex-craque Raí observou que se o racismo "passar impune no futebol, com certeza passará impune na sociedade". É verdade, mas o inverso também o é, e com mais razão. No futebol, o racismo é ambíguo: os mesmos torcedores que ofendem o jogador negro do time adversário aplaudem o negro de seu próprio time. Onde nasce e prospera o racismo é na sociedade. Inclusive com conceitos e práticas que o reforçam mesmo pretendendo o contrário. Proclamar a suposta superioridade da mestiçagem ou reservar cotas raciais em universidades públicas, por exemplo, alimenta pelo avesso aquilo que se quer combater. O inverso de um racismo é outro racismo. A tessitura das malhas sociais num país com a história e o perfil do Brasil é complexa; precisa ser pensada e debatida de forma profunda e contínua, não apenas emocional e emergencial.

OBRA CITADA

HOLANDA, Sérgio Buarque de. *Raízes do Brasil* [1936]. São Paulo: Companhia das Letras, 1995.

PARTE IV

PERSONAGENS DO JOGO

40. Rivalidades clânicas

Sempre que rivalidades antigas e enraizadas se enfrentam, todo o mundo do futebol fica em suspense pelo resultado esportivo e pelos eventuais excessos das torcidas e suas repercussões policiais, políticas e sociais. Nesses encontros, o que está em jogo não são apenas três pontos, e sim um complexo conjunto sociológico, ideológico, psicológico. São histórias que se enfrentam. Histórias marcantes, construídas quase cotidianamente, pois, apesar da globalização, os embates nacionais, regionais e sobretudo municipais não perderam sua força — pelo contrário. Quanto mais próximos geograficamente são os oponentes, mais agudas são as tensões. De espírito, são rivalidades clânicas.

No entanto, a aplicação do conceito de tribo ao mundo do futebol, proposta pelo etólogo britânico Desmond Morris, não é aceita pelo etnólogo francês Christian Bromberger, para quem o pertencimento a uma tribo é biológico e o pertencimento a um clube é voluntário e "frequentemente efêmero". Embora refinado analista do futebol, os comentários do francês não se sustentam nesse ponto. Primeiro, não é exato afirmar que a adesão a um clube de futebol seja efêmera. Pelo contrário, é das facetas identitárias mais fortes que existem na sociedade atual. Segundo, a adesão a um clube de futebol é voluntária somente na aparência. Na prática, ela é condicionada pelos quadros sociais da família, do grupo de colegas, do conjunto de amigos, isto é, de subconjuntos constitutivos de uma tribo em sentido largo. Ou, então, condicionada por inversão, por reação àqueles grupos de pressão. Ilustração significativa é a trajetória do espanhol Joan Laporta, que para se opor à família franquista tornou-se simpatizante do Barcelona, depois torcedor e por fim presidente do clube catalão (entre 2003 e 2010).

As rivalidades clânicas do futebol estão presentes em toda parte, ainda que se manifestem sob variadas formas, ditadas pela cultura mais ampla na qual os clubes estão inseridos, pela cultura específica de cada clube e pelo momento histórico considerado. A título ilustrativo (qualquer listagem dessa natureza será flutuante), lembremos as vinte primeiras (de um total de cinquenta) maiores rivalidades do ranking proposto pela revista inglesa *World Soccer* em julho de 2008: Real Madrid × Barcelona, Boca Juniors × River Plate, Celtic × Rangers, Galatasaray × Fenerbahçe, Ajax × Feyenoord, Lazio × Roma, Schalke 04 × Borussia Dortmund, Al Ahly × Zamalek, Betis × Sevilla, Partizan × Estrela Vermelha, Olympique de Marseille × Paris Saint-Germain, Juventus × Fiorentina, Flamengo × Vasco da Gama, Olympiacos × Panathinaikos, Milan × Internazionale, Athletic de Bilbao × Real Sociedad, Benfica × Porto, Corinthians × São Paulo, Racing × Independiente, América × Guadalajara.

Como uma lista desse tipo depende muito do momento em que foi criada, o clássico Nacional × Peñarol, por exemplo, aparecia na 21ª posição, e mais abaixo ainda vinham outros como Corinthians × Santos (27ª), Liverpool × Manchester United (28ª), Arsenal × Tottenham (42ª) e Grêmio × Internacional (50ª). Certas rivalidades históricas ficaram de fora desse ranking pela decadência em que se encontrava um dos rivais naquela ocasião, caso de Everton × Liverpool, Manchester United × Manchester City, Juventus × Torino, Flamengo × Fluminense, Corinthians × Palmeiras, Benfica × Sporting ou Dínamo de Bucareste × Steaua de Bucareste. Outras não foram sequer consideradas devido ao seu alcance estritamente local, como Genoa × Sampdoria, West Ham × Millwall, Barcelona × Espanyol, Bayern de Munique × Werder Bremen, Boa Vista × Porto, Maccabi × Hapoel, Colo-Colo × Universidad de Chile, Newell's Old Boys × Rosario Central, Atlético-MG × Cruzeiro, Guarani × Ponte Preta, Coritiba × Atlético-PR, Santa Cruz × Sport Recife e muito mais pelo mundo afora.

O que é inegável é que os clássicos do futebol prolongam o fenômeno antigo e antropológico das rivalidades locais. É bem conhecido que em Constantinopla (atual Istambul), a maior cidade do mundo medieval, a população estava dividida em quatro grandes grupos cujas bigas ou quadrigas participavam de corridas que monopolizavam a atenção de todos. Um importante bispo e teólogo do século IV, Gregório de Nazianzo, conta que, para estimular os condutores de seus partidos, os aficionados pareciam loucos e ficavam pulando, gritando e gesticulando. Esse quadro radicalizou-se quando houve um reagrupamento e as facções foram reduzidas a duas, os Azuis e os Verdes. A importância delas era tão grande que, desde a ascensão ao trono, todo imperador deveria aderir a uma ou outra. As corridas aconteciam no hipódromo — estádio de quinhentos metros de comprimento por 117 metros de largura, abrigando cerca de 40 mil pessoas —, onde se celebravam também as grandes assembleias públicas. Os espetáculos esportivos ocorriam em média uma vez por mês, durante um dia inteiro, e, devido às suas implicações na vida social, precisavam sempre contar com a autorização do imperador.

Os dois grupos eram mais que associações esportivas. Os Azuis pertenciam à aristocracia, habitavam o centro da cidade e eram apoiados por imperadores ortodoxos. Os Verdes eram constituídos pelo populacho, moravam nas áreas mais afastadas e eram favorecidos por imperadores de religiosidade duvidosa. Da mesma forma que se dá com o futebol na sociedade ocidental atual, as corridas hípicas em Bizâncio também eram tema recorrente de conversação e motivo de muitas polêmicas. Do século IV ao IX, várias vezes as facções se enfrentavam em conflitos de rua que resultavam em muitos mortos, como aconteceria no futuro em diversas ocasiões quando de encontros entre Boca Juniors e River Plate ou Corinthians e Palmeiras, por exemplo. Na antiga Constantinopla, sempre que Azuis e Verdes circunstancialmente se uniam contra uma decisão imperial, punham em perigo o poder estabelecido.

De forma semelhante ao ocorrido em abril de 1909 em Glasgow, na Escócia, quando os azuis do Rangers e os verdes do Celtic não concordaram com a decisão dos dirigentes de não jogar uma prorrogação que desempatasse o campeonato. Os torcedores de ambos os clubes invadiram o campo, derrubaram as traves, incendiaram as bilheterias, impediram os bombeiros de realizar seu trabalho, atacaram policiais. É curioso que, assim como a rivalidade de facções em Constantinopla expressou-se por meio de competição hípica, à rivalidade futebolística moderna aplica-se o termo dérbi, derivado de uma corrida de cavalos realizada desde 1780 em Epsom, na Inglaterra, e cujo nome veio de um cara ou coroa entre Lorde Derby e Sir Charles Bunbury para saber quem daria nome à competição.

O desejo de todo clã futebolístico marcar sua diferença em relação aos mais próximos redundou em escolhas cromáticas bem opostas. Ao azul do Everton, o vermelho do Liverpool; ao branco do Real Madrid, o vermelho--branco do Atlético de Madri; ao branco e preto da Juventus, o grená do Torino; ao vermelho do Benfica, o verde do Sporting; ao preto e branco da Ponte Preta, o verde e branco do Guarani, e assim por diante. Algumas vezes o nome também teve na origem essa função, confrontando um pretendido perfil internacional (Internazionale) ao perfil local (Milan) ou um patriotismo regional (São Paulo) às simpatias estrangeiras (Corinthians, Palestra Itália), por exemplo. Ou, em outros casos, expressando oposições ideológicas. Não é casual que o Barcelona tenha passado a ser símbolo da Catalunha diante do rival local, o Reial Club Deportiu Espanyol, cujo nome indica posição contrária no plano institucional ("real" e não republicano) e nacional ("espanhol" mais do que catalão). Denota também a diferença ideológica a sutil diferenciação que às vezes se faz entre dois outros clubes espanhóis que têm o adjetivo "real" no nome, embora ambos o tenham recebido do mesmo monarca, Afonso XIII, com poucos anos de distância, 1910 no primeiro caso, 1920 no segundo: *a* Real Sociedad, *o* Real Madrid. O gênero utilizado para o clube de San Sebastián não se deve apenas ao fato gramatical de *sociedad* ser palavra feminina, mas sobretudo à intenção política de vitimizá-lo, sugerindo que o País Basco sofre com o centralismo de Madri, entendido como autoritário, viril, daí o clube da capital receber o artigo masculino.

A rivalidade clânica é tão contagiante que envolve não somente torcidas. Em certos casos, toca igualmente profissionais, jogadores e jornalistas. Algumas vezes a rivalidade clubística inflama os desentendimentos pessoais, como lembra a relação entre Boca Juniors e River Plate, transbordada para duas figuras simbólicas dos dois clubes: Maradona (ídolo do primeiro) e Passarella (jogador, treinador e presidente do segundo), o melhor atacante e o melhor zagueiro da história da seleção argentina, figuras de caráter forte que disputaram a faixa de capitão, usada por Passarella nas Copas de 1978 e 1982 e Maradona em 1986. Outras vezes a concorrência pessoal alimenta a clubística, como entre os zagueiros John Terry e Rio Ferdinand, que, apesar de terem jogado juntos diversas vezes na seleção inglesa, têm personalidades bem diferentes, e isso acabou por redundar em ofensas racistas do primeiro contra o segundo. Esse conflito pessoal foi reforçado pelo contexto esportivo da ascensão do Chelsea de Terry (campeão em 2005 após meio século de jejum, e depois novamente em 2006 e 2010), que pretendia ameaçar a hegemonia do Manchester United de Ferdinand (vinte vezes campeão inglês até 2013).

Às vezes também acontece o inverso, ou seja, o bom entendimento entre dois astros não ameniza a rivalidade de seus clubes. Um caso desse tipo ocorreu nas décadas de 1960 e 1970 na seleção italiana, em que a rivalidade clubística impediu uma associação natural de dois grandes jogadores dentro de campo. Segundo os dirigentes da Federação Italiana, assim como para o treinador Ferruccio Valcareggi e parte do público e da imprensa, seriam incompatíveis na mesma equipe Gianni Rivera, do Milan, e Sandro Mazzola, da Internazionale. É verdade que ambos usavam a camisa 10 em seus respectivos clubes, e ao longo da carreira fizeram uma quantidade semelhante de gols (173 para o milanista, 180 para o interista), mas havia complementaridade de estilo entre Rivera, dono de grande habilidade e visão de jogo (ele foi Bola de Ouro em 1969), e o combativo e eficiente Mazzola. Ademais, eles mantinham entre si boas relações pessoais, tanto que, quarenta anos mais tarde, Mazzola qualificaria de "besteira" a *staffetta* (rodízio) pela qual ele começava as partidas e Rivera entrava no segundo tempo, prática que pode ter impedido a Azzurra de ganhar muitas partidas.

Outras vezes a rivalidade clubística apenas recobre a concorrência narcísica de certos personagens. Willy van der Kuijlen, atacante do psv Eindhoven, protestou contra o fato de a Federação Holandesa ter dado um prêmio de patrocínio a apenas quatro jogadores da seleção nacional, entre eles Cruijff. Revoltado com tal contestação à sua posição de grande estrela, Cruijff avisou o selecionador George Knobel que se ele não dispensasse Van der Kuijlen nenhum jogador do Ajax de Amsterdam participaria da Eurocopa de 1976 que se aproximava. E assim Van der Kuijlen, até hoje o maior artilheiro da história do campeonato holandês, foi excluído da seleção nacional. Embora nesse conflito egoico o fator essencial não tenha sido a rivalidade entre psv e Ajax, esta se constituía no pano de fundo do conflito. Em outra oportunidade, Cruijff manipulou claramente uma rivalidade clânica por motivos pessoais. Depois de catorze anos no Ajax, seu clube de formação, ele jogou no Barcelona, nos Estados Unidos e no Levante (Espanha), até retornar para o Ajax em 1981, com 34 anos. Ali foi campeão holandês mais uma vez, porém, quando os dirigentes não quiseram renovar seu contrato, ele passou ao até então maior rival do Ajax, o Feyenoord, onde conquistou em 1984 o campeonato holandês e a Copa da Holanda.

Esse sentimento de rejeição pessoal imbricado à rivalidade clubística tem uma ilustração recente interessante. O jornalista Thibaud Leplat, num livro dedicado à rivalidade entre Barça e Real, informa que em 2008, quando da saída de Frank Rijkaard da direção do time catalão, começaram negociações com Mourinho, que entre 1996 e 2000 havia ali trabalhado como adjunto de Bobby Robson e depois de Louis van Gaal. Quando, porém, o clube decidiu-se por Pep Guardiola, o treinador português ficou indignado: "Ele vai se ferrar, não tem nenhuma experiência. A pessoa ideal para treinar o Barça sou eu. Tenho experiência, conheço bem o clube, sou *culé* [apelido dos torcedores do Barcelona] de coração. Sou o homem perfeito para a situação". Teria sido, portanto, o sentimento de vingança pela rejeição que levou Mourinho à célebre comemoração enraivecida no Camp Nou quando sua Internazionale de Milão eliminou o Barcelona na Liga dos Campeões de 2010. Ainda segundo Leplat, foi o ódio comum ao Barça que aproximou Florentino Pérez, presidente do Real Madrid, e Mourinho, que acabou contratado pelo clube da capital espanhola.

A solidariedade interna de todo clã é um dado concreto, para o bem ou para o mal. Às vezes dela não escapam nem mesmo figuras que deveriam ser símbolo de imparcialidade, inclusive em países de alto grau de cidadania. Na França, por exemplo, um magistrado marselhês encarregado de julgar um motorista bêbado que festejava a vitória do clube parisiense sobre seu rival não hesitou em recriminá-lo: "Duas coisas que não se pode fazer: ser torcedor do PSG e dirigir embriagado" (*La Provence*, 27 mar. 2003). É comum que a consciência de clã leve a torcida a perdoar determinados jogadores por falhas em relação a valores globais da sociedade que são cobradas dos que pertencem a outros clãs. Um fã do Manchester City reconheceu em fins de 2012: "Amamos Balotelli porque é um dos nossos. Se ele fosse jogador do Manchester United, seria perfeito para odiar, porque é briguento, arrogante, provocador. Mas Mario é um dos nossos". O fenômeno comprovou-se com o mesmo jogador que, de mimado pela torcida da Internazionale enquanto ali jogava, passou a ser vítima de cantos racistas desde que se transferiu para o rival Milan, seu clube de coração.

A força interna dos elos clânicos tende a ser diretamente proporcional à rivalidade que ela desperta. Na Itália, os seguidores da Juventus de Turim declaram que seu clube é "12 milhões de torcedores e outro tanto de inimigos". Dentre estes, os mais ardentes são os torcedores da Roma, cuja tradição popular e de esquerda sempre viu com maus olhos o clube dos Agnelli, portanto do grande capitalismo, e sediado na capital econômica do país (ao lado de Milão), que seria mais influente que a capital política (Roma). Feita de desprezo e ressentimento é a rivalidade com o Napoli, representante do sul pobre, mais mediterrânico que europeu, diante do norte rico e culto simbolizado pela Juve. Agrava o contraste o fato de boa parte da popularidade da Juventus ter nascido na década de 1930, graças aos inúmeros imigrantes do sul italiano atraídos a Turim pelos empregos na Fiat (pertencente aos Agnelli) e pelo perfil vencedor do clube, que conquistou na época metade dos campeonatos nacionais. O sucesso prosseguiu alimentando o ressentimento — com 33 *scudetti* até 2017, é o maior vencedor do futebol italiano e foi eleito pela Federação Internacional de História e Estatísticas do Futebol (IFFHS) o segundo melhor clube europeu do século XX. Porque o charme elitista e econômico do clube ficou sintetizado no apelido Vecchia Signora, os rivais tratam-no de forma derrisória chamando os juventinos de *gobbi*, corcundas, como são as "velhas senhoras".

Cada rivalidade tem origem, trajetória e caráter próprios. Entre Celtic e Rangers, por exemplo, a rivalidade é de forte fundo religioso, daí a intransigência que sempre a acompanhou. Durante décadas, o Celtic não aceitou jogadores e treinadores protestantes, e o Rangers fazia o mesmo com católicos. A passagem de Alex Ferguson como jogador do Rangers (de 1967 a 1969) foi problemática em parte devido ao fato de ele, embora protestante, ter se casado com uma católica. Ademais, como se sabe, na Escócia e na Irlanda a questão religiosa está profundamente imbricada com a política. Uma pesquisa de começo deste século apontou que 73% dos torcedores do Rangers defendiam a permanência da Irlanda do Norte (de minoria católica) no Reino Unido, enquanto 79% dos seguidores do Celtic pensavam que ela deveria se reunificar com a República da Irlanda (de maioria católica).

A rivalidade entre Real e Barça é política, e como a contestação parte do lado catalão, o *clásico* é sentido mais intensamente do lado do Barcelona, de acordo com o alemão Bernd Schuster, que conhece bem a questão por ter atuado pelo clube catalão (1980-8) e pelo castelhano (1988-90). Essa rivalidade nasceu em junho de 1943, quando, depois de anos de guerra civil e meio milhão de mortos, os rancores políticos, ideológicos e culturais levaram 40 mil catalães ao Les Corts, o estádio do Barcelona na época, para pressionar o time da capital, que atribuiu a derrota por 3 a 0 à arbitragem. Uma semana mais tarde, no velho estádio de Chamartín, em Madri, aconteceu talvez a mais famosa partida entre as duas equipes. Se as versões sobre o que se passou nos bastidores são desencontradas, todos os testemunhos falam de um ambiente francamente hostil e de uma estranha apatia do Barcelona, vencido pelo extravagante placar de 11 a 1. O historiador castelhano Ángel Bahamonde vê no episódio o nascimento de um mito criador de identidade para os catalães. Por essa identidade, o escritor catalão Vázquez Montalbán considerava o Barcelona "o exército desmilitarizado da Catalunha".

Qualquer que seja o fundamento de uma rivalidade, ela por definição tangencia, quando não adentra, a falcatrua e a violência, moral ou física. Exemplos de falcatruas ocorreram nos Campeonatos Brasileiros de 2009 e de 2010. Na penúltima rodada de 2009, para impedir que o São Paulo conquistasse o quarto título seguido, o Corinthians transferiu sua partida contra o Flamengo para Campinas, jogando-a sem empenho algum. Na cobrança do pênalti a favor dos cariocas, o goleiro Felipe (que mais tarde iria para a Gávea) simplesmente ficou parado. O Flamengo assumiu a liderança e terminaria campeão com dois pontos à frente do São Paulo. No ano seguinte, na antepenúltima rodada, o São Paulo levou seu jogo contra o Fluminense para Barueri, teve duas expulsões, e as duas torcidas tricolores comemoraram a vitória do time carioca, que logo seria campeão com três pontos à frente do Corinthians.

Exemplo de violência moral temos no ator francês Nicolas Duvauchelle, que em fins de 2012, não temendo comprometer sua imagem pública e não se limitando a afirmar sua adesão ao Paris Saint-Germain, denegriu os marselheses que lhe parecem "um pouco invejosos porque sua cidade é feia". E foi além: "Desculpe-me, nós temos a Torre Eiffel, o Arco do Triunfo, o Sena, a Notre-Dame. Isso é bonito, é a mais bela cidade do mundo. [...] Olha tua cidade, marselhês, ela é nojenta! Eu fui lá três vezes, tem lixo por toda parte. [...] É preciso estar com as vacinas de rubéola, cólera e peste em dia quando se vai lá". Expressivo exemplo de violência física aconteceu em novembro de 2006, quando a torcida do Gimnasia y Esgrima forçou seu time a perder a partida para o Boca Juniors para prejudicar no campeonato o rival local, o Estudiantes. A ameaça de "dar um tiro em cada perna" dos jogadores significou para os torcedores uma resposta ao que lhes pareceu, no primeiro semestre do mesmo ano, a pouca vontade do Estudiantes em vencer o Boca Juniors para não favorecer o Gimnasia, que lutava então pelo título argentino.

Qualquer que seja sua origem e sua trajetória, a rivalidade futebolística acaba por criar certo ressentimento de um grupo em relação a outro. Cada lado pode alegar muitos eventos, reais ou imaginários, que justificam sua mágoa: uma goleada histórica, uma grande briga de torcida, um apelido ofensivo, uma vitória "roubada", um ídolo contratado ao rival. Pouco importam as razões. O essencial é que, uma vez instalado, o ressentimento — força oculta da história, tão decisiva quanto a luta de classes, avalia o historiador marxista francês Marc Ferro — é sempre passível de ser reativado. E o futebol é pródigo em oferecer oportunidades para tanto.

OBRAS CITADAS

BAHAMONDE MAGRO, Ángel. *El Real Madrid en la historia de España*. Madri: Taurus, 2002.
BROMBERGER, Christian. *Football: La Bagatelle la plus sérieuse du monde*. Paris: Bayard, 1998.
FERRO, Marc. *Le Ressentiment dans l'histoire: Comprendre notre temps*. Paris: Odile Jacob, 2007.
LEPLAT, Thibaud. *Clásico: Barcelone x Real Madrid: La Guerre des mondes*. Paris: Hugo Sport, 2013.
MORRIS, Desmond. *The Soccer Tribe*. Londres: Jonathan Cape, 1981.
VÁZQUEZ MONTALBÁN, Manuel. *Fútbol: Una religión en busca de un dios*. Buenos Aires: Desbolsillo, 2006.

41. Clubes de colônia: decadência ou integração?

Certa feita, *O Estado de S. Paulo* publicou uma matéria intitulada "Palmeiras, um clube decadente?" (27 jun. 2007), que gerou, como seria de se esperar, fortes reações. Entre elas a de Ugo Giorgetti, que dias depois, em sua coluna semanal no mesmo jornal, invocava a rica história palmeirense e sua tendência a "transitar entre a glória e o abismo" para concluir: "Decadência? Só para rivais" (1º jul. 2007). Passada a indignação do momento, meses mais tarde ele voltou ao assunto sob outro ângulo, em texto particularmente inspirado e intitulado "O sonho da imigração acabou" (9 dez. 2007). A partir dele, tentemos desenvolver certos aspectos da questão.

> Eram [os imigrantes] da estirpe dos grandes aventureiros, gente acostumada a enfrentar qualquer problema com audácia, coragem e inteligência prática. Chegaram a São Paulo de todos os lugares, trazendo seus sonhos, e vinham dispostos a cumprir o que se propunham. Nada assustava esses primeiros imigrantes que fundaram o Corinthians e o Palmeiras. Esses clubes eram indubitavelmente parte de seus sonhos de grandeza. Parte simbólica, mas, ainda assim, ou por isso mesmo, muito importante. [...] O tempo passou rápido, como numa partida de futebol, e foram morrendo um a um. As gerações que os sucederam tentaram, e tentam, desesperadamente sustentar os empreendimentos erguidos por esses

primeiros leões. Presas penosamente entre os métodos que herdaram dos antigos líderes e os novos tempos, essas segundas e terceiras gerações parecem perdidas, perplexas, a se indagar o que fazer.

O colunista toca aí no ponto central, válido para outros clubes de colônia. De fato, é uma realidade sociológica bem conhecida que os primeiros imigrantes têm orgulho da origem e querem mostrar sua força através de diferentes empreendimentos, inclusive no futebol. Mas com o tempo os herdeiros perdem o *punch* inicial dos pioneiros: são cada vez mais assimilados pela sociedade local, sua língua e seus hábitos; fazem amizades e casamentos fora da comunidade original; seus filhos recebem novos prenomes. Como as dificuldades são menores, ocorre um relaxamento natural, e muitos tentam viver apenas gerenciando a herança recebida.

O processo é o mesmo que se conhece na formação, no desenvolvimento e no esbanjamento (frequentemente acompanhado por disputas entre os herdeiros) de um patrimônio familiar. A história sociológica desses clubes parece seguir o esquema de *Os Buddenbrook*, romance de Thomas Mann que narra a história daquela família através de três gerações, a dos fundadores, a dos administradores e a dos herdeiros. Um correspondente brasileiro verídico, para lembrar um único exemplo, é o da família Scarpa. O imigrante italiano Nicolau comprou em 1930 uma cervejaria falida, existente desde fins do século XIX, produtora da famosa Caracu, e a partir de então modernizou-a, expandiu-a e legou grande fortuna a seus filhos. A família continuou investindo e ampliando os negócios. Em 1971, lançou a Skol, a primeira cerveja em lata do Brasil. Teve várias fazendas, usina de açúcar, indústria metalúrgica e de tecelagem. Mas o neto mais famoso do patriarca Nicolau, Chiquinho Scarpa, destacou-se apenas por ser playboy.

Nas famílias futebolísticas acontece processo semelhante. Os casos de Palmeiras, Cruzeiro e Vasco da Gama comprovam-no. A primeira geração — tomada em sentido literal, demográfico, de 25 anos — funda e estrutura seu patrimônio dentro de suas possibilidades; a segunda desenvolve e enriquece; a terceira, embora pense mais em gastar, ainda mantém certo ritmo de patrimonialização; as seguintes dilapidam, mesmo tendo aqui ou ali algum sucesso enganador baseado no renome da família, e não nos dotes próprios e atualizados de produção e gerência. Depois da fase inicial de afirmação da identidade, que corre o risco de se enfraquecer no novo meio, todo imigrante revela o desejo de ser aceito, de se fundir na sociedade em que chegou. Se, por exemplo, as práticas adotadas pelo Vasco na década de 1920 foram por um lado muito inovadoras no resultado — Waldenyr Caldas fala em "revolução vascaína" —, por outro lado revelaram-se conservadoras na intenção, como mostra João Malaia Santos. A construção de São Januário não foi somente um desafio, decorreu da necessidade de atender a exigência de estádio próprio feita pelo novo estatuto da Associação Metropolitana de Esportes Amadores (Amea) em 1924. Depois que se firmou, o Vasco passou a adotar a mesma conduta elitista de outros clubes em relação a jogadores.

Mas cada família, sanguínea ou futebolística, tem seu próprio perfil. O Corinthians, que reuniu tradições e comportamentos de variadas correntes imigratórias,[1] é diferente dos clubes que guardaram uma relativa homogeneidade de composição, como a lusitana no Vasco e na Portuguesa, ou a italiana no Cruzeiro e no Palmeiras. Neste último, a italianidade continua manifesta no uso afetivo e nostálgico do nome original, Palestra Itália, para designar o estádio (antes de as necessidades econômicas terem levado ao aluguel do nome da nova arena) e o próprio clube, embora a denominação oficial tenha mudado há mais de setenta anos. É instrutivo comparar as listas de presidentes dos dois principais clubes paulistas de imigrantes. Na do Corinthians, lembrando apenas alguns personagens, encontramos sobrenomes italianos (Battaglia, Magnani, Giacominelli, Cassano, Tipaldi, Gobbi), espanhóis (Correcher, Matheus, Martinez, Sanchez), luso-brasileiros (Oliveira, Maurício, Pinheiro, Macedo), árabes (Helu, Dualib) e alemão (Schürig). Na do Palmeiras, de 37 presidentes existentes até hoje, somente quatro não têm sobrenome italiano. Quando um indivíduo tem um segundo sobrenome, é significativo que tenha ficado conhecido apenas por aquele que indica sua ascendência italiana (mesmo sendo o sobrenome materno), caso de Delfino Facchina Nunes, Carlos Bernardo Facchina Nunes e Mustafá Contursi Goffar Majzoub.

De certa forma, é a isso que Giorgetti se refere quando retoma o tema anos depois — o Palmeiras nasceu à sombra de grandes impérios empresariais de imigrantes (Matarazzo, Crespi, Morganti e outros) e decaiu pela mesma razão que estes ("a propensão que os italianos têm para manter tudo em famí-

---

1. Sobre este clube, ver o ensaio 42, "Corinthians, retrato do Brasil".

lia"). Falta ao Palmeiras maior abertura, mais ousadia, romper o espírito comunitário estreito porque "ano após ano, administração depois de outra, o que se vê são sempre as *famiglias* (sic), os pequenos grupos, tão comoventemente italianos, mas que, a meu ver, vão levar, a longo prazo, à completa decadência do clube" (*O Estado de S. Paulo*, 21 ago. 2011). De fato, enquanto os rivais estaduais ganhavam metade dos títulos do Campeonato Brasileiro disputados na primeira década e meia deste século — Corinthians com três (2005, 2011 e 2015), São Paulo com três (2006, 2007 e 2008) e Santos com dois (2002 e 2004) —, o Palmeiras não venceu nenhum e foi rebaixado duas vezes (2002 e 2012). Em 2014, escapou de novo rebaixamento na última rodada, e não pelo próprio resultado (mero empate em casa contra um time misto de clube intermediário), mas porque o rival Santos derrotou o Vitória, que ficou então dois pontos atrás do Palmeiras e foi rebaixado.

Naquele seu texto de fins de 2007, Giorgetti já havia alertado sobre os dirigentes atuais:

> Sabem que não têm o mesmo conjunto de qualidades dos antigos, e por outro lado não podem sair de sua influência póstuma, não conseguem ir além do único mundo que conheceram. Alguns vêm ruir tudo o que foi erguido, paralisados, impotentes para impedir o inexorável destino que novos tempos impõem a todos que não se movem e não identificam corretamente a época em que vivem.

Foi assim que o Palmeiras, depois de muitas crises internas e longo jejum de títulos (de 1977 a 1992), pensou encontrar a solução na parceria com a Parmalat, entre 1992 e 2000. O raciocínio parecia correto: aliança com empresa italiana, chegada de capital fresco e gerência profissional de um *oriundo*, José Carlos Brunoro. E os resultados esportivos surgiram. Mas enquanto instituição, o clube continuou com os mesmos vícios de antes — tanto que, em 2013-4, sem dinheiro, uma nova administração Brunoro fracassou. A "solução" Parmalat tinha sido coisa de herdeiro: recorrer ao renome da família construído pelos antepassados e deixar a condução dos negócios nas mãos de terceiros, sem nada aprender com a experiência, sem transformar a cultura interna do clube.

Arsène Wenger, em entrevista à televisão francesa no começo de 2009, afirmou que todo clube de futebol deveria viver com seus próprios meios, pois qualquer coisa além disso lhe parece uma forma de concorrência desleal. Ele referia-se ao Chelsea e seus amplos e duvidosos recursos, mas o princípio é válido para toda situação semelhante, independentemente da origem e da ordem de grandeza dos valores. Pode-se sempre argumentar que realizar parcerias está na lógica do capitalismo, mas não se pode deixar de reconhecer que é também uma confissão de incapacidade da comunidade clubística gerar e gerir seu próprio rendimento e patrimônio. Para ficarmos com a contraprova mais evidente, o Real Madrid, o clube mais rico do mundo de 2005 a 2016, segundo relatório da Deloitte Touche Tohmatsu, nunca precisou recorrer a parcerias para ser grande e tornar-se o maior clube de futebol do século XX, de acordo com a Fifa. Por sua vez, o Palmeiras só conseguiu ultrapassar São Paulo e Santos como o mais vitorioso brasileiro do século XX graças aos nove anos (e dez títulos) de financiamento da Parmalat. Esse título honorífico que envaidece os palmeirenses é uma ilusão, um reconhecimento de fraqueza — para os orgulhosos pioneiros talvez fosse mesmo uma vergonha.

Os criadores dos clubes de imigrantes, diz Giorgetti, "concentravam as decisões, fechavam-se nas famílias, desconfiavam de tudo, eram profundamente teimosos, às vezes extremamente preconceituosos". As memórias de um palestrino da época citado por Ecléa Bosi confirmam: "Nos anos 20 e 30 não tinha preto no Palestra e os torcedores eram 90% italianos ou filhos de italianos". O mesmo ocorreu em Belo Horizonte com o clube que, a partir de 1942, passaria a se chamar Cruzeiro. A Società Sportiva Palestra Italia, fundada no começo de 1921, decidiu adotar as cores da bandeira italiana e aceitar como sócios somente italianos e seus descendentes. Embora essa condição tenha sido revogada em 1925 e tenha se passado até mesmo a aceitar atletas negros no time, o espírito imigrante continuou sendo por décadas a identidade do clube. Em sua história sobre o Cruzeiro, Jorge Santana conta que o presidente Antonio Falci, na preleção de uma partida contra o Atlético-MG em 1929, motivou os jogadores lembrando as lutas de seus antepassados e as dificuldades que enfrentaram na sua nova pátria. De 1960 a 1982, o presidente foi um italiano de nascença, Felicio Brandi.

Bem integrados à sociedade que acolhera seus avôs e bisavôs, os descendentes dos primeiros imigrantes perderam o duplo sentimento defensivo e conquistador que tinha forjado a grandeza das suas famílias e dos seus clubes. Sentimento aparentemente contraditório, mas que explica o diagnóstico que

Giorgetti fez dos pioneiros: "Tinham alguma coisa de ferro na alma, alguma coisa indomável, de têmpera especial". A unidade interna que tinha sido indispensável nos primeiros tempos foi cedendo lugar às manifestações de ego, cada um em nome pessoal querendo ficar com uma maior parcela da bela herança recebida, sem perceber que assim a diminuía e fragilizava. À "turma do amendoim" tantas vezes debochada por Scolari em suas passagens pelo Palmeiras correspondia já em 1931 a "turma do café" criticada por Eduardo Matarazzo, então presidente do Palestra Itália.

A isso se referia ainda recentemente um dos diretores do clube quando disse que "o Palmeiras tem o vírus da autodestruição" (*Placar*, n. 1371, out. 2012). O clube oscila entre um continuísmo perigoso (Mustafá Contursi foi presidente de 1993 a 2004) e uma problemática alternância no poder porque cada gestor busca desfazer a obra do antecessor. Não há uma linha de rumo no Palmeiras, tanto que em oito anos, entre 2005 e 2012, pelos cálculos de Contursi, o clube despendeu 900 milhões de reais em contratação de jogadores para ganhar apenas um Campeonato Paulista (2008) e uma Copa do Brasil (2012). Em fins de 2012, pelo menos dez grupos políticos disputavam o poder no Conselho Deliberativo do Palmeiras.

Curiosamente, o espírito de ajuda recíproca dos pioneiros imigrantes prolongou-se entre seus clubes, apesar de o futebol ser concorrencial por definição. Capitão do primeiro título do Corinthians, em 1914, Bianco Spartaco Gambini saiu do clube no ano seguinte devido a um problema entre as ligas paulistas e foi para o Palestra Itália com três outros corintianos. Na partida inaugural do novo clube, em 24 de janeiro de 1915, em Sorocaba, ele fez o primeiro gol do Palestra e ali ficou até 1929, somando 284 partidas. Em 1942, quando o Brasil entrou na Segunda Guerra Mundial, escolas, hospitais e clubes ligados a alemães e italianos sofreram expurgo (casos de Corinthians e Palmeiras), mudança de nome (como se deu com o Palestra Itália paulista e mineiro) e expropriação (como a que atingiu a sede da Sociedade Germânia do Rio de Janeiro). Italianos e descendentes, fossem palestrinos ou corintianos, aproximaram-se contra as pressões oficiais e contra o São Paulo Futebol Clube, que naquele contexto se considerava, como dizia seu slogan de então, o clube "que tem o nome de tua terra". Para ajudar o clube italiano de São Paulo a provar sua brasilidade, o presidente do Vasco da Gama enviou um sergipano, capitão do Exército, Adalberto Mendes, que se declarou torcedor e meses depois foi nomeado vice-diretor do clube. Na partida decisiva do Campeonato Paulista de 1942, muitos corintianos foram ao Pacaembu ver o Palmeiras (o novo nome do Palestra Itália desde setembro daquele ano) sagrar-se campeão contra o São Paulo.

Com o restabelecimento da paz na Europa e a maior frequência de jogos entre Corinthians e Palmeiras, cresceu bastante a rivalidade entre eles — "é melhor vencer o Corinthians do que ganhar o campeonato", teria dito Romeu Pellicciari já em 1933. Mas entre os outros grandes clubes brasileiros de colônia continuou havendo certa fraternidade. Um dos exemplos mais antigos e bem-sucedidos talvez seja o do atacante Niginho (Leonídio Fantoni, 1912-75). Natural de Belo Horizonte, começou a jogar no Palestra Itália mineiro em fins dos anos 1920, e em 1932 foi contratado pela Lazio. Como também tinha nacionalidade italiana, foi convocado em 1935 para lutar com o exército fascista na Abissínia, o que o fez voltar para Belo Horizonte. Em 1937, jogou umas poucas partidas pelo Palestra Itália paulista, onde foi campeão, e em seguida partiu para o Vasco da Gama. Em 1939, Niginho voltou para o Palestra Itália mineiro, que em 1942 mudaria de nome para Cruzeiro, no qual encerraria sua carreira e do qual é o terceiro maior artilheiro da história. A histórica proximidade entre as instituições reflete-se nas alianças entre suas torcidas uniformizadas: às vezes em aspectos meramente formais, como a Mancha Azul do Cruzeiro adotar seu nome por mimetismo com a Mancha Verde do Palmeiras, e outras vezes no apoio para provocações e brigas. Quando o Vasco vai a São Paulo jogar contra o Corinthians, sua torcida tem o apoio dos palmeirenses, e quando o Palmeiras vai ao Rio de Janeiro enfrentar o Flamengo, seus torcedores são recebidos e ajudados pelos vascaínos.

No interior desse trio, o maior entendimento sempre foi entre Cruzeiro e Palmeiras, devido à origem italiana em comum e à ausência de forte rivalidade estadual como ocorre entre Rio de Janeiro e São Paulo. O nome original dos dois clubes é o mesmo, Palestra Itália, que o mineiro foi buscar ao paulista. Em 1942, quando tiveram que abandonar o nome original e abrasileirá-lo, ambos recorreram à mesma solução: adotar um conhecido símbolo nacional e ao qual o mundo do futebol já estava acostumado. O clube italiano de São Paulo optou por "Palmeiras", inspirado principalmente na Associação Atlética das Palmeiras (fundada em 1902 e extinta em 1929), clube de futebol que tivera renome na cidade por ter sido campeão paulista em 1909, 1910 e 1915. O clube italiano de Belo Horizonte escolheu "Cruzeiro", baseado nas agremiações de mesmo nome de duas cidades mineiras, Luz e Bom Despacho. Também na designação dos grandes times de suas respectivas histórias, ambos recorreram à mesma fórmula, "Academia", tanto para a equipe cruzeirense das décadas de 1920 e 1960 como para a palmeirense dos anos 1960 e 1970.

De alguma forma, a trajetória desses três clubes de colônia decorreu do ritmo e da modalidade das correspondentes imigrações. Em São Paulo, as levas iniciais de italianos chegaram à cidade em 1886, e o clube inequivocamente da colônia foi fundado em 1914 (o Corinthians, de 1910, não era apenas de italianos, como dissemos). Em Belo Horizonte, os primeiros italianos são de 1893, e o clube é de 1921 (desde 1910, existia outro clube italiano na cidade, o Yale, do qual migraram vários atletas para a nova agremiação, e ele desapareceria em 1930). Ou seja, os dois Palestra Itália foram fundados na passagem da primeira para a segunda geração de imigrantes. A escala do fenômeno, contudo, diferiu. Em São Paulo, os italianos eram 75 mil em 1900 e quase o dobro em 1910, representando então 33% da população da cidade. Em Minas Gerais, entre 1894 e 1901, chegaram pouco mais de 47 mil italianos. Todavia, quando Belo Horizonte foi inaugurada, em 1897, viviam ali somente 71 deles. Em 1900, os italianos passaram a ser uns quatrocentos dentre os 13 mil moradores da cidade, mas seu número foi crescendo ao longo da década de 1920 graças a uma nova vaga de imigração. O Palestra Itália paulista contou, portanto, com um contexto mais favorável no curto prazo. Em 1920, com a ajuda da rica família Matarazzo, o clube comprou o campo de futebol que utilizava como sublocatário e mais os terrenos adjacentes, todos pertencentes à Companhia Antarctica Paulista. Na década de 1930, foi o primeiro clube da cidade a atingir 5 mil sócios, chegando aos 10 mil no ano da mudança forçada de nome (*O Estado de S. Paulo*, 12 ago. 1942).

No Rio de Janeiro eram os portugueses que constituíam a maior colônia: em 1890, representavam metade da população da cidade; em 1906, mais de 15%; em 1920, mais de 19%. Como de forma geral eram pessoas de pouca qualificação, metade delas analfabeta, e ainda por cima representando o passado colonial do Brasil, os portugueses tornaram-se objeto de variados preconceitos. Havia certa lusofobia, e inclusive um jornal que expressava essa corrente, *O Jacobino*. Então, como é normal em ambientes imigrantes, para preservar a identidade e manter uma área de resguardo da autoimagem, surgiram clubes esportivos e/ou sociais, entre eles o Vasco da Gama, em 1898, voltado sobretudo para o remo.

Clube de gente sem prestígio social, o Vasco se abriu a outros segmentos marginalizados e não só aceitou negros, como já em 1904 um deles se tornou presidente. As vitórias no remo deram status ao clube e atraíram mais sócios, não só da colônia. Em 1915, em virtude da difusão do futebol, o clube criou um departamento dedicado a esse esporte. Em 1922, foi campeão da Série B, e no ano seguinte, da Série A. Com a popularidade do clube, cresceu bastante o público em seus jogos. Em 1926, segundo levantamento de Malaia Santos, o Vasco atraiu como mandante 119 279 pessoas, bem mais do que o segundo colocado nesse quesito, o Fluminense, com 75 841. Justificava-se então a construção de estádio próprio para 40 mil espectadores, inaugurado em 1927, o maior da época na América Latina.

Como se passou, então, da grande riqueza humana, patrimonial e esportiva para as dificuldades da última década? Devolvamos a palavra a Giorgetti, cuja avaliação sobre o Palmeiras é válida também para o Vasco: os antigos dirigentes "tinham todas aquelas qualidades que ninguém sabe definir exatamente quais são e que fazem um líder. Eram líderes, *condottieri*". Seus descendentes "foram pegos despreparados no meio de um tempo de mudanças impiedosas". O melhor exemplo disso é Eurico Miranda, que com seu estilo tosco e prepotente fez o Vasco perder durante suas presidências (de 2001 a 2008 e de 2014 até o presente) a simpatia de que gozava entre outras torcidas. No interior do clube, seu autoritarismo criou clima tenso, permitiu manobras financeiras suspeitas, autorizou agressões físicas e verbais a jornalistas e opositores e gerou uma provável fraude na sua reeleição de 2003.

Acreditando mais no jogo de bastidores do que na competência, Eurico Miranda reconheceu certa vez, enquanto era deputado federal, que "não sou representante do povo, sou representante do Vasco". Apesar disso, sob sua presidência o clube conquistou somente a confusa (em parte por causa dele) Copa João Havelange e a Copa Mercosul em 2000 e o Campeonato Carioca em 2003. Por outro lado, nesse período o time perdeu para o grande rival Flamengo quatro finais consecutivas (2000, 2001, 2004 e 2006), e quando ele deixou a presidência do Vasco em meados de 2008 o time estava a caminho do rebaixamento para a Série B do Campeonato Brasileiro, confirmado cinco meses depois. A ascensão no ano seguinte não impediu novo rebaixamento em 2013, e o acesso para 2015 foi pouco glorioso: terminou a Série B apenas no terceiro lugar (a sete pontos do campeão Joinville, clube sem tradição) e com somente dois pontos de vantagem sobre o quinto colocado (que não é promovido). Sem mudanças estruturais, o clube foi novamente rebaixado.

No Palmeiras, e mesmo no mundo do futebol brasileiro em geral, esperou-se que a presidência de Luiz Gonzaga Belluzzo (2009-10), conhecido economista e professor universitário, introduzisse novas ideias e novos comportamentos no setor. No balanço geral, ainda que tenha articulado a construção da nova arena do clube, a persona do cartola exaltado revelou-se mais forte que a do acadêmico equilibrado, o que comprometeu sua gestão. Nela o clube pagou quase 11 milhões de reais a empresários de jogadores; a dívida que era de 68 milhões de reais quando ele assumiu o cargo pulou para 150 milhões de reais quando o deixou (e chegaria a 287 milhões de reais em 2012). Certa vez, microfone na mão, ele ofendeu um clube rival em reunião de torcida uniformizada; em outra ocasião, xingou duramente um dos melhores árbitros de então e acabou suspenso por nove meses pelo Superior Tribunal de Justiça Desportiva (STJD).

Faltam líderes, é verdade, como Giorgetti percebeu. Mas aqueles que efetivamente o foram nas gerações anteriores cometeram a séria falha de não terem criado estruturas menos dependentes de homens. Se estivessem sujeitos apenas aos seus reis, presidentes ou primeiros-ministros, alguns importantes países teriam soçobrado no meio da história. Foram as instituições, mais que os homens, que permitiram sua sobrevivência em períodos difíceis. Aliás, pelo contrário, a confiança excessiva em um homem providencial quase sempre redunda em autoritarismo e abusos. Não basta trocar um rude Eurico Miranda por um cordato Roberto Dinamite. Este, apesar da boa vontade, dificilmente conseguiria realizar na área administrativa o que tinha realizado na área adversária, quando marcou 617 gols pelo Vasco. Ele não tinha perfil e formação para se livrar da herança maldita como havia feito com os zagueiros, e a dívida do clube fechou o ano de 2012 ultrapassando os 400 milhões de reais. Fato significativo, um estudo da consultoria BDO naquele ano mostrou que, se nos cinco exercícios anteriores quase todos os grandes clubes brasileiros aumentaram seu endividamento, os maiores foram de Palmeiras e Vasco da Gama.

Entretanto, não se pode depositar toda a culpa nos dirigentes. Em qualquer clube, eles são em larga medida reflexo dos torcedores. Os clubes, como os países, têm os presidentes que merecem. Ora, a pesquisa Lance!-Ibope de fevereiro de 2013 mostra que dentro do universo da torcida do Palmeiras apenas 6,7% ganham mais de dez salários mínimos (6,1% no caso da do Cruzeiro, e a do Vasco sequer aparece entre as dez mais ricas), enquanto na do Flamengo a taxa sobe para 10,6%, na do Corinthians, 12,3%, na do São Paulo, 12,8%. Mais importante, a distribuição etária não facilita a boa renovação das torcidas palmeirense e vascaína — e assim os potenciais dirigentes —, conforme mostra a pesquisa Ipsos Marplan de outubro de 2012. Na faixa dos dez aos dezessete anos de idade, refletindo o retrocesso da última década, estão apenas 9% da massa alviverde (contra 20% no Flamengo, 23% no Corinthians e 23% no São Paulo). De maneira significativa, os grupos etários que conheceram as glórias passadas são mais amplos que os dos rivais: na faixa dos cinquenta aos 59 anos, os palmeirenses são 14% (diante de 10%, 10% e 7% naqueles outros três clubes, respectivamente); na faixa acima dos sessenta anos, eles são 11% (frente a 7% de flamenguistas, 9% de corintianos e 8% de são-paulinos). O caso do Vasco é comparável. Se ele tem mais jovens (12% de dez a dezessete anos), também tem muito mais velhos (18% acima dos sessenta anos). Não surpreende, então, que em 2014, jogando a Série B, o clube tenha tido um público médio (14 232) menor que o de duas equipes da Série C, o Fortaleza (18 812) e o Paysandu (15 856).

    Olhando retrospectivamente, era inevitável a retração do universo de torcedores dos clubes de colônia. Em 1983 (pesquisa Gallup-Placar), Palmeiras e Vasco tinham cada um 9,3% do conjunto de torcedores brasileiros. Em 1993 (Ibope-Placar), o clube carioca caiu para 6,2% e o paulista para 4,3%. Em 2003 (Datafolha), graças à fase Parmalat, o Palmeiras havia se recuperado bastante (7%), enquanto o Vasco, sem a vantagem de uma parceria semelhante, encolheu mais um pouco (5%). Em 2008 (Datafolha), o Palmeiras recuou para 6% e o Vasco estagnou nos 5%. Em 2010 (Lance!-Ibope), o alviverde continuou com 6% e o alvinegro carioca caiu para 4,1%. Em 2013 (Pluri Consultoria), há pequena oscilação e empate técnico entre eles: Vasco com 5% e Palmeiras com 4,9%.

    Dos três grandes clubes de colônia, o único que tem uma trajetória globalmente ascendente é o Cruzeiro, em parte porque nele talvez o caráter de colônia seja menos acentuado. De acordo com um levantamento do UOL Esporte, baseado na classificação acumulada do Campeonato Brasileiro entre 2002 e 2012, o Cruzeiro ocupava o terceiro lugar, o Palmeiras o oitavo e o

Vasco o 11º. Isso se reflete na composição da torcida cruzeirense, 19% da qual está na faixa dos dez aos dezessete anos de idade e 9% acima dos sessenta anos. Ainda assim, no conjunto dos torcedores brasileiros, o Cruzeiro passou de 5,1% de adesão em 1983 — fruto do timaço de Tostão, Dirceu Lopes, Piazza e companhia, quinze anos antes, e do tetracampeonato mineiro de 1972 a 1975 — para 3,8% em 2013. Seu sucesso nos últimos anos, inclusive o bicampeonato nacional em 2013 e 2014, não lhe angariou adeptos na mesma proporção do crescimento populacional do país.

Expressão final de todos esses números, as marcas Cruzeiro, Palmeiras e Vasco apresentavam em 2012, somadas, praticamente o mesmo valor da marca Corinthians. A razão disso comporta muitas variáveis, é claro, mas não é das menores o fato de se tratar de clubes de colônia única diante de um clube de muitas colônias. Em outros termos, clubes de certo fechamento ao mundo externo diante de um clube de maior abertura.[2] Quando Giorgetti diz, a partir do caso palmeirense, que "o sonho da imigração acabou", ele tem razão. Mas é preciso acrescentar que não poderia ter sido diferente. A meta última de todo imigrante e seus descendentes é deixar de sê-lo, é se integrar à nova sociedade mesmo guardando certa nostalgia da origem.

OBRAS CITADAS

BOSI, Ecléa. *Memória e sociedade: Lembranças de velhos*. São Paulo: T. A. Queiroz, 1979.
CALDAS, Waldenyr. *O pontapé inicial: Memória do futebol brasileiro*. São Paulo: Ibrasa, 1990.
MANN, Thomas. *Os Buddenbrook: Decadência de uma família* [1931]. Trad. de Herbert Caro. Rio de Janeiro: Nova Fronteira, 1981.
SANTANA, Jorge. *Páginas heroicas: Onde a imagem do Cruzeiro resplandece*. São Paulo: Dórea Books and Art, 2003.
SANTOS, João Manuel Casquinha Malaia. *Revolução vascaína: A profissionalização do futebol e a inserção socioeconômica de negros e portugueses na cidade do Rio de Janeiro (1915-1934)*. São Paulo: FFLCH-USP, 2010. Tese (Doutorado em História Econômica).

---

2. Nessa linha de raciocínio, talvez não seja casual que certa recuperação do Palmeiras tenha começado recentemente sob um presidente jovem (o segundo mais jovem na história do clube), sem sobrenome italiano e que procura implantar uma gestão profissional, longe dos "corneteiros". Mas, é preciso notar, seguindo o modelo Parmalat de injetar muitas dezenas de milhões de reais externos ao clube, no caso atual oriundas do bolso do presidente.

42. Corinthians, retrato do Brasil

Como já foi sugerido por Alfred Wahl, Günter Gebauer e nós mesmos em *A dança dos deuses*, o mundo do futebol reflete valores e comportamentos da sociedade na qual está inserido. Para lembrar um caso arquetípico, a aguda rivalidade entre Barcelona e Real Madrid nada mais é que a transposição para o plano futebolístico da rivalidade histórica, política e cultural entre Catalunha e Castela. Da mesma forma, se o futebol italiano é de tempos em tempos sacudido por escândalos de corrupção de jogadores para manipular resultados da loteria esportiva e de corrupção de árbitros para favorecer certos clubes, é porque historicamente todos os escalões da sociedade política são corruptos, e com certa complacência da sociedade civil. O Brasil, naturalmente, não constitui exceção a essa tendência especular entre sociedade e futebol. Da CBF aos menores clubes, o futebol brasileiro sintetiza e exprime, no bem e no mal, os traços essenciais de nossa sociedade. Talvez um dos casos mais emblemáticos seja o do Sport Club Corinthians Paulista.

O próprio nome do clube é um indício nesse sentido, ao exemplificar o colonialismo cultural que nos leva a adotar palavras e expressões em inglês mesmo quando existem correspondentes em português. Tal prática é entendida como sinal de modernidade, embora seja, a rigor, brega e provinciana. Em lojas, por exemplo, abundam cartazes com a palavra *off* em vez de "saldo" ou "liquidação"; restaurantes e lanchonetes usam *delivery* em vez de "entrega", ou *hot dog* no lugar de "cachorro-quente"; no mundo do entretenimento, *show* e não "espetáculo"; na informática, *site* ou *mouse* (na maior parte dos países, usam-se essas palavras traduzidas no idioma local); na linguagem cotidiana, *stress*, embora esteja dicionarizada a forma aportuguesada "estresse". E a lista poderia se alongar bastante. Quando em 1910, na então interiorana e pequena cidade de São Paulo, um grupo de gente pouco instruída adotou "Corinthians" como nome do clube que fundavam, prestavam homenagem ao homônimo clube inglês, famoso na época e que naquele mesmo ano (e depois em 1913) fez vitoriosa excursão pelo Brasil. Essa nominação, como toda prática pseudo-moderna e pseudochique dos inglesismos, funcionava de forma inconsciente para seus agentes como estratégia de reconhecimento social. O fato é importante, porque a necessidade de afirmação decorrente do perfil sociológico de seus seguidores acompanharia o clube por toda a sua história.

Se o Brasil é sabidamente um país de imigração, um país mestiço, todo clube de certo porte tem torcida de proveniência bem variada, ainda que a mitologia do futebol continue a falar no elitismo de Fluminense e São Paulo, no germanismo de Grêmio e Coritiba, no italianismo de Palmeiras e Cruzeiro, no lusitanismo do Vasco da Gama etc. Com o Corinthians e seus 25 milhões de adeptos, a multiplicidade de origem é muito clara, o que ajuda a explicar sua popularidade. Clube de imigrantes — italianos, espanhóis, portugueses, alemães, judeus, sírios, libaneses, árabes, turcos —, ele é mestiço como o país. Pela inércia da transmissão do sentimento clubístico, ainda hoje os descendentes daqueles segmentos sociais, perfeitamente abrasileirados e integrados, continuam de forma geral a seguir o clube — mesmo que, no caso dos italianos e seus descendentes, a criação do Palestra Itália, quatro anos mais tarde, tenha desviado uma parte significativa daquele contingente para o novo clube. Quando na década de 1930 começou uma forte imigração de nordestinos em busca de emprego na indústria e na construção civil paulistas, a tendência foi aqueles indivíduos socialmente inferiorizados e culturalmente desenraizados identificarem-se com outros na mesma situação, apesar de origens bem diferentes, e assim foi natural sua adesão ao Corinthians.

Daí ele ter, do ponto de vista político, refletido melhor que outros clubes certos momentos da história nacional recente. O caráter popular do Corinthians ajuda a explicar por que a primeira faixa de campanha pela Anistia surgiu no meio da sua torcida em fevereiro de 1979, quando de uma partida contra o Santos, no Morumbi. Em 1982, produto e reprodutor de anseios de larga parcela da população, começou o famoso movimento da Democracia Corinthiana, que não cabe aqui comentar depois do importante livro de José Paulo Florenzano sobre o tema. Por fim, não é demais lembrar de um imigrante pernambucano que, pela ordem natural das coisas, ao se instalar em São Paulo se tornaria corintiano e viria a ser o mais popular presidente da história da República: por um fenômeno de ricochete, a popularidade de uma condição contribuiu para a outra e vice-versa (na campanha presidencial de 2014, pela reeleição de Dilma Rousseff, ela e Lula apareceram em uma carreata usando boné com o escudo do Corinthians).

No mesmo dia de 2007 em que o Brasil foi confirmado como sede da Copa do Mundo de 2014 e alguns parlamentares tentavam instaurar uma CPI para investigar o acordo MSI-Corinthians, o presidente Lula e a CBF trataram logo de esvaziá-la com o argumento injustificado de que ela poderia interferir no sucesso do Mundial. Fato menor, e por isso mesmo significativo, ocorreu logo depois da janela de transferência do meio de 2009. O Corinthians vendeu então dois jogadores medianos (o volante Cristian e o lateral André Santos), e Lula, temendo pelo time — "estou chateado, o Corinthians está vendendo jogadores, desse jeito vamos cair outra vez" —, passou a negociar com a CBF e a Rede Globo a mudança do calendário futebolístico nacional para sincronizá-lo com o europeu e impedir a saída de jogadores no meio do Campeonato Brasileiro. Se a ideia é boa, a motivação do presidente da República pelo assunto (que não lhe dizia respeito) não foi, contudo, pelo futebol nacional, e sim pelo seu Corinthians. Em certa medida, pode-se aplicar ao clube a observação que Arnaldo Jabor fez sobre o personagem: "Lula não é um político — é um fenômeno religioso. De fé. Como as igrejas que caem, matam os fiéis e os que sobram continuam acreditando. Com um povo de analfabetos manipuláveis, Lula está criando uma igreja para o PT dirigir" (*O Estado de S. Paulo*, 21 nov. 2010).

Como a história nacional dificultou por longo tempo o sucesso socioeconômico de brasileiros que as camadas dominantes consideram de segunda categoria, uma parcela deles passou da marginalidade social para a marginalidade criminal. Porque muitos corintianos fazem parte do primeiro grupo, são também frequentes no segundo. Um deles, Fabinho Fontes, detido na penitenciária

Tremembé II, reconheceu que "ter sido jogador do Corinthians me ajuda demais. Só tem corintiano aqui. Se eu fosse palmeirense, minha situação estaria muito pior" (*Placar*, n. 1373, dez. 2012). Outro indício revelador é que uma das torcidas organizadas do clube chama-se Pavilhão Nove, em referência à ala mais barra-pesada do presídio do Carandiru, onde existia um time de detentos chamado Corinthians Pavilhão Nove, em cuja homenagem (?!) um grupo de torcedores criou em 1990 a organizada de mesmo nome, que contou em seus princípios com a colaboração de um futuro presidente do clube, Andrés Sanchez, que segundo alguns teria sido mesmo um dos fundadores daquela torcida.

Essa mitificação da criminalidade é expressiva porque, sem ser a violência de forma alguma exclusiva das torcidas organizadas corintianas, encontra nelas aderentes assíduos. O episódio mais recente e de maior repercussão aconteceu em fevereiro de 2013, em partida da Libertadores jogada em Oruro, na Bolívia. Ali, um membro da Gaviões da Fiel disparou na direção dos torcedores do San José um sinalizador naval, cilindro metálico de 23 centímetros de comprimento e dois centímetros de diâmetro que alcança 360 quilômetros por hora. Ele atingiu Kevin Beltrán Espada, um jovem de catorze anos que teve o olho direito vazado e o crânio perfurado com perda de massa encefálica e morte instântanea. Doze corintianos foram presos na Bolívia, entretanto, convenientemente, logo um menor de idade que já estava no Brasil apresentou-se como culpado acompanhado pelo advogado da Gaviões da Fiel.

Louvável crise de consciência de um jovem? Ou maquiavélica armação de um assassino — inegavelmente se trata de assassinato, senão por que apontar um sinalizador na direção da torcida contrária? — que, jogando com o mafioso espírito corporativo da torcida organizada, se escudou atrás de um menor? Nada improvável, diante da frequência com que a criminalidade brasileira, aproveitando-se da condescendente legislação relativa à maioridade penal, utiliza esse recurso para manipular menores de idade, obrigando-os a pedirem esmolas nos semáforos das grandes cidades, vigiarem as entradas das favelas para alertar os traficantes de drogas da chegada da polícia, prostituírem-se para o público pedófilo, assumirem diferentes delitos e crimes cometidos por companheiros adultos. Como parte da mesma estratégia de defesa, o menor corintiano garantiu ter comprado inclusive os demais nove sinalizadores encontrados com outros torcedores (um deles, dirigente da Pavilhão Nove).

Chama atenção o fato de esse homicídio aleatório (não visava uma vítima em particular), gratuito (não tinha motivação material como roubo, estupro ou sequestro, nem motivação emocional como vingança) e sádico (buscava apenas o prazer de destruir alguém que não pertencia ao mesmo grupo) ter sido realizado justamente num momento glorioso da história do clube. Muitas vezes se explicou a violência da Gaviões da Fiel como resultado da frustração social ("Cheiro farinha, fumo maconha/ Sou corintiano, maloqueiro e sem-vergonha", diz um de seus cantos de guerra) e esportiva (falta de títulos internacionais), mas nada disso se sustenta em relação ao episódio de Oruro, ocorrido somente sete meses depois da conquista da Libertadores e dois meses do Mundial de Clubes.

Assim, a explicação deve estar mais no plano psicológico do que no sociológico. Além da euforia propriamente futebolística, já fazia alguns anos que o Corinthians vivia também uma euforia política que pode ter criado em certas parcelas de sua torcida um sentimento de superioridade e impunidade. A grande personalidade política nacional da última década sempre revelou seu lado de torcedor corintiano sem pudor. Três dias depois de o clube ter sido rebaixado à segunda divisão, em dezembro de 2007, Lula declarou que iria se mostrar um "torcedor militante". E mostrou-se. Em especial no processo de construção do estádio corintiano.[1] Em 2013, depois do episódio de Oruro, ele pensou em utilizar seu prestígio político indo à Bolívia de seu "companheiro" Evo Morales para pedir a liberação dos doze torcedores corintianos lá detidos em fevereiro. Só não chegou a fazê-lo porque o governo boliviano liberou-os alguns meses depois (sete deles em junho e outros cinco em agosto do mesmo ano).

A osmose parece total entre o presidente "filho do Brasil" e o clube com cara do Brasil. Da mesma forma que Lula nega ter participado da grande corrupção do Mensalão — apesar de todas as evidências — e "peixes menores" terem sido julgados e condenados, a Gaviões da Fiel resguarda alguns de seus membros importantes deixando a culpa do episódio de Oruro recair sobre um torcedor menor (na idade e no peso político dentro da torcida). Tanto os condenados do Mensalão quanto o torcedor que confessou o crime parecem movidos pela mesma razão, pelo mesmo senso de sacrifício a uma causa maior que poderia ficar comprometida: num caso, o projeto de poder do PT, no ou-

1. Sobre isso, ver o ensaio 25, "Pão e Itaquerão".

tro, o projeto do Corinthians como maior clube do mundo (na pretensão de seu ex-presidente Andrés Sanchez).

Enfim, se o popularíssimo Lula pôde colocar acima do seu cargo os interesses familiares (a Telemar só foi autorizada a fechar negócio com a Brasil Telecom depois de ter comprado por 5 milhões de reais parte da empresa sem valor que seu filho Lulinha havia criado um ano antes), sentimentais (Rosemary Noronha, secretária e amante do presidente, fazia tráfico de influência), partidários (Mensalão e Petrolão) e clubísticos (Itaquerão), por que seus companheiros torcedores não poderiam? Se o torcedor símbolo do clube e o próprio clube dão a impressão de serem politicamente blindados, não é estranho que alguns corintianos de pequena consciência cidadã também se sintam blindados. Talvez em parte por isso, apenas 23 dias depois de deixar a prisão na Bolívia, um daqueles torcedores participou de uma grande briga provocada pelos corintianos durante uma partida pelo Campeonato Brasileiro realizada em Brasília entre seu clube e o Vasco.

A composição social muito variada da torcida corintiana reflete-se também na sua cultura. Como o conjunto de adeptos é bastante vasto, muitos são os intelectuais, os cientistas, os artistas, os jornalistas, os empresários e os profissionais liberais que torcem pelo time. No entanto, segundo parâmetros da própria torcida, tais pessoas seriam menos tipicamente corintianas que a massa.

De onde provém essa percepção? Do peso relativo dos níveis culturais mais baixos, como sugerem os dados de uma pesquisa do Datafolha em 2009. É verdade que no interior da torcida corintiana a proporção entre formação básica, média e superior — 12%, 15% e 13% do conjunto de torcedores brasileiros — parece mais favorável que a de outras agremiações, salvo o Flamengo (19%, 20% e 17%). A parcela de universitários corintianos (13%) é maior que a de são-paulinos (11%) e palmeirenses (9%), mais que o triplo da de vascaínos e gremistas (4%), mais que o dobro da de cruzeirenses (5%), mais que o sextuplo da de santistas, atleticanos, botafoguenses e fluminenses (2% cada).

Entretanto, esses números precisam ser analisados de perto. A proporção de universitários corintianos (13%) é praticamente igualada pela dos corintianos que têm somente o nível fundamental (12%) e ultrapassada pela de corintianos de nível médio (15%). Enquanto isso, os torcedores universitários do Fluminense (2%), por exemplo, estão no mesmo plano quantitativo que os de ensino médio e representam o dobro dos que só têm ensino básico (1%). O mesmo ocorre na torcida do Atlético-MG. Na do Botofago, há o mesmo percentual de formação básica, média e superior (2% do total brasileiro em cada item). Na do Cruzeiro, os universitários estão ainda mais bem representados (3%, 4% e 5%).

Porém, a sensação de baixa escolaridade sentida pelos próprios corintianos deriva sobretudo da comparação com os rivais mais próximos e antigos. O Palmeiras, com 7% da torcida nacional, tem 9% dos universitários adeptos de um clube de futebol, 7% dos de ensino médio e 6% dos de nível fundamental. Quer dizer, sua torcida está suprarrepresentada na faixa do ensino superior e subrepresentada na do ensino básico. O caso do São Paulo é ainda mais nítido: com 8% do universo de torcedores brasileiros, ele tem 11% de universitários, o que significa quase o dobro de seus torcedores de nível fundamental (6%) e um pouco mais dos de escolaridade média (9%). Dito de outra forma, a situação escolar das torcidas desses dois clubes é uma pirâmide perfeita (mais larga e mais alta no caso são-paulino), tendo na base os universitários, depois os de nível médio e na ponta os de formação inferior. Decorre disso tudo o perfil do torcedor corintiano típico e sua decantada fidelidade: quanto mais baixo o nível cultural, menores as opções de lazer, e assim os livros, as exposições, os concertos, os museus, o teatro ou o cinema são substituídos pelas arquibancadas e pela televisão.

Essa hipótese é confirmada por uma pesquisa (Ipsos Marplan, outubro de 2012) por meio de outro critério, o da estratificação social. Na torcida do Corinthians, 47% pertencem às classes A e B, contra 50% na do São Paulo e 55% na do Palmeiras. Na classe C, os números são respectivamente 44%, 41% e 39%. Nas classes D e E, 9%, 9% e 7%. Ou seja, comparativamente o Corinthians tem menos seguidores no topo da escala social e mais na base. Se o critério for rendimento (pesquisa Lance!-Ibope, fevereiro de 2013), ganham mais de dez salários mínimos 12,3% dos corintianos, bem mais que os 6,7% dos palmeirenses e um pouco menos que os 12,8% dos são-paulinos. A diferença significativa está, contudo, entre os mais pobres. Aqueles que ganham menos de um salário mínimo são somente 5,4% dos palmeirenses e 6,8% dos são-paulinos contra 10,6% dos corintianos. Sem necessidade dos institutos de pesquisa para conhecer tal fato, a torcida corintiana nos estádios recorre a uma faixa que elogia a própria marginalidade social, econômica e cultural: "festa na favela".

Muito significativo é que enquanto no topo de sua hierarquia os clubes sempre buscam colocar os melhores elementos da coletividade, gente de bom nível de escolaridade, profissionais reconhecidos de áreas de prestígio social, o Corinthians teve historicamente vários presidentes de baixa escolaridade. O primeiro presidente da história do clube foi um alfaiate, o segundo um cocheiro. O estrato popular da instituição não explica por si só as escolhas ao longo de sua história, já que o Flamengo, com menos torcedores das classes A e B (5% e 26%, contra 6% e 41% do Corinthians) e mais das classes C e D-E (55% e 19%, frente a 44% e 9%), quase sempre foi dirigido por pessoas das camadas sociais superiores. No Corinthians, de seu lado, a tradição parece privilegiar a esperteza e a malandragem como traços essenciais dos dirigentes, identificando-os assim com o brasileiro simples que supostamente precisa delas para sobreviver. Foi o caso célebre de Vicente Matheus, cujas presidências (1959-61, 1972-81, 1987-91) caracterizaram-se por algumas boas contratações (caso da de Sócrates, habilmente passando o São Paulo para trás) e muitas frases que torturavam a gramática ("haja o que hajar, o Corinthians vai ser campeão", por exemplo).

A malandragem ingênua de Matheus daria lugar à malandragem mal-intencionada de Alberto Dualib (1993-2007). Estimulado pela parceria vitoriosa do Palmeiras com a Parmalat, ele buscou usar o mesmo sistema e estabeleceu acordos com o Banco Excel-Econômico em 1997, depois com o fundo de investimentos Hicks, Muse, Tate & Furst (HMTF) entre 1999 e 2002, e por fim com a Media Sports Investment (MSI) entre 2005 e 2007. Nos três casos, as parcerias não pretendiam ser, do lado corintiano, um acordo comercial, e sim uma trapaça para obter dinheiro, montar bons times e depois se livrar dos parceiros, que, todos, acusaram-no de traição (*Placar*, n. 1306, maio 2007). Em outubro de 2004, na fase de negociação para fechar a última parceria, Andrés Sanchez, futuro presidente do clube, não teve pudor em explicar ao jornalista Eduardo Savoia, da Rede Record: "Sei lá se o dinheiro é de Londres, Moscou, bom ou ruim, o importante é que ele entre no Corinthians. A gente recebe a grana, os russos ou os ingleses chegam e depois nós metemos o pé na bunda deles" (*Placar*, n. 1312, nov. 2007). O último golpe, porém, saiu pela culatra: o clube ficou com 98 milhões de reais de dívida, o Ministério Público decretou a prisão por lavagem de dinheiro e formação de quadrilha tanto do representante da MSI, o iraniano Kia Joorabchian, como do seu chefe, o russo Boris Berezovsky. Dualib, por sua vez, foi indiciado por estelionato e formação de quadrilha, precisando renunciar à presidência do clube.

Satisfazer a qualquer custo a massa torcedora fanática contando com a impunidade da flexível moral brasileira é uma tentação à qual algumas vezes os dirigentes corintianos não resistiram. Dois episódios ocorridos na administração Dualib ilustram o caso. Em 1997, a Rede Globo revelou uma série de telefonemas em que Ivens Mendes, chefe da Comissão de Arbitragem da CBF, pedia dinheiro aos dirigentes de certos clubes, teoricamente como contribuição para a campanha política da qual iria participar. Seus principais interlocutores — mais exatamente clientes de um esquema de corrupção — eram Dualib e o presidente do Atlético-PR, Mário Celso Petraglia. O contexto brasileiro, porém, não deu a devida importância ao fato. Mendes perdeu o cargo, mas os dirigentes dos dois clubes foram afastados apenas temporariamente. Não houve perda de pontos, muito menos rebaixamento dos clubes envolvidos, e tampouco foi retirado o título que permitira ao Atlético-PR subir para a primeira divisão no ano anterior. O contraste com caso semelhante descoberto no futebol italiano anos depois é flagrante: por fraudar resultados, a Juventus, clube de maior torcida do país, perdeu os títulos nacionais de 2005 e 2006 e foi rebaixada para a Série B.

Quando no Campeonato Brasileiro de 2005 houve suspeita de manipulação de resultados visando beneficiar apostadores, o STJD anulou onze partidas e ordenou que fossem jogadas novamente, dentre elas duas derrotas do Corinthians (2 a 4 contra o Santos e 2 a 3 contra o São Paulo) que viraram uma vitória (3 a 2 sobre o Santos) e um empate (1 a 1 com o São Paulo). De nenhum ponto nas duas partidas originais, o clube conseguiu quatro pontos na nova versão, e graças a isso terminou a competição com o título, três pontos à frente do vice Internacional. Sem as partidas repetidas, o time gaúcho fecharia a competição com 78 pontos e o Corinthians com 77. Mais exatamente, o Internacional deveria ter alcançado o título com quatro pontos de vantagem não fosse o confronto do segundo turno entre eles, no Pacaembu, quando Márcio Rezende de Freitas claramente prejudicou os visitantes ao não apitar um pênalti a favor deles e ainda expulsar um jogador seu por suposta simulação. Pouco tempo depois, o árbitro admitiria o erro e abandonaria a profissão. Dualib, em telefonema gravado pela Polícia Federal com autorização da Justiça, reconheceu que o título de 2005 foi "roubado". Mas a popularidade do clube, como em várias outras vezes, garantiu sua impunidade.

As crises cíclicas na história do clube (algumas vezes flertando com a ilegalidade) não devem, porém, ser reduzidas a uma questão de presidentes. Com efeito, o que constitui a força e a fraqueza do Corinthians é a popularidade. Diante de dificuldades, em qualquer grande clube é comum jogadores e dirigentes referirem-se à esperança em uma fase melhor porque ele "deve estar no lugar que merece", sem perceberem que o lugar ocupado, bom ou mau, é sempre o merecido no momento considerado. No caso corintiano, todavia, a inconsciência e a soberba parecem um pouco maiores. Logo após o rebaixamento do clube, um torcedor declarou que aquele era "o dia mais triste da minha vida, mais do que a morte da minha mãe, que foi há seis meses" (*O Estado de S. Paulo*, 3 dez. 2007). O tamanho e o entusiasmo da torcida deveriam, na sua lógica narcísica, redundar sempre em vitórias e conquistas. O clube deveria ser o primeiro em todos os quesitos.

Como até muito recentemente não foi isso que a história mostrou, surgiu o mantra — lembrado três vezes por Andrés Sanchez na sua curta autobiografia — de que "no Corinthians tudo é difícil, tudo é sofrido". De fato, durante mais de um século o clube não teve títulos internacionais, nem estádio, nem centro de treinamento. Desde a sua primeira crise, em 1915, quando o clube não disputou nenhum campeonato e ficou em situação econômica difícil, surgiu a teoria, transmitida de geração a geração de torcedores, de que houve um complô dos clubes tradicionais contra a participação de clubes varzeanos nas duas ligas paulistas de futebol. Assim, a distância entre o ideal e a realidade parece ter forjado, ao longo de décadas, certo ressentimento com o destino.

Essa hipótese parte da sugestão do historiador francês Marc Ferro, para quem uma das forças motrizes da história é o ressentimento, presente no indivíduo ou no grupo social que vive determinada situação como uma humilhação, uma ferida, uma afronta, uma injustiça que, não podendo ser vingada de imediato, alimenta um sentimento surdo, subterrâneo, que em determinados contextos explodirá com violência. De maneira geral, é manifestação de um complexo de inferioridade, sem que o ressentimento tenha uma reivindicação precisa. É isso que transparece no "*con razón o sin razón, Corinthians tiene siempre razón*", proclamado por um presidente do clube (1935-41), o espanhol Manuel Correcher. Não se tratava apenas de mais uma frase folclórica: a consolidação interna sempre foi essencial para aquele clube de imigrantes de variados horizontes. Nos grupos que pensam ter um destino ingrato, é prática corriqueira a exaltação de seu potencial não concretizado, como se faz com frequência no Brasil, país do futuro que nunca chega. A rigor, diz Ferro, "incriminar os outros valorizando a si mesmo constitui um dos traços característicos do ressentimento".

É dessa forma que "os povos do ressentimento valorizam sua própria identidade", mesmo que ela seja marcada por traços desvalorizados pela sociedade global. É o caso de a torcida corintiana se autodefinir como "maloqueira" e "bando de loucos", assumindo comportamento próximo ao definido pelo psicólogo francês Gustave Le Bon: a multidão reclama de seus heróis o mesmo exagero que a caracteriza, por isso é sensível à abnegação, dedicação, sacrifício de si mesmo; o indivíduo isolado pode ser civilizado, mas "na turba é instintivo, portanto um bárbaro". O "dom da tolerância" que Sanchez reconhece pessoalmente não ter falta também à sua torcida. Daí os vários episódios de agressão ao time após certas derrotas. Se, como diz o sociólogo francês Jean-Marie Brohm, entre público e jogadores há "uma espécie de contrato de emoção", no Corinthians, ao longo dos tempos, isso sempre foi muito draconiano. Em maio de 2006, por exemplo, depois de o Corinthians ter sido eliminado da Libertadores no Pacaembu, a torcida tentou invadir o gramado, enquanto esposas e amigos de jogadores ficavam apreensivos nas arquibancadas numeradas. Alguns atletas pediram para sair do clube. O meia Carlos Alberto deu então uma boa definição: "Quando você está ganhando, ser jogador do Corinthians é a melhor coisa do mundo. Quando perde, é a pior. A cobrança não é só no estádio ou no treino. É do porteiro, do motorista de táxi, do garçom... Todo mundo te cobra".

É consensual que, em quase todo assunto, as generalizações são problemáticas, mas não se pode deixar de reconhecer que, sob os exageros e as deformações, elas escondem algumas verdades. No caso do Corinthians, comunidade com milhões de participantes, as exceções a qualquer regra são numerosas, sem anular, contudo, as características essenciais do conjunto — a popularidade pela mediocridade e a impunidade pela popularidade. Esse perfil, claro está, não é exclusivo da comunidade corintiana: corresponde simplesmente à primazia dada a um dos dois fenômenos opostos que sempre estiveram na base do comportamento humano e que são bem conhecidos na história da cultura.

Um desses fenômenos é a criação e a valorização de ideias originais e de formas artísticas surpreendentes que provocam a adesão de certos grupos sociais ou de certos períodos históricos. De um desses momentos de maior ousadia, de menor receio à novidade ou mesmo de busca de rupturas, podemos lembrar, por exemplo, de *Dom Quixote*, cuja primeira parte publicada em 1605 logo alcançou grande repercussão: apenas dois anos depois, em uma festa popular no Peru, apareceu um participante caracterizado como o personagem de Cervantes; sete anos mais tarde, o texto foi traduzido para o inglês e uma figura secundária da narrativa foi teatralizada (talvez por Shakespeare, pensam alguns especialistas). Em outro momento histórico e outro domínio cultural, foi o caso da obra dos Beatles, que antecipou e expressou desejos, sentimentos e expectativas de todo um segmento etário da sociedade ocidental.

O outro fenômeno, bem mais comum e que historicamente sempre atrai muito mais pessoas, é a certeza do conhecido, é a ilusão do grande número que transmite certo sentimento de estabilidade e confiança para grupos ou períodos de horizontes curtos e temerosos de mudanças. Quando no século I a.C. o poeta romano Horácio fez o elogio da *aurea mediocritas*, ele referia-se a um estilo de vida simples, equidistante da opulência e da miséria, sem inferir dessa mediocridade material uma mediocridade moral e intelectual, que, pelo contrário, lamentava. Todavia, esta última é onipresente, pois "a mediocridade em tudo é uma garantia e um penhor de segurança e tranquilidade", percebeu o marquês de Maricá na primeira metade do século XIX. No começo do século XX, o ítalo-argentino José Ingenieros colocaria a questão de forma lapidar:

> Se tivesse que levar em conta a boa opinião que todos os homens têm de si mesmos, seria impossível discorrer sobre aqueles que se caracterizam pela ausência de personalidade. Todos acreditam ter uma, e muito sua. Ninguém percebe que a sociedade o submeteu a esta operação aritmética que consiste em reduzir muitas quantidades a um denominador comum: a mediocridade.

Como se sabe, a palavra "mediocridade" designa, em todos os idiomas ocidentais, uma condição entre o mediano (acepção literal) e o insuficiente (acepção figurada). Assim, é a facilidade, a banalidade, a qualidade inferior acessível a um maior número de pessoas que tornam populares as coisas medíocres, seja a literatura de best-sellers, seja a música de fórmulas comerciais, certos programas de televisão ou o discurso de muitos políticos. Enquanto fenômeno sociocultural, o Corinthians é uma ilustração dessas considerações, mesmo se no plano esportivo ele se encontra claramente acima da média. Mas — e isso é muito significativo — porque o Corinthians "não é um time que tem torcida, é torcida que tem um time", como gostam de dizer seus adeptos, ele sempre foi historicamente medíocre, mesmo quando vencedor. À imagem e semelhança da torcida, o time raramente privilegia um jogo habilidoso e estético, e sim raçudo e astucioso.

O clube nunca teve, por isso, uma equipe comparável ao Paulistano de Friedenreich, ao Vasco do Expresso da Vitória, ao Santos de Pelé, ao Palmeiras da Academia, ao Cruzeiro de Tostão, ao Flamengo de Zico ou ao São Paulo de Telê. Os grandes craques de sua história pouco venceram. Rivellino, o 13º maior jogador do século XX para a Federação Internacional de História e Estatísticas do Futebol (IFFHS), em dez anos de clube conquistou um Torneio Rio-São Paulo atípico, em 1966, que terminou com quatro campeões (Botafogo, Santos, Vasco e Corinthians), e venceu três disputas inexpressivas (Torneio do Povo em 1971, Torneio Laudo Natel em 1973 e Copa Cidade de São Paulo em 1975). Sócrates, eleito pela revista inglesa *World Soccer* o quinto melhor futebolista do mundo em 1982, durante seus sete anos de Corinthians conseguiu somente três títulos do Campeonato Paulista (1979, 1982 e 1983). Neto, o maior ídolo corintiano de Sanchez, foi mais feliz em termos de conquistas, mas ainda assim, em quase sete anos de clube, não obteve mais que um Campeonato Brasileiro (1990), uma Supercopa (1991), um Campeonato Paulista (1997) e o torneio amistoso Troféu Ramón de Carranza (1996). Ronaldo Fenômeno alcançou em 2009 uma Copa do Brasil e um Campeonato Paulista.

Toda torcida, de qualquer clube, é fundamentalmente constituída pelo homem medíocre definido por Ingenieros, já que se trata de um grupo que, pela força da quantidade, supera de forma transitória as debilidades individuais de seus membros. Enquanto torcedores, tais pessoas não têm consciência dessa condição — justamente por serem medíocres — e elogiam os próprios defeitos que, deformados pela óptica da maioria, lhes parecem virtudes. Ora, o Corinthians é fenômeno sociológico e psicológico interessante porque tem consciência de ser uma mediocracia, porque percebe que a mediocridade é contagiosa e faz dela uma bandeira de orgulho comunitário e um instrumento para atrair novos adeptos. Daí Sanchez proclamar que "eu gosto que o torcedor do meu time se chame de maloqueiro". Ele explica o prestígio de que Tevez gozava junto à torcida pelo fato de o jogador ter "a raça e o jeito maloqueiro que são a cara do Corinthians". É pelo mesmo fenômeno que se dá a identificação daquele dirigente com a torcida, pois se esta se autodefine como "um bando de loucos", ele é "o mais louco do bando". O homem medíocre, nota Ingenieros, "aspira confundir-se naqueles que o rodeiam".

Por igual mecanismo é que o ex-presidente Lula, "grande corintiano" como Sanchez o define, manifesta esse mesmo tipo de vaidade descabida, como registra um biógrafo: "Lula se orgulha de sua ignorância, e isso encontra eco na ignorância majoritária do eleitorado. E passou a se orgulhar mais quando percebeu isso". O ex-presidente do Corinthians acompanha esse autoelogio da deficiência quando admite "não falar o português correto. Falo como 90% da população brasileira e tenho orgulho disso. É um país preconceituoso" (*Placar*, n. 1368, jul. 2012). Ele reconhece sua pouca escolaridade, mas alega a seu favor que "desde cedo notei que as pessoas prestavam atenção no que eu dizia. A essa habilidade me apeguei já na infância". Como Lula. Como o país dos bacharéis, mais preso à forma do que ao conteúdo, à quantidade do que à qualidade.

OBRAS CITADAS

BROHM, Jean-Marie. *Sociologie politique du sport*. Paris: J.-P. Delarge, 1976.
FERRO, Marc. *Le Ressentiment dans l'histoire: Comprendre notre temps*. Paris: Odile Jacob, 2007.
FLORENZANO, José Paulo. *A Democracia Corinthiana: Práticas de liberdade no futebol brasileiro*. São Paulo: Educ; Fapesp, 2009.
GEBAUER, Günter. *Poetik des Fußballs*. Frankfurt: Campus, 2006.
HORÁCIO. *Odes*. Trad. de Pedro Braga Falcão. Lisboa: Cotovia, 2008.
INGENIEROS, José. *El hombre mediocre* [1913]. Buenos Aires: Centro Editor de Cultura, 2006.
LE BON, Gustave. *Psychologie des foules* [1895]. Paris: Flammarion, 2009.
MARQUÊS DE MARICÁ. *Collecção completa de máximas, pensamentos e reflexões*. Rio de Janeiro: Laemmert, 1839.
PINTO, José Nêumanne. *O que sei de Lula*. Rio de Janeiro: Topbooks, 2011.
SANCHEZ, Andrés; SANCHEZ OLLER, Tadeo. *O mais louco do bando*. São Paulo: G7 Books, 2012.
WAHL, Alfred. *La Balle au pied: Histoire du football*. Paris: Gallimard, 1990.

43. Inimigos cordiais*

Métafora fácil, mas verdadeira, proclamaria que entre Portugal e Brasil existem compreensões e tensões que se alternam sobre um fundo de semelhanças estruturais inegáveis, como entre pai e filho. Tal hipótese geral, constatável no plano abrangente da história e da cultura, pode ser também verificada no campo específico das relações futebolísticas entre os dois países, desde que não se perca de vista que quanto mais uma metáfora é clara, mais ela é falsa, pois embora possibilite o acesso a objetos de outra maneira talvez incompreensíveis, transforma-os em forma segunda.

Não cabe neste curto ensaio, é claro, acompanhar a trajetória de convergências e divergências naquelas relações, mas contamos com um evento que funciona como amostragem privilegiada: as finais da Taça Intercontinental de 1962 entre Santos e Benfica. Se toda partida de futebol, especialmente as mais importantes, é definida muito antes dos noventa minutos de jogo (ou 180 minutos, em casos de dupla decisão), aquela competição não foi exceção. Nela pesaram fortemente as circunstâncias que envolviam todos os protagonistas

---

* Com o subtítulo "Brasil *vs.* Portugal, Santos *vs.* Benfica, Pelé *vs.* Eusébio na Taça Intercontinental de 1962", este texto foi publicado em Francisco Pinheiro e Victor Andrade de Melo (Orgs.), *A bola ao ritmo de fado e samba*. Porto: Afrontamento, 2013, pp. 207-25.

do evento, próximos ou distantes. Na clivagem geopolítica entre Ocidente e Oriente, entre mundo capitalista e mundo comunista, o futebol definia-se pelo contexto intercontinental, como apropriadamente anunciava o nome oficioso (o oficial era Copa Europeia/Sul-Americana) da competição começada em 1960. Naquela época em que o colonialismo ainda resistia, embora vivesse seus últimos tempos, apenas a Europa e a América do Sul contavam em termos futebolísticos. A Ásia e a Oceania não tinham expressão alguma. A África, por sua vez, só fornecia algum "pé de obra", caso dos principais jogadores do Benfica: além de Eusébio, os também moçambicanos Mário Coluna (525 partidas, 328 delas como capitão, 150 gols) e Alberto da Costa Pereira (358 partidas, 357 gols sofridos) e o angolano José Águas (384 partidas oficiais, 379 gols, capitão do time na conquista dos títulos europeus de 1961 e 1962).

Todavia, entre os dois continentes dominantes existia uma hierarquia segundo a óptica europeia. Dois dias antes da primeira partida da final, o jornal esportivo português *A Bola* explicitava: "Temos para nós, ofendendo, porventura, a lógica e a geografia, que o título europeu vale mais do que o título intercontinental"[1] — como até hoje, aliás, se pensa no Velho Mundo. De maneira significativa, porém, o mesmo periódico variava conforme as circunstâncias o alcance simbólico da disputa: durante as finais luso-brasileiras de 1962, ele fala várias vezes em "título de campeão mundial de clubes", mas ao noticiar a conquista do Santos utiliza "Taça Intercontinental". A imprensa brasileira, por sua vez, privilegiava a expressão "mundial de clubes".[2]

Também na situação política havia claros distanciamentos entre Brasil e Portugal. Este, sob a ditadura de António de Oliveira Salazar (de 1932 a 1968), era profundamente anticomunista e gravitava na órbita ocidental. Aquele era uma frágil democracia que a partir da ascensão de João Goulart à Presidência da República, em setembro de 1961, foi sacudido por movimentos sociais de

---

1. Carlos Pinhão, *A Bola*, 17 set. 1962, p. 1.
2. *A Bola* (como exemplo do primeiro caso, 10 set. 1962, p. 10; 13 set. 1962, p. 8; 22 set. 1962, p. 1; 11 out. 1962, pp. 1 e 6-7; e como exemplo do segundo caso, 13 out. 1962, p. 5). Na imprensa brasileira, entre outros, *O Estado de S. Paulo* (20 set. 1962, p. 20; 11 out. 1962, p. 17; 12 out. 1962, p. 14; 13 out. 1962, p. 11; 17 out. 1962, p. 14; 21 out. 1962, p. 33; 22 out. 1962, p. 16; 24 out. 1962, p. 16; 25 out. 1962, p. 23), *Folha de S.Paulo* (12 out. 1962, pp. 1 e 14; 13 out. 1962, p. 1) e *Veja* (out. 1962). Disponível em: <http://veja.abril.com.br/historia/crise-dos-misseis/geral-esporte-pele-santos-mundial.shtml>.

caráter esquerdizante. Sem que o futebol tenha sido para os dois regimes instrumento político assumido, as vitórias internacionais da seleção ou dos clubes não deixavam de significar projeção sempre positiva.

Terminada sua preparação para a Copa do Mundo de 1962 e antes de viajar para o Chile, a seleção foi recebida em Brasília por Jango, que em seu discurso foi claro quanto à importância do futebol para o povo brasileiro. O alcance desse encontro presidencial com a delegação de futebol fica ressaltado quando se lembra que ocorreu em meio a uma crise política que se estendia por semanas e que, treze dias depois, levaria à renúncia do primeiro-ministro Tancredo Neves. Claramente, a ida da delegação brasileira até a capital nacional foi meramente política, pois dali precisou voltar para Campinas, de onde partiu para o Chile. Tendo jogado futebol quando jovem (no Internacional de Porto Alegre),[3] Jango acompanhou de perto o desenrolar do Mundial. Diante da expulsão de Garrincha na semifinal, o que deveria excluí-lo da decisão, o presidente brasileiro pediu ao novo primeiro-ministro, Brochado da Rocha, que tentasse intervir junto à Fifa. E, como se sabe, graças a uma história mal elucidada de relatório lacunar do árbitro e de desaparecimento inesperado e providencial do bandeirinha que poderia testemunhar contra o jogador brasileiro, este foi absolvido e jogou a partida final.

Ao regressar da conquista, a delegação foi recebida pelo presidente da República no próprio aeroporto de Brasília (honra reservada apenas a chefes de Estado), quebrando o protocolo que previa esperá-la no Palácio do Planalto. Aí, mais tarde, Jango festejou com os jogadores e elogiou-os — as coisas estariam melhores se "todo mundo neste país cumprisse o dever como vocês cumpriram" —, e diante do comentário de um ministro de que "o fato [o bicampeonato mundial] tem muita importância sociológica", concordou e disse que "chegou mesmo na hora".[4] Com efeito, naqueles tempos mais intranquilos e politizados do que os que tinham visto a vitória na Suécia quatro anos antes, a marchinha de então "A taça do mundo é nossa/ Com brasileiro não há quem possa" foi com frequência substituída por "Não tem arroz, não tem feijão, mas

---

3. Marco Antonio Villa, *Jango: Um perfil (1945-1964)*. São Paulo: Globo, 2004, p. 12. O autor informa que o personagem foi um bom médio-volante, mas de muito curta carreira porque a sífilis atingiu irremediavelmente seu joelho.
4. *O Estado de S. Paulo*, 19 jun. 1962, p. 10.

assim mesmo o Brasil é campeão". A avaliação do ministro e o humor popular exprimiam bem o estado de espírito da época e a atenção que o futebol merecia dos políticos brasileiros. Como o segundo e decisivo jogo entre Benfica e Santos, em Lisboa, começaria às 21h45 no horário português, 18h45 no horário brasileiro, o governo mudou naquele dia a hora habitual do noticiário oficial *A Voz do Brasil* para que as emissoras de rádio pudessem transmitir a partida integralmente.

No caso português, as relações entre Estado e futebol eram mais ambíguas. Repete-se com frequência que Salazar procurou canalizar os benefícios do esporte e em especial do futebol, que faria parte da suposta trilogia ideológica do seu governo, os célebres três F: fado (expressão do nacionalismo), Fátima (símbolo do catolicismo fervoroso do chefe de Estado, que fora seminarista) e futebol (instrumento populista). Luís Sobral, entre outros estudiosos, avalia que "o comportamento da seleção e do Benfica — equipe constituída só por portugueses, metade dos quais nascidos em África — era apresentado como exemplo da nação una, do Minho ao Timor".[5] No entanto, o salazarismo denunciava no fado sua origem popular urbana (que se contrapunha à cultura popular rural, locus da identidade portuguesa) e seu pessimismo (que contrariava o voluntarismo fascista), da mesma forma que suspeitava do futebol profissional (cuja implantação o Estado procurou retardar) e sua mobilização das massas populares urbanas (manifestações consideradas potencialmente perigosas).[6] Ainda assim, quando o Benfica alcançou o bicampeonato europeu de clubes em maio de 1962, um jornal português próximo ao regime declarou que "o acontecimento que na ocasião se festeja não é apenas desportivo e clubista, mas também nacional".[7]

Mesmo não sendo simpático ao futebol, o salazarismo, com sua inegável coloração nacionalista, não renegou as competições internacionais protagonizadas pelo Benfica. Sem que se possa mensurar o alcance político da Copa dos

---

5. Luís Sobral, "Desporto", em Fernando Rosas e José Maria Brandão de Britto (Orgs.), *Dicionário de história do Estado Novo*. Lisboa: Bertrand, 1996, v. 1, p. 261.
6. Sobre a política cultural do regime, ver Daniel Melo, *Salazarismo e cultura popular (1933-1958)* (Lisboa: Instituto de Ciências Sociais da Universidade de Lisboa, 2001). Sobre a política desportiva e especificamente futebolista, ver Ricardo Serrado, *O jogo de Salazar: A política e o futebol no Estado Novo* (Alfragide: Casa das Letras, 2009).
7. *Diário de Notícias*, 3 maio 1962, p. 1.

Campeões Europeus (hoje Liga dos Campeões Europeus) conquistada pelos encarnados em 1961, ele parece ter tido certa importância naquele que foi para o Estado Novo português "o ano de todos os perigos", com o início da guerra na África, a perda de Goa, uma tentativa de revolta militar e o despontar de reivindicações democratizantes.[8] Se por um lado, como Ricardo Serrado propõe, não se pode falar de uso político premeditado e ideológico do futebol por parte de Salazar,[9] por outro lado o regime não virava as costas às oportunidades fornecidas por esse esporte.

Coerentemente com o clima ufanista do regime, o bicampeonato europeu do Benfica mereceu do principal jornal esportivo do país uma matéria apologética, tanto mais significativa pelo fato de o periódico ser contrário ao regime e de a matéria ter sido escrita por um brasileiro que treinara o Porto.

> Glorioso futebol que gera um clube como o Benfica! Glorioso país, aquele que tem sido representado com tanta dignidade no desporto como o fez, esta noite, o campeão de Portugal, no Estádio Olímpico de Amsterdam. [...] O maior acontecimento desportivo da vida de um clube e, em certa medida, da vida de um país, não cabe, não pode caber numa sintética página.[10]

O fato, continua o mesmo articulista, "vai ter uma enorme transcendência no meio português. Merece-o bem! Merece-o o Benfica. E merece Portugal inteiro [...] pois se tratou de noventa minutos que hão-de abalar o mundo". Uma edição especial do mesmo veículo, dois dias depois, em manchete de grandes letras, definiu o clube como "Orgulho de Portugal".[11]

Enquanto isso, no Brasil, o governo não se envolvia com a disputa da Taça Intercontinental. De um lado, porque o orgulho esportivo nacional tinha sido recentemente satisfeito pela conquista da Copa do Mundo no Chile. De outro lado, porque o país estava representado na disputa luso-brasileira por um clube interiorano e sem maior expressão popular, ao contrário do que acontecia com Portugal, cujo representante era um time da capital e já naquele momen-

---

8. Jaime Nogueira Pinto, "Por que não caiu o Estado Novo neste *annus horribilis*?", em António Simões do Paço (Org.), *Os anos de Salazar*. Lisboa: Planeta DeAgostini, 2008, v. 18, p. 203.
9. *O jogo de Salazar*, pp. 151-3.
10. Otto Bumbel, "O Benfica honrou Portugal", *A Bola*, 3 maio 1962, pp. 1 e 8.
11. *A Bola*, 5 maio 1962, p. 1.

to o de maior torcida. E mais ainda, porque o governo brasileiro encontrava-se absorvido por grave situação político-institucional. O governador da Bahia, Juracy Magalhães, acenava com a possibilidade de uma guerra civil, pois "há homens no Brasil, e eu estou entre eles, dispostos a lutar e a morrer pela liberdade. Nós não deixaremos o Brasil se transformar numa nova Cuba sem protesto de sangue".[12] A poucos dias da primeira partida da Taça Intercontinental, pairava a ameaça de uma greve geral decretada pelos sindicatos e considerada "nitidamente política e de inspiração comunista" pelo presidente do Senado, Auro de Moura Andrade.

O contraste entre os dois países ainda era visível no campo econômico e social. Se tomarmos os meados da década de 1950, quando se dá a afirmação esportiva do Santos e do Benfica, veremos que no Brasil a agricultura empregava quase 60% da população economicamente ativa, a indústria menos de 15%, os serviços cerca de 22%, enquanto em Portugal 48% da mão de obra trabalhava no campo, gerando contudo apenas 28% do PIB português, contra 34% do setor secundário e 38% do setor terciário. No Brasil, tais números eram 24%, 24% e 52%, respectivamente. Em certa medida, portanto, antes da política de industrialização — de fazer o Brasil crescer "cinquenta anos em cinco" — de Juscelino Kubitschek, eleito presidente em 1955, Portugal era economicamente mais moderno. No campo social também havia uma diferença importante: se o Brasil não recebia mais as massas de imigrantes de fins do século XIX e princípios do século XX, continuava a ser um país de imigração, ao passo que Portugal era de emigração (calcula-se que na década de 1960 tenham deixado o país mais de 1 milhão de pessoas, de uma população total de uns 8,7 milhões).

No plano dos clubes, o Santos assistia de perto à crise brasileira, já que os trabalhadores do porto local foram os últimos da greve geral a retomarem suas atividades, apenas dois dias antes do começo da disputa pela Taça Intercontinental. Apesar do clima político tenso, o time entrou na competição movido por razões somente esportivas, com o objetivo de confirmar o título da seleção nacional no Mundial do Chile — onde na polêmica semifinal os brasileiros tinham enfrentado e vencido a equipe da casa, dirigida por Fernando Riera, agora técnico do Benfica —, como declarou o capitão Mauro a um jornal por-

12. *A Noite*, 10 set. 1962, p. 3.

tuguês.[13] Se na primeira partida, ocorrida no Maracanã na noite de 19 de setembro, o Santos jogou abaixo das expectativas — apenas um quinto de seu futebol, anunciou no dia seguinte o título do jornal carioca *A Noite* —, não foi por razões políticas, e sim devido à obrigação de vencer. Como proclamou em manchete um periódico esportivo português: "O Santos é que tem de ganhar. O Benfica pode esperar".[14] De fato, o regulamento da competição estabelecia que, caso o Benfica vencesse o jogo da volta, em Lisboa, haveria uma partida desempate na mesma cidade. Para o Santos, a vitória no Rio de Janeiro era fundamental.

E havia mais coisas em jogo além daquela taça. Nas finais da Libertadores, mês e meio antes, o time vencera o Peñarol, que no ano anterior conquistara a Intercontinental contra o próprio Benfica. Logo, se o derrotado Peñarol tinha superado o Benfica, o mesmo deveria fazer o Santos, para não ver seu primeiro título da Libertadores ser moralmente contestado. Ademais, o clube completava meio século de vida em 1962, e se o título sul-americano já representava uma marca muito importante, o título mundial seria o coroamento perfeito, "o resultado de dez anos de trabalho", como declarou logo após a vitória o presidente santista Athiê Jorge Cury.

Apesar de vitoriosas excursões pela Europa — em 1959 foram catorze vitórias, quatro derrotas e quatro empates, com 78 gols a favor e quarenta contra; em 1960, catorze vitórias e duas derrotas, com 73 gols marcados e 29 sofridos; em 1961, catorze vitórias, um empate e uma derrota, com 75 gols a favor e 32 contra —, o Santos ainda precisava da chancela de uma competição oficial frente a grandes times europeus. A verdade é que apesar do entusiasmo despertado em vários países pelas exibições santistas, tratava-se de jogos e torneios amistosos realizados durante a pré-temporada europeia visando à preparação das equipes locais, e não poucas vezes equipes menores. O Torneio de Paris, por exemplo, vencido pelo Santos em 1960 e 1961, já tinha sido conquistado pelo Vasco da Gama (1957) e o seria também por Botafogo (1963), Fluminense (1976 e 1987) e Atlético-MG (1982). Além disso, diante do mais prestigioso clube do Velho Continente, o Real Madrid (sagrado tetracampeão europeu duas semanas antes de enfrentar os brasileiros), o Santos tinha sido derrotado por 5 a 3 em junho de 1959.

13. *A Bola*, 13 out. 1962, p. 6.
14. *A Bola*, 17 set. 1962, p. 3.

Tanto que alguns meses antes do confronto luso-brasileiro, um personagem importante do universo do futebol, Miguel Muñoz — cinco vezes campeão da Europa, três como jogador do Real Madrid (1956, 1957 e 1958) e duas como técnico do mesmo clube (1960 e 1966) —, afirmara que o Real Madrid e o Benfica eram as "duas melhores equipes mundiais".[15] No plano do renome, era inquestionável que naquele momento o Santos tinha necessidade da Intercontinental tanto ou mais do que seu adversário. O Benfica era o principal clube de Lisboa, capital nacional com mais de 800 mil habitantes (perto de 10% da população portuguesa da época), enquanto o time santista vinha de uma cidade que era apenas a 12ª mais populosa do país (270 mil almas, ou 0,25% do total brasileiro). O clube português tinha um estádio moderno e grande (construído em 1954 e com capacidade para 70 mil espectadores), ao passo que o brasileiro jogava no velho e acanhado estádio da Vila Belmiro (datado de 1916 e com capacidade para 25 mil pessoas). O Benfica contava com uma grande torcida, estimativamente cerca de metade dos fãs de futebol no país, e o Santos com um contingente quase exclusivamente local.[16] Embora de idades próximas (o Benfica foi fundado em 1904, o Santos em 1912), quando da disputa da Intercontinental de 1962 o clube português já havia conquistado em competições oficiais dois títulos internacionais (Copa dos Campeões Europeus de 1961 e 1962) e 22 nacionais (onze campeonatos e onze copas), enquanto o brasileiro ganhara somente um internacional (Libertadores de 1962), um nacional (Taça Brasil de 1961) e seis estaduais (Campeonato Paulista de 1935, 1955, 1956, 1958, 1960 e 1961).

Contudo, o Benfica também precisava de afirmação. Quando a Uefa criou a Copa dos Campeões Europeus para a temporada 1955-6, os participantes foram convidados e o representante de Portugal não foi o Benfica, embora

---

15. *A Bola*, 12 abr. 1962, pp. 1 e 7.
16. Não há pesquisas com metodologia científica para aquela época, e se um estudo do Ibope de 1969 apontou o Santos como o clube mais popular do país naquele ano (Disponível em: <www.lancenet.com.br>), era por razões mais conjunturais do que estruturais — "acho que 1968 foi, provavelmente, o melhor ano para o clube desde que eu comecei a jogar", diz Pelé em sua autobiografia (Edson Arantes do Nascimento, *Pelé: A autobiografia*. Redação de Orlando Duarte e Alex Bellos. Rio de Janeiro: Sextante, 2004, p. 161) —, tanto que na era pós-Pelé caiu bastante, e ainda atualmente, mesmo com o "efeito Neymar", possui apenas a oitava torcida do país, com 2,7% do total.

campeão nacional no ano anterior, e sim o rival Sporting, graças ao seu currículo (entre 1947 e 1954, de oito campeonatos portugueses ele ganhou sete). Além disso, em 1962 o Benfica carregava o estigma de sua primeira grande conquista internacional — a Copa dos Campeões Europeus do ano anterior, obtida contra o Barcelona — ter-se devido mais à sorte do que ao talento. Foi assim, aliás, que um jornal neutro colocou sua manchete: "A Copa da Europa de 1961 preferiu o entusiasmo ao talento". E logo abaixo, em letras maiores e em vermelho: "Benfica ou a sorte no futebol".[17]

De fato, o goleiro catalão falhou infantilmente no gol de empate do Benfica e, dois minutos depois, um zagueiro do Barcelona marcou contra seu próprio campo; por duas vezes, com o goleiro lusitano já batido, um zagueiro tirou a bola em cima da linha; o Barcelona chutou quatro bolas na trave, duas em um só lance, quando ela bateu num poste, correu sobre a linha e bateu no outro antes de voltar para as mãos de Costa Pereira. Além disso, as dúvidas quanto ao valor do Benfica eram reforçadas pelo fato de na Intercontinental de 1961 o time ter vencido o Peñarol por magro 1 a 0 em Lisboa e depois, em Montevidéu, ter sido massacrado por 5 a 0 e derrotado também na partida desempate por 2 a 1. Se analistas e torcedores tinham elogiado a grande partida jogada pelo Benfica na decisão da Copa dos Campeões Europeus de 1962, vitória de 5 a 3 sobre o Real Madrid, todos reconheciam também que o clube espanhol estava então envelhecido e decadente.

Por tudo isso, e por jogar com novo técnico (Béla Guttmann, o vencedor das duas Copas dos Campeões Europeus, deixara o clube), o Benfica teve na partida do Maracanã uma inabitual postura defensiva. Apresentou-se todo o primeiro tempo num 5-2-3 que às vezes oscilava para 5-3-2, e apenas por estar perdendo por 1 a 0 (Pelé aos 31 minutos), voltou para o segundo tempo no mesmo 4-2-4 do Santos. Conseguiu assim reequilibrar a partida e marcou o gol de empate (Santana aos treze minutos), mas recuou novamente. Pouco depois (aos dezenove minutos) Coutinho desempatou, e mais tarde (quarenta minutos) Pelé ampliou, para logo em seguida Santana diminuir (42 minutos), tornando dramáticos os momentos finais do jogo. Mesmo se o placar foi aper-

---

17. *France Football*, n. 795, 6 jun. 1961, p. 12. Mesmo os portugueses reconheceram o fato, como fez Carlos Pinhão ao se referir ao Benfica de 1961 como "feliz campeão" e ao de 1962 como "justo campeão" (*A Bola*, 30 out. 1962, p. 8).

tado, a derrota deixava o Benfica com a tarefa de vencer duas vezes em Lisboa: uma para restabelecer a paridade na disputa, provocando assim a terceira e decisiva partida, a qual ele também deveria ganhar para ser campeão. Enquanto o clube lusitano precisava de duas vitórias, ao brasileiro bastaria um empate no encontro da noite de 11 de outubro.

Neste, o fator psicológico foi tão decisivo quanto o técnico. A obrigação de ganhar parece ter inibido o Benfica, que jogou melhor fora de casa do que em casa. É verdade que o mesmo aconteceu com o Santos, mas, tendo vencido no Rio de Janeiro, o time chegou a Lisboa com vantagem no regulamento e no moral. A imprensa portuguesa reconheceria que a responsabilidade tinha pesado sobre o Benfica, dono de um ataque veloz e que não soube aproveitar a lentidão da defesa brasileira, cuja média de idade era superior a 28 anos. Um comentarista foi claro: "O campeão da Europa entrou no campo em visível estado de perturbação nervosa, de duvidosa confiança em seus recursos e com um psiquismo de derrota a coibir-lhe os movimentos".[18] Nem Eusébio, que viria a ser o grande nome da história do clube, ficou isento daquele estado de espírito. É verdade que é preciso levar em conta sua juventude, porém Pelé, com seus 22 anos na época, não era muito mais velho que Eusébio, então com vinte.

Por outro lado, o brasileiro já estava no seu sexto ano de futebol profissional (estreou no Santos, em partida amistosa, com quinze anos de idade, e em partida oficial com dezesseis anos, poucos meses depois), e o português estava ainda no seu segundo ano (vestiu de forma oficial a camisa do Benfica com dezenove anos). Contudo, era grande a expectativa quanto ao desempenho de Eusébio, devido às suas qualidades de atacante rápido, de chute forte e preciso, artilheiro. Expectativas talvez superiores àquilo que o jovem moçambicano podia então responder. Em março de 1962, o Benfica tinha realizado em Milão um amistoso contra a seleção italiana que se preparava para a Copa do Mundo do Chile, e muitos técnicos, dirigentes e jornalistas foram observar o atacante do Benfica. E saíram desiludidos. Na edição do dia seguinte de *La Gazzetta dello Sport*, Emilio Violanti comentou que se Eusébio valia 375 milhões de liras, "Altafini valerá 1 bilhão e Rivera 1,5 bilhão"; no *Corriere della Sera*, Gino Palumbo proclamou que "Pelé teria todo o direito de se sentir ofendido por aqueles que o comparam ao jogador português"; em *La Gazzetta del Popolo*,

---

18. Otto Bumbel, *A Bola*, 13 out. 1962, p. 7.

Alfredo Toniolo afirmou que "o homem de Moçambique não pareceu, pelo menos hoje, o superfutebolista que todos esperavam. Tem dezenove anos. Poderá ainda vir a sê-lo?".

Em certa medida, a resposta surgiu na goleada sofrida pelo Benfica na segunda partida da Intercontinental, em pleno estádio da Luz. Um jornalista português diagnosticou — sem nomear Eusébio, mas evidentemente o incluindo ou mesmo dando-lhe destaque em sua análise — que "o ataque do Benfica, tocado de narcisismo, cometeu o erro terrível de ter procurado competir tecnicamente com os seus camaradas do Santos" em vez de fazer um jogo mais simples, mais fluido, tecnicamente menos exigente e mais eficaz. A avaliação foi corroborada por um jornal paulista, para o qual o Benfica "joga muito miudinho".[19] Outro importante jornalista português sentenciou que Eusébio foi, na partida da Luz, "pálida sombra" de Pelé, "talvez por ter se preocupado em demasia com esse inglório despique pessoal".[20] Mas centrar as duas partidas da Intercontinental de 1962 em uma suposta rivalidade entre Pelé e Eusébio seria naquela época exagero e hoje anacronismo.

Até ali, o camisa 10 do Santos já ganhara duas Copas do Mundo, enquanto o camisa 8 do Benfica (só mais tarde ele usaria a 10) ainda não disputara nenhuma. Pelé era reconhecido pela imprensa portuguesa como o melhor jogador do mundo, e Eusébio era visto como um jovem muito promissor que ainda não era o principal jogador de sua equipe, ainda que logo após a Intercontinental um jornalista francês tenha avaliado que ele "será talvez o grande jogador europeu de amanhã".[21] Mais do que um jogo particular entre eles, as duas partidas entre Santos e Benfica em 1962 representaram metas diferentes para os dois jogadores. O luso-africano precisava se firmar definitivamente no próprio elenco encarnado, embora se depositasse muita esperança e responsabilidade sobre ele — "o Benfica conta com Eusébio para impedir o sucesso do Pelé FC", proclamou no dia do jogo decisivo o prestigioso *L'Équipe*.[22]

Percebe-se por essa manchete que também Pelé carregava muita expectativa. Na disputa da Libertadores, o Santos sem ele ganhara de 2 a 1 em Monte-

---

19. Respectivamente, *A Bola*, 13 out. 1962, p. 7, e *Folha de S.Paulo*, 12 out. 1962, p. 14.
20. Carlos Pinhão, *A Bola*, 13 out. 1962, p. 4.
21. Jean-Philippe Réthacker, *France Football*, n. 866, 16 out. 1962, p. 15.
22. *L'Équipe*, 11 out. 1962, p. 9.

vidéu e perdera por 3 a 2 na Vila Belmiro. Com a volta dele, fez 3 a 0 no Peñarol (dois gols do camisa 10) na partida desempate, em Buenos Aires. Sem Pelé, "o Santos é apenas uma equipe como outras", proclamou a *France Football*.[23] Apesar de objeto de reconhecimento quase unânime, Pelé via na Intercontinental uma excelente oportunidade para reforçar sua imagem. Naquela época, sem internet e de televisão com recursos técnicos limitados, apenas competições internacionais permitiam a comprovação da qualidade de uma equipe e de um jogador. E Pelé não tinha ainda sido posto à prova tantas vezes quanto Alfredo Di Stéfano, que aos 35 anos "continua a ser o mais fantástico jogador em todo o mundo", na avaliação feita em abril de 1962 por Miguel Muñoz.[24] Devido a uma contusão, o jogador santista tinha participado pouco da Copa do Mundo no Chile, e assim a Intercontinental, coberta por quase toda a imprensa europeia, era uma ocasião de ouro para confirmar a excelência e agora a maturidade do jovem que a Europa tinha visto brilhar na Suécia em 1958. Ademais, Pelé nunca havia jogado bem em Portugal, e essa motivação deve ter pesado para fazer no estádio da Luz "a melhor partida da minha carreira", como viria a confessar.[25]

O primeiro confronto entre os dois craques tinha ocorrido na final do Torneio de Paris, a 15 de junho de 1961, em que o Santos derrotou o Benfica por 6 a 3, mas Eusébio ganhou o desafio pessoal imaginário ao ter feito naquele jogo mais gols que Pelé (três contra dois). O jornal *L'Équipe* colocou em destaque: "Os lampejos de Pelé e Coutinho e os chutes de Pepe desarticularam o Benfica, mas o Santos tremeu sob os golpes de Eusébio".[26] O ápice do antagonismo entre eles seria na Copa do Mundo de 1966 na Inglaterra, da qual Eusébio terminou como melhor jogador e artilheiro com nove gols, dois deles na vitória de 3 a 1 de Portugal sobre o Brasil, que foi então eliminado da competição. Quanto ao fato de Pelé ter saído contundido daquela partida, Eusébio

---

23. *France Football*, n. 860, 4 set. 1962, p. 15. A expressão "Pelé Football Club" era repetidamente usada por aquela revista (por exemplo, n. 796, 13 jun. 1961, p. 1; n. 797, 20 jun. 1961, p. 1; n. 850, 26 jun. 1962, p. 12), e o mesmo fazia *L'Équipe* (7 jun. 1961, p. 1; 16 jun. 1961, p. 1). O goleiro benfiquista, terminada a decisão da Taça Intercontinental, insistiu na ideia: "A defesa do Santos não é boa, mas Pelé é o rei" (*Folha de S.Paulo*, 12 out. 1962, p. 14).
24. *A Bola*, 12 abr. 1962, p. 1.
25. *Pelé: A autobiografia*, p. 133.
26. *L'Équipe*, 15 jun. 1961, p. 10.

afirmou, dois anos antes de morrer, que o brasileiro já teria entrado em campo mancando devido às pancadas recebidas na partida anterior e que o zagueiro português Morais "deu um carrinho no seu tornozelo esquerdo, não no joelho direito já machucado como inventaram os brasileiros". Ainda por cima, concluiu, dando mais uma estocada no rival, "é preciso aceitar o risco", e "se ele não estava bem para a partida, deveria ter ficado de fora".[27]

Quando lá em 1966 o português publica sua autobiografia, dá-lhe o título de *Meu nome é Eusébio*, como forma de protesto contra o apelido que a imprensa lhe dava, "Pelé da Europa". E perguntava, não sem certo ressentimento, por que ele deveria ser o Pelé da Europa e não Pelé "o Eusébio das Américas". Apesar disso, mais de quarenta anos depois, em 2008, na série de filmes sobre os vencedores da Bola de Ouro editada pelo jornal francês *L'Équipe* e pelo italiano *La Gazetta dello Sport*, o português ainda é definido como "a resposta europeia a Pelé". Diante da persistência do tema, Eusébio quase sempre adotou uma postura ambígua. De um lado, ele se coloca em posição de igualdade afirmando que Pelé não lhe fazia sombra, pois "o mundo é suficientemente grande para cabermos lá os dois", e garante não se sentir inferiorizado, já que "me comparam a um jogador excepcional". De outro lado, insinua sua própria superioridade — depois do Mundial de 1966, "a crítica e o público entenderam que eu havia destronado Pelé", e como subtítulo de seu livro ele coloca "autobiografia do maior futebolista do mundo" — para logo a seguir reconhecer que Pelé "continua a ser 'O Rei', o maior, o melhor jogador do mundo".[28]

Ainda assim os paralelismos continuaram sendo feitos pela opinião pública. Comparou-se a precocidade de ambos: Pelé estreou na seleção brasileira com dezesseis anos, Eusébio na portuguesa com dezenove. Comparou-se a longevidade deles em seus clubes: Pelé jogou dezoito anos no Santos, Eusébio catorze no Benfica.[29] Comparou-se os confrontos diretos entre os dois: o Santos de Pelé venceu o Benfica de Eusébio nas cinco vezes que se defrontaram; a

---

27. Entrevista a William Pereira, *So Foot*, n. 95, abr. 2012, p. 84.
28. Eusébio da Silva Ferreira, *Meu nome é Eusébio*. Redação de Fernando F. Garcia. Lisboa: Publicações Europa-América, 1966, pp. 199-200.
29. Pelé jogou no Santos de 7 de setembro de 1956 a 2 de outubro de 1974, e Eusébio atuou no Benfica de 1º de junho de 1961 a 18 junho de 1975, sendo portanto incorretas as atribuições de dezenove anos de clube ao primeiro e quinze ao segundo, como várias vezes se diz considerando inapropriadamente os anos cheios de permanência deles nos respectivos clubes.

seleção brasileira com o santista venceu a portuguesa com o moçambicano em dois amistosos, contudo perdeu o jogo mais importante, o da Copa de 1966; nos confrontos quando ambos jogavam nos Estados Unidos, em fim de carreira, o time de Eusébio venceu o de Pelé duas vezes.

Comparou-se o aproveitamento dos dois artilheiros nas respectivas seleções nacionais: Pelé marcou 77 gols em 114 jogos (média de 0,67), Eusébio 41 gols em 64 atuações (0,64 de média); em Copas do Mundo, o brasileiro marcou doze vezes e o português nove, mas Pelé o fez em quatro participações e Eusébio em apenas uma, tendo sido o artilheiro do Mundial de 1966, feito que Pelé nunca alcançou. A média de gols de Pelé no Santos é de 0,97 por partida (1091 tentos em 1116 encontros), a de Eusébio no Benfica de 1,12 (497 gols em 440 jogos). No total da carreira, o brasileiro marcou 1282 vezes em 1366 partidas (média de 0,93), e o português fez 593 gols em 569 jogos (1,04 de média).[30] Ou seja, em termos relativos, os números do benfiquista são um pouco melhores, e em termos absolutos os do santista são largamente superiores.

Nos dois critérios a comparação é problemática pelo fato de Eusébio ter jogado bem menos partidas em função de suas muitas contusões,[31] que o impediram de ter melhores contratos e forçaram-no, mesmo sem condições físicas, a prolongar a carreira em clubes menores. Ao contrário de Pelé, portanto, que pôde colocar em prática o antigo conselho do pai: "Você deve parar quando está em sua melhor forma, porque é assim que será lembrado". E insistiu que "não é uma coisa agradável presenciar o declínio de alguém".[32] Como aconteceu com Eusébio. Nas palavras de um importante jornalista esportivo português,

> os verdadeiramente apaixonados do futebol teriam gostado que Eusébio se tivesse retirado dos campos de jogo na plenitude das suas faculdades. [...] Foi penoso, por vezes, ver Eusébio atuando com a camisola do Beira-Mar. Será penoso,

---

30. Os dados numéricos, que apresentam certa variação conforme a fonte consultada, foram extraídos de *Veja* (n. 2267, 2 maio 2012, p. 81) e Afonso de Melo, *Eusébio enciclopédia* (Lisboa: Zebra, 2011, pp. 120-1 e 141).
31. Foram quarenta contusões em dez anos, entre 1964 e 1974, tendo passado por seis operações no joelho esquerdo, "que ainda hoje o faz sofrer terrivelmente". Ver Melo, *Eusébio enciclopédia*, pp. 29 e 50.
32. *Pelé: A autobiografia*, pp. 197 e 172.

por certo, ver Eusébio terminar a sua carreira em jeito de saltimbanco [...] vê-lo andar de malinha na mão, percorrendo a América do Norte, debatendo-se com problemas, fazer um joguinho em Paris, de despedida, rotulando com o seu nome, a sua fama, e onde se juntam pouco mais de 5 mil pessoas.

Por sua vez, a despedida de Pelé da seleção brasileira em 1971 reuniu 180 mil pessoas no Maracanã; a do Santos, na Vila Belmiro, em 1974, quase 33 mil; a do Cosmos, no Giants de Nova York, em 1977, cerca de 75 mil.[33]

Admitindo que teve "sorte" na vida, que "Deus estava de olho em mim",[34] Pelé reivindica ter sido o maior jogador da história do Santos e do mundo, enquanto o benfiquista geralmente expressava uma humildade ("não fui o melhor jogador do Benfica")[35] desconhecida de seu colega brasileiro. Talvez um pouco revoltado com a falta de sorte, talvez descontente com as comparações que sempre terminam em vantagem para Pelé ("a minha sombra negra"),[36] talvez se sentindo liberado pela idade, em 2011, durante um encontro de ex--futebolistas, Eusébio foi duro em relação a Pelé, mesmo afirmando que "sou mais amigo dele do que ele é meu". Avaliando o amigo rival, ele garante que "para levar vantagem, Pelé era muitas vezes violento". E embora diga que "não lhe tiro valor nem categoria", o luso-moçambicano afirma: "Houve um [brasileiro] melhor do que Pelé. Era Garrincha".[37] Poucos meses depois, em entrevista a uma revista francesa, Eusébio admite que Pelé foi um "grande jogador, com técnica, bom no jogo aéreo, 'matadas' de peito", mas implicitamente limi-

---

33. Carlos Miranda, citado por Melo, *Eusébio enciclopédia*, p. 12; *Pelé: A autobiografia*, pp. 198 e 229. A carreira dos dois jogadores se estendeu por 21 anos, durante os quais Pelé atuou em apenas dois clubes e Eusébio em dez, o último dos quais de futsal.
34. *Pelé: A autobiografia*, pp. 7, 19, 27-8, 43, 72, 74, 77, 80, 108, 178, 211, 233 e 267-8. Em certa passagem, ele explicita a ausência de sérias contusões: "Uma vez mais, pensei em Deus, que me deu talento para praticar esse jogo bonito e que me protegeu de uma contusão grave" (p. 227).
35. Melo, *Eusébio enciclopédia*, p. 269.
36. *Meu nome é Eusébio*, p. 199.
37. O encontro ocorrido no Rio de Janeiro em 28 de novembro de 2011 está relatado por Tiago Leme (Disponível em: <http://espn.estadao.com.br/.../229073>). Já em 1962, depois da partida da Taça Intercontinental no Rio de Janeiro e antes da de Lisboa, Eusébio colocara Garrincha acima de Pelé, possivelmente impressionado pela então recente Copa do Mundo no Chile realizada pelo ponta-direita brasileiro, que ele considerou o melhor jogador do mundo. Ver *A Bola*, 1º out. 1962, p. 3.

ta a habilidade do brasileiro ao avaliar que "atleticamente ele era mesmo melhor que eu". E fez questão de completar de forma inequívoca: Pelé não foi o melhor de todos os tempos; este foi Di Stéfano.[38]

No entanto, em setembro e outubro de 1962 a rivalidade entre Pelé e Eusébio era incipiente. O fato fundamental na decisão de Lisboa foi outro: o estado de espírito do Benfica. Logo após o primeiro jogo, seu treinador havia afirmado que na segunda partida "obteremos uma vitória fácil graças a Santana, que marcou nossos dois gols no Rio, e graças a Cavém, que marcará Pelé impiedosamente".[39] Todavia, enquanto no Maracanã esse polivalente jogador tinha feito marcação individual sobre o craque brasileiro, e na maior parte das vezes com sucesso, na partida da Luz o Benfica adotou marcação por zona, que depois jornalistas e mesmo o árbitro reconheceram ter sido fatal para o time. Um comentarista argutamente observou que todo jogador brasileiro, "talvez mais por razões psicológicas do que técnicas, deve ser marcado homem a homem".[40] O que impediu essa escolha em Lisboa não foi a necessidade de ganhar — a marcação homem a homem não é forçosamente incompatível com uma postura ofensiva —, e sim certa soberba do time da casa.

Soberba que, entretanto, não foi vista como tal pelos benfiquistas, que fundamentavam sua certeza exagerada de vitória em três razões. Primeira, o chamado fator campo, pois o clube tinha alto aproveitamento em seu estádio: naquele ano de 1962, conseguira ali 82% dos pontos disputados pelo campeonato nacional e, de outubro de 1960 até aquele momento, vencera todos os encontros internacionais realizados na Luz. Segunda razão, a esperança de que o time estaria bem mais forte com a recuperação de três titulares que, por contusão, não tinham jogado no Rio de Janeiro. E não se tratava de reforços secundários.

Costa Pereira, titular absoluto no gol do Benfica por doze anos, tinha sido definido por um comentarista brasileiro como "o maior, o melhor e o mais extraordinário goleiro que vi atuar na minha vida".[41] Germano tinha sido uma ausência ainda mais sentida: na final contra o Barcelona pela Copa dos Cam-

---

38. *So Foot*, n. 95, abr. 2012, p. 84.
39. *France Football*, n. 863, 25 set. 1962, p. 24.
40. Vitor Santos, *A Bola*, 13 out. 1962, p. 7.
41. Rui Viotti, *A Bola*, 28 jun. 1956, p. 3.

peões Europeus de 1961, em Berna, ele foi o grande jogador português e, de acordo com dois periódicos franceses, era "um dos melhores zagueiros centrais da Europa", era "a verdadeira coluna vertebral do Benfica". Quando anos depois Béla Guttmann, com o conhecimento de quem tinha sido campeão em sete diferentes países, escalou a seleção dos jogadores com quem trabalhara, equiparou Germano e Mauro (que tinha sido seu jogador no São Paulo).[42] O centroavante Águas fez igualmente muita falta no Maracanã, pois além de carismático capitão e eficiente artilheiro, era o "maestro" do Benfica, desempenhando na equipe "o mesmo papel que Di Stéfano sempre teve no Real Madrid. O dia em que ele não joga, falta alguma coisa na máquina dos campeões europeus", julgou um jornalista português. E não se tratava de avaliação tendenciosa: o técnico da seleção inglesa desde 1947, Walter Winterbottom, considerou-o também um jogador "fora de série".[43]

Terceira razão da excessiva confiança benfiquista, e talvez a de maior peso, eram as circunstâncias da derrota no Maracanã, que se tinha dado por placar apertado (3 a 2) e com o time português impondo grandes dificuldades ao Santos. Após assistir àquela partida, Costa Pereira previu que "'com esse jogo eles não nos ganharão em Lisboa". Eusébio, por sua vez, declarou que em Portugal o Benfica "poderá vencer até pela diferença de dois pontos", e na sua autobiografia reconheceu que "o otimismo era grande dada a maneira como atuáramos no Maracanã".[44] A avaliação dos comentaristas portugueses não foi diferente. Como título de primeira página, um jornal colocou: "No Rio brilhou o futebol português"; e numa manchete interna estampou: "Os campeões europeus mostraram-se dignos do seu título". Outro periódico julgou que, apesar dos desfalques, o Benfica tinha jogado bem melhor todo o segundo tempo e que, por isso, teria sido "o empate talvez o resultado mais justo". Dois dias mais tarde, o mesmo jornalista previa que "um Benfica mais audacioso e com mais personalidade pode pensar, para já, no terceiro jogo e, depois, porventura, até no fabuloso título de campeão mundial de clubes".[45]

42. *France Football*, n. 796, 13 jun. 1961, p. 13; *L'Équipe*, 15 jun. 1961, p. 6; Jenö Csaknády, *A história de Béla Guttmann*. Lisboa: Bertrand, 1964, p. 11.
43. Couto e Santos, *France Football*, n. 862, 18 set. 1962, p. 24; *Mundo Desportivo*, 28 abr. 1961, p. 10.
44. *O Estado de S. Paulo*, 20 set. 1962, p. 20; *Meu nome é Eusébio*, p. 86.
45. *Diário de Notícias*, 20 set. 1962, pp. 1 e 9; Carlos Pinhão, *A Bola*, 20 set. 1962, p. 5, e 22 set. 1962, p. 1.

Reforçavam esse estado de espírito as apreciações da própria imprensa brasileira, que de maneira unânime reconheceu o valor do Benfica. Logo após a partida do Maracanã, Leônidas da Silva comentou na Rádio Panamericana que "em Lisboa o empate será excelente para o Santos". No dia seguinte, o *Jornal dos Sports* estampou em manchete que "O Santos custou a dobrar o Benfica"; o *Jornal do Brasil* escreveu que o "Santos ganhou sem jogar bem"; o *Tribuna da Imprensa* concordou que "O Santos jogou mal"; *A Gazeta Esportiva* afirmou que o Benfica, mesmo "sem Costa Pereira, Germano e Águas, não perdeu o seu poderio. Em ligação, em controle de bola, em passes, o Benfica jogou com grande técnica". Aliás, terminada a partida, já no vestiário, o treinador brasileiro fazia restrições à atuação de sua equipe, admitindo que "o Benfica jogou muito bem, aproveitando-se das deficiências da defesa santista".[46]

Estimulando a autoconfiança, em amistosos preparativos para o confronto decisivo, a equipe lisboeta havia empatado com o Manchester United na Inglaterra (26 de setembro) e vencido o Hamburgo na Alemanha (30 de setembro). Inversamente, como os portugueses noticiaram com destaque, o Santos, antes de viajar para Lisboa, tinha perdido para a Portuguesa de Desportos (6 de outubro), que era então comandada por Otto Glória, justamente o treinador que em 1954 havia realizado "uma verdadeira revolução no Benfica",[47] estabelecendo as bases das futuras conquistas do clube graças à implantação de um maior profissionalismo e à substituição do arcaico sistema WM pelo 4-2-4. Fosse por razões objetivas ou simbólicas, a conclusão pareceu óbvia ao jornalista Carlos Pinhão: "O Santos não é papão. Equipe por equipe, equipara-se à do Benfica. Mas Pelé é papão". Porém, linhas adiante, ele acrescentava: "Eusébio, mesmo a jogar mal, é tão capaz como Pelé de resolver um desafio. [...] Se Pelé é um papão, Eusébio também é".[48]

A maior demonstração dessa soberba foi que, duas semanas antes, o Benfica recebeu, da parte de milhares de seus torcedores, pedidos de ingresso para o terceiro jogo,[49] que só ocorreria na hipótese de vitória do Benfica na segunda partida. A torcida já tinha flâmulas de "Benfica: campeão do mundo". Pelé con-

---

46. *O Estado de S. Paulo*, 20 set. 1962, p. 20.
47. Rui Tovar, "Otto Glória revoluciona o futebol do Benfica", em António Simões do Paço (Org.), *Os anos de Salazar*. Lisboa: Planeta DeAgostini, 2008, v. 12, p. 182.
48. *A Bola*, 11 out. 1962, p. 7.
49. *A Bola*, 29 set. 1962, p. 5.

fessou anos depois que esse fato "espicaçou" todo o time brasileiro, que acabaria por fazer no jogo de Lisboa "um dos melhores desempenhos da história do Santos", "uma atuação soberba, uma obra de arte futebolística que jamais esquecerei".[50] Já logo após a partida do Maracanã, provocado pelas declarações do técnico adversário, Pelé tinha respondido que havia marcado dois gols em Buenos Aires, dois no Rio de Janeiro e marcaria dois em Lisboa, prometendo que "garantirei o triunfo do Santos mesmo se eu próprio precisar marcar três gols",[51] como acabaria por fazer.

Conseguido o objetivo, Pelé admitiu que tinha esperado uma partida fácil, não só devido à grande motivação santista, mas também porque no Rio de Janeiro o Benfica tinha jogado retrancado e em Lisboa teria que jogar aberto. Pensando nisso, o técnico Lula não escalou Mengálvio, meia de ligação muito técnico mas um pouco lento, deslocando para o seu lugar o polivalente Lima, que vinha jogando na lateral direita (Olavo entrou nessa posição) e aumentou assim a velocidade na troca de bola do time brasileiro. Ademais, os santistas jogariam com a equipe completa e em boa forma (apenas Zito estava um pouco resfriado), enquanto no Benfica dois dos três ausentes no Maracanã continuaram de fora. E o retorno de Costa Pereira nada acrescentou. Muito pelo contrário, já que, após longo tempo fora do time, o goleiro estava sem ritmo de jogo e falhou no quarto gol e, grotescamente, no quinto gol do Santos.

É inegável que o fator psicológico foi essencial no confronto da Luz. Um correspondente brasileiro escreveu que "o Santos iniciou a partida com seus jogadores evidenciando nervosismo, especialmente aqueles que se movimentavam no setor defensivo", tanto que depois da partida o técnico Lula reconheceu que "o Benfica poderia ter decidido o jogo no primeiro quarto de hora". Mas a ansiedade não era só dos brasileiros. Mário Coluna — o cérebro da equipe portuguesa, conhecido por Monstro Sagrado, o maior jogador da final da Copa dos Campeões Europeus cinco meses antes — perdeu seguidamente duas claras oportunidades de gol, aos treze e aos catorze minutos. Aos dezenove, Eusébio carimbou a trave. Aos vinte, Simões centrou, Olavo e Gilmar se atrapalharam, mas Santana cabeceou para fora.

---

50. *Pelé: A autobiografia*, pp. 133-4. Vittorio Pozzo, técnico italiano campeão do mundo em 1934 e 1938, concordou dizendo que "o Santos fez uma exibição simplesmente formidável". Ver *A Bola*, 13 out. 1962, p. 5.
51. *France Football*, n. 863, 25 set. 1962, p. 24, e n. 865, 9 out. 1962, p. 17.

Na descrição do mesmo jornalista, "o peso da responsabilidade fez com que, até o momento em que Pelé conseguiu pela primeira vez vencer o arqueiro Costa Pereira, o conjunto brasileiro atuasse muito aquém das suas reais possibilidades, não causando maiores preocupações ao quadro português". Todavia, depois do gol, que veio aos dezessete minutos, "o Santos se transformou por completo".[52] Dez minutos mais tarde, fez 2 a 0 (Pelé em jogada pessoal). No começo do segundo tempo fez 3 a 0 (Coutinho, em passe de Pelé, que havia driblado Cruz, Cavém e Jacinto), 4 a 0 aos vinte minutos (ainda Pelé, em lance individual depois de fintar três adversários e chutar com pouco ângulo) e 5 a 0 aos 32 minutos (Pepe). Conseguido o objetivo, os brasileiros diminuíram o ritmo e os portugueses passaram a jogar mais descontraídos, fazendo dois gols em apenas três minutos (aos quarenta, com Eusébio, e aos 43, com Santana).

É claro que naquela dupla decisão entre Santos e Benfica muita coisa decorreu apenas de situações do jogo. As opções táticas adotadas ou os gestos técnicos realizados respondiam a necessidades mais ou menos imediatas. Na partida de Lisboa, por exemplo, foi o caso de Pelé ter atuado mais pela meia-direita, desnorteando o que o sistema defensivo português esperava e para o qual se havia preparado, bem como a eficaz participação do camisa 10 brasileiro em ações defensivas. No entanto, a microanálise do futebol, aquilo que ocorre "dentro das quatro linhas", para usar o jargão jornalístico, não deve prescindir da macroanálise. Os contextos internacional, nacional, clubístico e individual que comentamos acima confluíram nos 180 minutos do Maracanã e da Luz, comprovando mais uma vez que, como sugerimos em outro trabalho,[53] o futebol é espelho da sociedade. É um *minor mundus*.

---

52. *O Estado de S. Paulo*, 12 out. 1962, p. 14; *Folha de S.Paulo*, 12 out. 1962, p. 14.
53. Hilário Franco Júnior, *A dança dos deuses: Futebol, sociedade, cultura*. São Paulo: Companhia das Letras, 2007.

44. O treinador psicólogo*

Personagem necessariamente multifacetado, para atingir seus objetivos o treinador de futebol desdobra-se em várias funções, uma das quais, e não das menores, é ser uma espécie de psicólogo do grupo que dirige. A constatação é unânime. Albert Batteux, escolhido como o melhor treinador francês de todos os tempos (*France Football*, n. 3508, 2 jul. 2013), dizia que para a função a "principal qualidade deve ser a psicologia, pois o que conta são os homens e o estado de espírito com o qual se disputa uma partida. No fundo, o resto, o conhecimento científico do treinamento, da organização do jogo e da tática, não varia muito de um país para outro, de um treinador para outro".

Seu conterrâneo Michel Hidalgo (campeão da Eurocopa de 1984) reconhece que "os problemas mais importantes a controlar são de ordem psicológica e humana". O italiano Carlo Ancelotti admite que "minha carreira de jogador não seria suficiente para me tornar treinador", e que para tanto foi preciso estudar tática, preparação física, gestão de grupo e psicologia. Para este último aspecto, diz ele, "fiz cursos, trabalhei bastante com um psicólogo e continuo a

---

* Uma versão inicial deste ensaio foi veiculada pelo portal do Núcleo Interdisciplinar de Pesquisas sobre Futebol e Modalidades Lúdicas da Universidade de São Paulo (Ludens-USP) a partir de 10 de julho de 2013. Disponível em: <www.usp.br/ludens>.

fazê-lo". Seu compatriota Fabio Capello acredita que "os melhores treinadores são aqueles que tiram o melhor de seus jogadores no plano técnico, no plano tático e, sobretudo, no plano psicológico". O espanhol Rafael Benítez concorda em que "a psicologia é uma parte muito importante da profissão". O britânico Alex Ferguson, ao ser perguntado se havia um psicólogo no staff técnico do Manchester United, composto por quinze diferentes profissionais, deu uma resposta taxativa: "Não, disso cuido eu!". O alemão Ottmar Hitzfeld pensa que a boa formação de um treinador deve incluir "uma parte importante de psicologia".

De fato, é fundamental a maneira de um treinador gerir a dinâmica entre os diferentes perfis psicológicos que compõem um grupo de uns trinta jogadores e seu complexo jogo de inter-relações. O ideal do "grupo unido" não é apenas clichê, é dado importante para o sucesso de uma equipe, embora algumas consigam conquistas sem esse requisito. Como norma, porém, parece prevalecer a fórmula que o alemão Sammy Drechsel utilizou no título de seu famoso livro: "Vocês devem ser onze amigos [se quiserem vencer]". Além disso, o treinador de perfil psicólogo precisa ter em conta outro quadro delicado, que é o dos vínculos entre atletas, de forma individual e coletiva, e comissão técnica. Se o ex-jogador Ricardinho (Corinthians, São Paulo, Santos, seleção brasileira etc.) foi eleito em 2006 por uma centena de seus colegas de profissão como "o jogador mais odiado do Brasil" (*Placar*, mar. 2006) é porque supostamente mantinha relacionamento estreito demais com treinadores e dirigentes dos clubes pelos quais passou.

A observação empírica do ex-jogador Claude Makélélé (Real Madrid, Chelsea, seleção francesa) de que "o futebol é bastante psicológico, ele se passa muito na cabeça, e quando alguém está um pouco tocado mentalmente, se ressente bastante no campo de jogo", foi confirmada pelo estudo de François Ducasse e Makis Chamalidis, para quem nas competições de alto nível, em qualquer esporte, 70% das decisões dos atletas são definidas por fatores psicológicos. O zagueiro Piqué, do Barcelona, também pensa assim: "Estou convencido de que um jogador é feito 90% de confiança e desejo de vencer e 10% de talento". É por essa razão que muitos dos mais bem-sucedidos treinadores na história do futebol mundial foram ou são eficientes psicólogos intuitivos e respeitados comandantes de grupos, mais até do que grandes táticos. Embora forte nesse plano, o italiano Marcello Lippi (à frente da Juventus, pentacampeão italiano, ganhador da Liga dos Campeões e da Copa Intercontinental; à frente da Azzurra, campeão na Copa do Mundo de 2006) avalia que "um treinador deve ser muito psicólogo". E a isso atribui o sucesso de José Mourinho, que para ele inaugurou a forma de dirigir uma equipe no século XXI, "baseada mais na psicologia do que na técnica ou na tática".

Psicologia que, no caso do português, ao contrário da imensa maioria dos seus colegas, não resulta de uma vivência anterior de jogador, pois ela foi curta (de 1983 a 1987) e pouco relevante (nunca jogou na primeira divisão de Portugal). A importância que a psicologia assume em Mourinho é bem mais enraizada. Ele convivia com o meio futebolístico desde a infância, já que seu pai foi goleiro profissional (Vitória de Setúbal e Belenenses), e em sua adolescência começou a trabalhar no futebol auxiliando o pai, que tinha se tornado treinador. O então presidente da Comissão Europeia, o português José Manuel Durão Barroso, formulou em janeiro de 2013 uma hipótese interessante sobre o caráter polêmico, contestador e agressivo de Mourinho, atípico dos portugueses: este teria sido forjado quando ele era garoto, ao presenciar nas arquibancadas a torcida vaiar e xingar seu pai. Como quer que seja, Mourinho demonstrou, em quatro diferentes países, enorme perspicácia na relação com seus comandados. O holandês Wesley Sneijder, por exemplo, acha que "ninguém sabe tratar os jogadores como ele".

Explicando por que Mourinho "passa confiança e fomenta a união da equipe, sem grande esforço", Zico disse que é "precisamente porque o carisma já fez uma boa parte do caminho". Mas a motivação não surge espontaneamente apenas pela presença de um treinador carismático. Antes da primeira partida da semifinal da Liga dos Campeões de 2009-10, contra o Barcelona, Mourinho precisava mobilizar o grupo da Internazionale, já dado como derrotado pela imprensa e pelas torcidas neutras. Durante a preparação, ele exibiu para seus jogadores um vídeo não sobre as virtudes do adversário, os pontos sobre os quais se deveria ter atenção redobrada, pois isso poderia aumentar a insegurança diante do futebol rápido e eficiente da equipe catalã encabeçada por Messi, o melhor jogador do mundo. Mourinho preferiu o procedimento inverso e mostrou as fragilidades do rival, despertando nos interistas a esperança de que seria possível vencer os barcelonistas. O que aconteceu.

No entanto, a valorização da psicologia por parte dos treinadores não impede que, depois de certo tempo à frente de um grupo de jogadores, haja claro desgaste no relacionamento, talvez devido aos limites dessa psicologia apenas prática. E uma formação acadêmica não supera necessariamente as dificuldades. O húngaro Béla Guttmann, para quem Viena era sua "casa espiritual" e onde se sentiu atraído pelas ideias de Freud, formando-se depois em psicologia, dizia que "o terceiro ano é fatal" à frente de um elenco de futebolistas. Mourinho, que o admira, parece seguir à risca aquele prazo de validade: dois anos no Porto, três no Chelsea (e o terceiro realmente não foi bom), dois na Internazionale, três no Real Madrid (e o último foi, nas suas palavras, "o pior da minha carreira"). O ex-craque croata do Milan e hoje comentarista Zvonimir Boban mudou o prazo de validade, não o princípio, diagnosticando que trocar de treinador no máximo a cada cinco anos é "pura lei futebolística para um grande clube" (*La Gazzetta dello Sport*, 13 dez. 2005). Em 2012, Felipão ilustrou a máxima de Guttmann e terminou sua segunda passagem pelo Palmeiras após 26 meses, afirmando que a relação entre a base do elenco e um treinador tem duração limitada.

É nítida a defasagem entre o tratamento científico propiciado pelos grandes clubes a seus jogadores nos aspectos físico, técnico e tático e a abordagem da condição emocional deles, que continua geralmente a ser feita de forma quase amadora. Mas na Inglaterra dos últimos anos a maioria dos clubes conta com um psicólogo profissional na comissão técnica. Além disso, desde 2000 o Sindicato de Jogadores e a Premier League (a liga inglesa) subvencionam um organismo (Sporting Chance) dedicado a acompanhar e tratar esportistas e ex-esportistas com problemas comportamentais. Na Alemanha, Jürgen Klinsmann introduziu em 2004 um psicólogo permanente na seleção nacional e depois fez o mesmo em 2008 no Bayern de Munique. Outros clubes adotaram a ideia ao tomarem consciência de como a pressão da competição de alto nível pode fazer estragos no equilíbrio psicológico dos jogadores, com repercussão tanto no plano esportivo como no pessoal. Percebendo o alcance dessa medida, em 2011 o Sindicato de Jogadores exigiu da Bundesliga (a liga alemã) a obrigação de cada clube contar com um psicólogo.

Caso interessante foi revelado ao jornal *El País* (30 dez. 2012) pelo ex-jogador dinamarquês e hoje treinador Michael Laudrup: em 1983, quando atuava na Juventus, o time ganhou as sete primeiras partidas do campeonato italiano e mesmo assim o treinador Giovanni Trapattoni não estava satisfeito, criticava e pressionava os jogadores, exigia melhoramentos; mas quando o time caiu de produção ele passou a tratá-los de maneira calma, compreensiva.

Embora Laudrup conte o episódio como algo modelar, que como treinador ele próprio pretende seguir, pode-se perguntar se essa opção é psicologicamente a melhor. A partir de certo nível de cobrança sobre um sistema que funciona bem, as pessoas envolvidas podem sentir o fato como uma injustiça, sendo atingidas na sua autoconfiança, e, por consequência, sua produtividade cai.

Se o papel de todo treinador é essencial na construção ou recuperação da autoconfiança de um jogador, esta também depende em larga parte de outro sentimento, muito mais complexo, a autoestima. Enquanto a autoconfiança é mais conjuntural, consciente, objetiva e social, a autoestima é mais estrutural, inconsciente, subjetiva e interna. Um jogador em má fase ou retornando de contusão séria terá sua autoconfiança reduzida, sem que isso atinja necessariamente sua autoestima. Em outros casos, a autoestima acompanha as flutuações da autoconfiança. É o que ilustra a carreira de Edmundo (Vasco, Palmeiras, Flamengo, seleção brasileira etc.), jogador de inegáveis qualidades técnicas e de clara fragilidade narcísica. Suas sempre agitadas chegadas e saídas dos treze diferentes clubes que defendeu se deveram a isso. Quando reconhecido pelo elenco e pela torcida como o principal jogador do time, a autoestima em ascensão gerava autoconfiança e bons desempenhos. Quando tinha de dividir aquela condição (como aconteceu com Romário no Flamengo, Vasco e Fluminense), seu narcisismo era atingido e baixava a autoconfiança, provocando agressividade com companheiros e imprensa.

Porque gerenciar a autoestima de cada jogador escapa aos conhecimentos e possibilidades da maioria dos treinadores, eles colocam a ênfase de seu trabalho psicológico na autoconfiança individual e coletiva de seus comandados. No intervalo da decisão da Copa dos Campeões Europeus de 1962, com o Benfica perdendo de 3 a 2 para o Real Madrid (que já era pentacampeão europeu e cuja equipe tinha Di Stéfano, Puskás, Gento e outros grandes e experientes jogadores), Béla Guttmann não fez explanações táticas. Estas ou já estavam assimiladas pelos jogadores ou não seriam captadas naquele momento de grande emoção e pouco propício a atividades intelectuais. Ele limitou-se a dizer: "O jogo está ganho, não se preocupem". Não era uma bravata, e sim uma mistura de boa leitura do jogo, pleno conhecimento de sua equipe e choque psicológico conciso e na dosagem exata. A partida terminou 5 a 3 para os portugueses.

Muito menos comentada e igualmente importante é a autoconfiança do próprio treinador. Fator de peso, pois a tensão do seu trabalho é maior que a dos jogadores, mesmo que poucos enfartem jovens, como ocorreu com Cruijff à frente do Barcelona quando tinha 44 anos de idade e apenas cinco de carreira. Ou, pior ainda, como aconteceu em 1985 com Jock Stein, que, quando a sua seleção escocesa marcou o gol que lhe garantia acesso à repescagem para a disputa da Copa do Mundo no ano seguinte, teve um ataque cardíaco no banco de reservas e morreu minutos depois no vestiário, com 62 anos de idade. O destino de Franco Scoglio foi ainda mais chocante: em outubro de 2005, com 64 anos, o ex-treinador do Genoa estava em um programa de televisão debatendo com o presidente daquele clube quando enfartou e morreu diante dos telespectadores.

Há treinadores de baixa autoconfiança que de alguma maneira contagiam seu elenco e que, mesmo fazendo bons trabalhos, conquistam muito menos do que seria de se esperar de suas qualidades, caso do italiano Claudio Ranieri. No outro extremo, há treinadores tão confiantes em si próprios que com frequência tangenciam a soberba, caso de Mourinho e Luxemburgo. Mas autoconfiança inabalável não é necessariamente sinônimo de falta de autocrítica, como ilustra o curioso caso de Gabriel Hanot (1889-1968). Ex-atacante da seleção francesa que abandonou precocemente a carreira devido a um acidente, ele se tornou jornalista de renome — foi o grande instigador do profissionalismo do futebol no seu país e o pai intelectual da Copa dos Clubes Campeões Europeus, hoje Liga dos Campeões — e ao mesmo tempo técnico da França. Depois de uma goleada sofrida em casa frente à Espanha, em vez de simplesmente pedir demissão, ele publicou no jornal esportivo *L'Équipe* (19 jun. 1949) um artigo não assinado pedindo a demissão do treinador, o que aconteceu em seguida.

Ainda que o essencial seja o trabalho de psicólogo em relação ao próprio elenco, todo técnico deve levar em conta que os rivais são grupos de homens com suas idiossincrasias, ansiedades e necessidades psicológicas. É preciso bem avaliar o adversário também nesse plano. Bom exemplo é o da final da Supercopa da Europa de 1983, que colocou frente a frente, em jogo único, em campo neutro, o pequeno Aberdeen da Escócia e o gigante Real Madrid. Naquela oportunidade, o escocês Jock Stein — que em treze anos dirigindo o Celtic (de 1965 a 1978) havia conquistado dez campeonatos nacionais, oito Copas da Escócia, seis Copas da Liga Escocesa e uma Copa dos Campeões Europeus — deu uma sugestão importante a seu conterrâneo e colega do Aberdeen, o então novato Alex Ferguson. Disse-lhe para, antes da partida, contatar o treinador madridista, o legendário Alfredo Di Stéfano, e com atitude humilde presenteá-lo com uma garrafa do melhor uísque escocês. O principal, ensinou Stein, "é fazê-lo se sentir importante, é lhe dar a impressão que você já está satisfeito de participar da final e que a vitória não é imprescindível para você". Naquela noite o Aberdeen venceu por 2 a 1 e o futuro Sir Alex Ferguson conquistou seu primeiro título internacional.

OBRAS CITADAS

DRECHSEL, Sammy. *Elf Freunde müsst ihr sein: Fußballroman* [1955]. Stuttgart: Thienemann, 2008.
DUCASSE, François; CHAMALIDIS, Makis. *Cabeça de campeão* [2004]. Rio de Janeiro: Casa da Palavra, 2009.
FERGUSON, Alex. *Managing My Life: My Autobiography*. Londres: Hodder and Stoughton, 1999.
RIOLO, Daniel; PAILLET, Christophe. *Secrets de coachs: Les plus grands entraîneurs de foot se confessent...* Paris: Hugo, 2011.

45. O treinador revolucionário

"Não acho que taticamente ele tenha inventado grande coisa." Essa avaliação que Marcello Lippi fez de José Mourinho poderia ser estendida à quase totalidade dos treinadores de futebol, inclusive ele próprio. Na verdade, o que fazem — como reconheceram vários deles nas entrevistas concedidas a Daniel Riolo e Christophe Paillet — é uma bricolagem de ideias, métodos e gestões de antecessores e contemporâneos. Fabio Capello admite que todo treinador é, em certa medida, "ladrão" de conceitos alheios. Com efeito, ao longo da história do futebol, apenas uns poucos criaram algo realmente novo. Às vezes isso decorreu de uma mudança aparentemente pequena em um sistema anterior, o que gerou, contudo, uma nova concepção do jogo.

Foi o caso da reflexão tática realizada diante da mudança na regra ocorrida em junho de 1925 para aumentar o número de gols e o consequente interesse do público. Com a nova lei de impedimento, que reduziu para dois o número de jogadores que precisam estar entre o atacante e a linha da meta para o lance ser legal, a quantidade de gols cresceu muito — 40% a mais na temporada 1925-6 na Inglaterra. A solução ao problema defensivo que então se colocava levou à primeira revolução tática no futebol, e não se sabe com certeza se ela é creditável ao inglês Herbert Chapman no Arsenal ou ao escocês Johnny Hunter no Motherwell. Como quer que seja, a base dessa reorganização foi recuar o centromédio — que por sua vez tinha surgido do recuo de um dos centroavantes no sistema piramidal, predominante desde fins dos anos 1870 ou princípios dos 1880 — para o meio dos dois zagueiros então existentes. Além disso, dois atacantes foram recuados cerca de vinte metros para ajudarem os médios a controlar o avanço dos atacantes contrários. Assim, a disposição dos jogadores em campo ficava em 3-2-2-3. Visto das arquibancadas, traçando linhas imaginárias que tomam em consideração a ligação estrutural dos médios com os zagueiros e dos meias com os atacantes, o novo sistema parecia uma letra W defensiva e uma letra M ofensiva.

Na Inglaterra, o sucesso do WM foi imediato: em oito anos, o Arsenal conquistou cinco campeonatos e duas copas nacionais. Mas o *policeman* (terceiro defensor) de Chapman e a marcação individual introduzida por esse sistema foram durante alguns anos objeto de certa reserva na Europa continental e só iriam se difundir lentamente na década de 1940. Na Itália, por exemplo, muito afeita à adaptação local do ferrolho suíço, a resistência à novidade foi forte, e o WM foi aplicado pela primeira vez nos anos 1940 pelo grande time do Torino. Só muito lentamente o interesse do sistema foi aparecendo: no verão de 1953, a Internazionale treinada por Alfredo Foni realizou uma excursão na Suécia e, em três partidas jogando no ultradefensivo *catenaccio*, que lhe dera naquele ano o título de campeã italiana, tomou treze gols; na única vez em que o time italiano recorreu ao WM, ganhou por 3 a 1. Aos poucos se percebia que se a motivação inicial do esquema era defensiva, ele possibilitava bom poder ofensivo ainda que tivesse menos atacantes que o predecessor sistema piramidal.

Em 1947, enquanto o WM inglês ganhava espaço na Europa continental, Márton Bukovi tornou-se treinador do MTK Budapeste e começou a fazer experimentos nos coletivos escalando atacantes na defesa e defensores no ataque. Observando esse jogo sem posição rígida, ele recuou o centroavante uns dez ou quinze metros e verificou que, assim, este atraía seu marcador (que pelo conceito do WM acompanhava em toda parte o homem a ser marcado) e fazia mais gols vindo de trás com a bola dominada do que ficando parado à espera dos cruzamentos. Dessa forma, Bukovi pôde avançar um dos meias fazendo com que o ataque de três pontos do M se tornasse uma linha de quatro. A essas inovações, Gusztáv Sebes, treinador da seleção húngara, acrescentaria outra: recuou o médio que jogava pelo lado esquerdo (transformando-o em outro zagueiro, o quarto-zagueiro), liberando mais espaço de manobra para a nova posição do centroavante. Mais do que isso, criando uma defesa em linha — resposta húngara à regra do impedimento — com quatro jogadores marcando por zona, não mais individualmente, eles podiam participar do jogo coletivo. A invenção de Bukovi e Sebes reforçou a defesa e o ataque; nascia o 4-2-4.

Esse sistema começou a ser usado na seleção húngara entre 1950 e 1951 e conheceu grande sucesso ao longo daquela década. Em 1952, foram dez partidas (incluindo amistosos) e dez vitórias, com 45 gols a favor e seis contra, conquistando acima de tudo a medalha de ouro nos Jogos Olímpicos de Helsinque. Em 1953, a equipe de juniores ganhou o Campeonato Europeu sem sofrer um único gol; a seleção principal goleou a Itália em Roma (3 a 0), a Tchecoslováquia em Praga (5 a 1) e a Inglaterra em Wembley (6 a 3), onde, em noventa anos, os ingleses jamais haviam perdido para uma equipe da Europa continental. Na preleção dessa célebre partida, Sebes explicou a Bozsik que ele seria o elemento-chave porque, atuando como médio recuado (o primeiro volante de hoje), teria menos vigilância que os jogadores mais avançados e poderia perfurar a defesa inglesa. E de fato ele esteve na origem de dois gols e também marcou um. Com cinco toques na bola, os húngaros abriram o placar aos cinquenta segundos de jogo, e com meia hora já venciam por 4 a 1. Enquanto em toda a partida os ingleses deram cinco chutes a gol, os húngaros fizeram-no 35 vezes! O ponta-esquerda inglês Tom Finney, contundido, assistiu à partida da tribuna de imprensa e reconheceu que os húngaros tinham "um time maravilhoso de assistir, com uma tática que eu nunca vira antes. Foi como cavalos que puxam carroça jogando com cavalos de corrida".

Em 1954, na revanche de Wembley jogada em Budapeste, a Seleção de Ouro venceu por 7 a 1 (a Inglaterra continuou jogando no WM, o "único jeito que sabiam e ao qual se apegavam ferrenhamente", comentou Puskás). Na Copa do Mundo daquele ano, na Suíça, os húngaros trucidaram a Coreia do Sul por 9 a 0, depois a Alemanha por 8 a 3, vencendo também o Brasil e o Uruguai por 4 a 2. Mas, como se sabe, perderam a final para a Alemanha por 3 a 2, na maior surpresa da história das Copas. Surpresa maior que a derrota do Brasil na final de quatro anos antes. Embora tendam a minimizar o fato para amplificar a própria tragédia nacional, os brasileiros enfrentaram em 1950 um Uruguai bicampeão olímpico e campeão do mundo, país de grande tradição no futebol, igualado naquela época apenas pela Itália. Apesar da derrota da Hungria, o legado do 4-2-4 ficou e iria se disseminar.

Quando o húngaro Béla Guttmann veio trabalhar no São Paulo em 1957, trouxe consigo aquele conceito. Além da movimentação como um todo, importou mesmo uma jogada específica da seleção húngara: o lançamento longo do goleiro Grosics que buscava o centroavante Hidegkuti na intermediária. No Tricolor, o goleiro Poy, que tinha bom jogo com os pés, procurava o centroavante Gino, que desviava de cabeça para a entrada em diagonal do ponta-direita Maurinho. Assim como Boszik era fundamental para o equilíbrio defensivo-ofensivo da seleção húngara, Guttmann recuou o então meia Dino Sani para a função de médio, onde seu futebol cresceu e garantiu sua convocação para a Copa de 1958. Assim como muito do jogo húngaro passava por Puskás na meia-esquerda, muito do jogo do São Paulo de Guttmann passava por Zizinho na mesma posição.

Foi observando e assimilando esse trabalho que Vicente Feola — naquela época responsável pelo departamento de futebol do clube e em várias oportunidades seu treinador (foi aquele que mais dirigiu o time em sua história, com 524 jogos) — pôde introduzi-lo na seleção brasileira no ano seguinte, quando se tornou seu técnico. Como o 4-2-4 é muito ofensivo e de alto risco defensivo, com os dois médios ficando sobrecarregados, desde a criação da tática um dos ponteiros podia sistematicamente recuar, já que naquela época os laterais pouco apoiavam. Aquilo que Zagallo fez na seleção de 1958 (e de cuja paternidade tentou se apropriar) estava no DNA do sistema húngaro e era executado em sua seleção alternativamente ou em conjunto pelos pontas Budai e Czibor. Quer dizer, os futuros 4-3-3 e 4-4-2 estavam contidos na organização húngara.

O mesmo se dá com o atual 4-2-3-1. Quando criança, José Mourinho torcia pelo Benfica e tornou-se admirador de Guttmann (que deu ao clube lisboeta uma Taça de Portugal, dois campeonatos nacionais e duas Copas dos Campeões Europeus), de forma que, já como treinador, citou-o bastante e nele se inspirou várias vezes. Quando usa o 4-2-3-1, o técnico português aplica uma variante do sistema húngaro na qual faz os meias participarem ativamente da marcação. Essa longínqua linhagem húngara é ainda a mais em voga, utilizada na Copa de 2010 por Alemanha, Argentina, Brasil, Espanha, França, Inglaterra e Holanda, bem como na Liga dos Campeões de 2012-3 por três dos quatro semifinalistas e pelos dois finalistas. O ensaísta italiano Sandro Modeo tem razão: o 4-2-4 é "a tática mais delirante e visionária do futebol moderno".

O jogo holandês da década de 1970 concebido por Rinus Michels — e praticado tanto pela seleção vice-campeã do mundo nas Copas de 1974 e 1978 como pelo Ajax tricampeão europeu (1971-3) — inscreve-se igualmente na genealogia do sistema húngaro. De fato, a constante troca de posição dos jogadores tinha sido um dos pontos fortes da seleção de Sebes. Como Puskás observou, o que jogávamos "era um protótipo do 'futebol total': quando atacávamos, todos atacavam; na defesa acontecia a mesma coisa". Para tanto, "jogávamos muito futebol sem a bola". Eis o testemunho de Hidegkuti:

> Embora nós seis pudéssemos atacar, nunca jogamos "alinhados". Se eu avançava, Puskás recuava. Se Kocsis se desviava muito, Bozsik ia para o centro. Sempre havia espaço para enfiar a bola. Nosso lateral direito Buzánszky ia para a ponta se Budai entrasse mais no meio. Às vezes Czibor saía da ponta esquerda e ia para junto de Budai na direita. Mudávamos constantemente de posição. Onde nos alinhávamos para o pontapé inicial era irrelevante.

O goleiro Grosics, por sua vez, jogava muito com os pés, tanto defensivamente, quando saía da área exercendo a função de líbero, como ofensivamente, quando, em vez de chutões para repor a bola em jogo, procurava alcançar Puskás e Hidegkuti, que nesse tipo de jogada recuavam um pouco para se colocarem ao alcance desses passes longos.

O conceito tático de Michels partiu dos mesmos fundamentos, mas dotando-os de dinâmica mais intensa, com movimentação constante dos jogadores nas manobras tanto defensivas quanto ofensivas. Isso respondia não somente a uma concepção pessoal, mas também ao seu momento histórico. O sistema de Michels implicava uma liberdade de movimentos em todos os setores do jogo, o que correspondia melhor à Holanda (e ao Ocidente capitalista) dos anos 1970 do que à Hungria (e aos países do bloco comunista) dos anos 1950. Para ser executado, tal esquema tático requeria polivalência e sobretudo inteligência na ocupação dos espaços, de maneira que as alterações de posição não ficassem sem as compensações correspondentes. Dessa forma, a tentativa de descrevê-lo pelo posicionamento de início de partida como 3-4-3, ou melhor, 3-2-2-3, é claramente insuficiente por criar a irônica situação de reduzir o mais moderno sistema de jogo ao arcaico WM.

É o já clássico rótulo de Carrossel Holandês que melhor exprime a execução da ideia, pois os jogadores circulavam pelo campo, aparecendo em posições inusitadas para os postos que em teoria ocupavam. Por exemplo, o goleiro Jongbloed participava ativamente do jogo não tanto fazendo defesas, porque a bola pouco chegava a seu gol, e sim por atuar bem adiantado e funcionar mais como uma sobra atrás dos zagueiros. Ruud Krol, defensor muito técnico, aparecia com frequência no ataque (e assim marcou quatro gols pela seleção holandesa e 23 pelo Ajax). Cruijff, como falso 9, flutuava por várias partes do terreno, abrindo espaço para a chegada de companheiros vindos de trás, além de fazer gols que lhe dão até hoje a melhor média na história da seleção holandesa.

O melhor jogador de Michels tornar-se-ia seu sucessor espiritual no comando do Barcelona, de 1988 a 1996 Cruijff introduziria ali uma novidade importante: o armador à frente da defesa. Como na metade do campo do time sem a bola geralmente ficam entre dez e quinze jogadores, ele viu a importância de a construção do jogo começar desde trás, com um zagueiro (Koeman) ou um volante (Guardiola) de boa técnica que pudessem encontrar companheiros mesmo cercados por adversários, ou avançar com a bola dominada abrindo espaços para os deslocamentos dos homens da frente — aquilo que anos mais tarde seria feito por Xavi e Iniesta no Barcelona dirigido por Guardiola (de 2008 a 2012), ganhador de catorze títulos em dezenove disputados.

A contribuição desse treinador para sua estirpe tática foi insistir em que o time deveria ocupar uma faixa curta de terreno, não mais de 25 metros entre a linha defensiva e a linha de ataque, de maneira a facilitar a posse de bola e evitar que um defensor fique ocupado a marcar um atacante que não existe. Todos participam da troca de bola e da construção do jogo. Um elemento essencial do jogo húngaro que tinha sido assimilado pelo sistema de Michels reapareceu com mais força no Barcelona de Cruijff e mais ainda no de Guardiola: o falso 9. No Dream Team do holandês, esse papel foi exercido por Laudrup (quando Romário chegou ali, "a equipe exibiu um grande nível, mas não foi tão sedutor como na época em que não havia ninguém no eixo do ataque e todos lá chegavam", avalia Torquemada); no do catalão, por Messi.

Mesclando a estrutura do sistema húngaro e a dinâmica do sistema holandês, outra revolução tática foi concebida pelo italiano Arrigo Sacchi. Depois de experimentos iniciais no Parma, ele pôde burilar suas ideias no Milan. Com jogadores atleticamente fortes, tecnicamente excelentes e taticamente aplicados — sobretudo a coluna vertebral formada por Baresi, Rijkaard, Gullit e Van Basten —, o time exerce marcação bem avançada, pressionando a saída de jogo do adversário, de forma que ao recuperar a bola já estava próximo da meta contrária. De dezesseis partidas internacionais do Milan em 1988 — como mostrou o levantamento realizado por Richard Bate naquele mesmo ano —, se apenas 13% das bolas recuperadas aconteceram na zona ofensiva, elas foram, porém, responsáveis por 66% dos gols marcados. Assim, a postura da equipe tinha evidentes vantagens ofensivas, mas também defensivas: o ataque defendia na própria zona de ataque. Na sua primeira temporada no Milan (1987-8), Sacchi foi campeão italiano com o time tomando somente catorze gols em trinta partidas.

Superava-se assim em certa medida a dificuldade básica do jogo, que Cruijff definiria mais tarde da seguinte maneira: "Se você ataca, é porque abriu espaço na defesa; se está na defesa, há espaço para atacar". A organização do jogo devia estar voltada para as conexões, para as ligações entre os jogadores, a movimentação, os deslocamentos coordenados — enfim, o jogo coletivo. Não por acaso, o pódio da Bola de Ouro em 1988 foi Van Basten, Gullit e Rijkaard, e o de 1989 foi Van Basten, Baresi e Rijkaard, isto é, só jogadores do Milan, e que exerciam diferentes funções. Para poder realizar todos os aspectos de sua proposta, Sacchi exigia que seus jogadores jamais estivessem distantes uns dos outros mais de cinco metros. Ele explica que "jogar junto não quer dizer apenas ter um bom espírito de equipe. Isso é muito redutor. É o jogo que é o ator de tudo". Porque isso é complexo, "poucas equipes jogam verdadeiramente de maneira coletiva".

Na Itália culturalmente acostumada à marcação individual, a introdução do sistema de zona completava a concepção coletiva. A linha defensiva, comandada por Baresi, jogava bem adiantada, quase na linha central, e com frequência deixava o ataque contrário em impedimento. No entanto, a ideia demorou a vingar nos demais clubes. "Durante anos lutei como Dom Quixote diante de moinhos de vento contra essa ideia da marcação individual", conta Sacchi. E, "no final e paradoxalmente, acho que se tentou copiar o Milan mais no estrangeiro do que no nosso país". No Milan, o sistema global de jogo funcionou muito bem — em quatro temporadas (1987-91) o time conquistou duas Copas Intercontinentais, duas Ligas dos Campeões, duas Supercopas da Europa, um campeonato nacional e uma Supercopa da Itália —, mas era demasiado exigente, desgastante física e mentalmente. Como as linhas moviam-se juntas, em nenhuma fase do jogo era possível algum atleta ficar parado, e por isso a movimentação incessante pedia uma condição física excelente. A concentração de todos os jogadores também era imprescindível, e um único que não acompanhasse a dinâmica do time poderia comprometer o conjunto. Essa demanda de esforço contínuo esteve na origem de atritos entre Sacchi e vários jogadores, sobretudo os holandeses, em especial Van Basten.

Embora adaptada, a herança de Sacchi continua presente. Carlo Ancelotti, que foi seu jogador, reconhece nele o promotor de "uma espécie de revolução no futebol italiano e mundial. Ele utilizava métodos completamente inovadores". E acima de tudo a marcação por pressão no campo do adversário. Se a dinâmica do Ajax já recorria a isso, com o deslocamento conjunto de todos os seus jogadores, o *pressing* de Sacchi era mais organizado, mais adiantado e permanente. "Nossos adversários não estavam acostumados com isso", continua Ancelotti, daí a imensa vantagem do time nos dois ou três primeiros anos. Enquanto técnico do Barcelona (de 2003 a 2008), Frank Rijkaard, que tinha sido dirigido três anos por Sacchi, procurou harmonizar a postura ofensiva que Cruijff incutira no clube com a pressão coordenada sobre a saída de bola do adversário que aprendera com Sacchi. Guardiola aprofundaria com sucesso essa tentativa de fusão das duas escolas. Em outra linhagem tática, também Rafael Benítez vê no Milan de Sacchi o modelo ideal, equilibrado, que impedia o adversário de jogar e ao mesmo tempo atacava "maravilhosamente".

Enquanto para a maioria dos treinadores e dos jogadores o futebol é largamente intuitivo, para os técnicos inovadores ele é bastante conceitual, intelectual. De acordo com Cruijff, "todos os treinadores insistem sobre o movimento e a necessidade de correr bastante. Mas acho que não é necessário correr muito. O futebol é um jogo que se joga com a cabeça". Sacchi revelaria que "sempre pensei que o futebol não 'nascia' nos pés, mas na cabeça. Michelangelo dizia que um quadro se pintava com a cabeça, e não com as mãos". Significativamente, aqueles que inovaram na história do futebol — Chapman, Sebes, Michels (melhor treinador do século XX segundo a Fifa), Sacchi — não foram anteriormente jogadores profissionais. Aos ex-jogadores que valorizam essa condição para dirigir uma equipe, Sacchi deu uma resposta célebre: "Não acho que para ser jóquei é preciso antes ter sido cavalo".

OBRAS CITADAS

BATE, Richard. "Football Chance: Tactics and Strategy". Em Tom Reilly et al. (Orgs.), *Science and Football*. Londres: E. & F.N. Spon, 1988, pp. 293-301.
JAMRICH, Klara; TAYLOR, Rogan. *Puskás: Uma lenda do futebol* [1997]. São Paulo: Dórea Books and Art, 1998.
MODEO, Sandro. *Mourinho: Um gênio do outro mundo* [2010]. Alfragide: Livros d'Hoje, 2011.
RIOLO, Daniel; PAILLET, Cristophe. *Secrets de coachs: Les plus grands entraîneurs de foot se confessent....* Paris: Hugo, 2011.
TORQUEMADA, Ricard. *A fórmula Barça* [2011]. [S.l.]: Prime Books, 2013.

46. O ex-futuro Ferguson brasileiro*

No mundo extremamente dinâmico do futebol, pode ter passado despercebido que em maio de 2013, paralelamente à aposentadoria de Alex Ferguson no Manchester United após 27 anos, 1500 partidas e 38 títulos, Muricy Ramalho, então à frente do Santos, disputava seu 17º título em vinte anos de profissão. O cotejo entre os dois personagens mostra que eles tiveram carreiras convergentes até certo momento e, por razões culturais de seus países, divergentes a partir de então, impedindo que o segundo se tornasse uma espécie de versão brasileira do primeiro. E todavia as condições básicas para isso não faltaram.

As ideias de Ferguson são encampadas por Muricy quanto à filosofia de jogo ("privilegiar a posse de bola e encorajar a expressão individual dos jogadores"), gerência do grupo ("criar equipes nas quais os jogadores confiam uns nos outros e se apoiam"), relação com o clube ("a continuidade e a estabilidade são sem dúvida a base indispensável do sucesso") e com os atletas ("nenhum jogador é maior que o clube") e planejamento ("devo ser responsável pelo presente e também pelo futuro do clube"). A avaliação que o escocês faz da imprensa poderia estar na boca do brasileiro:

---

* Uma versão curta deste ensaio foi publicada no site do Núcleo Interdisciplinar de Pesquisas sobre Futebol e Modalidades Lúdicas da Universidade de São Paulo (Ludens-USP) em 18 de maio de 2013. Disponível em: <www.usp.br/ludens/>.

Pergunto-me se a mídia se interessa verdadeiramente por aquilo que acontece numa partida de futebol. Ela parece dar mais atenção ao que se passa depois: o que pensa o treinador da vitória ou da derrota, o comportamento das estrelas, deixando o jogo em segundo plano. Isso me decepciona, pois é bem mais interessante falar da partida em si.

Ambos também sempre tiveram olho clínico para identificar jovens promissores e apostar neles, como Scholes, Giggs, Beckham, Cristiano Ronaldo e Rooney, no caso de Ferguson, Rogério Ceni, Denílson (ponta-esquerda), Juninho Paulista, Breno e Hernanes, no caso de Muricy.

Como se sabe, Muricy formou-se no São Paulo como jogador e depois como treinador, auxiliando Telê Santana, de quem absorveu muitos traços pessoais e profissionais. Nessa função, coube-lhe em 1994 dirigir o time B do São Paulo — ou Expressinho, como ficou conhecido na época — na Copa Conmebol (antecessora da Copa Sul-Americana). Além do título, foi importante naquele time de garotos a afirmação profissional de vários deles. Com a saída de Telê por motivo de saúde, no começo de 1996, Muricy assumiu o time principal, mas a reestruturação em curso e a comparação inevitável com os 21 troféus ganhos nos cinco anos anteriores pesaram no trabalho do ainda inexperiente treinador.

Ele saiu do clube prometendo a si mesmo voltar mais tarde em melhores condições. Foi trabalhar no Extremo Oriente, no interior de São Paulo, no Nordeste e no Sul do Brasil, e em 2006 estava de novo no Morumbi. O trabalho foi muito bom, a identificação com a torcida era grande, os títulos vieram... Mas não todos. E o treinador foi dispensado em meados de 2009. Se esse mesmo pouco tempo tivesse sido dado a Ferguson, ele teria saído do Manchester United sem ganhar um único troféu. Para conquistar sua primeira Copa da Inglaterra, ele precisou de quatro anos; para os dois primeiros títulos europeus menores (Recopa e Supercopa), cinco anos; para o primeiro campeonato inglês, sete anos; para a Liga dos Campeões, treze anos. Sentindo-se injustiçado, no mês seguinte Muricy foi para o rival Palmeiras, e estando visivelmente triste, não obteve bons resultados ali.

Alguns puseram em dúvida sua capacidade, argumentando que no futebol atual não há espaço para sentimentalismo, que no entanto pode ser fator positivo. Claudio Ranieri entendeu isso, pois mesmo sendo um profissional que já dirigiu treze outros clubes, como ex-jogador (1972-4) e treinador (2009-11) da Roma ele admitiu que ali "é minha casa, sou torcedor", e por isso treinar a Lazio é "impossível e impensável". Superada a fase emocionalmente mais difícil, Muricy, trabalhador e vencedor, teve sucesso no Fluminense e no Santos. Mas de certa forma já se havia tornado mais um profissional no mercado, sem a aura da identificação, da lealdade e da continuidade com um clube que sempre acompanhará Alex Ferguson.

A possibilidade de Muricy se transformar no Ferguson brasileiro tinha sido irremediavelmente quebrada pelos quatro anos de afastamento do São Paulo. E a responsabilidade disso foi do clube. A diferença entre a trajetória dos dois treinadores esteve nos seus dirigentes. Apesar do êxito tardio, Ferguson nunca deixou de contar com o apoio total da direção do Manchester United. Ele reconhece que atualmente é mais complicado um treinador ter trajetória como a dele porque "a expectativa é muito maior... É irrealista!". Em 2005, quando por determinadas circunstâncias o time fez má campanha depois de anos sempre disputando títulos, muitos disseram que Ferguson era velho, estava ultrapassado. O clube, porém, manteve-o no cargo. Mesmo em ambiente latino temos um exemplo interessante. Em 1987, depois do mau começo de Arrigo Sacchi, cujos métodos não eram bem-aceitos pelos jogadores do Milan, numa rodada importante contra o Verona, fora de casa, Silvio Berlusconi ficou na porta do vestiário e disse a cada jogador que saía em direção ao campo: "Entre Sacchi e a equipe, fico com Sacchi". Meses depois, o Milan conquistaria o *scudetto* que lhe escapava desde 1979 e iniciaria uma nova era de ouro na sua história.

O caso brasileiro é claramente contrastante. Em três anos e meio no São Paulo, Muricy ganhou três títulos seguidos do Campeonato Brasileiro — proeza difícil de ser superada —, mas foi dispensado porque não teve êxito na Libertadores. Ora, em 27 anos de clube, Ferguson ganhou a competição equivalente, a Liga dos Campeões, "apenas" duas vezes. Enquanto os problemas que Muricy teve no São Paulo com jogadores apenas medianos (como Dagoberto, Hugo, Washington e Borges) desgastaram sua posição diante da diretoria e contribuíram para sua demissão, o mesmo tipo de situação no Manchester United levou à manutenção do treinador e à dispensa do jogador insatisfeito, ainda que fosse um ídolo e prata da casa como David Beckham ou peças importantes do elenco como Dwight Yorke, Roy Keane ou Ruud van Nistelrooy.

Se a personalidade algo ranzinza de Muricy descontentou dirigentes e também serviu de justificativa para sua dispensa, o clube inglês privilegiou a competência de Ferguson, e não sua conhecida faceta autoritária e irascível.

Franz Kafka provavelmente tem razão: "Talvez exista apenas um pecado capital: a impaciência. Por causa da impaciência os humanos foram expulsos do paraíso, por causa da impaciência não voltam para lá".

Depois que este texto foi escrito, Muricy voltou ao São Paulo em setembro de 2013, encontrando situação oposta àquela de 2006, quando assumiu o time que era o então campeão paulista, da Libertadores e do Mundial de Clubes. O novo desafio, antes de sonhar novamente com voos mais altos, foi tirar o time da situação inédita de locatário da zona de rebaixamento, onde estava havia mês e meio. Duas rodadas depois isso foi alcançado, e mais tarde, com quatro rodadas de antecipação, o time estava matematicamente salvo. No entanto, ele não tinha sido a primeira opção da diretoria, apesar dos insistentes pedidos da torcida. O escolhido foi Paulo Autuori, que dirigiu o time em apenas dezessete partidas, com somente 25,5% de aproveitamento. Muricy então voltou, mas a verdade é que os quatro anos entre sua dispensa e sua reincorporação foram anos perdidos para o clube. Naquele período, enquanto o treinador ganhou uma Libertadores (Santos, 2011), uma Recopa Sul-Americana (Santos, 2012), um Campeonato Brasileiro (Fluminense, 2010) e duas vezes o Campeonato Paulista (Santos, 2011 e 2012), o São Paulo, por seu lado, com seis técnicos diferentes (e sete interinos), venceu apenas um torneio oficial (Copa Sul-Americana, 2012) e outro amistoso (Copa Eusébio, 2013).

A justificativa para a dispensa em 2009 e a demora na recontratação em 2013 foi a existência de diretores do clube que não gostavam pessoalmente de Muricy. Não se levou em conta o óbvio: o clube deveria estar acima de simpatias e antipatias de uma ou outra pessoa, e o critério precisaria ser técnico, considerando a competência e os resultados obtidos. E esse ponto estava muito claro, tanto que, em fins de 2014, Muricy tornou-se o segundo treinador da história do clube em número de partidas e de vitórias, superando Telê e Poy, atrás apenas de Feola. Em abril de 2015, porém, ele deixou o clube por motivo de saúde e praticamente se aposentou (com exceção de 26 partidas à frente do Flamengo em 2016). Se não tivesse sido injustificadamente dispensado em

2009, se tivesse podido continuar e se aposentar no São Paulo, como dizia ser seu desejo, Muricy teria largamente ultrapassado as 299 vitórias de Vicente Feola (ele alcançou 253), ainda que, por uma questão de idade, jamais pudesse alcançar as 895 vitórias de Alex Ferguson à frente do Manchester United. Pena para o São Paulo, pena para o futebol brasileiro, que perdeu assim um salutar exemplo.

OBRAS CITADAS

FERGUSON, Alex. *Managing My Life: My Autobiography*. Londres: Hodder and Stoughton, 1999.
KAFKA, Franz. "Betrachtungen". Em *Hochzeitsvorbereitungen auf dem Lande*. Frankfurt: Fischer, 1953.
RIOLO, Daniel; PAILLET, Christophe. *Secrets de coachs: Les plus grands entraîneurs de foot se confessent...* Paris: Hugo, 2011.

47. Ronaldo, divina comédia ou tragédia?*

Explicando o título de sua obra-prima, Dante Alighieri afirma que comédia é uma história que começa mal e termina bem, enquanto tragédia é uma história que principia bem e acaba mal. Esta deve ter sido a dúvida que passou pela cabeça de todos que assistiram à entrevista coletiva de despedida de Ronaldo: sua trajetória é de comédia ou de tragédia? Optando pela primeira resposta, muitos vão argumentar com a extraordinária guinada de vida que o futebol lhe permitiu dar. Da origem humilde que parecia destinar aquele garoto a uma vida dura, obscura, quem sabe até flertando com a criminalidade (como aconteceu com companheiros de infância), em poucos anos ele passou à condição de famoso, admirado, milionário. Vieram prêmios individuais, títulos em grandes clubes e na seleção brasileira, contratos polpudos para jogar e para fazer publicidade. Um fenômeno.

Outros, porém, adotam a segunda resposta, lembrando que o sucesso foi intercalado por uma misteriosa convulsão, sérias cirurgias no joelho, escândalos na vida pessoal, dois fracassos inesperados nas Copas do Mundo de 1998 e 2006. Ademais, Ronaldo teve vários desencontros com os títulos. Em 1996-7, quando jogava no Barcelona, o campeão espanhol foi o Real Madrid; em

---

* Publicado originalmente em *O Estado de S. Paulo*, 20 fev. 2011, p. J6.

2004-5 e 2005-6, quando jogava pelo Real, o campeão foi o Barça. Durante os cinco anos em que atuou na Internazionale (1997-2002), o clube não conquistou nenhum *scudetto*; quando passou para o rival Milan (2006-7), a Inter venceu e chegaria ao pentacampeonato italiano (2006-10). Na temporada 2006-7, o Milan ganhou a Liga dos Campeões e o Mundial de Clubes sem a participação de Ronaldo, que não estava inscrito para a primeira competição e encontrava-se contundido quando da segunda. No Corinthians, cuja principal meta ao contratá-lo era a Libertadores, as tentativas de 2010 e 2011 fracassaram e daria certo apenas em 2012, meses depois de Ronaldo encerrar a carreira.

Na verdade, os balanços e diagnósticos que interessam a torcedores e jornalistas são pouco importantes, são mesmo cruéis, qualquer que seja a resposta escolhida. Não existe mais o jogador, é preciso atenção para que esse fantasma não paralise o homem Ronaldo. A questão é evidentemente complexa: o jogador ajudou a forjar o homem, o homem se conhece em grande parte como jogador. O talento de um existe também no outro? E a força de vontade, igualmente? É fundamental que ele faça o luto do jogador para alcançar autonomia enquanto homem. A maior dificuldade talvez esteja no fato de a torcida e a mídia, pelo menos de início, recusarem-se a aceitar esse luto. Homenagens, reportagens encomiásticas, entrevistas, convites, isso tudo alimenta o fantasma e recusa a passagem para a outra vida. Mesmo porque os brasileiros pouco viram o jogador Ronaldo ao vivo. Algum tempo no Cruzeiro, magrinho e desconhecido, algum tempo no Corinthians, inchado e famoso. Garrincha, Pelé e Romário não tiveram um fim de carreira tão impactante emocionalmente, talvez porque tenham estado mais perto do público brasileiro. Para este, eles foram jogadores reais, enquanto Ronaldo, na maior parte do tempo, foi virtual. Só se via suas jogadas pela televisão. Daí o entusiasmo quando apareceu em carne e osso para trabalhar no Brasil, e daí a decepção e revolta quando o que se viu não correspondeu totalmente ao que se conhecia através da telinha.

Esse caráter irreal leva muitas pessoas a qualificarem Ronaldo de mito. O termo não é despropositado. Aplicado ao futebol, mito é narrativa coletiva (torcida, imprensa) que, sob forma alegórica (clubes, bandeiras, escudos, heróis), exprime valores (dedicação, coragem, talento), comportamentos (rituais, tabus) e sentimentos (atração, rejeição, medo, prazer) da comunidade que o cria ou adota (a torcida de um clube ou de todo um país). No contexto mítico, herói é aquele que sofre e supera provas antes de alcançar uma condição acima do comum dos mortais. Nesse sentido, Ronaldo é mais herói que Romário, por exemplo. Objetivamente, cada um deles foi fundamental na conquista de uma Copa do Mundo. Nos clubes em que ambos jogaram (PSV Eindhoven e Barcelona), Romário ganhou títulos mais importantes e no conjunto da carreira marcou mais gols. Porém o problema físico que tirou Romário da Copa de 1998 aconteceu antes de ela começar, e o de Ronaldo revelou-se no dia da partida final. O brilhante desempenho de Romário em 1994 pareceu ocorrer com naturalidade; o de Ronaldo em 2002 teve a marca da superação após as cirurgias de 1999 e 2000. A agitada vida sentimental do Baixinho ocorreu mais ou menos na esfera privada, não tendo a publicidade consciente do segundo casamento do Ronaldo, em castelo francês com convidados famosos e uma separação-relâmpago. No campo de jogo, Ronaldo será lembrado por cenas opostas. De um lado, por exemplo, pela habilidade e velocidade com que, jogando pelo Barcelona, superou vários adversários desde o meio-campo para concluir dentro da área do Compostela. De outro lado, quem esquece a cena de sua rótula pulando para a frente quando conduzia a bola numa partida da Internazionale de Milão?

Se estivéssemos em uma partida imaginária pelo campeonato italiano, o milanês Ronaldo teria confundido o florentino Dante Alighieiri, que deveria então pensar em outra forma literária para descrevê-lo: ele é ao mesmo tempo comédia e tragédia.

48. A cabeça da Medusa*

Em sua sabedoria metafórica para falar das grandes questões humanas, a mitologia grega criou deuses, heróis e monstros memoráveis. Um deles é Medusa, figura perigosa com garras de javali, cabelos de serpentes, mãos de bronze e asas de ouro. A lembrança mitológica vem a propósito da demissão de Ricardo Teixeira da presidência da CBF. O Brasil que trabalha honestamente e ama o futebol comemora o fato, mas não tenhamos muita ilusão: o poder da cabeça da Medusa está em petrificar quem a olha (talvez por isso Teixeira tenha se mantido 23 anos à frente da CBF) mesmo depois de decapitada, diz o mito. É o que confirmou o sucessor de Teixeira ao assumir o cargo: "Não se trata de uma nova gestão, mas de um novo presidente".

Também não se deve ingenuamente festejar a decapitação da Medusa porque o mito conta que, se ela é mortal, tem duas irmãs imortais: qualquer analogia com a Conmebol e a Fifa não será mera coincidência. Como se sabe, os interesses de família são convergentes. Não é casual que, também acusados de corrupção, tenham mais tarde caído o paraguaio Nicolás Leoz, presidente da Conmebol desde 1986, e o suíço Joseph Blatter, presidente da Fifa desde 1998. Corrupção não só de dinheiro, porque depois disso a coisa que mais

* Publicado originalmente em *O Estado de S. Paulo*, 18 mar. 2012, p. J4.

apreciam os "cartolas" é o prestígio: conta-se que Leoz queria ser agraciado com o título de Sir pela rainha da Inglaterra para votar a favor deste país como sede da Copa do Mundo de 2018. Decididamente, longos mandatos estimulam maus hábitos tanto no futebol quanto na política.

Entre esses hábitos está certa privatização das instituições. Não é fortuito que o criador do atual sistema político-financeiro da Fifa tenha sido João Havelange, mentor de Blatter (seu ex-colaborador e sucessor na Fifa) e Teixeira (seu ex-genro e sucessor na CBF). Este, aliás, sabidamente era candidato (palavra que, por ironia, deriva de *candidus*, "puro", "inocente", "transparente") à sucessão de Blatter em 2015. E para o posto vago na CBF, o candidato (ainda ironicamente) seria Andrés Sanchez, então presidente do Corinthians. O aperfeiçoamento do sistema Havelange levou à descoberta de outro filão: promover a Copa do Mundo em países cujo controle das contas públicas não é, digamos, rígido. África do Sul (2010), Brasil (2014), Rússia (2018) e Catar (2022) são oportunidades de ouro para grandes negócios.

Desde que, evidentemente, os sócios locais aceitem "jogar o jogo". E o Brasil, em função de uma história política e uma tradição cultural que ninguém desconhece, revelou-se ao olhar apurado da Fifa um campo magnífico. Como os estádios seriam, de forma geral, construídos ou reformados com dinheiro público (que no Brasil não é de ninguém, ou é dos mais rápidos), bilhões estariam navegando entre ministérios, secretarias de Estado, empreiteiras. Quem perceberia, ou se importaria, com algumas migalhas (na escala total do evento) cedidas pela escolha de determinadas sedes ou de certos patrocinadores e empreiteiros?

O problema é que sócios podem atribuir a si mesmos certas liberdades. Quando Jérôme Valcke, então secretário-geral da Fifa, usou uma expressão pouco elegante para reclamar um aceleramento nas obras para a Copa, houve uma revolta nacionalista indignada na mídia e no meio político. Mas se na forma ele estava errado, estaria no conteúdo? O azar de Valcke nesse episódio e de Teixeira em todas as acusações que lhe foram feitas é que no Brasil o futebol é a instância mais sensível da consciência nacional. No mais agudo da crise do Mensalão, o presidente Lula pôde se servir do processo de escolha do Brasil para sede da Copa como manobra diversionista; o presidente da CBF não contou com essa possibilidade. Para muita gente no nosso país a corrupção política parece perdoável, a futebolística bem menos.

O Mensalão demorou a ensinar alguma coisa à sociedade brasileira, mas poder-se-ia sonhar que o Teixeirão exercesse mais rapidamente influência positiva. Desde que, é claro, a saída de cena do personagem favorecesse uma mudança estrutural no futebol brasileiro, não sendo apenas uma dessas notícias que causam grande alvoroço e dias depois todos esquecem. Nos termos do nosso mito, morta Medusa, seu sangue serve tanto para fazer medicamentos curativos quanto venenos mortais. O vazio político criado na CBF pela saída de Teixeira (que continuou a receber polpuda quantia mensal a título de "consultor") pode se prestar para acertos de conta entre desafetos variados na corrida pelo poder. Mas também é possível que trabalhe para uma reforma em profundidade da instituição, o que pela força modelar do futebol no Brasil serviria para uma reflexão global de nossa sociedade.

Infelizmente, a possibilidade aventada pela última frase do nosso texto, escrito no começo de 2012, não foi confirmada pelos fatos posteriores. O vigor e a extensão da podridão institucional do futebol, bem articulada com a da política, não deram até agora sinais de mudanças promissoras. No futebol, as três irmãs Górgonas ("impetuosas") da mitologia grega continuam presentes, atuantes e com seus nomes ironicamente correspondendo bem ao perfil das entidades que dirigem esse esporte no mundo, na América do Sul e no Brasil — Euríale ("a que corre o mundo"), Esteno ("a poderosa") e Medusa ("a rainha").

A primeira delas equivale, é claro, à Fifa, "o maior buraco negro dos tempos modernos", conforme a conclusão a que chegou o jornalista investigativo alemão Thomas Kistner depois de reunir quase quatrocentas páginas de provas e indícios sobre o comportamento financeiro da entidade. Durante anos, entre 1989 e 1999, as negociatas foram feitas através da International Sport and Leisure (ISL), agência de marketing esportivo que detinha a exclusividade dos eventos organizados pela Fifa e que realizou 175 pagamentos de suborno totalizando 120 milhões de dólares, dos quais 9,5 milhões de dólares para Ricardo Teixeira. Um dos pagamentos, feito no valor de 50 milhões de dólares a uma empresa de fachada ainda não identificada, talvez tenha sido endereçado a João Havelange, então presidente da Fifa, pensa outro jornalista investigativo, o britânico Andrew Jennings. Enfim, se a eleição de Blatter à presidência da entidade em 1998 envolveu comprovadamente muita corrupção é porque o cargo é bem mais rentável do que o salário oficial poderia indicar.

Além de boas remunerações e muitas mordomias, os demais altos postos permitem rendimentos extras importantes com dinheiro alheio, sobretudo a venda de votos para a escolha do país-sede da Copa do Mundo. Do ponto de vista do corruptor, aplica-se o mesmo raciocínio que leva os cargos de direção da Fifa a serem tão cobiçados: se uma federação ou confederação nacional paga altas propinas para acolher uma Copa é porque sua organização permitirá, por sua vez, o desvio de muito dinheiro vindo de fornecedores, prestadores de serviços, empreiteiros e órgãos públicos. Na escolha do Brasil para 2014, o princípio foi o mesmo, apenas se dispensando o processo seletivo como uma espécie de presente a um membro do bando. Depois o script seguiu o rumo conhecido. Nas palavras de Jennings, "Teixeira ganha sua própria Copa para saquear à vontade". Com cínica sinceridade, em abril de 2013, Valcke — apropriadamente conhecido em seu país como "trator" devido à ética com que trata os negócios (*L'Équipe*, 26 fev. 2013) — explicou certas atitudes como a expulsão de moradores próximos dos estádios em construção ou reforma (estima-se que 170 mil pessoas) dizendo que "um nível mais baixo de democracia é às vezes preferível para organizar uma Copa do Mundo".

Esse quadro geral não é novo, apenas consolida e completa a passagem ocorrida em 1974 da Fifa idealista para a Fifa capitalista. A eleição de João Havelange acabou com a Fifa que era herdeira ideológica de Jules Rimet e Pierre de Coubertin, que ainda no espírito do século XIX atribuía-se certo caráter civilizador que levava a Europa, por meio do futebol, a promover as relações internacionais, a paz, a aproximação entre os povos. Acusando essa postura de colonialista, Havelange arvorou-se em democratizador da entidade, daí por que foi eleito graças ao apoio dos países recém-independentes da África e dos países até então sem voz ativa da América e da Ásia. Ainda hoje para a Fifa, por exemplo, os 5200 habitantes da ilha caribenha de Montserrat têm o mesmo peso que os 200 milhões do Brasil. Mais importante, da mesma maneira que ocorreu com a descolonização política, os ganhadores não foram os países, e sim suas pequenas e corruptas elites. E também, obviamente, as grandes corporações multinacionais, que viram amplos mercados abrirem-se diante delas. Graças às altas cifras em jogo (a Copa de 2014 foi vista na televisão por 30 bilhões de pessoas em todo o mundo, somando-se aí cumulativamente todos os telespectadores de todas as 64 partidas do evento), a disponibilidade corruptora e corruptível é enorme. Como disse o jornalista britânico John Carlin, a Fifa "fede desde os tempos de João Havelange" (*El País*, 15 set. 2013).

Romário tem toda a razão na sua avaliação sobre a Fifa. Ele diz aquilo que muitos jornalistas omitem para não verem recusada sua credencial em competições organizadas pela instituição; aquilo que dirigentes de federações ocultam por conivência; aquilo que dirigentes de clubes calam por medo de retaliação — "É preciso ser lúcido: o objetivo da Fifa é ganhar dinheiro, não divertir o mundo com o futebol a cada quatro anos. São ladrões e vão continuar a roubar. É uma das mais corrompidas instituições do mundo". O diagnóstico de um dos mais sérios periódicos especializados não é diferente: existe uma "corrupção endêmica no seio da Fifa" facilitada por sua situação institucional (*France Football*, n. 3488, 12 fev. 2013). De fato, ela é uma associação sem fins lucrativos regida pelo direito suíço, e assim, embora tenha uma alta receita anual, está submetida às mesmas regras que, por exemplo, a associação dos pescadores do lago de Genebra. Como a lei suíça preocupa-se tão somente com atos de corrupção que atentem à concorrência econômica desleal, e como a Fifa é única, não tem concorrência, ela fica ao abrigo de investigações externas.

Se o contexto jurídico estimula a corrupção na Fifa, é o contexto ético e político que o faz na Conmebol. A segunda e poderosa górgona do futebol sintetiza um continente cuja história é caracterizada por grande desigualdade social, baixo nível cultural, elites corruptas, governos populistas e/ou ditatoriais. Não é casual, assim, que o longevo Julio Grondona, que ficou à frente da Associação de Futebol Argentino (AFA) de 1979 até sua morte em 2014, tenha sido ali colocado pela ditadura militar. Se o fato não chocava os argentinos, tampouco chocava a Conmebol, da qual era representante junto à Fifa, e chocava menos ainda esta última, da qual era o vice-presidente encarregado das finanças. Mais expressiva da relação duvidosa da Conmebol com o poder político é a trajetória de Nicolás Leoz, presidente da entidade por longos anos e que, graças a vários privilégios recebidos da ditadura paraguaia (1954-89) do general Alfredo Stroessner, tornou-se um dos grandes latifundiários do país.

Não espanta então que, sendo membro do Comitê Executivo da Fifa, ele tenha recebido pelo menos um pagamento de 700 mil dólares de suborno da ISL e uma quantia ainda não identificada para votar na candidatura do Catar para 2022. Quando esses fatos vieram à tona, Leoz viu-se obrigado a seguir os passos de seu colega Teixeira e pediu demissão da Conmebol. Em discurso de despedida, gabou-se de ter recebido a entidade com 4 mil dólares em caixa e tê-la deixado com um patrimônio de 180 milhões de dólares. Curiosamente, é esse mesmo tipo de legado que Teixeira atribui para si na CBF, entidade que ele teria recebido "em petição de miséria" e acabou deixando com 120 milhões de reais em caixa, além de jatinho, helicóptero e um valioso terreno destinado à nova sede. Quanto à pujante evolução de seu patrimônio pessoal, paralela à da confederação que comandou durante exatos 27 anos, Leoz não deu detalhes. Como quer que seja, sua saída não parece implicar mudanças modernizadoras e moralizadoras na Conmebol. A simples troca de nomes não abala uma cultura política e gerencial bem enraizada.

O mesmo acontece no cenário brasileiro. Continua viva a catastrófica experiência da chamada Copa João Havelange, organizada pelos clubes em 2000 quando, impedida pela Justiça de montar o Campeonato Brasileiro daquele ano, a CBF transferiu a tarefa ao Clube dos 13. Participaram da disputa 116 clubes divididos em quatro módulos e várias fases. A partida final teve queda de alambrado, dezenas de feridos e remarcação de data. O Clube dos 13, que poderia ter sido o embrião de uma liga brasileira (e que nunca chegou perto disso pela desunião e incompetência dos dirigentes dos grandes clubes), somente reforçou os interesses complementares da CBF e da Rede Globo. Sobretudo a partir de 2001, quando, durante a CPI da Nike para investigar a corrupção na CBF, a emissora noticiou a incompatibilidade entre o patrimônio e o rendimento de Teixeira. Este então mudou de última hora uma partida entre Brasil e Argentina, prejudicando a programação da Globo e seu faturamento publicitário. Nunca mais a emissora noticiou algo que pudesse desagradar o presidente da CBF.

Em troca, ele sempre buscou enfraquecer e tutelar o Clube dos 13, que negociava os direitos de transmissão com a Globo. A grande oportunidade para eliminar o perigo potencial que a associação de clubes poderia representar surgiu em 2010. No mesmo momento em que fracassava a tentativa de Teixeira de colocar um títere como presidente do Clube dos 13, a Rede Record propôs a este pagar 1 bilhão de reais pelos direitos televisivos do Campeonato Brasileiro. Para colapsar a coalizão de clubes e cimentar a aliança com a Globo, o presidente da CBF estimulou o presidente do Corinthians a negociar diretamente com a rede de televisão. Embora a CPI de 2001 não tenha tido resultados concretos, vitimada pela mesma prática que denunciava, ela havia resumido bem a questão: a CBF é "uma organização criminosa governada pela anarquia, pela incompetência e pela desonestidade". Daí por que a renúncia forçada de Teixeira em março de 2012 não mudou o quadro geral.

Ademais, é forçoso considerar que as três Górgonas do futebol se articulam na situação brasileira com a política. Uma foto tirada em Joanesburgo em 8 de julho de 2010, quando do lançamento do emblema oficial da Copa do Mundo de 2014, sintetiza bem tais inter-relações. Nela aparecem — sorridentes, fraternos, de mãos dadas — Teixeira e Blatter nas pontas, Lula no centro. Todos deixaram seus postos, mas legaram uma herança bem viva e difícil de ser expurgada. Na verdade, o afastamento definitivo de todos esses personagens não muda necessariamente muita coisa, porque eles não são a causa, e sim o sintoma da doença. Essa é a própria estrutura piramidal do futebol, que parte de presidentes de pequenos clubes no interior dos países (sabe-se o que isso significa na América Latina ou na África), passa pelos mandatários de federações (até a do Nepal se corrompeu, e seu presidente foi obrigado a deixar o cargo em novembro de 2014), chega à chefia das seis confederações regionais (o líder da Concacaf foi preso em meados de 2014, o da Conmebol precisou demitir-se em abril de 2013 e o da Uefa em maio de 2016), até alcançar o cimo na presidência da Fifa. Quase todos esses dirigentes com longuíssimos mandatos. O centralismo facilmente corruptível (com dinheiro, cargos ou simplesmente prestígio) do mundo do futebol está na base de todos os seus problemas. Como disse em editorial a revista *France Football* (n. 3492, 12 mar. 2013), "de certa maneira o futebol só pode ser aquilo que são os que o dirigem, com cada falta de ética de um dos seus barões, cada caso de corrupção confirmada, sendo um insulto ao nosso esporte preferido". O futebol pode ser *the beautiful game*, como o definem os ingleses, mas é dirigido por muita gente moralmente feia.

OBRAS CITADAS

JENNINGS, Andrew. *Jogo sujo: O mundo secreto da Fifa*. São Paulo: Panda Books, 2011.
KISTNER, Thomas. *Fifa Máfia: O livro negro dos negócios do futebol* [2012]. Barcarena: Marcador, 2013.

PARTE V

O JOGO

49. Jogar é simular, enganar, ludibriar, iludir

De tempos em tempos reaparece no Brasil a discussão sobre futebolistas que enganariam os árbitros e os próprios colegas de profissão ao simularem faltas inexistentes. Essa hipervalorização da cultura do fair play é parte da hipocrisia social chamada de politicamente correto que vigora nas últimas décadas. No caso do futebol, ela desvirtua sua essência ao pressupor que ele é somente um esporte e deve ser regido por uma ética olimpicamente imaculada. Mas assim se esquece que o futebol também é jogo, terreno do risco, da sorte, da picardia. Estruturalmente, o futebol — como qualquer forma artística — existe para criar simulacros, ilusões, ficções. Para ser atingido, o gol, momento culminante nesse processo, pressupõe que um jogador ou um time tenha enganado seus adversários. No caso coletivo, trocando passes, monopolizando a bola, fazendo uma espécie de esconde-esconde com ela. No caso individual, recorrendo ao drible, que é fingimento, é insinuar que se vai para um lado quando na realidade se parte para outro. A palavra "drible" apareceu em inglês por volta de 1589, como verbo, significando "deixar alguma coisa escorrer, fluir, circular", ou ainda "avançar aos poucos"; na acepção futebolística surgiu em outubro de 1863, usada pelo jogador e árbitro de rúgbi Arthur George Guillemard no *Sporting Gazette*.

Enquanto nos anos 1950 e 1960 as fintas desconcertantes de Garrincha

— nem sempre objetivas, muitas vezes meramente lúdicas — eram valorizadas exatamente por seu aspecto plástico, divertido, porque enganavam os adversários, meio século depois os dribles repetidos de qualquer jogador modesto passaram a ser vistos como "desrespeitosos" aos adversários. Ora, o espírito do jogo é justamente enganar, ludibriar o oponente. O fato de o futebol ser um desafio de aventureiros — desde a elite dos imperialistas ingleses que inventaram o jogo até os brasileiros socialmente marginalizados que o aperfeiçoaram tecnicamente — é um dos seus atrativos. Talvez seja por esse caráter que um texto inglês de 1638, de Robert Burton, atribuiu aos antepassados do futebol (*hurling*, *foot-ball* e outras "recreações populares do país") a capacidade de expulsar a melancolia.

Todavia, não se deve confundir o espírito irreverente do jogo com a quebra de suas regras, como o futebolista latino-americano faz com frequência. Logo após uma excursão com o Arsenal pelo Brasil, em 1951, Albert Guðmundsson comentou que aqui "existem excelentes equipes e, sobretudo, futebolistas de gênio" (*France Football*, n. 275, 26 jun. 1951). Mas, dizia o jogador islandês, se os brasileiros

> são inigualáveis no trato da bola, não o são no que concerne ao fair play; eles fingem muito quando são pressionados pelo adversário ou quando estes lhe tomam a bola. Diante de toda falta apitada contra eles, protestam veementemente. Pegam a bola, cercam o árbitro e pedem apoio do público. E usam constantemente o braço para parar o adversário ou impedir-lhe a passagem.

Mais de sessenta anos depois, a mesma confusão permanece, como revela um depoimento de Edmundo: "Eu sou da época antiga. Não sou a favor de replay nem de tira-teima. Eles fizeram com que o jogador brasileiro perdesse a malandragem, a vivência de puxar o cara dentro da área e fazer o gol. Agora a televisão mostra que ele fez falta, vão puni-lo. Acabou o glamour" (*Placar*, n. 1371, out. 2012). Mas o glamour não deveria estar no ato irregular, e sim em enganar o adversário dentro das regras.

O mundo do futebol, contudo, em função da própria filosofia do jogo, tangencia a marginalidade. Não é de estranhar que muitos grandes jogadores tenham ficado famosos por sua conduta afastada das normas sociais, tanto quanto por suas performances esportivas. O jornalista francês Franck Annese fez uma pertinente análise a respeito disso (*So Foot*, n. 102, dez.-jan. 2012-3). Quem disse, ele pergunta retoricamente, que o futebol, e portanto o futebolista, deve ser exemplar? Maradona, George Best, Paul Gascoigne, Ibrahimović, Rossi, Garrincha, Balotelli, Cassano, Cantona e vários outros podem ser erigidos em modelos?

> Alcoólatras, drogados, mulherengos, briguentos, trapaceiros, fanfarrões, mentirosos, irresponsáveis, egocêntricos... Mas todos adulados pelo povo que se reconhece neles. O futebol é uma comédia de mau gosto, o carnaval de sentimentos inúteis como a superioridade ou a humilhação, um substituto da guerra. Todo esse circo faz parte da cultura do futebol, do seu espírito, de seus códigos. Ele não pode ser o teatro da moralidade.

Simular é representar e também ocultar. Pode ser ocultar a bola, como fazem os grandes craques, e pode ser ocultar do árbitro algum ato irregular, o que é proibido, como fazem os jogadores limitados. Conta-se que na década de 1960 era comum em partidas da Libertadores alguns zagueiros argentinos, entre eles Carlos Bilardo, esconderem no calção uma agulha com a qual espetavam os adversários quando eles ousavam penetrar em sua área. Na Copa de 1990, o mesmo Bilardo, então treinador da Argentina, conseguiu de forma dissimulada entregar um cantil com substância vomitiva misturada na água para o lateral brasileiro Branco, que estava à beira do gramado sendo atendido.

Fazer falta escondido é das práticas mais antigas no futebol. Pelé descreveu com sarcasmo a marcação que recebeu na final da Copa de 1970: "Bertini era um artista cometendo faltas sem que o vissem. Metia o punho em minhas costelas ou no estômago, chutava meu tornozelo... Um artista". Apesar da queixa, Pelé ao longo de sua carreira não se furtou a reagir com firmeza àquele tipo de marcação, embora sempre disfarçadamente para não ser visto pelos árbitros. O zagueiro Basile Boli, autor do gol que deu o título europeu ao Olympique de Marseille em 1993, propunha uma atitude preventiva: "Bata antes que te batam, mas bata discretamente". No mundo do futebol — como a rigor no mundo tout court — só é punido aquilo que não se oculta convenientemente. Um dos atrativos do futebol parece estar justamente na representação desse cinismo social.

No sentido inverso, simular é revelar o que não existe. É dar a entender que houve uma falta quando nada de anormal ocorreu. Assim são enganados o árbitro, o adversário e também o público. A atitude é, claro, moralmente recriminável, mas, como disse Annese, o futebol não se define pela moralidade. A indignação diante do fingimento revela uma avaliação parcial do futebol, deixando de lado o fato de ele filosoficamente ser antes de tudo um jogo.[1] Quando em meados de 2012 o diretor de arbitragem da Uefa, Pierluigi Collina, definiu a simulação como o câncer do futebol, ele — apesar de ter sido um dos melhores árbitros da história, se não o melhor — deu razão ao mítico treinador do Liverpool, Bill Shankly (1913-81), para quem "o problema dos árbitros é que eles conhecem as regras, mas não conhecem o jogo". De fato, *jocus* é "zombaria", "desdém", "gozação", algo "jocoso", "não sério" — o oposto do que o futebol tem se tornado nos últimos tempos devido a todos os interesses econômicos e políticos em torno dele.

A prova disso está na maior falcatrua (das que se conhecem) cometida em Copas do Mundo: o célebre gol de mão de Maradona contra a Inglaterra em 1986. Aquilo que teria sido um gesto faltoso comum, se apitado pelo árbitro, passou a merecer admiração de muitíssima gente (não somente de argentinos) por ter sido feito de maneira eficientemente camuflada e ter sido cinicamente descrito pelo autor como o gol da "mão de Deus". Se nesse episódio os ingleses foram vítimas de simulação, eles próprios que inventaram o futebol e o conceito de fair play haviam sucumbido vinte anos antes diante do pragmatismo aético da Copa do Mundo jogada em casa, quando foram beneficiados por várias decisões da arbitragem, inclusive na partida final. O sóbrio *The Times* (31 jul. 1966) não hesitou então em afirmar que "é melhor ser um vencedor impopular do que perder esportivamente".

Aliás, se o futebol inglês valoriza o fair play e por isso vê com muito maus olhos a simulação de faltas (como ilustraram as vaias recebidas por Neymar durante os Jogos Olímpicos de Londres em 2012), não se deve exagerar o alcance desse fato cultural. Jogadores ingleses também simulam, e quando um deles foi criticado por isso em uma rodada da temporada 2011-2, em um programa de televisão, Gary Neville (ex-jogador do Manchester United e da seleção inglesa) ponderou que "o futebol é assim, e acho perigoso começarmos por causa disso a chamar os jogadores de trapaceiros".

---

1. A propósito, ver o ensaio seguinte, "Na fronteira do esporte e do jogo".

Todas as considerações anteriores levam a ver no futebol uma boa ilustração daquilo que sugere a biologia evolutiva: desde seus primórdios, todo o reino natural foi desenvolvendo como instrumento de sobrevivência a capacidade de mentir, de enganar. As borboletas, por exemplo, há milhões de anos desenvolveram um mecanismo mimético que lhes permite assumir a aparência de uma espécie venenosa que os pássaros não devoram. O engano é tão perfeito que às vezes uma borboleta não venenosa imita outra que lhe parece ser, mas que também não é. O camaleão, como se sabe, tem a capacidade de mudar de cor, fundindo-se na paisagem para escapar aos seus predadores naturais. E os exemplos poderiam ser multiplicados.

Nesse grande teatro da natureza, o homem é o ator de mais recursos. Dois especialistas em psicologia infantil, Angela Evans e Kang Lee, mostraram recentemente que já aos dois anos de idade a criança sabe mentir, e que isso é importante no seu desenvolvimento cognitivo. O sociobiólogo Richard Alexander definiu mesmo a sociedade humana como uma "rede de mentiras e enganos" que desabaria se houvesse muita honestidade e franqueza nas relações interpessoais. Outro estudioso, David Smith, sugeriu recentemente que, mais do que *Homo sapiens*, nossa espécie deveria ser chamada de *Homo fallax*, homem enganador, pois "somos mentirosos por natureza", e mentira não é apenas uma afirmação verbal enganosa, é "qualquer forma de comportamento cuja função seja fornecer aos outros informações falsas ou privá-los de informações verdadeiras".

Aliás, Freud já havia proposto que se o homem não dominasse e sublimasse seus instintos, a civilização não teria sido possível: "O preço a pagar pelo progresso da civilização é uma perda de felicidade". Como parte do processo civilizacional, o homem criou vários jogos tentando preservar alguns resquícios da necessidade instintiva de enganar seus semelhantes, de se mostrar superior a eles. É o que faz um futebolista ao driblar, ao dar um passe olhando para o outro lado, ao burlar o goleiro na cobrança de falta ou pênalti. É o que faz ainda o torcedor, que tenta manipular a realidade dentro do campo para favorecer sua equipe, seja incentivando seus jogadores, seja desestabilizando os adversários ou pressionando a arbitragem. Um argentino presente na Copa de 2014, o sociólogo Pablo Alabarces, reconheceu a um repórter francês (talvez não o fizesse a um brasileiro) que "o futebol argentino não tolera se sentir inferior a outro. Sabemos que o Brasil é bem superior. Ele tem cinco

Copas do Mundo e nós temos duas, uma delas ganha sob a ditadura. Mas a cultura não é para refletir o real. Mesmo se é falso, vamos cantar nossa superioridade sobre o Brasil" (*So Foot*, n. 118, ago. 2014). Todo torcedor é, por definição, um *distorcedor*, aquele que distorce os dados concretos do que está diante dos seus olhos. É quase um mentiroso para si mesmo.

Enfim, cabe perfeitamente à essência do futebol a frase que Oscar Wilde, contemporâneo dos primeiros tempos do novo jogo, usou como argumento no processo que lhe foi movido por homossexualidade em 1895: "No domínio do espírito não há moralidade ou imoralidade".

OBRAS CITADAS

ALEXANDER, Richard D. "The Search for a General Theory of Behavior". *Behavioral Science*, Chichester, UK, n. 20, pp. 77-100, 1975.

BURTON, Robert. *Anatomy of Melancholy*. Org. de Nicolas K. Kiessling, Thomas C. Faulkner e Rhonda L. Blair. Oxford: Clarendon, 1990, v. 3.

EVANS, Angela; LEE, Kang. "Emergence of Lying in Very Young Children". *Developmental Psychology*, Washington, n. 49, pp. 1958-63, out. 2013.

FREUD, Sigmund. *Le Malaise dans la culture* [1930]. Trad. de Pierre Cotet et al. Paris: PUF, 1994 (Oeuvres complètes, v. XVIII, pp. 246-333).

HOLLAND, Merlin (Org.). *Irish Peacock and Scarlet Marquess: The Real Trial of Oscar Wilde*. Londres: HarperCollins, 2003.

SMITH, David Livingstone. *Por que mentimos? Os fundamentos biológicos e psicológicos da mentira*. Rio de Janeiro: Elsevier, 2006.

50. Na fronteira do esporte e do jogo

O futebol é, antes de tudo, resultado de uma vertente prestigiosa de seu contexto histórico, a valorização do corpo como instrumento político e civilizador. Foi com o século XIX que nasceu de fato a concepção pedagógica que ficou conhecida por "cristianismo atlético", isto é, a ideia de que praticar esportes cria cidadãos de corpos vigorosos, espíritos valentes e mentes ágeis. Em 1830, o cônego Thomas Arnold introduziu os esportes no sistema educacional inglês, começando pela Rugby School, da qual era diretor. Em 1869 e 1871, seu filho Matthew Arnold publicou dois livros nos quais defendia que é o Estado, e não uma classe social, que deve exercer a função de repositório da "melhor essência" da nação, e por isso ele deve estimular a prática esportiva. Em 1896, o francês Pierre de Coubertin, que tinha sido discípulo de Thomas Arnold, foi responsável pelo renascimento dos Jogos Olímpicos na era moderna.

Paralelamente, os cuidados com o corpo tornavam-se um negócio, com o ortopedista sueco Gustav Zander defendendo que o trabalho sistemático de músculos e articulações era positivo para a saúde, ao contrário das purgas e sangrias até então praticadas. Para tanto, ele inaugurou em Estocolmo, em 1865, um instituto com uma série de aparelhos de sua invenção que usavam pesos, molas e roldanas para simular atividades como caminhar, subir escadas, cavalgar e carregar pesos. Em 1895 ele abriu um Instituto Zander em Nova

York, e em 1911 havia 202 deles no mundo. O sucesso alicerçava-se no conceito de que fazer esforço controlado era opção benéfica e não obrigação laboral, o que levava as pessoas a pagarem para fazer esforço físico, invertendo a longa tradição que o via como punição, sina de gente inferior.

Os vários novos esportes então inventados, dentre eles rúgbi (1846), salto com vara (1866), ciclismo (1868) e tênis (1874), serviram também para alimentar o antigo (e sempre presente) hábito de os ingleses fazerem apostas quanto à previsão de quase tudo. O futebol, devido à maior imprevisibilidade de seus resultados, foi logo adotado como jogo, sobretudo pelos que não o praticavam mas que apreciavam a plasticidade de seus gestos e a volatilidade de uma partida. Ainda hoje os treinadores ingleses, talvez porque amam o ato de apostar, de desafiar os limites, usam comparativamente menos na sua preparação o recurso de vídeos sobre o adversário, acreditando que o empenho superará os obstáculos da partida e que o fator sorte estará sempre presente.

Enquanto esporte, o espírito olímpico impede atitudes antiéticas — mas só em teoria, já que nos últimos anos os casos de dopagem no atletismo ou no ciclismo estão aí para relativizar a máxima. Enquanto jogo, elas são possíveis, mesmo se à margem das regras. No futebol, não são raros os casos de treinadores que atrapalham a cobrança de um arremesso lateral adversário que poderia pegar sua equipe desguarnecida na defesa. Não se imagina, por outro lado, um treinador de natação ou atletismo usando de algum subterfúgio para atrasar o adversário. Da mesma maneira, embora irregular e condenável, a história do futebol conhece milhares de episódios de torcedores que arremessam objetos dentro de campo com o intuito de prejudicar o time rival. Mas nenhum fã de um tenista, ou mesmo de um boxeador, faria o mesmo.

No entanto, por razões conceituais, é complicado delimitar as fronteiras entre a prática lúdica e a prática esportiva no futebol. Pensando na Inglaterra, onde ele nasceu, a palavra *play* (talvez ligada ao latim *palestra*, "ginásio") desde mais ou menos o ano 725 significava "exercício", "atividade corporal"; já por volta do ano 1000, conotava "relação sexual"; a partir de 1200, reunindo os dois sentidos anteriores, ganhou também a acepção de "recreação", "diversão", "brincadeira", "jogo", como explica o *Oxford English Dictionary*. Por sua vez, o vocábulo *game* é atestado desde o ano 1000 como "diversão", "alegria", "esporte", "derrisão", "jogo amoroso" (em fins do século XIX, *the game* era "prostituição"), "objetivo da caça", ou seja, atividade agradável e coletiva (a palavra está associada ao gótico *gaman*, "participação", "comunhão"). A partir de 1440, a primeira acepção de *sport* é "passatempo agradável", "entretenimento", "diversão". Por fim, em 1863 — o mesmo momento em que surgia o futebol —, a palavra passou a designar também jogos e exercícios físicos que representavam divertimento coletivo.

O núcleo de todo esse campo semântico parece ser "jogo", sobre o qual não faltam reflexões ao longo da história. Algumas dessas reflexões são negativas, indo desde Aristóteles, para quem a vida virtuosa é o oposto de um jogo, pois exige seriedade, até pelo menos a *Encyclopédie* de Diderot e D'Alembert, obra para a qual jogo é atividade frívola e perigosa. Outras, porém, são positivas, como fizeram Rousseau ao recuperar seu valor moral ("são necessários espetáculos nas grandes cidades") e Darwin ao sugerir seu papel na evolução humana. No século XX, para certa corrente de pensamento, o elemento central é o fato de o jogo ser atividade distinta dos atos cotidianos, no que reside seu poder de atração. O pioneiro nesse grupo é Frobenius, etnólogo alemão para quem a atividade lúdica reúne e sintetiza aptidões para manejar representações e desempenhar papéis sociais. O homem, diz ele, joga com seu próprio personagem de acordo com as tradições de sua cultura: um caçador banto age da forma que a sociedade espera que um caçador banto aja. Assim, a alma da cultura encontra-se no conceito de *paideuma*, a expressão lúdica da própria cultura. Frobenius sustenta que toda sociedade passa por quatro fases (infância, juventude, maturidade e velhice), e a primeira delas é a fonte de sua cultura, daí chamá-la de "infância criativa" (*schöpferisches Kindesalter*), fase de emergência que ele batizou de "participação emotiva" e na qual o elemento essencial é o jogo.

Anos mais tarde, o historiador holandês Johan Huizinga amplia a hipótese e afirma que o jogo "cria ordem e é ordem", por isso "é mais antigo e muito mais original do que a civilização", da qual se constitui em uma das principais bases. Com efeito, ele prossegue, "a cultura surge sob a forma de jogo", e mesmo atividades vitais assumiam uma forma lúdica nas sociedades arcaicas, como ocorreu com a caça. Teatro, artes, esporte, guerra, ritos, todas as expressões culturais surgiram, segundo ele, de atividades lúdicas. É verdade que, passado o período de formação de cada civilização e tornada mais complexa a vida social, desenvolveu-se uma camada de ideias, conceitos, doutrinas, normas e sistemas de pensamento que colocou o jogo em posição secundária. Mas em função de sua origem, as manifestações culturais conservam ainda hoje um caráter lúdico, mesmo que não tão evidente na guerra e nos ritos quanto no teatro ou no esporte. Em suma, é por meio do jogo que "a sociedade exprime sua interpretação da vida e do mundo".

O sociólogo francês Roger Caillois acompanha Huizinga em vários pontos e insiste em que o caráter extraordinário do jogo está no fato de ele ser uma atividade livre (dele participa quem quer), separada no tempo e no espaço (tem limites prefixados), incerta (o resultado não é previamente conhecido), improdutiva (não cria novas riquezas, no máximo as faz circular entre os jogadores), regrada (suas convenções suspendem temporariamente as leis comuns) e fictícia (há consciência de ser outra realidade ou mesmo irrealidade em relação à vida normal). Partindo do pressuposto de a natureza ser desordenada, tomada de instintos destrutivos, Caillois atribui ao jogo um "papel civilizador" oposto à "avidez natural". Assim como Huizinga, ele vê no jogo uma imitação (*mimesis*) aperfeiçoada da realidade. Justamente por isso, tal simulacro é muito atraente, e alguns de seus tipos podem liberar energias explosivas, embora controladas pelos limites espaçotemporais de sua manifestação. A "vocação social dos jogos" oscila entre duas situações extremas: uma de divertimento, turbulência, improvisação e fantasia incontrolada (*paidia*); outra de convenções imperativas e limitativas que dificultam a obtenção do resultado desejado (*ludus*).

Lévi-Strauss, de seu lado, lembra que para a etnologia ocidental a distinção entre rito e jogo é clara: o primeiro é um conjunto de atos repetidos de forma idêntica, e o segundo é um conjunto de ações de estrutura repetitiva, mas não idêntica devido ao seu componente aleatório. No entanto, pondera ele, em certos contextos culturais a demarcação tão vincada de tais noções simplesmente não faz sentido. É o caso entre os gahuku-gama, tribo da Nova Guiné. Eles aprenderam futebol com os europeus, mas praticam-no com regras adaptadas à sua cultura. Como lhes parece ofensivo um grupo superar outro, jogam durante dias seguidos quantas partidas forem necessárias para que haja equilíbrio entre vitórias e derrotas. O resultado final é, portanto, sempre o mesmo. A forma de praticarem e entenderem o futebol faz deste mais um rito — repetição sistemática de um programa — do que um jogo.

Outra corrente de pensamento aborda o jogo não como atividade cultural recreativa (teatro, esporte, debate intelectual), e sim como ação *recriativa*. Os defensores dessa postura focam sua análise na função do jogo, seja esta psicológica ou sociológica ou pedagógica. O filósofo alemão Karl Groos observa que há relação entre a posição ocupada por uma espécie animal na escala evolutiva e a dimensão que tem para ela o jogo. No caso do homem, cujo período de imaturidade é comparativamente longo, o jogo ganha importância como atividade que prepara a criança para a vida adulta. Partindo da sugestão de Freud de que jogo é o contrário de realidade, Erik Erikson, um psicólogo alemão naturalizado norte-americano, lança a ideia de que jogo é criação de situações-modelo que funcionam como uma espécie de autoterapia. Nessa direção, anos mais tarde, o psicanalista inglês Donald Winnicott também viu uma homologia profunda entre processo terapêutico e processo lúdico, entendendo que a situação fictícia do jogo é elemento de peso na adaptação humana à realidade.

Anteriormente, o psicólogo suíço Jean Piaget expusera uma teoria na qual o jogo tem função de destaque. Como a inteligência é uma forma de adaptação ao real, ela se desenvolve na interação do amadurecimento interno com experiências relativas ao meio. E nisso o jogo é fundamental por ser produto da imaginação destinado a preencher alguma lacuna na realidade da criança. Jogo prático inicialmente, de manipulação de objetos, pois nesse estágio a capacidade cognitiva está ligada à ação, ao concreto. Jogo simbólico depois, quando a criança já consegue representar objetos, ações ou pessoas que não estão diante dela. Mais recentemente, a psicologia evolucionista insiste sobre a imaginação e o jogo como cerne do processo do pensamento. O inglês Paul Harris, por exemplo, defende que se a espécie humana desenvolveu um sistema cognitivo no qual a imaginação desempenha papel central e ativa emoções, é porque isso deve ter trazido vantagens em termos evolutivos. Imaginar e jogar não preenchem vazios numa realidade frustrante, mas permitem antecipar dados da realidade e, portanto, melhor se preparar para ela.

Muitas das discordâncias teóricas resumidas nos parágrafos anteriores devem-se em parte à questão terminológica, ao fato de em muitas línguas, inclusive no português, uma só palavra indicar duas atividades próximas embora diferentes: brincar e jogar. Daí a importância da distinção que George Mead faz entre jogo livre (*play*) e jogo regrado (*game*). De início a criança brinca, não há normas naquilo que faz. É somente a partir dos seis anos de idade que ela passa a aceitar regras, a criar regras, e desses gestos significativos, base do jogo, é que se forma sua personalidade e ocorre sua interação social. Mas, continua o filósofo norte-americano, a participação na vida social só é plenamente assumida quando o indivíduo aceita o papel que deve desempenhar nela, sem se deixar confundir totalmente com ela.

Caillois concorda quando diferencia *ludus* (jogo regrado) de *paidia* (jogo espontâneo) e sublinha que jogar é recusar momentaneamente as regras sociais para depois reforçá-las quando da reinserção do indivíduo na cotidianidade, já que todo jogo tem duração limitada. Mais tarde também Winnicott distinguirá brincar de jogar: na primeira atividade, as regras são feitas durante o próprio ato; na segunda, elas são criações prévias e externas aos participantes. Desse ponto de vista, certos comportamentos de mamíferos e de algumas espécies de aves deveriam ser chamados de brincadeiras, mais do que de jogos.

Tais debates não negam a observação de Huizinga de que "todo jogo significa alguma coisa", entretanto é preciso cautela, a nosso ver, para não concluir como ele que "a realidade do jogo ultrapassa a esfera da vida humana". Ou que, como faz o psicólogo norte-americano Fred Donaldson, "o jogo é triunfo da natureza sobre a cultura". Se tal interpretação é aceitável no sentido de o jogo trazer à tona manifestações naturais como a agressividade, a despeito dos entraves culturais, por outro lado é possível inverter o raciocínio e ver no jogo a vitória da cultura, que disciplina e normatiza manifestações da natureza. Assim, parece-nos mais operacional a célebre noção de "fato social total" formulada por Marcel Mauss: os fenômenos sociais são também fenômenos mentais, e a interconexão deles constitui um sistema. Sendo qualquer sistema um conjunto de elementos interdependentes (pela etimologia é "junção", "ligação"), algumas de suas partes podem também representar sua síntese. É o que acontece com o futebol, janela privilegiada para a compreensão do mundo contemporâneo.

Localizado em um dos pontos de conexão do social com o mental, o futebol não é somente esporte nem somente jogo; é algo misto, cujas parcelas de cada tipo variam de acordo com o perfil do evento ou do personagem considerado. É interessante lembrar que, se o futebol nasceu como esporte, suas primeiras competições foram no formato de copa, ou seja, de eliminação direta, em que equipes mais fracas podem, em uma ou duas partidas, superar adversários mais fortes. Os torneios mata-mata são mais jogo que esporte; os campeonatos de pontos corridos, o inverso. No plano dos protagonistas, pode-se dizer que Garrincha é mais jogo que esporte, e Pelé o inverso. Parreira ou Capello são sobretudo esporte; Telê ou Cruijff, jogo.

A proporção varia também conforme o olhar lançado por cada personagem (jogador, treinador, dirigente, torcedor, árbitro, jornalista) em determinada circunstância (treino, partida, maior ou menor rivalidade, importância da competição etc.). É o que exemplificam os treinadores cuja preparação minuciosa e exaustiva das equipes não dispensa às vezes decisões de risco. Quando a vitória parece não vir pelo esporte, como decorrência do planejado e treinado, eles recorrem ao jogo, quer dizer, ao acaso, à sorte, ainda que pesando as probabilidades de êxito. Entretanto, de maneira geral, talvez se possa dizer que o futebol é esporte para os profissionais e jogo para os torcedores.

Nos seus antecedentes pré-modernos, o futebol pode ter sido uma prática de forte utilidade social que se degradou à condição de jogo, como é frequente na história da cultura. Por exemplo, tudo indica que antes de se transformarem em brinquedos infantis, o bilboquê e o pião foram instrumentos mágicos; empinar papagaio (também conhecido por pipa, arraia e outros nomes conforme a região brasileira) era observação de um símbolo cósmico; os chamados jogos de azar estiveram ligados a práticas divinatórias; as diversas formas de corridas a pé conhecidas por inúmeras sociedades provavelmente remetiam a uma função ritual. Isso não significa dizer que todo objeto ou comportamento lúdico seja vazio de função social, mas tão somente que ele pode revestir outras funções em outros contextos históricos. E assim todo jogo, pelo afastamento crítico que toma em relação aos compromissos da vida social, revela pelo avesso as estruturas da própria sociedade.

Ainda que todo jogo possua regras, seus participantes sabem que elas foram elaboradas de maneira arbitrária, daí a gratuidade de todo envolvimento com o jogo. O sentimento de liberdade conferido por ele é ilusório, pois, ao colocar o jogador sob o domínio do aleatório, submete-o a uma paixão que lhe retira a liberdade. Ora, a nascente sociedade capitalista, sem evidentemente rejeitar o risco, procurava circunscrevê-lo, antecipá-lo, quantificá-lo. Em suma, controlá-lo sem perder o potencial criativo que atribuía à concorrência. A rigor, o espírito de competição parece ter acompanhado desde muito cedo a espécie humana, que se de início caçava para sobreviver, a partir da domesticação de animais e plantas solucionou a premência, transformou a caça em um lazer concorrencial com os animais e com outros membros da tribo.

Desde a sociedade grega antiga, o espírito lúdico esteve ladeado pelo espírito esportivo sem que um desnaturasse o outro, porque a preparação racional não exclui o fortuito, e a fortuitidade não elimina a racionalidade, apenas a manipula de outra maneira. O sucesso do futebol talvez derive exatamente do fato de ter conseguido resguardar o aleatório no esporte e certa racionalidade no jogo. De corpo ele é esporte, de espírito é jogo.

OBRAS CITADAS

ARISTÓTELES. *Éthique à Nicomaque*. Org. e trad. de Jules Tricot. Paris: Vrin, 1979.
CAILLOIS, Roger. *Les Jeux et les hommes* [1958]. Paris: Gallimard, 1967.
DARWIN, Charles. *The Descent of Man, and Selection in Relation to Sex*. Org. de Paul H. Barret e Richard Broke Freeman. Londres: Pickering, 1989.
D'ALEMBERT, Jean. "Jeu". Em Denis Diderot e Jean D'Alembert (Orgs.), *Encyclopédie ou Dictionnaire raisonné des sciences, des arts et des métiers* [1751-80], 56 v., reed. fac-símile. Stuttgart-Bad Cannstatt: Friedrich Frommann, 1967, v. 8, pp. 531-2.
DONALDSON, Fred. "Play to Win and Every Victory is a Funeral". *Somatics*, Novato, Califórnia, v. 4, n. 4, pp. 26-31, 1984.
ERIKSON, Erik H. *Childhood and Society*. Nova York: Norton, 1950.
FROBENIUS, Leo. *Paideuma. Umrisse einer Kultur — und Seelenlehre* [1921]. Frankfurt: Societäts, 1934.
GROOS, Karl. *Die Spiele der Menschen* [1899]. Hildesheim, Nova York: Olms, 1973.
HARRIS, Paul L. *The Work of the Imagination*. Londres: Blackwell, 2000.
HUIZINGA, Johan. *Homo ludens: O jogo como elemento da cultura* [1938]. Trad. de João Paulo Monteiro. São Paulo: Perspectiva, 1980.
LÉVI-STRAUSS, Claude. *O pensamento selvagem* [1962]. Trad. de Maria Celeste da Costa e Souza e Almir de Oliveira Aguiar. São Paulo: Companhia Editora Nacional, 1976.
MAUSS, Marcel. *Sociologie et Anthropologie*. Paris: PUF, 1999.
MEAD, George. *Mind, Self and Society*. Chicago: University of Chicago Press, 1934.
The Oxford English Dictionary. Oxford: Clarendon, 1989-91, 20 v.
PIAGET, Jean. *La Formation du symbole chez l'enfant: Imitation, jeu et rêve, image et représentation*. Neuchâtel; Paris: Delachaux et Niestlé, 1945.
ROUSSEAU, Jean-Jacques. *La Nouvelle Héloïse* [1761]. Org. de René Pomeau. Paris: Garnier, 1960.
WINNICOTT, Donald. *O brincar e a realidade* [1971]. Trad. de José Octávio de Aguiar Abreu e Vanede Nobre. Rio de Janeiro: Imago, 1975.

51. O imponderável no futebol

São tantas as variáveis de uma partida de futebol que não existe planejamento e mesmo talento que deem conta de todas. Quando os treinadores repetidamente dizem que uma disputa pode ser ou foi definida "nos detalhes", referem-se a isso. Quando os torcedores lamentam a "falta de sorte" de sua equipe, pensam na mesma coisa. O fenômeno extrapola o jogo dentro de campo e está presente, por exemplo, em decisões de técnicos da base que recusam um menino que será grande jogador no time rival. Às vezes esse tipo de decisão acaba por redirecionar a própria história de um clube. O garoto Franz Beckenbauer treinava no Munique 1860, o clube mais importante da cidade na época, mas um dia um treinador lhe deu uma bofetada e ele, então com catorze anos de idade, passou para o Bayern de Munique, onde sua técnica e seu carisma foram se impondo e o time ganhou outra dimensão. Se até aquele momento o clube conquistara apenas uma Bundesliga e uma Copa da Alemanha, com ele jogando viriam outros quatro títulos da liga nacional e mais quatro da Copa da Alemanha, além das inéditas Recopa Europeia, três Copas dos Campeões Europeus e uma Copa Intercontinental.

Na linguagem sempre imagética de Nelson Rodrigues, o Sobrenatural de Almeida, personificação do acaso e do imprevisível, habita o mundo do futebol. As tentativas de racionalização — por exemplo, para Gérard Houllier (ex-treinador do Liverpool e da seleção francesa), "quanto mais se trabalha, mais se tem sorte"; para Muricy Ramalho, "a sorte não vai atrás de cara ruim, vai atrás de cara bom" — não eliminam o fato. É preciso reconhecer que, ao lado da técnica, da tática, da preparação física e mental, o imponderável faz parte do futebol.

Os exemplos são tantos que praticamente se confundem com sua história. Quantas bolas interrompidas no seu curso normal e desviadas por um companheiro do próprio chutador ou por um adversário entram no gol? Nos dois casos poder-se-ia atribuir o fato a certa imperícia, ao mau posicionamento na jogada, ao cálculo ruim da trajetória da bola. Mas que a mesma imperícia seja positiva para uns (o time do chutador) e negativa para outros (o time que leva o gol) decorre da presença em campo do imponderável. Estar não intencionalmente no caminho da bola no local e no momento precisos é fruto do acaso.

Mesmo por trás de lances de inquestionável habilidade o imprevisível pode estar presente. Na decisão de 2002 da Liga dos Campeões, o gol da vitória do Real Madrid sobre o Bayer Leverkusen foi talvez o mais bonito da história da competição: um lançamento longo alcançou Roberto Carlos no lado esquerdo da intermediária alemã, ele venceu o adversário na corrida e na altura da linha da pequena área fez um cruzamento alto, excessivamente alto, em direção à entrada da área, onde Zidane não podia esperar a bola descer um pouco mais porque tinha um adversário chegando um metro atrás, o que obrigou o francês a levantar a perna até a altura do quadril, pegando a bola de esquerda, no ar, com ela saindo forte, reta, e entrando na "gaveta" direita dos alemães. A qualidade técnica do lance é inegável, mas o peso do imponderável nele contido também. Aliás, o próprio Zidane reconhece que "um gesto assim se pode tentar cem vezes e só uma vai dar certo".

É bem conhecida a circunstância de jogo na qual um centro toma direção não pretendida pelo chutador e entra em gol. Bom exemplo na memória dos brasileiros foi uma falta cobrada por Ronaldinho Gaúcho em partida do Brasil contra a Inglaterra pelas quartas de final da Copa do Mundo de 2002. O local de cobrança era longe do gol, no lado direito da intermediária inglesa, e quatro brasileiros esperavam a bola na área, mas o chute saiu muito alto e aberto, caindo diretamente na forquilha oposta. Foi o gol da vitória e da classificação do Brasil para a etapa seguinte. Algumas (a maior parte?) cobranças de escanteio que entram diretamente na meta, os chamados gols olímpicos, tão decantados pela torcida e pela imprensa devido à sua dificuldade de execução e sua consequente raridade, são cruzamentos tão malfeitos que quebram a expectativa de todos e acabam virando gol empurrados pelo Sobrenatural de Almeida.

Na mesma linha estão os chutes defeituosos que iludem todo goleiro bem colocado diante da trajetória prevista de um arremate correto do local em que se encontra o atacante e da posição de seu corpo. Foi um chute assim que permitiu ao centroavante Dodô marcar o gol de desempate do Fluminense contra o São Paulo nas quartas de final da Libertadores de 2008. Às vezes o chute errado acaba por virar um passe inesperado para o companheiro mais bem colocado, pegando a defesa desprevenida: foi o que aconteceu num 2 a 2 entre Real Madrid e Barcelona em março de 2001, quando Roberto Carlos pegou mal sua tentativa de arrematar da intermediária e a bola passou por detrás da zaga para Raul, sem marcação, tocar para o gol.

As bolas chutadas na trave são a ilustração mais conhecida do imponderável que decide partidas e títulos. Na final da Copa dos Campeões Europeus de 1961, em Berna, o Barcelona mandou quatro bolas nas traves do Benfica, que venceu por 3 a 2 e ficou com o título. Um periódico francês resumiu a partida com a manchete "Benfica ou a sorte no futebol" (*France Football*, n. 795, 6 jun. 1961). Na final da Copa de 1978, aos 44 minutos do segundo tempo o holandês Rensenbrink chutou na trave da Argentina, que na prorrogação sairia campeã.

Na Copa de 1986, a partida do Brasil contra a França pelas quartas de final teve uma série de lances nos quais a deusa Fortuna manifestou claramente sua preferência do momento. Os brasileiros venciam no primeiro tempo quando um fortuito cruzamento francês resvalou num zagueiro e a bola caiu diante do melhor adversário, Michel Platini, que empatou. No segundo tempo, Zico, exímio cobrador de faltas e pênaltis, desperdiçou um pênalti talvez porque acabara de entrar em campo e não estava ainda em pleno ritmo de jogo. Depois da prorrogação, foi-se à decisão por pênaltis. Na cobrança do zagueiro Júlio César, a bola bateu na trave e saiu; na do francês Bruno Bellone, a bola bateu na trave, voltou nas costas do goleiro Carlos e entrou. O árbitro validou o gol, que dias depois a Fifa esclareceu ter sido ilegal porque nesse tipo de decisão a bola precisa entrar diretamente. Mas o Brasil já estava desclassificado.

É verdade que, com um espaço vazio de 7,32 metros de largura por 2,44 metros de altura, acertar a trave é, além de falta de precisão, falta de sorte.

Sempre que as traves forem quadradas,[1] o imponderável joga mais a favor do goleiro que do atacante. Contra uma superfície reta, é maior a chance de a bola ser ricocheteada para a frente mesmo tocando a parte interna da trave; contra uma superfície curva, é maior a possibilidade de, ao tocar a trave naquele ponto, a bola entrar no gol. O goleiro Castilho, do Fluminense (entre 1946 e 1964) e da seleção brasileira, foi conhecido pela sorte que tinha (além de muita competência), mas talvez tivesse sido diferente caso jogasse debaixo de traves cilíndricas como as que foram colocadas no Maracanã depois da sua época.

Exemplo bem conhecido de traves quadradas ajudando a decidir um título importante é o da final da Copa dos Campeões Europeus de 1976, no Hampden Park de Glasgow, entre o Saint-Étienne e o Bayern de Munique. Enquanto a partida estava com o placar zerado, os franceses, melhores em campo, chutaram uma bola e cabecearam outra na metade inferior do travessão, circunstância em que ambas teriam provavelmente entrado no gol se as traves fossem cilíndricas (adotadas pelo estádio escocês em 1987). Depois os alemães fizeram um gol aos doze minutos do segundo tempo e foram campeões.

Como todo aficionado de futebol sabe, justamente por ser imponderável, esse fator muda de campo com enorme desenvolvura e não sem certa ironia. Depois da sorte em Berna, o Benfica perdeu quatro das cinco finais da Copa dos Campeões Europeus que disputou. Em 1963, o clube lisboeta voltou para o segundo tempo ganhando por um gol, mas o capitão Coluna, cérebro do meio-campo, contundiu-se e o time ficou com dez jogadores, já que na época as substituições não eram previstas pela regra. Em dois lances isolados, o Milan fez os gols que lhe deram a vitória e o título. Em 1965, a decisão ocorreu em Milão, contra a Internazionale, e além da desvantagem do fator torcida, o Benfica, time técnico, precisou enfrentar o campo encharcado por uma chuva forte e incessante. O interista Facchetti reconheceria mais tarde que a partida não deveria ter sido jogada naquelas condições. Mas ela ocorreu, e a vitória italiana veio com o brasileiro Jair da Costa, cujo chute fraco, enquanto escorregava, passou sob os braços e as pernas do bom goleiro português. Em 1968, nova-

---

1. As regras do futebol estabelecem que as traves podem ser de madeira, metal ou outro material aprovado pela Fifa, tendo forma quadrada, retangular, circular ou elíptica. Disponível em: <www.fifa.com/.../laws-of-the-game/index.html>.

mente o Benfica deu azar no local da decisão, Wembley, contra um clube inglês, o Manchester United. Ainda assim a partida terminou empatada e foi para a prorrogação, quando em seis minutos os ingleses marcaram três gols em duas falhas individuais e infantis de benfiquistas. A deusa Fortuna voltava a sorrir para o Manchester United dez anos depois de um acidente aéreo ter matado sete de seus jogadores, em 1958. Um dos poucos sobreviventes foi Bobby Charlton, que marcou o primeiro e o último gols mancunianos. Em 1988, a decisão do Benfica com o psv Eindhoven terminou empatada sem gols, a prorrogação também, e na decisão por pênaltis os portugueses perderam por 6 a 5. Em 1990, contra o Milan desfalcado e jogando mal, o Benfica tampouco teve sucesso, e em lance isolado perdeu novamente, dessa vez por 1 a 0.

Outro tipo de jogada no qual com frequência se vê a presença essencial da sorte é o pênalti, sobretudo quando eles são cobrados em série para decidir uma classificação ou um título. Ou, como foi implantado na Argentina e no Brasil em 1988, para conceder um ponto suplementar quando a partida terminava empatada. Foi assim que ocorreu a mais longa disputa de pênaltis de que se tem notícia: 20 a 19 (em 44 cobranças), depois de Argentinos Juniors e Racing terem empatado em 2 a 2 no tempo normal (20 de novembro de 1988). Fala-se muito que na execução do pênalti há larga parte de imponderável (força e direção do vento, posição do sol, saliência do terreno etc.) ou ao menos de psicológico (obrigação do batedor converter, pressão da torcida, renome do goleiro em face, momento do jogo etc.). Carlo Ancelotti é enfático a respeito: "Treinar pênaltis é uma grande besteira! É uma questão de psicologia. Jamais se pode reproduzir no treinamento a atmosfera da decisão por pênaltis em uma partida. A tensão, o medo, o ambiente e o goleiro não serão jamais os mesmos. Pode-se treinar os jogadores para tudo, menos para isso".

Marcello Lippi concorda: para a cobrança de pênaltis deve-se "sempre levar em conta as disposições psicológicas dos jogadores". Mas um antigo especialista na matéria, Bola de Ouro em 1991, o francês Jean-Pierre Papin (Olympique de Marseille, Milan, Bayern de Munique, seleção francesa), deixa claro que "pênalti é negócio de pura técnica antes de ser questão mental ou psicológica". Os números sugerem que ele tenha razão, pois a taxa de acerto é maior nos campeonatos de nível mais elevado: na Europa, em 2012-3, 86% dos pênaltis foram convertidos na Espanha, 82% na Alemanha, 76% na Inglaterra, 71% na Itália e 67% na França. Contudo, esse argumento não é decisivo, pois é possível pensar que nos melhores campeonatos estão jogadores mais bem preparados psicologicamente para bater pênaltis.

O imprevisível não é, evidentemente, exclusividade do futebol. Ele faz parte do cotidiano de todos em qualquer atividade. Nelson Rodrigues dizia que sem um "mínimo de sorte, o sujeito não consegue nem chupar um Chicabon". Sua onipresença no futebol sempre chamou atenção, porém. O conhecido jornalista esportivo inglês Geoffrey Green escreveu:

> Uma sinfonia tem um último compasso e uma nota final, fixada para a eternidade. Um balé possui um quadro final, repetido mil vezes, perfeitamente sincronizado com a música. Uma peça não muda cada vez que a vemos. Embora muito bonitas, essas obras não reservam surpresas após a primeira vez. O futebol, de seu lado, contém elementos de todas aquelas artes e mais a incerteza permanente, um desfecho sempre diferente e muitas reviravoltas de situação. Ele é imprevisível, e nisso reside toda a sua magia.

É inegável que o não planejado e as oscilações de sorte têm espaço importante no mundo do futebol tanto para as individualidades quanto para as coletividades. No plano coletivo, é ao imponderável que se refere a teoria da gangorra, célebre no Rio Grande do Sul: quando o Internacional vai bem, o Grêmio vai mal, e vice-versa. No Campeonato Brasileiro de 1998, por exemplo, o Inter começou bem, ficou muitas rodadas ocupando as primeiras posições, e até mais da metade da competição estava entre os oito classificados, enquanto o Grêmio ficava na faixa dos quatro rebaixáveis, mas depois o Tricolor classificou-se na última rodada e o Colorado ficou fora. As flutuações de sorte são moeda corrente no futebol. O Saint-Étienne, maior detentor de campeonatos franceses, ganhou seu último em 1981, caiu para a segunda divisão em 1984, voltou à primeira em 1987, caiu de novo em 1996, subiu em 1999, caiu em 2001 e subiu outra vez em 2004. O Independiente, da Argentina, que venceu o maior número de Libertadores (sete títulos no total), há mais de trinta anos não tem sucesso na competição (a última vez foi em 1984). O Santos, depois da conquista de 1963, levou 48 anos para ganhá-la de novo. Em 1995, o Nottingham Forest, da Inglaterra, permaneceu invicto durante oito meses, e quando veio a derrota, frente ao Blackburn, foi pelo contundente placar de 7 a 0.

Em algum nível o imponderável comparece a todas as partidas de futebol, de maneira que escolher uns poucos exemplos é difícil. Entre eles poderia estar os Estados Unidos derrotando a Inglaterra na Copa de 1950; o Bahia batendo o Santos de Pelé na final da Taça Brasil de 1959; a Coreia do Norte vencendo a Itália na Copa de 1966; o Celtic superando a Internazionale de Helenio Herrera na final da Copa dos Campeões Europeus de 1967; o Magdeburgo derrubando o Milan na final da Recopa de 1974; o Aberdeen suplantando o Real Madrid na decisão da Recopa de 1983; a Internacional de Limeira conquistando o Campeonato Paulista em cima do Palmeiras em 1986; o Wimbledon triunfando na decisão da Copa da Inglaterra de 1988 contra o Liverpool; o Criciúma ultrapassando o Grêmio na final da Copa do Brasil de 1991; a Dinamarca chegando ao título da Eurocopa contra a Alemanha em 1992; o Vélez Sarsfield obtendo em 1994 a Libertadores em cima do São Paulo, então bicampeão da competição e do mundo; o ASA de Arapiraca, de Alagoas, eliminando o Palmeiras da Copa do Brasil de 2002; o Santo André apossando-se da Copa do Brasil de 2004 às custas do Flamengo em pleno Maracanã; o Once Caldas da Colômbia sobrepujando o Boca Juniors na decisão da Libertadores de 2004; o Corinthians sendo eliminado pelo colombiano Tolima na Libertadores de 2011.

    Paradoxalmente, talvez a maior expressão do imponderável esteja na figura daquele que se encontra em campo exatamente para ponderar, isto é, avaliar, refletir, mediar, aplicar as regras — o árbitro. Ocorre que, como o nome indica, suas decisões passam pelo seu arbítrio, ou seja, decorrem da própria vontade. Daí por que decisões equivocadas (excluindo a possibilidade de má-
-fé) deste personagem decidiram jogos e competições talvez tanto quanto jogadas brilhantes e/ou eficientes de uma equipe. E não somente em disputas menores. Quem, sobretudo os alemães, não se lembra da final da Copa de 1966? Na prorrogação, com a partida empatada, o inglês Hurst acerta o travessão, a bola quica antes da linha de gol, claramente sem ultrapassá-la, mas o juiz, depois de consultar o bandeirinha, concede o gol. Os alemães então precisaram sair atrás de novo empate, abrindo o jogo e facilitando a marcação de outro tento inglês, que consolidou a vitória (4 a 2) e o título dos donos da casa. Quem não se lembra do acerto de contas da deusa Fortuna na Copa de 2010? Nas oitavas de final, os alemães venciam os ingleses por 2 a 1 quando Lampard acertou o travessão e a bola claramente entrou no gol, que o árbitro não validou e a Alemanha acabou vencendo (4 a 1) e eliminando o rival da competição. Quem não se lembra do mais famoso exemplo, na Copa de 1986, quando

nas quartas de final contra a Inglaterra o famoso gol da "mão de Deus" feito por Maradona abriu caminho para o título argentino?

Questão de centímetros a mais ou a menos decidindo partidas e fazendo a alegria e a tristeza de milhões de pessoas são os impedimentos mal assinalados, tantos na história do futebol que não cabe sequer exemplificá-los. E o que dizer das expulsões merecidas e não aplicadas ou das jogadas para cartão amarelo que acabam por receber o vermelho? Exemplo recente ocorreu no começo de 2013 pela Liga dos Campeões. Real Madrid e Manchester United empataram por um gol na Espanha e na partida de volta bastaria um zero a zero para os ingleses prosseguirem na competição, e como favoritos. A equipe local abriu o placar, mas depois o juiz foi exageradamente severo (mesmo no julgamento do treinador madridista José Mourinho) com uma falta cometida por um jogador do time inglês, expulsando-o, o que permitiu a reação e a virada dos espanhóis, que passaram para a etapa seguinte da competição.

Tentando minimizar os erros arbitrais, durante muito tempo pediu-se o uso de recursos eletrônicos durante as partidas. A Fifa repetidamente recusou, argumentando que isso criaria dois níveis de futebol, um nos países ricos, que poderiam recorrer à tecnologia, e outro nos países pobres. No que diz respeito à bola que ultrapassa a linha de gol, finalmente a decisão foi tomada em 2012, aplicada no Mundial de Clubes do mesmo ano e, em competições de seleções, a partir da Copa das Confederações de 2013 e da Copa do Mundo de 2014. Assim, como o mundo continua dividido em países ricos e pobres, pode-se pensar que a razão da longa recusa era outra: manter o imponderável como elemento constituinte do futebol. A questão era, e continua a ser, de fundo filosófico — quer se fazer do futebol um esporte ou um jogo?[2]

No primeiro caso, é normal que os árbitros recorram a uma televisão colocada à beira do gramado que esclareceria lances duvidosos importantes graças à possibilidade de repeti-los em baixa velocidade, vê-los por ângulos diferentes (uma partida entre Real Madrid e Barcelona, por exemplo, era coberta por nove câmaras em fins do século XX, e atualmente por dezoito), mensurar certas distâncias. Para lances de gol, o árbitro de vídeo já foi usado no Mundial de Clubes de 2016 e na Copa das Confederações de 2017, e deve estar presente na Copa do Mundo de 2018. É o que fazem alguns esportes coletivos, como o

---

2. Sobre isso, ver o ensaio anterior, "Na fronteira do esporte e do jogo".

basquete, o rúgbi, o futebol americano e o hóquei, ou certos esportes individuais, como o tênis, a natação, o atletismo e o hipismo. No segundo caso, não tem cabimento reduzir a disputa apenas ao talento dos jogadores, da mesma forma que no pôquer, no bacará ou no vinte e um não basta saber utilizar as cartas; o resultado depende muito de quais delas cada jogador recebe. Desse ponto de vista, a forma de o colegiado arbitral trabalhar e seus inevitáveis equívocos funcionam como uma resistência arcaica e lúdica às tentativas padronizadoras da sociedade atual.

De qualquer forma, esporte ou jogo, o futebol é organizado e praticado por humanos e é por meio deles, neles, que o imponderável se manifesta. O Torino possuía a grande equipe italiana do pós-guerra, fornecia boa parte dos jogadores da seleção nacional, foi dirigida até 1948 por Vittorio Pozzo, bicampeão nas Copas do Mundo de 1934 e 1938 e um dos fundadores do clube. Este era bastante popular em todo o país, tanto que ainda hoje supera na cidade de Turim o número de torcedores de sua rival Juventus, contudo o clube que mais possui *tifosi* em toda a Itália. No entanto, a sorte do Torino virou completamente em 4 de maio de 1949. Voltando de um amistoso contra o Benfica, em Lisboa, o avião que levava a delegação enfrentou forte tempestade já bem perto de Turim. O trimotor era fortemente balançado pelo vento, a chuva intensa e as nuvens densas impediam a visão, uma asa da aeronave chocou-se com a cúpula da basílica existente no topo da colina de Superga e caiu, incendiando-se. Morreram todas as 31 pessoas a bordo, entre elas os dezoito jogadores que haviam feito a viagem (oito deles da seleção italiana), dois técnicos e mais dois dirigentes do clube. Nunca mais o Torino se recuperou de tal tragédia. Perdeu o renome europeu, perdeu torcida no restante da Itália, perdeu a glória esportiva: nos quase setenta anos decorridos desde então, ganhou um único *scudetto* (1975-6) e foi rebaixado nove vezes no campeonato italiano.

Para um exemplo individual, podemos lembrar de Rogério Ceni na final da Libertadores de 2006. Tendo perdido a primeira partida no Morumbi, o São Paulo precisava vencer o Internacional no Beira-Rio, mas o goleiro falhou no tento inaugural dos gaúchos, que mesmo cedendo o empate (2 a 2) ficaram com o título. Tratava-se de má fase do jogador? Não, pelo contrário. Meses antes, no Mundial de Clubes de 2005, ele tinha sido decisivo na partida final contra o Liverpool e acabou eleito o melhor jogador da partida e do torneio. Semanas antes, pelas quartas de final da Libertadores, ele teve desempenho épico contra o Estudiantes da Argentina, e na decisão por pênaltis marcou um e defendeu outro. Na semifinal contra o Chivas, no México, ele fez o gol da vitória de 1 a 0. Na partida de volta, defendeu um pênalti quando o placar estava ainda zerado e assim foi fundamental para o resultado de 3 a 0, levando o São Paulo para as finais contra o Internacional.

Dias antes, contudo, veio uma notícia que abalou o goleiro e que ele só revelaria anos depois: uma filha estava doente e no dia do jogo contra o Colorado encontrava-se hospitalizada. O drama familiar juntava-se a um outro, profissional. Poucas semanas antes, um acidente rodoviário tinha atingido dois colegas com os quais ele convivia de perto nos treinos específicos da posição: o quarto goleiro do elenco havia morrido e o promissor terceiro goleiro, em quem o próprio Rogério via seu futuro sucessor, tinha sido gravemente ferido e não se sabia se poderia um dia voltar a jogar futebol (temor que acabou por se confirmar). Em outras palavras, a Libertadores 2006 foi em certa medida decidida por fatores imprevisíveis externos ao jogo. Tanto que, tranquilizado quanto à filha, quatro dias depois do título perdido, Ceni jogou pelo Campeonato Brasileiro no Mineirão, contra o Cruzeiro, e com o time perdendo por dois a zero ele defendeu um pênalti, fez um gol de falta e outro de pênalti, arrancando um empate heroico. Em Porto Alegre, a técnica e a personalidade não tinham desaparecido; o imponderável é que tinha agido.

Ver a presença constante do imprevisível no futebol não é desculpa de treinadores nem simplificação de torcedores. Mesmo um cientista como o físico inglês Ken Bray reconhece que "o resultado no futebol depende sempre, em grande parte, da influência estatística do acaso". Pode-se tentar avançar na racionalização e repetir com Voltaire que o acaso é apenas "o efeito conhecido de uma causa desconhecida", mas é inegável que na maior parte das vezes a causa continuará desconhecida e, por consequência, incontrolável. O imponderável, por definição, não pode ser evitado. Quando o fato é reconhecido, fica mais fácil lidar com as vitórias e as derrotas, e leva a uma salutar humildade. Terminada a célebre final da Copa de 1950, Obdulio Varela, que conduzira o Uruguai ao título com inteligência e garra, definiu o que acabara de acontecer com um seco "foi casualidade".

OBRAS CITADAS

BRAY, Ken. *How to Score: Science and the Beautiful Game*. Londres: Granta, 2005.

GREEN, Geoffrey. *Great Moments in Sport: Soccer*. Londres: Pelham, 1972.

RODRIGUES, Nelson. "Sobrenatural de Almeida" [1968]. Em *A pátria em chuteiras*. Org. de Ruy Castro. São Paulo: Companhia das Letras, 1994, pp. 138-9.

VOLTAIRE. *Le Philosophe ignorant* [1766]. Em *Mélanges*. Org. de Jacques van den Heuvel. Paris: Gallimard, 1961 (Pléiade, n. 152), pp. 859-912.

52. Futebol, religião laica

Em suas *Mémoires olympiques* publicadas em 1931, o fundador do olimpismo moderno, o barão Pierre de Coubertin, percebeu que "o desporto é uma religião com igreja, dogmas, culto, sobretudo com sentimento religioso", e por isso mesmo defendia o profissionalismo que certo puritanismo nobiliárquico rejeitava: "Parecia-me pueril condenar o desportista que recebesse algum dinheiro pela prática do desporto, da mesma forma que condenar como incrédulo o sacristão de paróquia porque recebe um vencimento para assegurar o serviço do santuário".

Se o raciocínio é válido para os esportes em geral, com mais razão o é para o mais popular deles. O futebol já era uma religião laica mesmo antes de nascer tal qual se conhece hoje em dia. Entre os povos indo-europeus havia todo um conjunto de jogos com bola, aqueles hoje conhecidos nas suas versões inglesas (como o futebol, o rúgbi e o golfe) e que seriam de origem celta, de acordo com Wilhelm Brandenstein. O significado de todos esses jogos, diz o linguista austríaco, era evocar o movimento celeste por meio da utilização de um objeto esférico como o sol e assim favorecer a fecundidade terrestre. Por essa razão eles eram jogados por pessoas em idade fértil, jovens, recém-casados ou mesmo moças. O sentido cósmico do jogo era marcado pelo número de participantes de cada lado, doze como o zodíaco, e se modernamente se tornaram onze, foi para evitar que com o árbitro se passasse ao número nefasto de treze.

Seria possível, porém, encontrar outras explicações religiosas para o fato de um time ser composto por onze jogadores. A tradição bíblica, por exemplo, bem enraizada na Inglaterra do século xix, vê nesse número um símbolo humano por quebrar a perfeição celeste do número dez (cuja posterior atribuição ao melhor jogador de cada equipe não seria então casual). A proposta de Brandenstein é bastante hipotética e mesmo frágil em vários aspectos, mas tem o mérito de apontar para o caráter religioso daquele protofutebol. Que se prolonga no futebol moderno. É verdade que este não se constitui em sistema religioso, não é um conjunto autônomo e coerente de representações, crenças e práticas, não propõe uma visão transcendental do mundo ou um futuro melhor a seus seguidores.

No entanto, é preciso lembrar que existem religiões desvinculadas do sagrado, como mostrou o sociólogo francês François-André Isambert, e que o futebol, se não fornece nenhuma explicação do mundo, absorve e amplifica, em registro próprio e de fácil poder de comunicação, elementos religiosos preexistentes. Nas palavras do antropólogo francês Christian Bromberger, se o futebol

> não nos explica nada sobre de onde viemos ou para onde vamos, nos mostra quem somos consagrando e teatralizando os valores fundamentais que moldam nossas sociedades: as identidades que se compartilham e que se sonham, a competição, a performance, o papel da sorte, da injustiça, da trapaça numa vida individual e coletiva.

Talvez por isso, mesmo consciente do caráter humano da atividade, para Hugo Sánchez (ex-jogador do Real Madrid e da seleção mexicana), "aquele que inventou o futebol deveria ser venerado como um deus".

O futebol não possui uma crença, mas tampouco a possui a maioria das religiões antigas, que consistiam em instituições e práticas, como mostrou no século xix o teólogo escocês William Robertson Smith. Além disso, notou o antropólogo inglês Radcliffe-Brown, o importante não é discutir a identidade de uma religião, e sim sua função, a eficácia que ela tem para o mecanismo social. O fato de o futebol ter funções sociais diversamente interpretáveis e mesmo contraditórias não o descaracteriza como fenômeno religioso. Aplica-se a ele a avaliação mais geral do antropólogo francês Marc Augé: "A razão do esporte escapa ao esporte". É significativo que na Inglaterra as partidas de futebol não aconteçam no domingo, o que pela explicação tradicional decorreria da visão puritana que o considera frívolo demais para o Dia do Senhor. Entretanto, isso não se deveria também à concorrência que essa religião laica poderia fazer à religião clerical do establishment? O calendário deles não reserva de certa forma um "dia sagrado" (sábado) para o futebol, como sugere o título de uma revista daquele país publicada mensalmente desde 1986 e dedicada ao futebol, *When Saturday Comes*?

Para além do significado que possui para cada indivíduo, o futebol busca expressar sentimentos coletivos bem enraizados que perderam na sociedade industrial suas tradicionais vias de manifestação. Nesse sentido ele é uma liturgia, um culto público, como ensina a etimologia da palavra. E nisso parece residir sua função última. A antropóloga Mary Douglas tem razão quando afirma que

> é errado acreditar na existência de uma religião completamente interior, sem regras, sem liturgia, sem sinais exteriores de estados interiores da alma. A forma exterior é condição da existência da sociedade e da religião. Enquanto ser social, o homem é ser ritual. O ritual suprimido sob uma forma reaparece sob outras formas, tanto quanto mais intensa for a interação social.

Assim, a hipótese do futebol como liturgia não pode ser acusada de leviana, pois, como percebeu o padre e teólogo Romano Guardini, liturgia "é jogo", é "brincar diante de Deus. Daí a mescla sublime de seriedade e de alegria divina que nela transparece. Ela só é verdadeiramente compreensível a quem seja capaz de tomar a sério a arte e o jogo".

Aquilo que Guardini fala da vida cristã aplica-se perfeitamente ao torcedor de futebol e seu clube: "O crente, se viver ativamente a vida litúrgica, deverá ter consciência de que ora e atua como membro da Igreja e que esta, por sua vez, ora e atua nele; deve se sentir (e querer-se) unido a todos os seus irmãos crentes no seio dessa vasta unidade". Mais ainda, vale para a liturgia laica a crítica que alguns dirigem à liturgia eclesiástica, e a resposta que lhe dá Guardini: ela "não tem finalidade 'útil', ou pelo menos não pode ser compreendida nem abarcada só do ponto de vista de um fim 'útil'. Ela não é meio que se utilize para alcançar determinado objetivo. Sua finalidade, ao menos até certo ponto, é ela própria". Da mesma maneira que certas pessoas "afligem-se por não encontrar na liturgia uma vida ética em relação imediata com a vida cotidiana, com a vida real", alguns moralistas condenam o futebol pela sua aparente vacuidade.

O argumento teológico de Guardini é transponível do ponto de vista sociológico para o futebol: "A liturgia propõe-se antes de tudo a criar espírito cristão. [...] A consequência será que, no dia em que se encontrar diante da ação que importa executar, o homem procederá de acordo com esse estado de espírito, ou seja, com justiça e retidão". Com efeito, o futebol propõe-se, explicitamente na sua origem, implicitamente hoje em dia, a desenvolver o espírito cidadão, ou seja, o respeito às regras e ao outro, a aceitação da hierarquia e da solidariedade, a valorização do objetivo coletivo sem negação da capacidade individual, o reconhecimento de que o esforço e a coragem são necessários para vencer.

É em razão do caráter litúrgico de toda cerimônia futebolística que seus oficiantes fazem um retiro prévio (de duração e modalidade diferentes conforme os países) para concentrar forças físicas e psicológicas, ficando corporalmente isolados mesmo dos familiares. A manutenção da pureza — abstinência de sexo e de certos alimentos — é mascarada por razões científicas cuja eficácia é tanto simbólica quanto fisiológica. No palco da cerimônia, todos os oficiantes utilizam gestualidade própria à função de cada um e aos momentos do rito. Cada grupo tem sua veste específica (que nos últimos anos tem sido significativamente chamada no Brasil de "manto sagrado") na qual o elemento central é o escudo, palavra que desde a Idade Média designa ao mesmo tempo uma peça de proteção do guerreiro e, gravada sobre ela, a imagem identificadora do próprio guerreiro ou da sua família.

É significativo que o escudo ou brasão também seja conhecido como distintivo, ou seja, algo que distingue, que diferencia um grupo dos demais. Qualquer que seja a nomenclatura adotada, trata-se de uma espécie de símbolo-síntese da divindade (clube) à qual aqueles oficiantes (jogadores) servem, daí a grande repercussão que teve, em outubro de 2002, o fato de o então meia santista Diego, ao comemorar o gol de sua equipe, ter pisado no símbolo são-paulino de concreto existente numa das laterais do campo do Morumbi. Devido exatamente ao sentido de profanação contido no gesto, aconteceram ríspidas discussões entre os jogadores, e ao fazer o gol da vitória tricolor, Ricardinho e seu colega Gabriel comemoraram ajoelhados sobre o distintivo, o que alegoricamente repurificava o local. Em uma espécie de oferta antecipada de ex-votos, quando o Flamengo se viu ameaçado de rebaixamento no Campeonato Brasileiro de 2005, seus jogadores colocaram escudos e uniformes do clube no altar da igreja do Cosme Velho.

Como desde a pré-história os humanos mantêm relação ambígua com os animais, algumas vezes oferecendo-lhes sacrifícios, outras vezes fazendo deles as vítimas de sacrifícios, não é estranho que, devido ao sentido sacrificatório do futebol, cuja finalidade última (*goal*) é provocar a morte simbólica do adversário o maior número de vezes possível, com frequência os brasões dos clubes tenham representações de caráter animal. As mais comuns transmitindo a ideia de força. O leão, por exemplo, aparece no escudo do Aston Villa, Bayer Leverkusen, Brescia, Chelsea, Rangers de Glasgow, Budapeste Honvéd, Munique 1860, Lyon, Sochaux, Sport Club do Recife, Sporting de Lisboa. A águia está, entre outros, no do Benfica, Crystal Palace, Eintracht Frankfurt, Lazio, Manchester City, Nice. O lobo é figurado no do Dínamo de Bucareste, La Louvière, Leicester City, Piacenza, Roma, Wolverhampton. O dragão no do Metz. O galo, símbolo de vitória e virilidade, no do Bradford. Além do brasão institucional, em vários casos existe um informal que associa o clube a um animal. É bem conhecido que o totem do Galatasaray é o leão, do Porto o dragão, do Racing Club de Paris o pinguim, do Palmeiras o periquito (depois o porco), do Atlético-MG o galo, do Cruzeiro a raposa, do Santos a baleia. Algumas seleções nacionais também recebem rótulos animais: a de Angola é a palanca, da Argélia a raposa do deserto, do Brasil o canarinho, de Camarões o leão, da Costa do Marfim o elefante, da França o galo, da Nigéria a águia verde.

Porque há certa confusão entre a função religiosa do clube e a do jogador, algumas vezes este é que é, por características físicas ou morais, associado a algum animal. Arthur Friedenreich era conhecido por "Tigre"; José Altafini, "touro"; Jack Charlton, "Girafa"; Ademar (Palmeiras da década de 1960) e Donizete (Botafogo dos anos 1990), "Pantera"; Johan Cruijff, "Lebre"; Elkjaer-Larsen (dinamarquês campeão pelo Verona em 1985), "Bisonte"; Peter Shilton (Nottingham Forest, seleção inglesa), Felix Magath (Hamburgo) e Sepp Maier, "Gato"; Rudi Völler, "Raposa"; Aldo Olivieri (goleiro italiano na Copa de 1938) e Lev Yashin, "Aranha Negra"; George Best, "Besouro"; Amaury (São Paulo da década de 1950), "Marreco"; Manuel Francisco dos Santos, "Garrincha" (nome de um pássaro); Ivair (Portuguesa de Desportos), "Sabiá"; Zico e Éric Cantona, "Galo"; Josip Skoblar (Hannover, Olympique de Marseille, seleção iugoslava) e Pedro Pauleta (Paris Saint-Germain, seleção portuguesa), "Águia"; Paulo Henrique Chagas de Lima (Santos, São Paulo), "Ganso"; Alexandre Rodrigues da Silva (Internacional, Milan, São Paulo), "Pato".

Lévi-Strauss observou que todo jogo é disjuntivo, cria um afastamento diferencial entre jogadores ou grupos de jogadores, enquanto o ritual é conjuntivo, estabelece uma espécie de comunhão ou relação orgânica entre elementos de início dissociados. Ora, um dos elementos de atração do futebol é o fato de nele os dois aspectos serem complementares: ele é jogo por ser ritual, é ritual por ser jogo. Se na antropologia religiosa continua em aberto o velho debate sobre se é o mito que gera o rito ou vice-versa, no caso do futebol parece-nos não haver dúvida. É de certos gestos rituais (o célebre "gol de placa" que Pelé marcou contra o Fluminense no Maracanã em março de 1961, por exemplo) ou de cerimônias inteiras (como a partida entre Brasil e Itália na final da Copa do Mundo de 1970) que nascem os mitos. Jogadas e partidas são periodicamente relatadas mesmo por aqueles que não as presenciaram, mas que se sentem coparticipantes enquanto membros do mesmo patrimônio cultural, da mesma memória coletiva — como em todo mito. Assim como nas religiões tradicionais, a mitologia do futebol realimenta o próprio rito. Por exemplo, se na mitologia futebolística brasileira o "quadrado" arquetípico formado por Gérson, Rivellino, Pelé e Tostão funcionou em 1970, por que então, pensou-se em 2006 — apesar das diferenças de estilo, habilidade técnica e capacidade tática —, não funcionaria com Kaká, Ronaldinho Gaúcho, Ronaldo Fenômeno e Adriano?

O futebol possui rica mitologia, com heróis e eventos grandiosos, sejam eles trágicos (como para o Brasil o Maracanazo de 1950 e o Mineirazo de 2014, ou para a Juventus de Turim o estádio belga de Heysel em 1985) ou épicos (como a Batalha dos Aflitos para o Grêmio ou a Batalha de Istambul para o Liverpool, ambas em 2005). Da mesma forma que no catolicismo os santos são heróis que funcionam como intermediários entre os fiéis e Deus (e como anteparos que O poupam de críticas diretas por desejos não atendidos), no futebol esse papel cabe aos jogadores. Assim como em espaços eclesiásticos reservados os fiéis veneram as relíquias dos santos (seus restos mortais ou objetos pessoais), existem espaços laicos correspondentes onde os fiéis futebolísticos admiram as lembranças dos heróis da sua divindade (troféus, medalhas, camisas, chuteiras, fotos).

Os próprios heróis fazem o mesmo entre eles, segundo uma hierarquia própria. Não é outro o sentido de um jogador procurar trocar de camisa com um colega adversário. E não um colega qualquer, mas de preferência o mais cotado deles. Após a vitória do Benfica sobre o Real Madrid na final da Copa dos Campeões Europeus de 1962, Eusébio, então com somente dezenove anos, pegou a camisa de Di Stéfano e comemorou o título com apenas uma mão, a outra segurando aquilo que, ainda quarenta anos mais tarde, ele considerou o maior troféu de sua carreira. O romeno Mircea Lucescu (ex-treinador do Shakhtar Donetsk e do Zenit) contou no começo de 2013 que, jogando pela seleção de seu país na Copa de 1970, perdeu para o Brasil e saiu satisfeito porque conseguiu a camisa de Pelé, que "guardei intata, sem lavá-la, e desde então ela ocupa um lugar especial na minha coleção de suvenires".

A presença cotidiana de forças sobrenaturais tanto na religião eclesiástica (Deus, anjos, santos, demônios) como na laica (sorte, azar, imponderável) leva os fiéis de um tipo e outro a frequentes gestos supersticiosos. Sendo toda partida, no dizer do etólogo britânico Desmond Morris, um ordálio — ou seja, um ato jurídico que se resolve pela manifestação de Deus a favor de uma ou outra parte —, não é estranho que os oficiantes futebolistas, antes de enfrentarem o rival, adotem comportamentos irracionais, recorram a procedimentos mágicos. Porque o inventário de tais gestos seria muito longo, lembremos os dois mais comuns. O primeiro é a expressão futebolística da associação entre o lado direito com fatos e objetos positivos por oposição ao esquerdo negativo, crença bem conhecida pela antropologia religiosa. Mesmo jogadores canhotos não escapam a esse condicionante cultural. Sendo canhoto, Fábio Mello (São Paulo, Fluminense, Atlético-MG, Atlético-PR) vestia primeiro o meião esquerdo e a chuteira esquerda, mas só entrava em campo com o pé direito. Mais recentemente, no começo de 2013, Roberto Soldado (Valencia, Tottenham, Villarreal, seleção espanhola) confessou ser muito supersticioso e explicou que, sendo destro, sendo a perna direita que lhe deu tudo que possui, no dia de cada partida começa tudo com a direita: veste primeiro desse lado a perna da calça, a manga da camisa e o sapato, e é com o pé direito que entra no ônibus da delegação, no vestiário e evidentemente no campo.

O segundo gesto supersticioso bem difundido é a conservação de algum hábito que um dia deu certo. A mudança é vista como um arriscado desafio ao destino, como um ato que pode quebrar o frágil equilíbrio entre o bem e o mal. É comum os jogadores ocuparem sempre o mesmo lugar no ônibus e no refeitório, a delegação ficar no mesmo hotel em cada cidade. Na Copa de 1982, o treinador francês Michel Hidalgo usou em todas as partidas a mesma camisa branca e azul-claro, com bermudas azul-marinho, de início apenas para enfrentar o calor, e depois da primeira vitória porque "psicologicamente eu tinha necessidade dessa roupa" (*France Football*, n. 1934, 3 maio 1983). O mesmo aconteceu certa feita com Pelé. Após uma grande partida ele deu sua camisa a um torcedor, para logo se arrepender achando que com aquela peça fora embora uma boa fase. Pediu então a um amigo que localizasse e recuperasse a tal camisa. Algum tempo depois, novamente de posse da suposta camisa talismã, a boa fase voltou, sem que Pelé soubesse que o amigo não encontrara a camisa em questão e simplesmente lhe dera outra.

Porque todo clube é divindade, todo torcedor está imbuído de missão evangelizadora, tentando convencer os eventuais indecisos, buscando transmitir sua fé aos filhos. Aos já convertidos a algum outro deus futebolístico ele procura provar a superioridade do seu, argumentando com a maior quantidade de títulos, de seguidores, de heróis notáveis, de templo mais imponente. Não é para controlar as finanças do clube ou os impostos a serem pagos que o torcedor gosta de ver anunciado no estádio quantos estão ali presentes. Como todo crente, o torcedor é um narcisista que admira a força da sua seita. Antes de tudo ele é um fiel. O do Everton proclama "*Once a Blue, always a Blue*"; o do rubro-negro carioca garante que "Uma vez Flamengo, sempre Flamengo"; a torcida do Corinthians se autodenomina "Fiel".

Ao contrário das divindades tradicionais que, onipresentes, seguem por toda parte seus fiéis para protegê-los ou vigiá-los, no futebol são os fiéis que acompanham seus deuses — "*You'll never walk alone*", declaram os do Liverpool na Inglaterra e do Celtic na Escócia, em canção adotada depois por torcidas na Alemanha (entre outras, a do Borussia Dortmund), Bélgica (Brugge) e Holanda (Feyenoord), e frases de mesmo sentido fazem parte da cultura de muitos clubes em diferentes partes do mundo. Ainda mais significativo, da mesma forma que ocorre em várias religiões, o fiel futebolístico segue seu deus mesmo além da vida e funde-se então com ele — na Inglaterra, os clubes recebem dezenas de pedidos anuais para que as cinzas de torcedores falecidos sejam espalhadas pelo gramado do seu estádio; na Alemanha, para atender esse tipo de demanda, o Schalke 04 inaugurou em fins de 2012, bem perto do seu estádio, um cemitério exclusivo para seus torcedores; na Argentina, um cemitério, o Parque Iraola, perto de Buenos Aires, tem uma área exclusiva para torcedores do Boca Juniors, com gramado vindo de La Bombonera.

Devido ao caráter de religião laica do futebol, as religiões institucionais mantêm relações ambíguas com ele, sem se excluírem. Como alertou Guardini: "Não se pode, nem deve, exigir que a liturgia [cristã] seja a forma exclusiva de piedade coletiva. [...] É conveniente que ao lado dela subsistam formas de piedade popular e que estas se afirmem e se desenvolvam livremente segundo as exigências locais, sociais, nacionais e históricas de um povo". Entretanto, a hierarquia eclesiástica sempre vê com restrições a intensa afetividade da liturgia laica futebolística, pois "a liturgia [cristã] não gosta dos excessos de sentimento, ela é emoção domada". O papa Paulo VI, saudando os ciclistas do Giro d'Italia, exaltou os esportes, "ginástica dos membros e do espírito", mas alertou para que eles "excluam o excesso de risco e de paixão, seja nos atletas, seja no público que os observa e que se exalta com suas vicissitudes agonísticas" (*L'Osservatore Romano*, 31 maio 1964), e lembrou os então recentes e tristes episódios de Lima, quando uma semana antes o confronto entre as seleções olímpicas de futebol do Peru e da Argentina degenerou em enorme violência após a anulação do gol que daria à equipe da casa a classificação aos Jogos Olímpicos de Tóquio: 318 pessoas morreram.

A ânsia pelo sagrado que historicamente acompanha todas as sociedades encontra no futebol uma clara expressão, como percebe facilmente qualquer observador do ambiente reinante num estádio. Mesmo indivíduos em princípio indiferentes à missa, ao rito de candomblé ou a um jogo de futebol não ficam totalmente imunes ao clima de sacralização presente nos locais onde eles são executados. Ao sair da igreja, do terreiro ou do estádio, o descrente pode racionalizar a experiência vivida, mas dificilmente poderá negar que ali havia algo diferente. O próprio espaço do santuário, eclesiástico ou laico, é propício à situação emotiva. As vulgaridades lançadas pelos torcedores contra árbitros e jogadores, ou pelos jogadores entre si, não contradizem o fato. Ao contrário do que geralmente se pensa, ofensas e agressões não são atitudes estranhas aos ambientes sagrados, elas são parte inerente de diversos sistemas religiosos ao longo da história.

O êxtase, a alegria incontida que ultrapassa os limites da consciência, quebra as regras e pode levar os oficiantes a gestos ridículos (como certas comemorações de gol) ou perigosamente insultuosos tanto no futebol (Tonhão, do Palmeiras, pisando a camisa da Portuguesa) como em religiões convencionais (sermões católicos antijudaicos, pregações muçulmanas anticristãs, evangélicos chutando estátua da Virgem etc.). Tomados pela alegria religiosa, os fiéis de qualquer tipo tendem a liberar a agressividade própria a toda espécie animal, inclusive a humana, sejam eles cruzados cristãos, assassinos (*hassassins*, "fumadores de haxixe", nome atribuído a uma seita mística xiita da Síria medieval) muçulmanos, terroristas atuais, *hooligans* ingleses, torcidas uniformizadas brasileiras, *barras bravas* argentinas.

A atmosfera elétrica de um estádio de futebol manifesta a energia pulsional que Freud chamou de "sentimento oceânico", imagem que pretendia remeter ao ritmo das vagas e das marés, aos ritmos vitais do ser humano (respiratório, cardíaco, alimentar, defecativo, sexual), a uma temporalidade cíclica e infinita. E ainda à sensação de imensidão, à vertigem que prolonga o narcisismo do Eu primário ignorando o mundo exterior. Assim, podemos dizer que o futebol é representação tanto da sociedade contemporânea como de sentimentos e comportamentos primordiais (medo, coragem, rivalidade, fraternidade).

OBRAS CITADAS

AUGÉ, Marc. "Football: De l'histoire sociale à l'anthropologie religieuse". *Le Débat*, Paris, n. 19, pp. 59-67, 1982.
BRANDENSTEIN, Wilhelm. "Der Ursprung des Fußballspieles". Em Günther Bernhard (Org.), *Festschrift Leibeserziehung in der Kultur*. Graz: Universität, 1954, pp. 27-35.
BROMBERGER, Christian. *Le Match de football: Ethnologie d'une passion partisane à Marseille, Naples et Turin*. Paris: Maison des Sciences de l'Homme, 1995.
COUBERTIN, Pierre de. *Mémoires olympiques* [1931]. Paris: Revue EPS, 1996.
DOUGLAS, Mary. *Purity and Danger: An Analysis of Concepts of Pollution and Taboo*. Londres: Routledge, 1984.
FREUD, Sigmund. *Le Malaise dans la culture* [1930]. Trad. de Pierre Cotet et al. Paris: PUF, 1994 (Oeuvres complètes, v. XVIII, pp. 246-333).
GUARDINI, Romano. *Vom Geist der Liturgie* [1919]. Mogúncia: Grünewald; Paderborn: Schöningh, 1997.
ISAMBERT, François-André. *Le Sens du sacré: Fête et religion populaire*. Paris: Minuit, 1982.

LÉVI-STRAUSS, Claude. *Minhas palavras* [1984]. Trad. de Carlos Nelson Coutinho. São Paulo: Brasiliense, 1986.

MORRIS, Desmond. *The Soccer Tribe*. Londres: Jonathan Cape, 1981.

RADCLIFFE-BROWN, Alfred Reginald. "Religião e sociedade" [1945]. Em *Estrutura e função nas sociedades primitivas*. Lisboa: Edições 70, 1989, pp. 225-62.

SMITH, William Robertson. *Lectures on the Religion of the Semites* [1889]. Londres: Routledge, 1997.

53. A dança do futebol

Por ser manifestação presente em praticamente todos os povos, há muito tempo a dança merece atenção dos antropólogos. O inglês Evans-Pritchard propôs examinar as funções sociais que ela desempenha em diferentes sociedades, pois o estatuto dos dançarinos, a organização do espaço em que atuam e a performance deles são, segundo aquele estudioso, representações da organização social. Na mesma época, em perspectiva diversa, o teuto-americano Franz Boas preferiu pensar na dança como expressão cultural, forma artística com estilos próprios conforme o grupo humano observado. Alguns anos depois, o francês Marcel Mauss sugeriu a existência de relações entre o estilo dos movimentos corporais e a organização socioeconômica. Um pouco mais tarde, Gilberto Freyre, inspirado pelas ideias de Boas, ao buscar identificar traços típicos do nosso país, afirmou que

> o jogo brasileiro de futebol é como se fosse uma dança. Isso pela influência, certamente, dos brasileiros de sangue africano, ou que são marcadamente africanos na sua cultura: eles são os que tendem a reduzir tudo a dança — trabalho ou jogo —, tendência esta que, parece, se faz cada vez mais geral no Brasil, em vez de ficar somente característica de um grupo étnico ou regional.

O que é incontestável são a antiguidade e a onipresença da dança. Uma pintura rupestre de 16 mil anos na gruta de Gabillou, no centro-sul da França, mostra um indivíduo com máscara animal dançando no que parece ser o contexto de uma cerimônia que não se sabe hoje exatamente qual seria. Talvez como aquela que, conforme a mitologia grega, acompanhou o nascimento de Zeus, que precisava ser ocultado para que não fosse devorado pelo deus Cronos, daí os curetas ("jovens") terem executado uma dança na qual batiam os pés no chão e as armas de bronze nos escudos, impedindo que o choro do recém-nascido fosse ouvido. Ou talvez fosse como a dança executada pela deusa Atena, que logo após nascer da cabeça de Zeus, já armada com lança e égide, executou a pírrica, a dança da guerra por excelência. Esta foi adotada pelos espartanos como treino para a guerra e era dançada por eles durante os combates.

Ainda na Grécia antiga, Homero descreve no século VIII a.C. um jogo de bola que era uma dança de cadência acompanhada com palmas pelos assistentes em pé na arena. Em Roma, Marte — inicialmente deus da terra e depois, para protegê-la, deus da guerra — era homenageado na primavera e no outono com cerimônias nas quais doze sacerdotes executavam dança de caráter bélico e apotropaico, realizada com movimentos circulares e saltos (os dançarinos eram conhecidos por sálios, nome vindo de *salire*, "saltar") acompanhados por batidas de bastões nos escudos sagrados e por um hino próprio para a ocasião (*Carmen Saliare*). O cortejo era festivo, e os sacerdotes, vestidos de capas listradas em branco e vermelho, dançavam pelo percurso até o local em que sacrificavam um animal e consumiam sua carne.

Entre os índios norte-americanos havia a dança do bisonte, por exemplo, na tribo dos mandans, realizada por homens fantasiados daquele animal para poderem mais facilmente caçá-lo. Com sentido semelhante, os pés-negros executavam a dança do cervo que visava capturar aquele animal. Na cultura judaica, a dança hassídica surgida no século XVIII é forma de prece, é maneira de servir a Deus com alegria, é catarse. Na África, apesar da grande diversidade de culturas, em quase todas a dança sempre esteve presente como expressão coletiva que acompanha momentos importantes (nascimentos, mortes, plantio, colheita). Na Europa da época moderna, o primeiro ato de Luís XIV enquanto governante foi, em 1661, criar a Academia Real de Dança. O próprio monarca não hesitava em participar dos espetáculos de balé representados nos teatros da corte.

Onde quer que seja, quando executada em grupo, a dança cimenta os laços sociais e desempenha função ritual. Para muitas sociedades em variadas partes do mundo e em diferentes épocas, ela era uma diversão séria — da mesma forma que o é atualmente o futebol. Aliás, não é mera coincidência que duas das escolas futebolísticas de maior técnica, a da Argentina e a do Brasil, reflitam dois ritmos musicais e suas danças de origem e trajetória inicial muito próximas. Foi na época da introdução do futebol nesses países que nasceram, com forte componente africano, o tango e o samba. O nome deste parece vir de uma língua angolana e estar relacionado a "rezar". *Tango*, por sua vez, significa "reunião de negros para bailar ao som de tambores", tendo nascido nas últimas décadas do século xix da mistura da *habanera* cubana, da *milonga* urbana e do *candombe* africano. Curiosamente, o primeiro tango ("Mi noche triste") e o primeiro samba ("Pelo telefone") foram gravados no mesmo ano, 1917. Segundo especialistas na área, os dois tipos de música eram tão assemelhados na passagem do século xix para o xx que o exame de partituras da época não permite distinguir um do outro. Falava-se em "tango argentino" e "tango brasileiro", embora eles tenham vindo — por razões que não cabe aqui examinar — a ganhar espíritos opostos: o tango mais próximo à tragédia, o samba à comédia.

No futebol, o tango gerou uma dança com bola prioritariamente rasteira, com passes curtos que guardam a companheira (bola) perto do dançarino. O samba, de seu lado, apresenta mais circunvoluções, rodeios, floreios, aceita a distância da companheira num momento pelo prazer de reavê-la e guardá-la depois. Basta observar a maneira de Maradona ou Messi jogarem com a bola grudada ao pé, enquanto os dribles de Garrincha ou as pedaladas de Robinho, por exemplo, deixam a bola parada, intocada, e é o corpo que dança em torno dela visando iludir o adversário. O futebol-tango é mais possessivo e combativo, historicamente valoriza a recuperação e a manutenção da bola; o futebol-samba é mais liberal e lúdico. Por tudo isso, o primeiro privilegia as linhas retas enquanto o segundo prefere as curvas.

Mesmo que as considerações precedentes sejam simplificações de modelos ideais, retratos de épocas passadas mais do que de realidades presentes, é inegável que o futebol é uma forma de dança. Dança não completamente submetida a um roteiro (apesar do plano de jogo definido pelo treinador), não memorizada e automatizada como ocorre numa representação de bailado clássico, por exemplo. É uma dança que deixa espaço para muita improvisação, justamente por ser — este é o principal diferencial — uma dança concorrencial. A forma de dançar do grupo e a gestualização executada por cada um de seus membros buscam superar os oponentes na perseguição de um mesmo objetivo (acepção, como se sabe, do inglês *goal*). Desse ponto de vista, não é casual que o futebol tenha surgido paralelamente ao espírito concorrencial do capitalismo e no país que melhor o encarnava, a Inglaterra.

Depois de ter estudado as origens e a história da guerra como rito sanguinário, a norte-americana Barbara Ehrenreich debruçou-se sobre o que lhe pareceu o impulso contrário, a busca da alegria coletiva das danças populares e públicas. Ora, estimulados por um mundo que, sem renunciar à guerra e à dança, procurava discipliná-los, estudantes ingleses de fins do século XIX sintetizaram essas expressões culturais aparentemente contraditórias no futebol. E fizeram-no de tal forma que, se o esporte foi logo exportado por meio dos viajantes ingleses que cruzavam os mares dominados pela Marinha Real Britânica, a apropriação do futebol pôde ocorrer segundo as condições culturais de cada local.

A rigor, contudo, futebol não é apenas uma dança, um conjunto gestual seguindo determinado ritmo, e sim uma espécie de musical sem palavras, uma história narrada corporalmente. Um estudioso da literatura, o norte-americano Jonathan Gottschall, propôs recentemente a existência de um vínculo entre as narrativas ficcionais e a evolução da espécie humana, com aquelas funcionando como um guia para esta. Daí por que, de acordo com ele, as histórias, apesar de parecerem muito diferentes entre si, possuem uma estrutura básica similar. Sempre existe um personagem, um problema e, consequentemente, um esforço do primeiro para solucionar o segundo. Adaptando a ideia desse autor aos nossos interesses, pode-se dizer que qualquer partida de futebol gira em torno de um personagem coletivo, o time, que busca resolver pela habilidade e pelo esforço os problemas que lhe são colocados pelo time oponente. Nessa narrativa gestual entram os mesmos componentes da literatura — ambição, coragem, sacrifício, amor, ódio, humildade, soberba, alegria, frustração — pela simples razão de que ambas são elaboradas pelo homem, para o homem, falando do homem.

OBRAS CITADAS

BOAS, Franz. *Primitive Art* [1927]. Nova York: Dover, 1955.
EHRENREICH, Barbara. *Blood Rites: Origins and History of the Passions of War*. Nova York: Metropolitan, 1998.
_____. *Dancing in the Streets: A History of Collective Joy*. Nova York: Metropolitan, 2007.
EVANS-PRITCHARD, E. E. "The Dance". *Africa*, Londres, n. 1, pp. 446-62, 1928.
FREYRE, Gilberto. "Unidade e diversidade, nação e região" [1944]. Em *Interpretação do Brasil. Aspectos da formação social brasileira como processo de amalgamento de raças e culturas*. São Paulo: Companhia das Letras, 2001, pp. 151-86.
GOTTSCHALL, Jonathan. *The Storytelling Animal: How Stories Make Us Human*. Boston: Houghton Mifflin Harcourt, 2012.
HOMERO. *Odyssée*. Org. e trad. de Victor Bérard. Paris: Les Belles Lettres, 1992, v. 2.
MAUSS, Marcel. "Les Techniques du corps" [1936]. Em *Sociologie et Anthropologie*. Paris: PUF, 1999, pp. 365-86.

54. A geometria variável das táticas*

Melhor jogador da Eurocopa de 2012, termômetro do Barcelona e da seleção espanhola, Andrés Iniesta observou no começo de 2013 que o futebol, mais do que tática, "é técnica individual, improvisação em um décimo de segundo". E insistiu que "no campo é o jogador quem deve decidir. Há chefes, mas futebol é o momento, tomar decisões num instante" (*El País*, 6 jan. 2013). Algumas semanas mais tarde foi a vez de Tostão comentar que tática "não tem importância. Qualquer técnico medíocre conhece os sistemas táticos" (*Folha de S.Paulo*, 7 abr. 2013). Como craques, a tendência dos dois personagens é minimizar o papel da formatação definida antes e fora do campo em proveito das soluções visualizadas e concretizadas pelos jogadores durante o jogo.

Mas como poucos times na história tiveram vários craques ao mesmo tempo, as táticas têm importância, sim, pois são elas que permitem transformar um grupo de futebolistas em uma equipe. São elas que harmonizam de maneira eficaz a movimentação de cada jogador num projeto mais amplo. A resistência a essa óbvia constatação talvez se deva, ao menos em parte, à inefi-

---

* A versão inicial deste texto foi publicada no site do Núcleo Interdisciplinar de Pesquisas sobre Futebol e Modalidades Lúdicas da Universidade de São Paulo (Ludens-USP) em 30 de setembro de 2013. Disponível em: <www.usp.br/ludens/>.

ciência do sistema de notação tática, baseada em setores do jogo (4-2-4, 4-3-3, 4-4-2, 3-5-2, 4-5-1, 4-2-3-1 etc.) cujas articulações não são reveladas. Quando, naquela mesma coluna, Tostão falou da inteligência espacial e cinestésica de Ronaldinho Gaúcho, isto é, sua capacidade de "em uma fração de segundo mapear tudo que está à sua volta, perceber os movimentos dos jogadores e calcular a velocidade da bola, dos companheiros e dos adversários", ele tangenciou o cerne da questão sem explicitá-lo e explorá-lo — o futebol é um exercício de geometria.

Nas primeiras décadas de história do futebol, a consciência geométrica estava bem presente, como mostra a denominação dos sistemas táticos que então prevaleciam: o piramidal (ou 2-3-5 na posterior linguagem numérica) entre as décadas de 1880 e 1930 e o WM (ou 3-2-2-3) dos anos 1930 aos 1950. O primeiro rótulo é literalmente geométrico, e o segundo deixa ver com facilidade que se trata de cinco pequenos triângulos defensivos e três ofensivos unidos por um quadrado no meio-campo. Depois, talvez por seu aspecto didático, recorreu-se a etiquetas metafóricas, como o ferrolho (*verrou*) suíço de Karl Rappan (ou 1-1-3-2-3), o muro de Helenio Herrera (1-3-2-1-3), o ferrolho (*catenaccio*) italiano de Nereo Rocco (1-4-2-3). De maneira geral, porém, a partir de meados do século XX começou a se impor uma terminologia apenas aritmética que supostamente traduziria com maior precisão a forma de jogar de um time. Contudo, tal formulação oculta a complexidade do jogo, é mais uma foto da arrumação inicial do time do que um filme da sua movimentação.

De fato, definir o Milan de Arrigo Sacchi como 4-4-2 não é incorreto, mas muito empobrecedor, pois desconsidera o constante deslocamento coordenado dos jogadores, cujas linhas não só se mantinham sempre próximas, como havia distância máxima treinada entre eles. Visto somente pelos números, o 4-3-2-1 (conhecido também por Árvore de Natal) privilegia a segurança defensiva, como fez a França campeã da Copa do Mundo em 1998, que tomou apenas dois gols (a melhor defesa da história da competição, ao lado da Espanha de 2010). Mas na sua dinâmica, tal sistema pode ser perfeitamente ofensivo, como no Milan de 2003 dirigido por Carlo Ancelotti. Etiquetar o Barcelona de Guardiola de simplesmente 4-3-3 não indica a bem azeitada mecânica pela qual cada jogador com a bola tinha pelo menos duas alternativas claras de passe, tornando cada partida um mosaico de muitas dezenas de triângulos. Se a fórmula 4-2-3-1 exprime a vocação defensiva de um time como o Corinthians de Tite (ganhador em 2012 da Libertadores e do Mundial de Clubes), esconde a rica possibilidade ofensiva do mesmo esquema tal qual utilizado pelo Bayern de Munique de Jupp Heynckes em 2012-3 (vencedor da Bundesliga, da Copa da Alemanha e da Liga dos Campeões).

Sintetizar o jogo em números dificulta sua compreensão, às vezes mesmo para os profissionais: Zagallo garante não ter sido surpreendido pelo Carrossel Holandês de 1974, pois assistira pessoalmente à sua partida contra os uruguaios alguns dias antes de enfrentá-lo. Contudo, o desenrolar do encontro e seu resultado (2 a 0 para a Holanda, eliminando o Brasil) sugerem o contrário. Os brasileiros, comissão técnica e jogadores, estavam habituados a pensar em termos numéricos e assim interpretaram o jogo dos holandeses, embora ele fosse eminentemente geométrico, difícil de ser reduzido a uma fórmula aritmética.

Uma alternativa para minimizar problemas de nomenclatura desse tipo é desdobrá-la para corresponder menos imprecisamente à realidade no terreno de jogo, libertando-se do pressuposto de três compartimentos estanques (defesa, meio-campo, ataque). O 3-5-2, por exemplo, a rigor é 1-2-4-1-2, isto é, um líbero, dois zagueiros, uma linha de quatro (dois volantes e dois alas), um armador e dois atacantes. No entanto, esse artifício do desdobramento aritmético não elimina seu caráter estático, ocultando que nas situações de defesa o sistema passa a 1-4-2-1-2 com a transformação dos alas em laterais, e nas situações de ataque passa a 1-2-2-3-2 com os alas funcionando como armadores pelos lados do campo. Ainda assim, não fica esclarecido se o meio-campo é ocupado, além dos dois alas, por um volante e dois meias ou dois volantes e um meia, o que obviamente altera toda a movimentação da equipe.

Ora, é óbvio que o futebol (como o basquete) é exercício que busca o entrecruzamento mais eficiente da variável espaço com a variável tempo. Assim, mais do que aritmética, ele é de fato uma grande geometria, intuitiva nos pequenos gestos dos jogadores e planejada na sua composição geral pelo treinador. São muitas triangulações em todo o campo. São diagonais curtas em progressão (a popular "tabelinha") e diagonais longas de uma lateral à outra (o conhecido "virar o jogo"). São retas medianas na saída de bola que vai da zaga ao círculo central, ou de uma lateral à mesma ponta. São parábolas que tentam ligar a intermediária defensiva à ofensiva (recurso de time sem maior criatividade no meio de campo). São arabescos nos dribles.

Pensar no futebol como geometria esclarece pontos importantes que a formulação aritmética mascara. Um desses pontos é reintegrar na lógica do jogo o goleiro — que sequer aparece na notação numérica —, personagem importante não apenas nos gestos defensivos como também ofensivos (mesmo deixando de lado a possibilidade de ele cobrar faltas e pênaltis): muitos contra-ataques podem começar com ele. O ponto essencial, todavia, é a definição do espaço de atuação dos jogadores, inclusive o virtual, pois como lembrou Cruijff, a tarefa mais difícil no futebol é jogar sem a bola. Recentemente, Xabi Alonso (Real Madrid, Bayern de Munique, seleção espanhola), ao fazer o elogio de Mauro Silva, "taticamente o melhor jogador que vi jogar", chamou atenção para seu "não movimento", isto é, a ausência de movimento sem razão, o fato de estar sempre onde é preciso, de todos os seus deslocamentos serem "calculados, refletidos em função do coletivo" (*So Foot*, n. 107, jun. 2013).

No 4-4-2 do futebol brasileiro, o segundo "4" é uma linha apenas em algumas circunstâncias do jogo, devido à pequena inclinação dos meias para exercerem com qualidade tarefas defensivas. Na prática, trata-se geralmente de um quadrado constituído por dois volantes e dois meias no qual a divisão de tarefas (recuperação da bola e criação do jogo) é mais ou menos rígida. No futebol europeu, não poucas vezes os quatro jogadores do meio-campo estão dispostos em losango, em 1-2-1. Nesse caso, o primeiro "1" exerce função praticamente única, defensiva, enquanto o segundo "1" tem como tarefa primordial encostar nos atacantes e alimentá-los de bolas para o arremate, com frequência contando com o apoio dos dois companheiros mais abertos do losango. Sempre que necessário, a ponta avançada do losango recua, formando com os vértices laterais uma linha de três que muda assim o desenho tático do setor para um triângulo (1-3). Ou seja, o 4-4-2 em quadrado é menos móvel do que o 4-4-2 em losango, no qual o meio-campo tende a se encolher ou expandir com maior facilidade.

Quando o técnico tcheco Zdeněk Zeman, que fez sucesso em clubes de menor expressão da Itália (Foggia, Salernitana, Avellino, Brescia, Lecce), afirma preferir o 4-3-3, explica que isso se deve "simplesmente a uma questão de geometria. Ele é a melhor maneira de ocupar o terreno". Entretanto, o físico inglês Ken Bray, da Universidade de Bath, considera o 4-4-2 a disposição mais racional, mais equilibrada, que melhor ocupa os espaços, oferecendo um maior leque de possibilidades de troca de passes. Pelos seus cálculos, que levam em conta os conjuntos de passes que se repetem várias vezes ao longo de uma partida, o 4-2-4 propicia 54 encadeamentos, no 4-3-3 eles são 56, no 4-5-1 o número sobe para 62, no 4-4-2 eles totalizam 66.

A partir das considerações anteriores, é possível formular uma enésima hipótese sobre a popularidade do futebol. Ele responderia a certo senso geométrico inato ao ser humano desde a pré-história, como Olivier Keller demonstrou. Tal geometrismo intuitivo parece decorrer da observação da natureza: a simetria bilateral é evidente tanto no corpo humano como no animal; outras simetrias estão presentes nas folhas das árvores, nas colmeias, nos minerais, na pele e no casco de certos animais. A rigor, não há estruturas vivas sem certa simetria. Desde que toma consciência disso, há 1,5 milhão de anos, o homem passa a utilizar a simetria na sua produção cultural, primeiro na fabricação de utensílios, a seguir nas representações artísticas. Há na longuíssima duração histórica uma clara estrutura geométrica desde a arte rupestre — passando depois, por exemplo, pela escultura egípcia, cerâmica grega, iluminura cristã, jardinagem renascentista, balé do século XVII, música do século XVIII, arquitetura em metal do século XIX, pintura de Picasso, bailado de Nureyev — até qualquer partida de futebol.

De fato, a partida de futebol se desenrola em contexto marcadamente geométrico: o campo de jogo, a grande área, a pequena área e as metas são espaços retangulares; o centro do gramado é circular; o instrumento indispensável para o jogo é esférico. A tendência é a movimentação dos times ocorrer em espelho, cada deslocamento (com ou sem bola) provocando deslocamento semelhante da parte contrária. Se a bola de ataque está sendo trabalhada pela esquerda de uma equipe, a adversária concentra mais homens na sua zona defensiva direita; nos escanteios ofensivos, seus zagueiros tornam-se atacantes e forçam os atacantes contrários a se tornarem defensores; nos escanteios defensivos, essas funções são invertidas. Mas, como em muitos outros domínios, também no futebol a simetria estrita seria a impossibilidade de agir, seria a morte. É preciso certo desequilíbrio para o sistema funcionar, para o jogo ser viável. A importância de uma longa diagonal, para citar um único caso, é criar uma situação assimétrica na qual o time que tem a bola dificulta o jogo de espelho adversário e pode chegar mais facilmente ao seu gol. Todo trabalho tático é uma manipulação — tanto no sentido de "utilização" como de "manobra destinada a enganar" — geométrica.

OBRAS CITADAS

BRAY, Ken. *How to Score: Science and the Beautiful Game*. Londres: Granta, 2008.
KELLER, Olivier. *Aux origines de la géométrie: Le Paléolithique et le monde des chasseurs-cueilleurs*. Paris: Vuibert, 2004.

55. O tabuleiro do futebol

Além de habilidade inata com a bola nos pés (que muita gente tem), o jogador profissional de futebol desenvolve a técnica através de treinos constantes (Rogério Ceni teria ensaiado umas 15 mil cobranças de faltas e pênaltis antes de começar a fazê-las em jogos), mas raramente se interessa (e nem é estimulado a fazê-lo) em cultivar a inteligência tática por meio da observação, da comparação e da reflexão sobre as diferentes situações e potencialidades do jogo. É verdade que em certos casos, mostra a história do futebol, o talento natural é tão grande que a falta de senso tático fica relevada; o exemplo arquetípico disso poderia ser Garrincha. No extremo oposto, se a boa compreensão tática com habilidade e técnica limitadas não forja um grande jogador, anuncia um possível bom treinador. De toda forma, o que vai definir um jogador verdadeiramente grande é a conjugação das duas qualidades, ainda que em proporções variadas. Aptidão e técnica acima da tática resultaram em Pelé e Maradona; o inverso deu Beckenbauer e Cruijff. Não por acaso, os dois primeiros, apesar de craques extraordinários, não poderiam ser grandes treinadores, como aconteceu com os outros dois.

Com frequência, essa condição decorre também da posição ocupada em campo pelo jogador antes de se tornar treinador. Não é casual que a maioria deles enquanto futebolista tenha ocupado a sua própria metade do terreno e no máximo a intermediária rival, o que lhes deu durante aqueles anos a possibilidade de assistir ao jogo de forma mais ampla e de refletir sobre ele. Ademais, espera-se de defensores e meio-campistas um bom senso de antecipação da bola e, desde que ela é recuperada, boa antevisão do que fazer com ela na passagem para a fase ofensiva do jogo. Atuando próximos ao fim do campo, os atacantes geralmente não têm uma visão global dele, daí por que poucos se tornaram treinadores importantes (caso, contudo, de Cruijff, Jupp Heynckes ou Carlos Bianchi). É muito expressivo que as grandes inovações táticas da história futebolística tenham sido concebidas por gente de pouca vivência do terreno de jogo, o que lhes permitiu observações e reflexões mais amplas.[1]

No campo de jogo, todo futebolista deve ser esperto, isto é, etimologicamente desperto, alerta, atento aos menores detalhes para tomar decisões rápidas e eficientes em cada lance. Essa qualidade não deve ser confundida com inteligência, a capacidade de reunir, selecionar, comparar, analisar e conectar a maior quantidade de dados visando a soluções não necessariamente imediatas, geralmente de médio e longo prazos e de largo alcance. No futebol, apenas o craque tem esse dom de antever a jogada mais indicada em cada caso e a habilidade motora para realizá-la. No que diz respeito ao treinador de futebol, espera-se que tenha as duas qualidades. De seu passado de futebolista, como acontece com frequência, ele traz a esperteza, por exemplo, a sensibilidade de fazer a preleção que toque no ponto certo do elenco conforme cada partida. Bem mais rara é a inteligência tática que desenha a partitura coletiva mais adequada para superar o adversário, bem como escolher os homens certos para desempenhar as funções necessárias para tal projeto.

Nos confrontos de forças desiguais basta a esperteza (ou nem isso é necessário), com a habilidade dos jogadores podendo obter o resultado esperado. Nos encontros equilibrados, ou quando se está em desvantagem (de qualidade de elenco, de placar, de número de jogadores em campo, de momento psicológico da partida), a inteligência é o fator essencial para o treinador. A essas partidas equilibradas, estudadas, costuma-se referir como partidas de xadrez. Alex Ferguson reconheceu que "o futebol é cada vez mais um jogo de xadrez, e no xadrez quem perde a concentração um segundo está morto. No xadrez também é preciso estar quatro ou cinco jogadas à frente". No entanto, aparen-

---

1. Sobre estes personagens, ver o ensaio 45, "O treinador revolucionário".

temente nem treinadores nem jornalistas e muito menos jogadores ou torcedores usam sistematicamente o xadrez para pensar as táticas futebolísticas.

E deveriam, porque a inteligência tática de um futebolista (jogador ou treinador) lembra a de um enxadrista. Isso implica dizer uma boa leitura do jogo, e não apenas de um setor (onde atua o jogador ou para o qual o treinador dirige maior atenção), mas da globalidade dele, compreendendo o que se passa no conjunto do campo e do tabuleiro. Enquanto o futebolista (e o observador) mediano antecipa a jogada que vai se seguir, o craque (e o observador aguçado) em rápidos instantes antevê três ou quatro possibilidades e estabelece uma espécie de hierarquia entre elas. A diferença do enxadrista é que, não podendo intervir durante o tempo legal de ação do oponente, ele efetua uma reflexão mais aprofundada e assim tem a antevisão de um grande número de jogadas. Se ele fizer um movimento *w* nas suas peças, o adversário pode responder da forma *x*, *y* ou *z*, e a cada uma dessas possibilidades o jogador elenca e avalia certo número de réplicas. Tanto no caso do enxadrista quanto no do técnico de futebol, o jogo colocado em prática exprime a concepção que eles têm da atividade e ainda traços de suas personalidades.

Certa feita, o grande enxadrista Garry Kasparov, talvez o maior de todos os tempos, afirmou que "todas as decisões, sejam elas num enquadramento de futebol, xadrez, guerra ou política, partem do mesmo princípio. Tem de se entender bem a natureza dos problemas para poder recolher elementos e desenvolver uma estratégia". Dentro de campo os futebolistas fazem isso com grande rapidez de raciocínio, a partir das primeiras indicações do que parece que deve vir a ser o gesto técnico do adversário (passar, driblar, chutar etc.). Apesar disso, não são muitos os futebolistas enxadristas, como o norueguês Simen Agdestein (que em 1982 foi medalha de ouro na Olimpíada do Xadrez e em 1988-9 jogou pela seleção de futebol de seu país) ou o francês Bruno Martini (goleiro do Auxerre e da seleção francesa nos anos 1990). No banco, o treinador deve tentar interpretar mais rápido e melhor que seu rival sentado no outro banco o que ocorre no campo/tabuleiro, para poder mexer suas peças de maneira adequada, isto é, fazer manobras que idealmente seguem planos preestabelecidos de resposta a cada uma das alternativas que se imagina sejam pretendidas pelo oponente.

É possível, então, aplicar ao futebol a avaliação que Kasparov faz do xadrez: "Habilidade de combinar criatividade e cálculo, arte e ciência, em um todo que é muito mais que a soma de suas partes. O xadrez é um nexo cognitivo comum, um lugar no qual a arte e a ciência se unem na mente humana e são depuradas e melhoradas pela experiência". Mas para que isso ocorra tanto o enxadrista como o treinador de futebol devem estar atentos a si próprios, já que "o êxito é um segredo que só se pode descobrir analisando nossas próprias decisões. [...] Saber por que ganhamos é tão crucial como saber por que perdemos; do contrário seria desperdiçar um valioso material de análise". Caso tivesse sido treinador de futebol, o perfil de Kasparov possivelmente corresponderia àquele que desfilou diante dos tabuleiros: "Eu estava acostumado a atacar porque era a única coisa que sabia fazer; hoje ataco porque sei que é aquilo que melhor funciona".

Tanto num caso como no outro, as manobras intelectuais, racionais, não excluem as armas psicológicas cabíveis em cada momento. Ao contrário do que tendem a pensar os fãs do futebol, também o jogador de xadrez pode recorrer à simulação, como iniciar o jogo com um lance destinado a induzir o oponente ao erro, fornecer pistas falsas de seus próximos lances, sacrificar peças importantes para desorientar o rival. Exemplo famoso da criação de um clima emocional para desestabilizar o adversário foi imaginado por Stefan Zweig em um conto publicado postumamente. Um prisioneiro de guerra que tinha passado vários meses totalmente absorvido em jogar xadrez sozinho, escondido, para contornar o vazio e a solidão de sua cela, viu-se tempos depois, já em liberdade, envolvido por acaso em uma partida contra o campeão mundial de xadrez. Este logo percebeu que tinha diante de si um adversário tecnicamente muito forte, que fazia seus lances com bastante rapidez e se impacientava à espera da jogada alheia. Explorando essa instabilidade emocional, o campeão prolongava suas jogadas até o limite do tempo regulamentar, aumentando a angústia do oponente a tal ponto que ele teve uma crise nervosa e abandonou a partida.

Do lado do treinador de futebol, recorre-se com frequência a entrevistas e declarações pré-jogo que procuram descontrolar o antagonista ou ao menos semear insegurança no seu espírito. Como Mourinho reconhece: "Várias vezes modifiquei o comportamento dos adversários com aquilo que digo. Não acontece com todos, mas acontece muitas vezes. Por isso não tenho dúvidas de que é um caminho a explorar". Por exemplo, em 2005, antes do jogo do seu Chelsea contra o Barcelona, ele divulgou a escalação de seu time e a da equipe de Frank

Rijkaard. Foi como dizer "sei o que o adversário pretende fazer" e ao mesmo tempo impedi-lo de mudar para não confessar ter sido apanhado desprevenido. O quanto essa manobra resultou é impossível de dizer, mas a verdade é que durante o jogo o Barcelona não demonstrou a tranquilidade habitual e foi derrotado.

Assim como o futebol possui um leque de alternativas táticas desde o primeiro sistema escocês do 2-2-6 até o 4-2-3-1 que predomina nos tempos atuais, no xadrez existe um acervo de sistemas chamados de aberturas, porque a forma de movimentar as peças nos primeiros lances condiciona em certa medida o prosseguimento do jogo. Mas em termos gerais o xadrez lembra o Carrossel Holandês, no qual cada futebolista não tinha posição e função fixas, todos defendiam e todos atacavam dentro dos limites de suas capacidades individuais (no xadrez, dentro das possibilidades de movimento de cada tipo de peça definido pela regra). O futebol e o xadrez são jogos de combinação geométrica nos quais o treinador e o enxadrista raciocinam por setores que procuram depois articular. Da mesma maneira que muitos técnicos de futebol começam seu trabalho com uma equipe a partir do sistema defensivo, muitos enxadristas dão particular atenção às faixas laterais do tabuleiro (as colunas *a* e *h* na nomenclatura do jogo), à primeira linha (chamada de *1*) e aos cantos recuados (casas *a1* e *a8*). Pela sua importância no desenrolar da partida, pelo equilíbrio que pode dar às ações defensivas e ofensivas, o treinador de futebol deposita muito interesse no meio-campo. O mesmo (e pela mesma razão) faz o enxadrista com o setor do tabuleiro chamado de "grande centro" (casas *d4, d5, e4, e5*) e sua área periférica, ou "pequeno centro" (casas *c3, c4, c5, c6, d3, d6, e3, e6, f3, f4, f5, f6*).

O paralelo entre futebol e xadrez fica ainda mais evidente quando observamos as funções desempenhadas pelas diferentes peças no campo e no tabuleiro. O goleiro corresponde ao rei. De um lado, estruturalmente, porque ambos se constituem no elemento objetivo, com cada time procurando defender o seu e tentando colocar dificuldade ao do adversário (situações concretizadas no gol e no xeque), até a obtenção do gol decisivo e do xeque-mate. Nesse momento, no plano simbólico, o enxadrista deita seu rei sobre o tabuleiro como reconhecimento da derrota, da mesma forma que o goleiro batido no lance do gol tende a ficar alguns instantes estatelado no chão. Em muitos confrontos dos dois jogos pode não acontecer nenhum gol e nenhum xeque-mate, e a conclusão ser o empate. No xadrez, contudo, devido à quase ausência de fatores imponderáveis e ao papel central da antevisão dos lances, um jogador que prognostica sofrer um próximo xeque-mate antecipa-se e abandona o jogo (o que acontece em mais de 95% das vezes entre jogadores de alto nível).

De outro lado, funcionalmente, o goleiro e o rei têm movimentação limitada. No xadrez, aquela peça pode andar apenas uma casa por vez, embora para qualquer lado, e em contrapartida pode ser caçada em qualquer parte do tabuleiro. No futebol, a regra não limita a movimentação do goleiro em campo, mas, devido ao fato de poder pegar a bola com as mãos apenas dentro da própria área, é grande o risco de ele se afastar dali. Isso ocorre apenas em situações excepcionais. Uma, quando ele é um grande cobrador de faltas e pênaltis, caso do paraguaio Chilavert (62 gols marcados) e do brasileiro Rogério Ceni (131 gols). Mesmo assim o risco não deixa de existir. Em uma partida difícil do Torneio Rio-São Paulo de 2002, Rogério Ceni fez um gol de falta cuja comemoração demorada levou-o a ser pego desprevenido pelo Fluminense, que deu logo a saída de bola e o meia Roger, do círculo central, fez o gol por cobertura. A vantagem do gol de goleiro ficou imediatamente anulada, embora por circunstâncias não tenha atrapalhado a vitória do São Paulo (4 a 3). Situação extrema é aquela na qual o goleiro, em fim de jogo, com o time precisando de um gol salvador, sobe até a área rival para tentar o arremate, em especial o cabeceio durante um escanteio ou um cruzamento de falta. Em Copas do Mundo, isso aconteceu pela primeira vez em 1994, com o belga Preud'homme como protagonista do lance.

Embora o objetivo último no xadrez seja proteger o próprio rei e atacar o rei adversário, em certo sentido a peça fundamental é a rainha. Pela amplidão de movimento que lhe concede a regra, ela pode ser movida para a frente, para trás, para os lados, em diagonal, por um número indefinido de casas. Ela possui, assim, grande potencial tanto nas tarefas defensivas como nas ofensivas. Se ela sai do jogo (capturada pelo oponente), o enxadrista tenta substituí-la levando um peão até a última casa do tabuleiro, o que pela regra lhe dá o direito de transformá-lo em nova rainha. No paralelo com o futebol, ela seria o líbero, o jogador que tem liberdade de movimento, que flutua um pouco por toda parte. Se na origem desse dispositivo tático sua função era ser uma sobra, cobrir os demais zagueiros, logo se percebeu que, além de último defensor, ele poderia ser também (desde que com condição técnica para tanto) o primeiro armador e até mesmo, às vezes, um finalizador. São dessa linhagem Velibor Vasovi (pouco lembrado nos últimos anos, mas de cujos pés começavam muitas jogadas do Ajax de Rinus Michels), Franz Beckenbauer (que marcou 79 gols ao longo da carreira, algo como um a cada nove partidas, média alta pela posição recuada em que atuava) e Franco Baresi (sempre elegante, de agudo senso de antecipação, autor de 33 gols e eleito pela torcida do Milan o maior jogador do clube no século xx). Como dizia Cruijff, os melhores jogadores deveriam ser os defensores, pois apenas com boa saída de bola a equipe pode desenvolver seu jogo.

Na disposição inicial no tabuleiro, as duas posições mais laterais de cada time são ocupadas pelas torres. Elas atuam geralmente nessas faixas verticais, embora sua ação possa se prolongar também pela linha horizontal em que se encontram. Sua função é defensiva na origem (como lembra o nome da peça), mas, se bem utilizadas, revelam-se muito úteis no apoio ao ataque. Em termos de futebol, aquelas peças podem jogar tanto de laterais mais fixos quanto de alas mais abertos (ou os pontas no futebol de décadas passadas). Ao lado das torres estão os dois cavalos, peças que se movimentam em L (em pé, deitado ou invertido), cobrindo assim oito casas em torno de cada um deles. Seja posicionados próximos um ao outro para fechar mais densamente certa área do jogo, seja colocados um pouco distanciados para cobrir toda a largura do tabuleiro, eles são decisivos na defesa por serem as únicas peças que pulam casas ocupadas. Os cavalos podem ser comparados aos volantes no futebol, cuja função essencial é proteger sua defesa sem deixar, em certas circunstâncias, de aparecer como elemento surpresa no ataque.

Entre o rei e o cavalo de um lado, a rainha e o cavalo do outro, estão posicionados dois bispos. Eles trabalham sempre na diagonal, para a frente ou para trás, um em casas brancas e outro nas pretas. Podendo jogar curto, de casa em casa, ou atravessar todo o tabuleiro, são elementos de grande potencial ofensivo. Atuando cada um em faixas próprias que não se confundem e podem estar mais próximas ou afastadas conforme as circunstâncias do jogo, eles correspondem aos meias de ligação em posições invertidas: o bispo à esquerda do rei joga pela meia-direita, o bispo colocado à direita da rainha joga pela meia-esquerda. Elementos destinados a criar o jogo, esses futebolistas têm seu paralelo perfeito na terminologia que recebem no jogo de xadrez: "bispo" em português e inglês (*bishop*), termo carregado de autoridade moral e sabedoria;

"louco" em francês (*fou*), indicando comportamento fora da norma devido a uma centelha divina, como na origem latina da palavra, *follis*, "tocado pelo fogo"; *alfil* em espanhol, vocábulo derivado do árabe "elefante" e, assim, indicador da potência ofensiva da peça; *alfiere* em italiano ("porta-estandarte"), termo que no jargão futebolístico designa o "capitão" da equipe; *Läufer* em alemão, literalmente "corredor", mas também "cadência" em música e "médio--volante" no futebol.

Por fim, no jogo de xadrez os peões estimulam a conscientização de que um time de futebol com onze craques é quase impossível, que o importante é o jogo coletivo, o espírito de grupo, o sacrifício de alguns deles pelo conjunto e — formatando o todo de maneira coerente — a tática empregada pelo enxadrista/treinador. Como das dezesseis peças que cabem a cada time de xadrez a metade é de peões, estes são utilizados para abrir espaço às peças nobres que vêm de trás. Aliás, a partir da disposição inicial das peças, o jogo deve obrigatoriamente começar pela movimentação de um dos cavalos (que podem saltar a fila dianteira de peões) ou de um dos peões. Porque estes avançam de casa em casa e são os únicos que não podem recuar, devem estar dispostos de maneira a haver certa cobertura mútua, o que não impede que sejam as peças mais rapidamente eliminadas do jogo. Ainda assim, desde que bem manobrados, os peões abandonam o tabuleiro deixando sua equipe em boa posição tática.

O paralelo entre futebol e xadrez é possível de ser percebido ainda em outros planos. À primeira vista, eles se opõem pela emotividade de um e pela racionalidade do outro. Porém, para surpresa da imensa maioria dos fãs de futebol, o xadrez também possui forte poder de envolvimento. David Shenk cita três exemplos históricos marcantes. No ano 813, enquanto Bagdá estava sendo atacada, o califa Maomé al-Amin, completamente absorvido por uma partida de xadrez, recusou-se a cuidar da defesa e acabou por perder a cidade e a própria cabeça. Albert Einstein, temendo a força de atração do xadrez, procurou manter-se afastado dele por intuir que se tratava de jogo que "mantém seu senhor preso em suas amarras, acorrentando a mente e o cérebro, de forma que a liberdade interior até mesmo dos mais fortes tem de se submeter". Um dos mais influentes artistas do século xx, Marcel Duchamp, então no auge da fama, abandonou a pintura para se dedicar exclusivamente ao xadrez, que se tornara para ele um vício, uma obsessão. A descrição feita por Shenk do arrebatamento do aficionado de xadrez é perfeitamente aplicável ao torcedor de futebol: "No meio de uma partida interessante, é quase como se a realidade se virasse pelo avesso: os movimentos do jogo parecem ser a única coisa substancial, enquanto qualquer insinuação do mundo exterior soa como uma irritante irrelevância".

Os dois jogos aproximam-se mesmo em certos detalhes. No futebol, antes de a partida começar, há um cara ou coroa para escolha do lado do campo ou do pontapé inicial; no xadrez, isso é feito para saber a qual jogador caberá a equipe branca, que pela regra abre os movimentos. Assim como no futebol não se pode carregar irregularmente sobre o corpo do adversário (falta), no xadrez o jogador que toca uma peça inimiga é obrigado a tomá-la; se isso for impossível, ele deve movimentar seu rei, e se isso também não puder acontecer (ou não há espaço livre para tanto ou o rei ficaria em xeque), a partida é encerrada com a derrota daquele enxadrista. Embora possa ocorrer uma única vez por partida a cada equipe, existe no xadrez um recurso complementar visando proteger o rei: é o lance chamado roque. Ele permite, sob certas condições, movimentar em uma única jogada duas peças, o rei e uma torre. O objetivo, como na formação de barreira no futebol, é "esconder" o rei/goleiro. Ao contrário do futebol com seu tempo regulamentar de noventa minutos, um encontro de xadrez não tem duração prefixada e é bastante variável conforme o nível dos jogadores. No entanto, estima-se que ele seja constituído em média por 45 lances, o que significa em torno de noventa minutos de partida.

À primeira vista, a dinâmica é bem diferente nos dois casos. O futebol é jogado entre 22 jogadores ocupando um terreno de no mínimo noventa metros por 45 metros e no máximo 120 metros por noventa, enquanto o tabuleiro de xadrez terá sempre 64 casas ocupadas de início por 32 peças. Ou seja, metade do espaço está densamente povoado por peças que, excetuada a dama, têm movimentação limitada, ao passo que pela regra do futebol a movimentação é livre, embora na prática existam limitações técnicas e táticas a isso. Com mais espaço de manobra e podendo tocar quantas vezes quiser na bola, o futebolista tem uma vasta gama de lances possíveis, o que, associado aos dos companheiros de time, gera um número estratosférico de alternativas. Mas o xadrez consegue ultrapassar essa barreira. No primeiro lance de uma partida, o enxadrista tem vinte possibilidades de movimento que geram vinte respostas diferentes, isto é, há quatrocentas posições possíveis nesse momento do jogo. No segundo lance, para cada uma daquelas quatrocentas posições, cada jogador tem 27 opções, ou 71 852 movimentos diferentes possíveis para ambos. Ao completarem o terceiro lance, os dois enxadristas escolheram entre 9 milhões de possibilidades. Após o quarto lance, entre mais de 315 bilhões, e a progressão geométrica prossegue à medida que a partida avança.

A história de ambos os jogos também não deixa de ter alguns pontos comuns. Jogos com bola visando ultrapassar duas estacas fincadas no chão e jogos com peças movimentadas sobre um quadrilátero foram atestados na China desde fins do terceiro milênio a.C. Muito mais tarde, depois de trajetória complexa e que não interessa discutir aqui, o jogo que já se podia definir como xadrez alcançou o Ocidente no século XI por intermédio dos árabes, para difundir-se somente na passagem do século XII para o XIII. Ou seja, contemporaneamente a práticas lúdico-esportivas que desembocariam séculos depois no futebol. É o caso da *soule*, cuja modalidade mais difundida era praticada com um balão de couro (recheado de ar ou feno ou farelo) conduzido e chutado com os pés em direção a um alvo variável a cada caso (a porta da igreja local, uma sebe, uma zona pantanosa). De acordo com Gamard, tratava-se de "o mais popular dos jogos de força e de exercício na Idade Média", conhecido e adotado pelos ingleses durante a Guerra dos Cem Anos (1337-1453).

Na verdade, os jogos de bola já estavam então bem difundidos na Inglaterra, inclusive um jogado com os pés — e que certos textos de época chamam de *football* — e atestado desde 1314 por vários documentos citados pelo estudo de Magoun. De toda forma, é interessante notar que, tanto quanto o xadrez, os ludopédios francês e inglês eram jogos individuais, embora contassem com a participação de dezenas ou mesmo centenas de pessoas. Mais do que um espírito coletivo, no qual a bola seria trocada entre parceiros, o que reinava era a busca de façanhas pessoais em disputas que se estendiam por horas, mas somente uma vez por ano em alguma data marcante do calendário agrícola. Por outro lado, não se pode perder de vista que o xadrez e o futebol desde o princípio foram imagens do jogo social, representações de dois *popoli* colocados frente a frente, como explicita um texto do século X que descreve o tabuleiro e suas peças, então recentemente introduzidos no Ocidente.

A organização institucional e a popularização do xadrez e do futebol ocorreram paralelamente na Inglaterra da segunda metade do século XIX. Uma primeira revista especializada em xadrez, o *Chess Player's Chronicle*, foi publicada de forma regular entre 1841 e 1862; uma coluna dedicada àquele jogo apareceu em muitos jornais desde a iniciativa do *Illustrated London News* em 1842. As regras do futebol, por sua vez, foram uniformizadas em Cambridge em 1848 e definitivamente normatizadas em Londres em 1863. Em 1851 o London Chess Club criou o Torneio Internacional com dezesseis participantes que se enfrentavam em eliminação direta. Em 1872 nasceu a Copa da Inglaterra envolvendo quinze clubes de futebol no sistema mata-mata. Na Europa ocidental cristã, um texto bem difundido do dominicano Jacopo de Cessoles e redigido entre 1259 e 1273 louvava o xadrez por ver nele o jogo "da moral dos homens e dos deveres dos nobres e dos comuns", portanto metáfora de ordem, organização, complementaridade e solidariedade sociais. Seis séculos mais tarde, em 1864, o jornal *The Field* dirá coisa semelhante do futebol, definido como preparação para futuros governantes do país.

Em suma, guardadas as especificidades de cada jogo, o futebol é uma espécie de xadrez físico e rápido, o xadrez é um tipo de futebol não corporal e mais refletido.

OBRAS CITADAS

GAMARD, L. "Le Jeu de choule en Picardie". *Revue du Folklore Français* (Paris), n. 1, pp. 223-5, 1930.

JACQUES DE CESSOLES. *Le Livre du jeu d'échecs ou la société idéale au Moyen Âge*. Org. de Ernst Koepke. Trad. de Jean-Michel Mehl. Paris: Stock, 1995.

KASPAROV, Garry. *How Life Imitates Chess*. Londres: London House, 2007.

MAGOUN JR., F. P. "Football in Medieval England and in the Middle English Literature". *The American Historical Review* (Nova York), n. 35, pp. 33-45, 1929.

SHENK, David. *O jogo imortal* [2006]. Rio de Janeiro: Jorge Zahar, 2007.

ZWEIG, Stefan. "Xadrez" [1942]. Em *Amok e xadrez*. Trad. de Odilon Gallotti. Rio de Janeiro: Nova Fronteira, 1993, pp. 95-160.

56. O futebol arte

Assim como "cultura", o conceito de "arte" recebe definições das mais restritas às mais abrangentes. À medida que o entendimento alargado foi se impondo com a civilização do espetáculo desde meados do século xx, ele pôde em certos contextos ser aplicado ao futebol. É significativo que nos anos 1950 e 1960, quando predominou aquilo que seria depois rotulado de futebol arte da seleção húngara de 1954, da seleção brasileira de 1958, do Real Madrid de Di Stéfano na década de 1950 e do Santos de Pelé nos anos 1960, a expressão não existia porque não faria sentido. Ela surge com o avanço do pensamento utópico em fins da década de 1960, cujo ponto alto foi o movimento estudantil parisiense de Maio de 1968 com suas célebres reivindicações — "É proibido proibir", "Sejam realistas, peçam o impossível", "Tomemos nossos desejos por realidades", "A imaginação toma o poder" etc. A ideia de um mundo melhor, mais justo e belo, não deixou de alcançar o futebol, que é uma espécie de espelho da sociedade na qual ele se desenrola.

Naquele enquadramento culturalmente estetizante e politicamente contestador, o poeta, ensaísta, desenhista, pintor e cineasta italiano Pier Paolo Pasolini — ponta-esquerda no futebol amador e na política — definiu o jogo brasileiro da seleção de 1970 como "futebol de poesia" (*Il Giorno*, 3 jan. 1971). Mas tal avaliação tantas vezes citada não deve ser entendida de maneira estrita.

De um lado porque, como ele próprio confessaria cinco meses depois em uma autorresenha publicada no mesmo jornal, "Pasolini ama a realidade, mas não a verdade" (*Il Giorno*, 3 jun. 1971). De outro lado porque a distinção que ele faz entre futebol de prosa e futebol de poesia não é valorativa, é "puramente técnica", como repete duas vezes naquele curto texto. O futebol brasileiro é de poesia porque realiza mais gols (ação que "é sempre uma invenção") e dribles, o futebol italiano é de prosa porque sistemático, coletivo — trata-se, porém, na sua opinião, de prosa "estetizante" (e não "realista", como ocorre em outros países).

A dificuldade em classificar o futebol no plano estético não é só de Pasolini; é algo que decorre do próprio procedimento classificatório. Como argumenta Kant, o belo não tem conceito, é impossível definir aquilo que ele é em si mesmo: quando digo que algo é belo, falo mais de mim e da minha percepção do que do meu objeto de observação. O julgamento de gosto é sempre particular, exprime o prazer que alguém em certa circunstância tem diante de certa coisa. Um dos cartazes da rebelião de 1968 mostrava uma estudante atirando uma pedra cercada pelos dizeres *La beauté est dans la rue* [A beleza está na rua]. O critério do belo é sempre subjetivo. Carlos Alberto Parreira reconhece que, aos olhos de hoje, a seleção brasileira de 1970 era lenta. Um dos mais importantes jogadores daquele time, Tostão, mesmo considerando-o "espetacular e irresistível", acrescenta sensatamente que o era "para aquela época", admite que ele "não foi perfeito", já que "a perfeição só existe na nossa imaginação". Arrigo Sacchi, em longa entrevista concedida a Daniel Riolo e Christophe Paillet, concorda em que a plasticidade do jogo não é um dado absoluto, depende do momento da história do futebol que se examina. Ele alerta para as comparações entre épocas diferentes: "Cada equipe está inscrita no seu tempo, em relação com o mundo no qual ela vive. Se você assistir hoje em dia na televisão à Hungria dos anos 1950 vai se chatear, talvez vá mesmo achar gozado; era demasiado lenta".

Três depoimentos de fins de 2012 insistem sobre essa subjetividade. Juan Mata, então jogador do Chelsea e campeão mundial e europeu pela Espanha, futebolista que não pode ser acusado de jogo truculento ou rústico, defendeu que "todo futebol tem mérito". E explicou:

> Não é apenas o futebol do Barça que é válido ou espetacular. [...] Pessoalmente, conheço os dois, o de contra-ataque e o de posse de bola, diferentes um do outro,

mas posso dizer que meu prazer é o mesmo com o Chelsea e com a seleção espanhola. Fico contente quando participo de longas fases de posse de bola que terminam em gol, mas também quando conseguimos marcar depois de três passes.

O argentino Carlos Bianchi, eficiente goleador nos anos 1970 e depois treinador multivencedor (dentre outros títulos, quatro Libertadores e três Intercontinentais), apreciador do jogo bonito, insistiu que "o futebol perfeito não existe", e menos ainda na América Latina, onde ele "não é jogado, mas disputado. Aqui é um combate, uma luta. Não existe jogo, ou pouco". Seu compatriota Diego Simeone, ex-jogador talentoso e hoje treinador competente à frente do Atlético de Madrid, pensa que se "deve ter respeito por todas as maneiras de jogar, o importante é que uma equipe saiba qual é sua própria força".

O que é artístico e belo é, portanto, subjetivo, mas não tanto que faça cada uma de todas as coisas do mundo receber um julgamento singular. A subjetividade da experiência estética, pensa Kant, não nega a objetividade do belo, isto é, o belo como qualidade inerente ao objeto, o que explica certa universalidade dessa percepção. Por isso, dirá Malraux, o belo está em toda parte, embora nem tudo seja belo. Este é, de certa forma, o sentido da arte contemporânea, que elabora obras inacabadas, descuidadas, efêmeras, sobre suportes variadíssimos, arte cujo belo não é solene, regrado, pautado por um modelo, não solicita a observação passiva, e sim a participação ativa do espectador. Tal como ocorre no futebol. Este pode, assim, ser considerado arte. Forma artística centrada no corpo, que desde a época pré-histórica é ao mesmo tempo instrumento, modelo e produto da arte. Daí, talvez, a popularidade do futebol — como Freud observou em 1927, a arte propicia satisfações compensatórias às renúncias mais sentidas que o homem teve de fazer para se constituir enquanto ser social e civilizado.

A partir disso, é possível pensar na hipótese de a presença ou ausência do conceito de futebol arte variar de acordo com a menor ou maior interiorização e aceitação das renúncias de que fala Freud. Constantes no discurso futebolístico brasileiro, as referências ao "futebol arte" oposto ao "futebol resultado" aparecem com certa frequência em países como Espanha e França, mas nunca em outros como Inglaterra ou Alemanha. Uma variação dessa hipótese é o debate entre futebol estético e futebol eficiente ser típico de países que têm mais aguçado o senso do espetáculo do que o de competição. É o caso da França, país das letras e das artes bem mais do que do esporte. E também da Espanha, que embora tenha nas duas últimas décadas se tornado um país vencedor no tênis, ciclismo, basquete, handebol e automobilismo, pede espetáculo no futebol, desejo alimentado em tempos recentes pelo Barcelona de Guardiola e pela seleção nacional de Vicente del Bosque.

A passagem de Fabio Capello pela direção técnica do Real Madrid em 2006-7 é elucidativa. A cultura do clube é vencer e também oferecer espetáculo a seus sócios, enquanto o treinador italiano reconheceu inúmeras vezes ser um pragmático para quem o importante é a vitória, não a maneira de jogar. Assim, mesmo tendo conquistado o campeonato espanhol naquela temporada, ele foi dispensado por incompatibilidade estética. E, no entanto, o fato é importante, Capello sempre foi apreciador das artes, em especial do cinema italiano dos anos 1960 (Fellini, Antonioni e, sobretudo, Pietro Germi) e do movimento chamado *arte povera* surgido em Turim na década seguinte. Assíduo visitante de museus nas cidades em que morou e onde sua equipe ia jogar, frequentador de vernissages e galerias de arte, o técnico italiano é dono de uma considerável coleção particular de obras artísticas. Ademais, foi amigo de Pasolini, originário da mesma região que ele e onde passaram algumas férias juntos. Ou seja, embora sensível às artes, Capello possui em relação ao futebol um senso estético diferente daquele dos espanhóis.

Questionado por Riolo e Paillet sobre como adaptar os resultados às exigências da exibição, ele ponderou: "O que é espetáculo? Alguns apreciarão músicas cacofônicas enquanto outros preferirão escutar Mozart". Espetáculo "é quando você vê alguma coisa que te dá emoção", e é isso que faz a vitória. Explicando essa tradição cultural italiana da qual discordava, Sacchi disse que "neste país o futebol não é um esporte, nem um espetáculo esportivo: é uma reivindicação social. Uma maneira de se afirmar. [...] Somente a vitória contava para nós, e pouco importava o mérito; era preciso fazer tudo para ganhar". Quando certa vez Van Basten lhe perguntou "por que não podemos nos contentar com a vitória?", Sacchi deu uma resposta que expressava bem sua filosofia do jogo e em certo sentido da vida — "A vitória fica registrada num almanaque, mas a maneira pela qual você ganha fica na memória das pessoas". É significativo que a resistência cultural estivessse presente no elenco do Milan e expressada por um dos seus jogadores mais técnicos: "Para vencer, não é preciso ser belo, às vezes é preciso ser prático", declarou certa feita Franco Baresi.

No Brasil, aparentemente, predomina o esteticismo futebolístico, mas somente no plano imaginário. Por contrariá-lo, Muricy Ramalho foi muito criticado em fins de 2008, depois de um medíocre 1 a 0 do São Paulo sobre o Náutico, por uma frase semelhante à de Capello: "A torcida paga ingresso para ver o time vencer. Quem quer ver espetáculo que vá ao Teatro Municipal". Nesse episódio, o que chocou muita gente não foi, acreditamos, o pragmatismo, e sim a explicitação de que o rei estava nu. De fato, há pelo menos três décadas o nível do futebol no país é fraco, apesar do aparecimento esporádico de um novo craque ou da boa forma efêmera de um time. É muito expressivo que o próprio jogador brasileiro, com seu código informal do politicamente correto, refute a possibilidade do futebol arte, estabelecendo uma estreita área cinzenta entre este e o menosprezo pelo colega. O repúdio ao chamado "drible da foca" que o cruzeirense Kerlon criou em 2007 manifesta esse sentimento. Poucos defenderam a inteligência do gesto — caminhar com a bola equilibrada na cabeça dificulta o desarme sem falta — e o estimulante desafio que a jogada representa para adversários (qual o melhor meio de anulá-la?) e para companheiros e técnicos do jogador (como explorar o potencial do lance?).

Mais do que estetizante, a valorização teórica do futebol arte brasileiro revela conotações nacionalistas e nostálgicas. Isso se manifesta sobretudo em torcedores e jornalistas de certa idade, aqueles que tiveram contato, mesmo que às vezes apenas indireto, com as seleções de 1958, 1970 e 1982, com o Botafogo de Garrincha e o Santos de Pelé. Algumas dessas pessoas, menos exigentes quanto ao próprio conceito, estendem-no ao Flamengo de Zico, ao São Paulo de Telê Santana e ao Santos de Robinho e depois ao de Neymar. Todavia, é preciso insistir, não existe um conceito anistórico do belo. A escultura grega clássica é mais bonita que a barroca? A música de Bach é sempre, para todas as pessoas, superior à música country? A arte literária é maior em Goethe ou em Balzac?

Por desconsiderar o relativismo cultural, um jornalista brasileiro defensor do futebol arte definiu o jogo da seleção espanhola bicampeã da Europa e campeã do mundo como "estilo tique-taque, chato à beça", por dar a "impressão de monotonia, de hipnose" (*O Estado de S. Paulo*, 18 jun. 2013 e 2 jul. 2013), devido à troca constante de passes. Essa não é, contudo, uma expressão artística com suas linhas retas criadoras de triângulos reduzidos que flutuam pelo gramado, compondo-se e desmanchando-se rapidamente? Ou as linhas retas da pintura cubista, a inaugural *Les Demoiselles d'Avignon* (1907) de Picasso, por exemplo, não são arte? Passes velozes, de um só toque e com precisão cirúrgica no meio de vários adversários não são tão estéticos quanto dribles ou chutes a gol bem colocados?

De onde procede, enfim, a atração de muitos brasileiros pelo futebol arte? De uma razão política: criar e reforçar laços num país de sentimento nacional hesitante e que se manifesta sobretudo em torno do futebol, daí Sócrates, após a Copa de 1982, ter definido futebol arte como "a procura dessa forma cultural que mais tem a ver com o nosso povo". De uma razão ideológica: porque no Brasil o futebol é uma arte e "arte é talento" que não se ensina, diz João Saldanha, fica comprovado o caráter democrático do jogo, que prescinde de hierarquias. De uma razão social: como observou Peter Handke, o futebol fornece "às almas menos afortunadas o único contato com a estética", ou, como disse Sócrates, "a beleza vem primeiro, a vitória é secundária; o que importa é a alegria". De uma razão filosófica: valorizar uma das competências nacionais, pois, como proclamou Oscar Wilde com sua habitual ironia, "a única desculpa de haver feito uma coisa inútil é admirá-la intensamente. Toda arte é completamente inútil". De uma razão psicológica: Freud encontrará em 1917 uma utilidade à inutilidade aludida por Wilde — no reino psíquico da fantasia, subtraído do princípio de realidade, o homem continua a gozar da liberdade à que teve de renunciar em nome da civilização, e nesse reino tudo pode se desenvolver sem restrições, "até mesmo o que é inútil ou prejudicial".

Na somatória dessas razões, o conceito de futebol arte sempre caminhou no Brasil junto ao de nacionalidade. Já em 1919, o jornalista Américo Netto atribuía a vitória brasileira no Sul-Americano ao abandono da rigorosa organização de jogo dos ingleses, copiada por argentinos, chilenos e uruguaios: "Vencemos simplesmente porque não jogamos como eles, porque é muito diferente, é muito nossa, muito brasileira, a escola de *foot-ball* que adotamos ou, antes, que criamos para nosso uso exclusivo". Com o início da década de 1930, o futebol começou a entrar em algumas das novas reflexões sobre o Brasil associadas ao Estado Novo varguista, posterior às inconstâncias políticas da República Velha (1889-1930), às dificuldades materiais resultantes da crise econômica mundial de 1929, às inadaptações sociais de uma grande massa de ex-escravos e descendentes juridicamente libertada quarenta anos antes sem ter ainda encontrado seu lugar social.

Nesse quadro, Gilberto Freyre viu a identidade nacional num modelo integrador, mestiço, que se expressava também no futebol, como lhe pareceu comprovar a seleção de Leônidas da Silva e Domingos da Guia na Copa de 1938:

> O estilo brasileiro de futebol é mais uma expressão de nosso *mulatismo* ágil em assimilar, dominar, amolecer em dança, em curvas ou em músicas, as técnicas europeias ou norte-americanas mais angulosas para o nosso gosto. [... Trata-se da] arte do songamonga. Uma arte que não se abandona nunca à disciplina do método científico, mas procura reunir ao suficiente de combinação de esforços e ao mínimo de efeitos em massa a liberdade para a variação, para o floreio, para o improviso.

Futebol mulato que lembra acima de tudo a dança.

> Dança dionisíaca. Dança que permita o improviso, a diversidade, a espontaneidade individual. Dança lírica. Enquanto o futebol europeu é uma expressão apolínea de método científico e de esporte socialista em que a ação pessoal resulta mecanizada e subordinada à do todo — o brasileiro é uma forma de dança, em que a pessoa se destaca e brilha. O mulato brasileiro deseuropeizou o futebol dando-lhe curvas arredondadas e graças de dança. [...] Nós dançamos com a bola.

Na divulgação dessa ideia, papel central foi exercido por Mário Filho. Em certa medida, foi ele que inventou o futebol espetáculo no Brasil ao defender o profissionalismo (portanto os melhores jogadores atuando em melhores condições), ao descrever a performance dos times por meio de uma escrita própria e muito viva (nenhuma descrição é isenta, como se sabe) e ao promover as exibições futebolísticas nas páginas do *Jornal dos Sports* (do qual ele se tornou proprietário em 1936). Seu pensamento seria sistematizado e sintetizado em 1947 no livro *O negro no futebol brasileiro*, prefaciado justamente por Gilberto Freyre, onde a miscigenação da sociedade explica a miscigenação no campo de jogo e a brasilidade do futebol aí praticado.

Em suma, futebol arte é mais um construto do que um fato concreto. A própria fórmula é inadequada e redundante porque, do ponto de vista etimológico, "arte" remete a um amplo e rico feixe de significados contido no grego τέχνη, *tekhnê*, "técnica", e no seu equivalente latino *ars, artis*. Este vocábulo reunia várias ideias ligadas ao ato de fazer algo, a uma virtude operativa. A partir disso, ganhou o sentido de "habilidade", "talento", "profissão do artesão", "método para realizar alguma coisa", ou, com conotação pejorativa, "astúcia", "malícia", "ardil", "artifício". Acepções todas, literais e figuradas, que se aplicam perfeitamente ao futebol. A qualquer futebol, seja ele de maior ou menor refinamento.

Se a definição mais difundida de arte está relacionada com a criação de formas deleitáveis porque belas, Herbert Read argumenta que "a arte não tem com a beleza relação necessária alguma". O problema conceitual é presumir que tudo que é belo é arte ou que toda arte é bela, esquecendo-se que ela "é com frequência desprovida de beleza". O crítico inglês continua: "A arte, temos de admitir, não é a expressão plástica de qualquer ideal particular. É a expressão de qualquer ideal que o artista possa realizar em forma plástica". Mais precisamente, é a "expressão de determinado estado emotivo ou sentimental preexistente".

Ora, como formas idênticas podem ter valor expressivo diferente para cada artista e cada observador em cada época, fica claro que "futebol arte" está mais na mente do que na prática. É uma ideologia, uma visão de mundo.

OBRAS CITADAS

FILHO, Mário. *O negro no futebol brasileiro* [1947]. Petrópolis: Firmo, 1994.
FREUD, Sigmund. *L'Avenir d'une illusion* [1927]. Trad. de Anne Balseinte et al. Paris: PUF, 1994 (Oeuvres complètes, v. XVIII, pp. 142-97).
_____. *Leçons d'introduction à la psychanalyse* [1917]. Trad. de André Bourguignon et al. Paris: PUF, 2000 (Oeuvres complètes, v. XIV).
FREYRE, Gilberto. "Foot-ball mulato". *Diário de Pernambuco*, 8 jun. 1938, p. 4. Reproduzido em Gilberto Freyre, *Sociologia*. Rio de Janeiro: José Olympio, 4ª ed., 1967, v. 2, pp. 431-3.
HANDKE, Peter. "Die Welt im Fußball". Em Karl Riha (Org.), *Fußball literarisch oder der Ball spielt mit dem Menschen: Erzählungen, Texte, Gedichte, Lieder, Bilder*. Frankfurt: Fischer-Taschenbuch, 1982, pp. 195-200.
KANT, Immanuel. *Critique du jugement* [1846]. Trad. de Jean Gibelin. Paris: Vrin, 1941.
MALRAUX, André. *Les Voix du silence*. Paris: Gallimard, 1951.
NETTO, Américo R. "Football: inovação brasileira". *Sports* (São Paulo), n. 1, 1919, pp. 7-8.
PASOLINI, Pier Paolo. "Il calcio 'è' un linguaggio con i suoi poeti e prosatori". *Il Giorno*, 3 jan.

1971, reproduzido em Pier Paolo Pasolini, *Saggi sulla letteratura e sull'arte*. Milão: Arnoldo Mondadori, 1999, v. 2 (Le opere di Pier Paolo Pasolini), pp. 2545-51.

PASOLINI, Pier Paolo. "Pasolini recensisce Pasolini". *Il Giorno*, 3 jun. 1971, reproduzido em Pier Paolo Pasolini, *Saggi sulla letteratura e sull'arte*. Milão: Arnoldo Mondadori, 1999, v. 2 (Le opere di Pier Paolo Pasolini), pp. 2575-80.

READ, Herbert. *O significado da arte* [1931]. Lisboa: Ulisseia, 1969.

RIOLO, Daniel; PAILLET, Christophe. *Secrets de coachs: Les plus grands entraîneurs de foot se confessent...* Paris: Hugo, 2011.

SALDANHA, João. *Os subterrâneos do futebol*. Rio de Janeiro: José Olympio, 1980.

WILDE, Oscar. *The Picture of Dorian Gray* [1890]. Org. de Isobel Murray. Londres: Oxford University Press, 1974.

57. Meu vício é você

A fruição estética de qualquer partida de futebol não se dá com belas jogadas do time adversário (mesmo que possamos reconhecer sua beleza), e sim com os gols da equipe para a qual se torce. Gols que não precisam resultar de jogadas tecnicamente bem trabalhadas, individual ou coletivamente (embora seja melhor quando assim acontece); basta a bola entrar para que se exulte. Essas alegrias são conhecidas dos torcedores de todo clube, mas mesmo os fãs das maiores agremiações não vivenciam mais que uns 60% ou 70% de vitórias ao longo de uma temporada. Ademais, somente os adeptos de um único clube — quase sempre dentre uma pequena elite em cada país — podem atingir o orgasmo anual da conquista de um título importante. E o restante do tempo? E para os torcedores daqueles clubes e seleções (largamente majoritários) que sabem, por antecipação, que jamais serão campeões? Tampouco eles torcem por apresentações de alto nível, algo que seu time tem menos possibilidade de oferecer que as grandes formações.

Por que se apoia, por exemplo, o Bradford? Esse clube inglês teria todos os motivos para estar abandonado pelos seus adeptos. Fundado em 1903, até hoje ganhou somente uma Copa da Inglaterra, no longínquo ano de 1911 (e também a quarta divisão em 1907-8 e a terceira divisão em 1984-5). Ficou fora da principal divisão do futebol inglês de 1922 a 1999, depois caiu novamente em

2001 e foi sendo seguidamente rebaixado; de 2008 a 2013 ficou na quarta divisão. A cidade que dá nome ao clube tem apenas 300 mil habitantes e fica localizada entre dois centros futebolísticos importantes, Leeds e Manchester. Ainda assim, na temporada 2012-3, mesmo estando na quarta divisão, teve média de público de 10 322, quer dizer, somente 3 mil a menos que a dos clubes brasileiros da primeira divisão na mesma época. Em 2015-6, agora na terceira divisão, ainda sem enfrentar os grandes clubes do país, sua média foi de 18 090 torcedores, enquanto a da Série A brasileira foi de 17 051.

Enfim, por que se torce por um clube de futebol, seja ele pequeno ou grande? Já tratamos das explicações sociológicas quanto à identificação com uma comunidade ou nação em várias páginas de *A dança dos deuses* e em um ensaio do presente livro.[1] Agora queremos sugerir outra explicação, mais psicológica. E que certamente criará maior resistência por parte dos torcedores. Assim, não é demais lembrar que este autor não se coloca absolutamente como um intelectual avesso ao fenômeno de massa que é o futebol. Pelo contrário. Dito isso, o exercício de compreensão não pode ficar abafado pela paixão. Retomemos portanto o fio da discussão: na maior parte do tempo, o torcedor de futebol vive na expectativa, senão na apreensão e mesmo na tristeza, quanto ao destino de sua equipe. Se a fase é ruim, não há necessidade de dizer que o desencanto é muito maior que eventuais e esporádicas alegrias.

Se a fase é boa e as alegrias são frequentes, não se deixa de pensar na próxima competição. Fundamentado nas vitórias recentes, desponta no torcedor o desejo de nova conquista, talvez maior que a anterior, o que gera angústia. Após a alegria pela Libertadores de 2011, qual torcedor do Santos não ficou esperançoso, mas também apreensivo, pela expectativa por um terceiro título mundial? E qual deles não se sentiu frustrado diante do "chocolate" que lhe foi dado pelo Barcelona? Fenômeno semelhante vivenciaram os corintianos em 2012, mesmo que com outra conclusão. A euforia pela inédita Libertadores conquistada depois de tantas tentativas fracassadas e o prazer de ter igualado o histórico rival Palmeiras foram sendo aos poucos substituídos pela dúvida: iriam conquistar o Mundial Interclubes, o verdadeiro mundial, jogado do outro lado do mundo, e não aquele arremedo caseiro de 2000 que ninguém valorizava (inclusive, no fundo, eles próprios)?

1. Ver o ensaio 31, "Comunitarismo e nacionalismo".

Nisso tudo não entra, bem entendido, nenhuma apreciação estética. Para desconsolo dos puristas, não é isso que o torcedor médio espera. Ele quer vitórias, títulos. Como ele próprio diz, nem que o gol decisivo seja de mão, no último minuto do jogo. Se a pequena história, aquela da narrativa e dos detalhes, registrará a maneira inglória de tal conquista, a grande história, aquela das manchetes, da foto do time campeão, dos rankings, lembrará para sempre dos vencedores, independentemente da forma como isso se tenha dado. Se a fruição do futebol não é essencialmente estética e se ele, na duração da vida de um torcedor, gera mais desilusões que satisfações, o que é enfim o futebol?

A resposta, agora para revolta não só dos puristas, poderia ser — é um vício. O que explica sua difusão mundial e seu faturamento total, perfeitamente comparáveis com a indústria do fumo, das bebidas alcoólicas e dos jogos de aposta, cerca de 400 bilhões de dólares anuais cada setor. Todos provocando dependência. Qual fumante deixa de acender um cigarro depois do café ou da refeição? Qual alcoólatra deixa de tomar um copo sob qualquer pretexto? Qual jogador evita um cassino, uma hípica, uma aposta na internet, uma loteria ou um simples baralho entre amigos? Qual torcedor deixa de acompanhar o notíciário futebolístico no jornal e no rádio ou de assistir a uma partida pela televisão?

Não foi mera coincidência que o futebol tal qual se conhece hoje tenha nascido com a Revolução Industrial, que representou aquilo que o historiador inglês Peter Laslett definiu no título de um livro tornado clássico como "o mundo que perdemos". Ou seja, a família, a comunidade e a estrutura social anteriores foram profundamente modificadas, gerando assim um sentimento de desenraizamento e isolamento nas massas de camponeses que, em busca de emprego nas novas indústrias, deslocavam-se para as cidades. Nelas, a maioria da população passou a ter relações familiares esgarçadas, laços de vizinhança enfraquecidos ou inexistentes, práticas religiosas esporádicas que criavam poucos vínculos no seio de uma comunidade.

Nesse contexto, o futebol passou a funcionar como um sucedâneo das formas tradicionais de convivialidade e de religiosidade, preenchendo em certa medida o vácuo social e psicológico daqueles indivíduos, permitindo-lhes reencontrar um pertencimento comunitário e reconstruir uma rede de sociabilidades. Não é casual que o mapa da industrialização na Inglaterra, depois na Europa e por fim na América Latina (os Estados Unidos constituem um caso à parte), recubra em linhas gerais o mapa da adoção e do desenvolvimento do futebol. Para aqueles grupos sociais sem outros horizontes culturais e afetivos, o futebol tornou-se elemento central, forjou-lhes uma nova identidade, deu-lhes um lazer, forneceu-lhes expectativas de vida. Em outras palavras, passou a ser indispensável, criou uma dependência ocupacional e sentimental.

Um século depois, o caráter viciante do futebol não desapareceu. Pelo contrário, foi alimentado pela sua onipresença em todos os meios de comunicação de massa. Pesquisa realizada em meados de 2013 pela Federação Inglesa de Futebol junto aos torcedores daquele país revelou que 50% deles pensam em futebol o tempo todo; 66% admitiram que ele é seu principal tema de conversa e o primeiro assunto discutido na segunda-feira de manhã quando chegam ao trabalho; 90% reconheceram que sua agenda pessoal é definida em função do calendário futebolístico. Mais sintomático ainda, metade dos torcedores confessou sentir certa depressão durante as poucas semanas sem futebol no intervalo entre uma temporada e outra. Esse tipo de dependência, tanto quanto a provocada por drogas químicas ou jogos de azar, gera comportamento antissocial, ou seja, violência contra os outros (ofensas, discussões, agressões) ou contra si próprio (no Brasil, dos mais de 4 milhões de pessoas que são jogadoras compulsivas, 6% acabam por se suicidar).

No futebol, o fenômeno não fica restrito aos torcedores, atingindo também os profissionais, embora o assunto ainda seja tabu e as informações, escassas. Em 1994, Agostino Di Bartolomei, ex-meio-campista da Roma, deu-se um tiro na cabeça; em 2001, Paul Vaessen, ex-centroavante do Arsenal, matou-se com uma overdose de heroína; em 2009, Robert Enke, que ainda atuava como goleiro e capitão do Hannover, jogou-se debaixo de um trem; em 2011, Gary Speed, ex-jogador do Leeds e então treinador da seleção de País de Gales, enforcou-se na garagem de sua casa. Sem chegar a esses extremos, sabe-se que ocorre com frequência uma espécie de síndrome de abstinência do futebol quando acaba a carreira, momento que aumenta em 40% o risco de depressão, segundo um estudo inglês. Muitas vezes a dependência psicológica do futebol, que se torna o único horizonte do jogador profissional, leva-o a outros vícios como, para lembrar apenas alguns nomes mais conhecidos, o do álcool (Garrincha, Canhoteiro, George Best, Paul Gascoigne, Sócrates, Adriano), da cocaína (Paulo César Caju, Reinaldo, Maradona, Casagrande, Jardel, Dinei, Adrian Mutu), do éter (Heleno de Freitas).

Muito da violência que cerca o mundo do futebol decorre, pelo menos tanto quanto de fatores socioeconômicos, da situação psíquica de dependência do jogo. O hábito de o torcedor vencedor tripudiar sobre o vencido impedindo a cicatrização de sua ferida narcísica é fonte adicional — e também viciante — de prazer. Desafiando a visão politicamente correta do homem, o psicólogo Steven Pinker, professor de Harvard, não hesita em afirmar que "o prazer com a violência é uma realidade". Quando as barreiras morais e a autocensura estão enfraquecidas, por exemplo por um vício, é esse prazer que reemerge.

Não devem surpreender, então, os inúmeros episódios de violência que acompanham a história do futebol desde seu início. A "banalização do mal", diz Hannah Arendt, decorre de pessoas comuns seduzidas por lideranças carismáticas. Ora, muito antes de adotado pela sociologia política, "carisma" é um termo do cristianismo grego que, desde o apóstolo Paulo, designa um dom sobrenatural concedido para o bem da comunidade a um crente ou grupo de crentes. Dito de outra forma, a visão religiosa que o torcedor tem de seu clube — e, por extensão, de si mesmo — tira-o de condições normais e o remete à busca da satisfação de um desejo, sentimento mais forte que qualquer controle racional e consciente. Como acontece em relação a qualquer vício.

Mas o que é proporcionado por um vício? A sensação, embora efêmera, de preencher certo vazio existencial, de anestesiá-lo em face de uma realidade julgada decepcionante, incompleta, difícil. É expressivo que um alcaloide de propriedades entorpecedoras e anestésicas tenha recebido o nome de "heroína", por fazer o usuário sob seu efeito sentir-se participante da "raça mais justa e mais corajosa, raça divina de homens heróis e chamados semideuses", na definição do poeta grego Hesíodo no começo do século VII a.C. Sentir-se herói é, portanto, colocar-se acima do homem médio. Em 2007, pesquisadores da Universidade de Bonn encabeçados por Klaus Fliessbach realizaram um interessante experimento nesse sentido. Enquanto um grupo de homens era submetido a algumas provas simples no computador, gerando recompensas monetárias conforme o grau de dificuldade, as reações cerebrais de todos eles eram monitoradas por tomografia. Como esperado, o chamado "centro de recompensa" (ou, em termos técnicos, estriado ventral) ficava ativado com o êxito, mas a surpresa da pesquisa foi que a ativação é tanto maior quanto mais o sujeito supera seu vizinho de experiência. A satisfação depende menos da quantia recebida do que do fato de ganhar mais que os outros.

Daí por que é comum que apaixonados por futebol não consigam assistir a um jogo pela televisão sem tomar partido. Mesmo que não envolva seu clube do coração. Ao menos diretamente, isso se dá porque todo torcedor está no centro de uma vasta rede de empatias ou rejeições diversas que o remetem em última análise a uma situação imaginária da qual seu clube nunca está ausente. No entanto, como o futebol gera uma dependência aparentemente sem produto, diferente da toxicomania, é bem mais difícil reconhecê-lo como vício. Se o apego excessivo a jogos de baralho, dados, roleta, corrida de cavalos, brigas de animais, loterias etc. é desde 1980 considerado doença pela Associação Americana de Psiquiatria, o futebol é tratado diferentemente. Ele é comparável a drogas socialmente aceitas como o tabaco e o álcool.

Todavia, da mesma forma que estes e que as drogas pesadas, o futebol também gera situações nas quais o envolvimento exagerado pode se tornar patológico, aquilo que o senso comum chama com pertinência de "torcedor doente". A amplidão do fenômeno, porém, faz com que ele seja definido como uma "paixão", esquecendo-se que o primeiro sentido dessa palavra é "sofrimento" (o latim *passio/passionis* deriva de uma forma nominal do verbo *patior*, "sofrer"). E mesmo na acepção de "amor intenso que ofusca a razão", a paixão pode gerar desvios problemáticos, como notam dois psiquiatras franceses, Marc Valleur e Jean-Claude Matysiak.

Realmente, a psicologia do torcedor lembra aquela — de fundo autobiográfico — descrita por Dostoiévski no seu célebre romance *O jogador*. Ao entrar no cassino, antes de ser tomado pela compulsão de jogar, o narrador reconhece que o "desagradava particularmente em toda aquela canalha de jogadores de roleta o apreço pela ocupação, aquela seriedade e até mesmo respeito com que todos rodeavam as mesas". Mas o ambiente logo o contamina: "Será possível pôr os pés numa sala de jogo e não se ver logo assaltado por uma superstição?". Na sala de jogo "se mostravam todos insolentes e ansiosos", uma excitação infantil dominava o ambiente antes e durante as jogadas. "Seduzida pela ilusão" de ganhar, cheia de "autointoxicação da fantasia", cada pessoa dirige um olhar hipnótico sobre o jogo. Os que perdem querem prolongar o tempo, fornecedor de esperança; os que ganham sonham em interromper seu curso, pois "em momentos assim a gente esquece todos os fracassos anteriores".

Cidadãos comuns longe dos campos de futebol e das mesas de jogo podem se tornar indivíduos febris e agressivos devido ao desejo de superar não apenas adversários e crupiês, mas sobretudo a sorte. Nas férias, em teoria para descanso do corpo muito exigido ao longo da temporada, não são poucos os futebolistas profissionais que promovem partidas com amigos. Nesse desafio constante com a sorte e com seus próprios limites técnicos e físicos, mesmo jogadores experientes perdem algumas vezes o controle emocional por fatos secundários. O goleiro Fabien Barthez (Olympique de Marseille, Monaco, Manchester United, seleção francesa), campeão do mundo em 1998, durante um simples amistoso de clube em fevereiro de 2005, no Marrocos, do qual estava sendo poupado, diante de uma pequena discussão no campo, saiu do banco de reservas para xingar o árbitro e cuspir em seu rosto, arriscando-se a uma punição que poderia tirá-lo da Copa do Mundo do ano seguinte.

Não se pode deixar de reconhecer que o futebol se tornou uma indústria tão poderosa, que envolve interesses de tantos setores econômicos, que é difícil hoje em dia alguém escapar da sua presença. Existe, é óbvio, toda uma grande parcela da população mundial que não lhe dá maior atenção — como outras não se interessam pelo fumo, pela bebida, pelos jogos de azar —, mas o restante reserva-lhe dinheiro, tempo e envolvimento emocional de maneira quase tirânica. Por quê? Num estudo famoso, Norbert Elias e Eric Dunning identificaram o poder de atração do espetáculo esportivo na "busca da excitação", na vivência condensada e intensa durante uma partida de todo um leque de afetos — alegria, alívio, sofrimento, ódio, angústia, sentimento de injustiça — que ao longo da vida são provados apenas de maneira espaçada e por motivos variados.

Ora, o mesmo faz todo jogo de azar, ao qual o indivíduo se liga para sentir as emoções que o cotidiano medíocre lhe nega, e a partir de certo momento essa sensação de viver intensamente passa a lhe fazer tanta falta como comer ou dormir. Quando se chega a esse ponto, quando a dependência, o vício, capta o indivíduo, o problema torna-se quase irreversível, mesmo que com frequência isso ocorra à custa da saúde, da conta bancária, da família, do emprego. Alguém viciado em jogo não vai ao cassino para ganhar dinheiro, o que pode ser uma decorrência agradável, mas o essencial não está nisso. Se ganhar, ele voltará alegando que pode ganhar de novo; se perder, voltará para recuperar o dinheiro perdido na vez anterior; e assim o círculo se autoalimenta. O mecanismo psicológico em relação ao futebol é semelhante. De perto ou de longe, o torcedor acompanha seu clube, alegra-se e sofre com ele, vitórias e derrotas pouco mudam sua conduta. Mais do que o jogo, mais do que o clube, busca-se no futebol a emoção, uma forte sensação de vida.

OBRAS CITADAS

ARENDT, Hannah. *Eichmann em Jerusalém: Um relato sobre a banalização do mal* [1963]. Trad. de José Rubens Siqueira. São Paulo: Companhia das Letras, 1999.
DOSTOIÉVSKI, Fiódor. *O jogador* [1866]. Rio de Janeiro: Aguilar, 1963 (Obras completas, v. 3, pp. 15-128).
ELIAS, Norbert; DUNNING, Eric. "A busca da excitação no lazer" [1969]. Em *A busca da excitação* [1986]. Lisboa: Difel, 1992, pp. 101-38.
FLIESSBACH, Klaus et al. "Social Comparison Affects Reward-Related Brain Activity in the Human Ventral Striatum". *Science*, v. 318, n. 5854, pp. 1305-8, 2007.
HESÍODO. *Os trabalhos e os dias*. Trad. de Mary de Camargo Neves Lafer. São Paulo: Iluminuras, 1991.
LASLETT, Peter. *The World We Have Lost: England Before the Industrial Age*. Londres: Methuen, 1965.
PINKER, Steven. *Os anjos bons da nossa natureza: Por que a violência diminuiu* [2011]. Trad. de Bernardo Joffily e Laura Teixeira Motta. São Paulo: Companhia das Letras, 2013.
VALLEUR, Marc; MATYSIAK, Jean-Claude. *Pathologies de l'excès: Sexe, alcool, drogue, jeux... Les Dérives de nos passions*. Paris: JC Lattès, 2006.

PARTE VI

OBSERVANDO O OBSERVADOR

58. Futebol, campo de anacronismos

Uma das grandes características do Ocidente dos séculos XIX e XX foi a ideia de progresso, de que o mundo só pode melhorar, ilusão tão enraizada que apesar de ter sido abalada pelas grandes tragédias da época, esteve longe de ser negada. Ironicamente, aliás, a maior parte delas aconteceu em nome do progresso, caso das Guerras Napoleônicas, da exploração colonialista da África e da Ásia, das duas grandes guerras de 1914-8 e 1939-45, do nazismo, do stalinismo, do maoismo. Neste começo de século XXI, a mesma visão juvenil predomina, apesar da crise global que se estende desde 2007. Ninguém, Estados e indivíduos, aceita a possibilidade e mesmo a necessidade de um recuo, argumentando com a fantasia dos "direitos adquiridos" ou a "irreversibilidade do Estado social". Como se a trajetória histórica fosse linear. Ou melhor, como se fosse possível congelar essa trajetória em determinado momento impedindo uma mudança de rumo. O resultado é um olhar para o passado segundo os valores, os desejos e as referências do presente. O passado é então revisto, reescrito e manipulado de acordo com os interesses do presente. Nessa soberba existencial, o hoje reconstrói o ontem à sua imagem e semelhança, assim como o amanhã reconstruirá o hoje quando este se tornar passado.

Ora, o anacronismo é o pecado capital para todo historiador. Nas palavras de um dos maiores do século XX, o francês Lucien Febvre (1878-1956), é "o pecado dos pecados, entre todos os pecados o irremissível". Mais do que um procedimento técnico incorreto para historiadores, o anacronismo é com frequência prática impiedosa que reescreve a história com finalidades espúrias. Foi o caso da *damnatio memoriae* usada no Egito faraônico depois da reforma religiosa de Akhenaton (século xiv a.C.), na Roma republicana dos séculos ii e i a.C. para apagar a existência social de certos condenados, na Roma imperial dos séculos i-iii como tentativa de varrer a lembrança de alguns imperadores, na Europa medieval para a Igreja eliminar a memória de indivíduos considerados perigosos, na União Soviética de Stálin para que os inimigos do regime desaparecessem não apenas física mas também historicamente.

Toda tentativa de manipular a história é, enfim, produto de sociedades não democráticas e dos interesses escusos que sempre as acompanham. Anulando o que não nos agrada, enfraquecemos a democracia, baseada exatamente na aceitação e no respeito das dessemelhanças. É forte a sociedade que trabalha pacificamente com suas diferenças, seus confrontos, suas lembranças do que não se considera agora positivo, mas que talvez o passado aceitasse como normal. A história pode ser, deve ser, precisa ser, analisada e compreendida, não maquiada conforme os interesses de cada momento. Inclusive no futebol. Arrigo Sacchi, por exemplo, alerta para as comparações entre épocas diferentes e diz, com razão, que "cada equipe está inscrita no seu tempo, em relação com o mundo no qual ela vive".

Estas rápidas observações vêm a propósito da repetida presença do anacronismo no nosso futebol, que manipula a história em função de interesses nacionalistas ou clubísticos. As mesmas pessoas que defendem a unificação dos títulos brasileiros — fantasiosa redução da história a um único padrão, como se coubesse a certo período julgar os demais — discordariam se, por exemplo, o Uruguai passasse a se atribuir a condição de tetracampeão mundial. No entanto, aos títulos das Copas do Mundo de 1930 e 1950 poder-se-iam juntar os dos Jogos Olímpicos vencidos por ele em 1924 e 1928, quando a Copa ainda não existia. Aliás, o congresso da Fifa de 1914, na Suécia, havia reconhecido "o torneio olímpico de futebol como um campeonato do mundo amador". Que as Olimpíadas tinham naquela época o status de Copa do Mundo percebe-se pelo testemunho insuspeito de um jornal argentino — o fato não é menor, sabendo-se da rivalidade entre os dois países — que saudou o primeiro título olímpico dos uruguaios afirmando que "um campeonato universal tem importância indubitável" (*Crítica*, 9 jun. 1924).

Por sua própria característica, o campo privilegiado entre nós para o anacronismo tem sido a história dos clubes, quase sempre escrita com nítida falta de domínio dos métodos e das teorias da historiografia. Tais textos são, de forma geral, construídos somente com recurso à documentação do jornalismo esportivo, isolando o clube em uma ilusória torre de marfim, como se ele fosse o centro do mundo, como se nada devesse ao contexto histórico maior no qual nasceu e se desenvolveu, como se ele estivesse imune à dinâmica das situações social, política, econômica e cultural da sua cidade, da sua região e do seu país. Trata-se com frequência de obras dirigidas não para a opinião pública, e sim para nichos de mercado, sabendo que os torcedores com os quais os autores se identificam plenamente vão consumi-las, pois o torcedor típico — de qualquer clube — não prima pelo espírito crítico. Ora, a utilização de jornais como fonte é delicada porque, na expressão do historiador Pierre Nora, o jornalista é "criador do fato", porque a diferença entre os dois profissionais está na pequena quantidade de documentos utilizada pelo jornalista e na grande quantidade à qual recorre o historiador, avalia o jornalista Jean Lacouture. O historiador começa seu trabalho quando "desconstrói a verdade jornalística tal como dada pelo conjunto da imprensa", embora alguns jornalistas também consigam fazê-lo e, nesse caso, "podem ser excelentes historiadores", afirma Nora.

Da mesma maneira que ao escrever para um jornal o historiador deve se adaptar às características do texto jornalístico, o jornalista ao escrever um livro de história deve se curvar às exigências da área. E em ambos os casos é fundamental que não falte a "atitude crítica" que Popper dizia ser tão científica como a própria teoria científica. Atitude crítica que impede, dentre outras falhas, o aparecimento da anacronia, a anomalia cronológica que, se usada como recurso literário consciente para revelar diferenças temporais de palavras, estilos e gêneros, serve para confrontar positivamente nossa percepção do tempo e da história — como fizeram Cervantes, Balzac ou Proust, por exemplo —, mas que, se emerge sem controle, pode "provocar juízos negativos", alertou Miriam Brander.

Exemplo bem ilustrativo pode ser a extensa e minuciosa história do Santos escrita por um jornalista ligado ao clube, Odir Cunha, que em seu blog se declara "ombudsman do Santos". Mais do que isso, na verdade, o jornalista revela todos os tiques de um torcedor, inclusive a mania de perseguição quando acredita que "notícias contra o Santos são plantadas há décadas" (26 abr. 2011). Ou, ainda, quando assume a faceta literalmente religiosa de todo torcedor: a epígrafe de seu livro é o bíblico "Muitos são os chamados, poucos os escolhidos" (Mateus 22,14). No entanto, onde melhor aparece a falta de isenção é no anacronismo, recorrente no livro.

Dizer que em 1959 "já se especulava sobre que time seria o melhor do mundo", o Real Madrid, o Botafogo ou o Santos (Cunha, 2004, p. 101), é pura imaginação, projeção de desejo ou simplesmente incorreção histórica. Na imprensa europeia da época, fosse ela espanhola, francesa, italiana, inglesa ou portuguesa, essa suposta discussão não aparece. O grande jornal esportivo português *A Bola*, antecedendo um amistoso do Santos em Lisboa, precisou apresentar o clube a seus leitores: anos antes, dizia o jornal, o Santos não tinha o renome "de um Vasco da Gama, de um Flamengo, de um Corinthians, de um Botafogo ou de qualquer dos clássicos clubes do futebol brasileiro". Mas naquele momento, com sete jogadores de nível internacional, comandados pelo veterano Jair Rosa Pinto e pelo jovem Pelé, era uma equipe "extraordinária" (*A Bola*, 15 jun. 1959). No entanto, o 2 a 2 com o Sporting gerou no público e nos jornalistas uma "pontinha de decepção" (20 jun. 1959) com aquele "grupo de improvisações" e "entradas contundentes da ríspida defesa brasileira". Além disso, sob uma foto que mostra os santistas discutindo com a arbitragem, a legenda diz: "Os jogadores brasileiros mostraram mais uma vez o seu pendor para não aceitar de bom grado as decisões que não lhes são favoráveis".

Mesmo o menino-prodígio deixou a desejar — e ele próprio reconheceria mais tarde, quando da disputa com o Benfica pela Intercontinental de 1962,[1] que nunca havia até então jogado bem em Portugal —, e a manchete daquele jornal foi: "O Pelé de ontem à noite chamou-se Faustino [jogador brasileiro do Sporting]". O jornalista Alfredo Farinha assinou uma matéria intitulada "É este o Santos, é este o Pelé?", onde reconheceu que provavelmente o cansaço da excursão explicava a fraca exibição santista, que "decepcionou toda a gente até ao fim da primeira parte", e, se melhorou na segunda etapa, vislumbrou-se aqui e ali uma "equipa de classe, mas foi tão pouco em relação ao que se dizia e es-

---

1. Este confronto entre Santos e Benfica é estudado aqui no ensaio 43, "Inimigos cordiais".

perava que esses apontamentos não passaram de pirilampos na noite". Só depois da entrada do veteraníssimo Jair é que a equipe melhorou o suficiente para fazer dois gols e empatar a partida.

Em meados de 1961, o time santista "saiu de Paris com a fama de ser o mais poderoso do planeta", assevera Cunha. Contudo, o principal jornal esportivo francês jamais foi assim taxativo, ponderando apenas que o Santos "pode pretender o título de melhor time sul-americano", mas "a superioridade mundial continua a decidir entre ele e o Real Madrid" (*L'Équipe*, 13 jun. 1961). A ideia foi reforçada dias depois da final do torneio (Santos 6 × 3 Benfica), quando o jornalista Jacques Ferran comentou (*L'Équipe*, 16 jun. 1961): "O Santos é verdadeiramente Pelé. Sem Pelé o que seria o Santos? Uma excelente equipe. Com Pelé não vejo quem poderia atualmente impedir o Santos de triunfar. O Real Madrid? Talvez". Mais do que ao time, as apreciações elogiosas eram dirigidas ao camisa 10, com a imprensa francesa referindo-se com bastante frequência ao "Pelé FC".

Robert Vergne, em outro órgão da imprensa esportiva francesa, assinou uma matéria intitulada "Real × Santos seria a partida do século", comparando os dois times (*France Football*, n. 797, 20 jun. 1961). Inicialmente, ele enfatizava a existência de "muitos pontos comuns entre as duas equipes". Ele via o ponto forte de ambas na dupla de ataque, Puskás e Di Stéfano num caso, Pelé e Coutinho no outro, cuja diferença estaria na idade, a primeira totalizando trinta anos a mais que a segunda. Daí a maior sobriedade e eficácia coletiva do Real Madrid, enquanto a juventude dos brasileiros explicava "o desperdício de ocasiões coletivas que sacrificam no altar do individualismo". As duas duplas eram bem servidas pelos pontas-esquerdas, Gento com velocidade e drible, Pepe com seu tiro poderoso. Contudo, continuava o jornalista, o ataque brasileiro era mais forte graças a Dorval, enquanto seu correspondente espanhol, Mateos, "nunca entendeu grande coisa de futebol". Último ponto da comparação: "Se se concede uma ligeira vantagem à linha de ataque do Santos, dar-se-á um julgamento favorável à defesa madrilenha". A conclusão é então lógica: "Real e Santos são as duas melhores equipes de clube do mundo".

Pouco depois, outro jornalista de prestígio, Gabriel Hanot — ex-jogador e técnico, lançador da ideia da Copa dos Clubes Campeões Europeus —, embora elogioso ao Santos, também fazia restrições ao seu jogo coletivo. Comentando a final do Torneio da Itália daquele ano (Santos 4 × 1 Internazionale), ocorrido dias após o Torneio de Paris, ele escreveu (*France Football*, n. 798, 27 jun. 1961):

> Mais do que pelo envolvimento de conjunto, o Santos triunfou pela soberba técnica individual de seus jogadores, em particular de Pelé. O sistema tático do conjunto passou quase sempre despercebido. O problema jamais foi colocado de maneira tão eloquente: o jogo coletivo europeu, o jogo indireto e nuançado foi neutralizado e, finalmente, um pouco injustamente, submergido pela incrível habilidade natural dos negros no domínio e utilização da bola.

Como se vê, a avaliação de jornalistas neutros que assistiram ao vivo a todo o Torneio de Paris é bem mais sutil que a do jornalista torcedor brasileiro, que na época não tinha completado nove anos de idade e estava bem longe do Parc des Princes.

Em outro lugar, o autor afirma que em 1962 "o Santos atingia seu apogeu. Como a história confirmaria depois, era o ponto máximo a que um time de futebol pode chegar" (p. 118), tendo sido aquela temporada "a melhor de um time de futebol em toda a história" (p. 502). De fato, o aproveitamento de 87,4% é impressionante, mas foi feita a comparação com o de outros grandes clubes em seus melhores momentos? Como avaliar o grau de dificuldade dos adversários enfrentados? E os critérios de arbitragem? E as condições climáticas? As variáveis são muitas para que essas comparações sejam mais do que manipulações clubísticas. Elas naturalmente alimentam as discussões, fazem parte do ambiente futebolístico — mais brasileiro e sul-americano do que europeu —, contudo é preciso abandonar a pretensão de alguns (muitos?) em dar a essas comparações uma suposta validade científica, inquestionável. São meras especulações, brincadeiras de torcedor.

Na mesma linha, Cunha afirma que em 1960 "o Santos levaria vantagem" (p. 104) numa disputa direta contra Real Madrid, Peñarol, Botafogo e Benfica. Estranho exercício de futurologia invertida, sobretudo porque o autor não viu alguns (todos?) desses times atuar, e, se viu, não tinha idade suficiente para uma avaliação crítica. Ele se mostra especialmente obcecado pela comparação entre Santos e Real Madrid, voltando ao tema várias vezes ao longo do livro. Em uma delas chega mesmo à pérola de ver no não realizado jogo entre Santos e Real Madrid no Torneio Quadrangular de Buenos Aires, em agosto de 1965, uma prova de que o brasileiro "não era apenas o melhor time do mundo, mas o melhor que já existira" (p. 168). O fato de o autor atribuir a ideia "a alguns críticos argentinos" não muda nada, pois como comparar o Real Madrid no seu apogeu (1955-60) com o Santos na mesma condição (1960-65)? Aliás, o próprio Cunha cita um jornal italiano que, ao comentar o já lembrado Santos e Internazionale de 1961, fala que "o Santos de hoje é como o Real Madrid de dois anos atrás". Poder-se-ia contra-argumentar com a avaliação de Didi (transmitida pelo seu biógrafo Péris Ribeiro), segundo a qual o Real Madrid de Di Stéfano (de quem ele não gostava porque o tinha boicotado no clube espanhol) era melhor do que o Santos de Pelé. Tudo nesse terreno, porém, são meras especulações.

Sem ser explicitado, o raciocínio de Cunha não é, todavia, menos claro: se Pelé foi o maior jogador de todos os tempos, se no tricampeonato mundial do Brasil em 1970 o Santos foi o clube que cedeu mais jogadores, o clube praiano é o maior de sempre. A obsessão pelo Real Madrid e as insistentes tentativas de demonstrar que o Santos foi maior que ele parecem perguntar por que a Fifa escolheu o clube madrileno e não o santista como o maior do século xx. Para tanto, Cunha se entrega a novas manipulações numéricas, avança dados quantitativos que, segundo a sabedoria popular, seriam indiscutíveis. Mas na verdade revelam-se manobras ilusionistas.

Diz ele que Pelé, Pepe e Coutinho fizeram mais gols que Di Stéfano no Real Madrid. É verdade, porém ele jogou onze anos no clube espanhol, enquanto Pepe ficou quinze anos no Santos e Coutinho, doze. A média de gols por partida do hispano-argentino (0,777) é melhor que a de Pepe (0,54) e bem próxima da de Coutinho (0,809). Se ele marcou 308 gols pelo Real Madrid, muito menos que os 1091 gols santistas de Pelé, também jogou pouco mais de um terço de partidas (396 contra 1116 de Pelé, em dezoito anos de Santos).

No entanto, a mais importante expressão de anacronismo no futebol brasileiro, porque oficial, ocorreu em dezembro de 2010, quando a CBF, instigada por alguns dirigentes e jornalistas, deu sua contribuição ao falseamento da história ao decretar que os títulos da Taça Brasil (1959-68) e do Torneio Roberto Gomes Pedrosa ou Taça de Prata (1967-70) equivalem aos do Campeonato Brasileiro disputado a partir de 1971. Pretendeu-se assim, como tinha defendido pouco antes um conhecido jornalista, acabar com a situação anterior que, na sua expressão, era uma "bagunça" (*O Estado de S. Paulo*, 4 dez. 2009), porque na história do futebol nacional tinham existido diversas e diferentes competições. Antero Greco pedia à CBF um "gesto magnânimo e pacificador (sic)" e assim "torcedores e história agradeceriam a anistia ampla e geral". Por que, então, não pedir à ONU o "gesto magnânimo e pacificador" de anular as duas grandes guerras mundiais? Cidadãos e história agradeceriam essa "anistia ampla e geral", e ninguém mais falaria em Hitler, Stálin, bomba atômica e outras coisas dessa "bagunça" que é a história universal. A resposta evidente a esse pedido esdrúxulo é que a história é aquilo que é, não uma telenovela para a qual se pode fazer uma pesquisa de opinião para saber como deve terminar.

Os adeptos da tese da padronização histórica evocam o referencial atual de títulos, mas o que fazer com o referencial atual das regras do jogo? Estas são as de cada época, e se pudessem ser levadas para o passado mudariam inúmeros resultados de partidas e competições. Quantos gols decisivos foram marcados com a velha lei do impedimento? Quantos minutos preciosos em partidas-chave foram gastos com recuos de bola para o goleiro? Quantas disputas tiveram seu resultado determinado pela impossibilidade de substituir um jogador contundido? Evidentemente não se consegue, nem no plano imaginário, refazer milhares de partidas que permitiriam a padronização do passado pelos dados do presente. É epistemologicamente absurdo reduzir a um denominador comum os resultados finais de competições cujas parcelas constituintes não podem passar pelo mesmo processo.

Se existisse uma lógica da equivalência histórica, ela seria aplicável não somente ao futebol, mas à história tout court. E assim seria possível, por exemplo, transformar nos manuais escolares a Guerra dos Sete Anos (1756-63), as Guerras Napoleônicas (1799-1812), as duas grandes guerras (1914-8 e 1939-45) em um único fenômeno que receberia um único rótulo. Historiadores intransigentes lembrariam que aqueles episódios não tiveram os mesmos protagonistas nem o mesmo alcance geográfico, embora reconhecendo que a motivação última era a mesma: estabelecer a hegemonia política sobre o conjunto da Europa. Mas o que são rigor científico e bom senso neste país chamado Brasil? Bastaria o ministro da Educação emitir uma portaria determinando a uniformização da história e pronto, com uma canetada, como fez o presidente da

CBF, acabaria a "bagunça" que atormenta as mentes menos cultas. Pouco importaria o argumento de que cada período decorre de uma evolução anterior, tem sua personalidade, suas características próprias que não se reduzem a outras, ainda que possua evidentes pontos de contato com elas.

Para argumentar a favor da unificação de títulos no futebol brasileiro foi montado um dossiê que, ao contrário do que ele se pretende, não é peça historiográfica, e sim produto encomendado por um lobby de iniciativa santista. O autor da ideia foi José Carlos Peres, criador da ONG Santos Vivo e coautor de *Dossiê: Unificação dos títulos brasileiros a partir de 1959*. Pelos bons serviços anteriormente prestados ao Santos, o jornalista contratado para redigir o dossiê foi Odir Cunha. Se cada clube beneficiado pela uniformização (Bahia, Botafogo, Cruzeiro, Fluminense, Palmeiras e Santos) tem seu presidente assinando um prefácio, o Santos escreve três: um de ex-presidente, outro do presidente na época da publicação e o terceiro de Pelé. Recobrindo o empreendimento de uma aura de seriedade, a imprensa — mas não historiadores — não partidária da ideia foi convidada para duas reuniões de convencimento, uma na sede do Palmeiras e outra na do Fluminense.

Duas semanas depois, como a meta do lobby não seria alcançada sem a adesão da CBF, João Havelange foi convidado a receber diversas homenagens na cidade de Santos — do clube, da prefeitura e de uma universidade que é propriedade do ex-presidente do clube. Nesse clima de bajulação, Havelange declarou que aquelas conquistas precisavam ser "respeitadas", o que o próprio autor do dossiê reconhece ter entendido "como um claro recado ao seu ex-genro Ricardo Teixeira" (p. 301). Mas este também receberia sua parcela de massagem no ego quando, em um dos prefácios do livro, o ex-presidente santista Marcelo Teixeira parabeniza o "grande dirigente Ricardo Teixeira" por ter homologado a iniciativa (p. 12). Embora para aplainar resistências à unificação Cunha pondere que ela "não fará nenhum clube mais rico ou mais promissor do que já é" (p. 149), ao inchar artificiosamente o currículo de alguns clubes, sobretudo Santos e Palmeiras, o dossiê revelou ser antes de tudo uma jogada mercadológica. Aliás, concluído o dossiê, Cunha admite que, para ele bem cumprir sua função, "faltava um apoio maior dos departamentos de comunicação e marketing dos clubes" (p. 297).

Na mesma página, porém, tentando atribuir certa legitimidade acadêmica à obra, o autor informa que para realizá-la visitou vários arquivos, coleções de jornais e sites, como "reza a cartilha do pesquisador" (p. 297). Faltaram, contudo, os dois elementos essenciais dessa cartilha: o rigor metodológico e a isenção. Enquanto uma verdadeira pesquisa busca descobrir algo novo, sem posição a priori, aquela já tinha sua verdade desde o início, procurando apenas reunir alguns dados que a pudessem embasar. É curioso como Cunha critica o jornalista torcedor movido pela paixão (p. 302) sem perceber que a definição se aplica perfeitamente a ele próprio e explica os raciocínios tortuosos do dossiê.

Este seria uma oposição à "tendência de boa parte da opinião pública de tentar reescrever a história do futebol brasileiro a seu bel-prazer, usando os meios de comunicação para passar informações falsas" (p. 23). Sem insistir que quem "reescreve a história" é o próprio dossiê, lembremos apenas que páginas antes a opinião pública e a imprensa estavam certas em chamar os vencedores da Taça Brasil e do Robertão de campeões "nacionais" (p. 20). Como, então, surgiram tais "informações falsas"? Os autores do dossiê, não sabendo como explicar por que a partir de 1971 os campeões anteriores deixaram de ser considerados "nacionais", como a imprensa da época fazia, recorreram à velha estratégia do complô. Segundo eles, porque o governo militar usou o campeonato para integrar o país, tinha interesse em fazer esquecer a história anterior. Ou então, alegação ainda mais disparatada, a revista *Placar*, criada em 1970, não tinha interesse em "valorizar uma época em que ela ainda não existia, e por isso tratou o futebol brasileiro como se ele tivesse começado no mesmo período da fundação da revista" (p. 20).

A explicação mais coerente e singela não ocorre aos autores: ao entenderem o alcance de uma competição efetivamente nacional, a imprensa e o público deixaram de aplicar de maneira abusiva o adjetivo aos torneios anteriores. Os argumentos usados pelo dossiê são fracos e com frequência caem em contradições. Dentre outras, afirma que o Brasil "só a partir de 1959 passou a ter um campeão nacional de clubes" (p. 45), para depois dizer que "o primeiro campeonato nacional de clubes oficial ocorreu em agosto de 1920" (p. 123). O segundo campeonato nacional teria sido o Torneio dos Campeões de 1937 (p. 124).

São várias as "provas" que o livro pretende arrolar a favor da unificação. Primeira delas, a Conmebol determinava que para participar da recém-criada Copa Libertadores da América, em 1960, cada país deveria indicar seu campeão, e como era o ganhador da Taça Brasil que ocupava esse posto, ele era consequentemente entendido como campeão brasileiro. O modelo da Libertadores era a Copa dos Campeões Europeus, criada em 1955, viável na América do Sul porque havia campeonato nacional na Argentina (desde 1931), Bolívia (1914, profissional em 1977), Chile (1933), Colômbia (1948), Paraguai (1935) e Uruguai (1932). Como o Brasil não poderia ficar de fora por razões políticas (o presidente da Conmebol era brasileiro) e de legitimidade do novo torneio (o país era campeão mundial), foi criada por João Havelange (que tinha futuras pretensões à Conmebol) uma competição para indicar o representante brasileiro. O campeão desse torneio era isso, representante do país na Libertadores, não efetivamente campeão nacional, nos moldes atuais, conceito que não existia.

Segunda, "se tantos casos jurídicos são definidos com apenas uma testemunha-chave, o pedido de unificação dos títulos brasileiros a partir de 1959 também poderia ser decidido com a palavra de apenas uma pessoa" (p. 44), João Havelange, que reconhece ter sido sua intenção ao criar a Taça Brasil escolher o representante brasileiro para a competição continental. O argumento é de um espantoso autoritarismo — não se sabe se consciente ou não —, mas deve ter agradado ao nobiliárquico personagem. De toda maneira, o desejo de um único homem mais de cinquenta anos atrás não pode determinar a forma de vermos a história hoje. Não é porque Colombo tinha a intenção de chegar às Índias — e estava convicto de que o tinha feito — que a América deixou de ser descoberta pelos europeus. Não é porque Alexander Fleming observou acidentalmente o poder bactericida da penicilina que esta perdeu sua eficácia.

Terceira, o depoimento "decisivo" (p. 72) do jornalista Loris Baena Cunha, que repete os dois primeiros argumentos e acrescenta que em algumas súmulas da época estava escrito "Campeonato Brasileiro de Futebol — Taça Brasil". Ora, se apenas algumas súmulas traziam aquela indicação, isso não estaria revelando certa indecisão e vagueza quanto ao caráter do torneio? Isso não mostra que, no país habituado havia décadas aos então popularíssimos campeonatos estaduais, o próprio conceito de uma competição nacional ainda não era bem compreendido (e valorizado)? Não era estranho que surgisse o campeão "nacional" de uma disputa da qual, por reunir apenas os campeões estaduais daquele ano, estava excluída a maior parte dos grandes clubes do país? Corinthians e São Paulo jamais entraram na competição, o Internacional participou apenas uma vez, Atlético-MG e Flamengo, duas vezes.

Quarta, são os jogadores que "sabem o valor de sua conquista" (p. 78). Mas, assim como Cunha utilizou no seu segundo ponto um argumento jurídico, poder-se-ia alegar que no julgamento de uma causa não é permitido evocar o testemunho dos principais interessados. Repetidas vezes a unificação é justificada pelo fato de se referir à grande fase do futebol brasileiro, "o período que mais deveria ser estudado, pois representou o auge do nosso futebol" (p. 75). Ora, como é nítido para qualquer observador criterioso, uma coisa não tem nada a ver com a outra. Não é a qualidade do futebol (ou de qualquer coisa) em certo momento que legitima a reescrita da história. Nenhum estudioso discorda que "um passado de ouro não pode ser esquecido" (p. 87), o que não significa, todavia, que para ser lembrado ele deva ser adulterado e edulcorado. Transfigurar o passado à imagem e semelhança do presente é a pior forma de homenageá-lo. Ao contrário do que Cunha parece obstinadamente acreditar, ninguém pensa em negar a grandeza daqueles jogadores nem o valor dos títulos por eles conquistados. Apenas se questiona a pertinência metodológica de equiparar coisas diferentes de épocas diferentes.

Quinta "prova", a Taça Brasil não pode ser confundida com a atual Copa do Brasil só porque o nome é parecido "e a forma de disputa também. Não há equivalência entre a importância de uma e outra" (p. 97). Na verdade, se a Taça Brasil reunia campeões estaduais, a Copa do Brasil fez o mesmo desde o início, e em parte continua a fazê-lo. Se a Taça Brasil dava vaga à Libertadores, a Copa do Brasil também. Assim, não resta ao dossiê senão o fraco argumento de que a Copa do Brasil "não empresta ao seu vencedor o título de campeão brasileiro" (p. 97). É verdade, seu vencedor é "campeão do Brasil" porque "campeão brasileiro" é o ganhador do Campeonato Brasileiro, mas não se vê bem o que o uso desse rótulo prova. O nome "Itália" designava de início a região da Calábria, e a partir dos romanos passou a indicar toda a península — o nome é o mesmo, com composição étnica diferente, outra língua, outros costumes, outra organização sociopolítica. Daí por que ninguém pode pretender que a Itália contemporânea exista desde a Antiguidade. Ou que o Campeonato Brasileiro exista desde a Taça Brasil.

Sexta, o valor da Taça Brasil, segundo seus advogados, deriva da sua fórmula "democrática" (p. 150), e na qual a qualidade sobrepuja a quantidade (pp. 113-4). Ela seria democrática porque "não fechava a possibilidade de uma equipe de centro menor competir pelo título" (p. 150). O fato, porém, deriva simplesmente do formato por eliminatória, presente também na atual Copa do Brasil, que permitiu as conquistas de Criciúma, Juventude, Paulista e Santo

André. Em todos os países onde existe uma competição no formato copa ocorre a mesma coisa. Exatamente porque a Taça Brasil era "democrática", sua qualidade sucumbia no geral à quantidade de participantes. A competição era mais fácil e menos importante do que o campeonato atual, ao contrário do que o dossiê defende. O Bahia conquistou a Taça Brasil em 1959 jogando catorze partidas; o Palmeiras precisou de quatro em 1960; o Santos de cinco em 1961, cinco em 1962, quatro em 1963, seis em 1964 e quatro em 1965; o Cruzeiro de oito em 1966; o Palmeiras de seis em 1967; o Botafogo de sete em 1968. Para amealhar cinco títulos seguidos da Taça Brasil (de 1961 a 1965), o Santos disputou no total 24 partidas, bem menos do que as 38 necessárias para se conquistar hoje um único Campeonato Brasileiro.

Sétima, percebendo que a forma de disputa não é detalhe menor, apesar do que afirma, o livro tenta justificar o sistema de eliminatória utilizado pela Taça Brasil assegurando que o mesmo acontecia na Espanha, Inglaterra, Alemanha, Itália e Portugal (p. 22). É fato, mas quando isso acontece a competição não indica o campeão nacional, apenas o campeão da copa do país, ao contrário do que o dossiê afirma (p. 117). O livro oficial do centenário do Barcelona, por exemplo, distingue claramente o ranking da Copa da Espanha jogada desde 1902 e o do "campeonato espanhol da Liga", que teve início na temporada 1928-9. Em nenhum momento o Barcelona interpreta as oito conquistas de copa anteriores ao surgimento do campeonato como sendo outros tantos títulos. Se na Itália são considerados campeões os clubes que venceram disputas anteriores ao campeonato criado em 1929, isso se deve mais a razões políticas do que esportivas. Por séculos o país esteve dividido em pequenos Estados autônomos, e a unidade alcançada em 1870 não diminuiu as fortes rivalidades regionais, de modo que reconhecer os campeões desde 1898 foi um compromisso político. E de toda forma, esses campeões de 1898 a 1930 não eram os da Copa da Itália, criada em 1922 como um torneio à parte.

Oitava, sabendo que a nomenclatura não é inocente, o dossiê tenta mostrar que "copa", "taça", "campeonato", "certame" e "torneio" são palavras absolutamente sinônimas. Disso ele conclui que "uma competição de turno e returno, com jogos de ida e volta, que dê ao campeão um troféu em forma de taça, também pode ser batizada de Copa ou Taça" (p. 101). Então, se o formato do troféu mudar, o espírito da competição muda? O argumento é capcioso ou mal informado ao desconsiderar o fenômeno linguístico do deslocamento semântico, pelo qual uma palavra vai ao longo do tempo adquirindo novas acepções, mais ou menos distanciadas da original, que são de uso corrente embora demandem certo tempo para serem incorporadas pelo léxico de forma oficial. Desprezar a natureza de uma competição reduzindo-a à aparência do troféu é muito ingênuo. Se seguirmos esse raciocínio, diremos que os campeonatos argentino, brasileiro, espanhol, inglês e italiano não existem, que são copas devido ao objeto entregue ao vencedor. Só haveria campeonato na Alemanha e na França, onde o troféu do campeão é um grande disco metálico com decoração em relevo.

Nona, a "testemunha mais importante" (p. 50) é a imprensa da época que chamava o vencedor da Taça Brasil de "campeão nacional" (p. 97). Ora, como ensinou o historiador francês André-Jean Tudesq há bastante tempo, "antes de utilizar um jornal [como fonte], é bom colocá-lo no seu contexto e na sua ambientação histórica de um triplo ponto de vista": o jornal é produto de uma empresa e, enquanto tal, reflete todo um sistema legal e econômico; ele está adaptado às condições culturais da sociedade, ao seu grau de instrução; ele é um meio de difusão de informações e de ideias cujo caráter muda ao longo do tempo. E mais importante: "O fato jornalístico e o fato histórico não coincidem. Existe ou excesso ou insuficiência de informação". Da mesma forma que em relação aos historiógrafos gregos e romanos, aos cronistas medievais ou aos historiadores modernos, as informações e opiniões dos jornalistas contemporâneos deve sempre passar pelo crivo do estudioso que as utiliza para fundar seu próprio relato. Não é porque certo rótulo de apelo popular encontra-se na imprensa esportiva do passado que ele deve ser entendido de maneira literal e reproduzido acriticamente.

Na sua apresentação ao livro de Cunha e Peres, Ricardo Teixeira pomposamente afirma que o dossiê passou pela "análise de nossos departamentos técnico, histórico e jurídico" antes de a uniformização ser aceita (p. 9). Se assim foi, o tal departamento histórico ou deve ter sido pressionado a acatar o dossiê ou não o examinou ou não tinha qualidade para fazê-lo. Aliás, a resolução da CBF acolhendo o pedido dos seis clubes é uma peça pobre demais para precisar ter passado por três departamentos. Na verdade, é um mero resumo do *Dossiê*.

As oito considerações que em teoria fundamentam a aceitação por parte da CBF são informações desarticuladas e quase todas sem relação com o pedido. A primeira é meramente introdutória, informando que houve pedido naquele sentido. A segunda lembra um dado de conhecimento geral, que de 1959 a 1970 foram realizadas importantes competições nacionais, a Taça Brasil e a Taça de Prata. A terceira, repetindo a anterior, afirma que desde 1959 houve campeonatos nacionais regulares. A quarta informa que a Taça Brasil teve entre dezesseis e 22 participantes, o que pouco significa (os campeonatos estaduais tinham cifras semelhantes). A quinta declara que na sua época a Taça de Prata se tornou "a única competição nacional de futebol" com os melhores times do país. A sexta fala na grande repercussão de tais certames e no "alto nível técnico das partidas", o que não tem nada a ver com a unificação solicitada (e se tivesse, o Campeonato Brasileiro dos últimos anos deveria deixar de ser reconhecido...). A sétima volta ao assunto lembrando que da Taça Brasil e da Taça de Prata participaram jogadores que integraram as seleções de 1958, 1962 e 1970, fato igualmente sem pertinência com a solicitação. A oitava lembra que os vencedores daqueles torneios foram representantes brasileiros na Libertadores. Em suma, a uniformização recebeu chancela oficial sem ganhar legitimidade com isso, pois a CBF — ainda por cima na administração Ricardo Teixeira — não tinha autoridade intelectual e moral para fazê-lo.

No seu prefácio ao *Dossiê*, o então presidente do Palmeiras, Luiz Gonzaga Belluzzo, buscando fundar intelectualmente aquele processo, recorreu a dois argumentos (p. 13) que se revelam equivocados. De um lado, ele assegura que a unificação é uma justiça que elimina "o erro do anacronismo, que é olhar o passado com os olhos do presente", sem perceber que é justamente isso que ela faz — como o presente valoriza o título de campeão nacional, projetou-se o mesmo conceito no passado, sobre outras competições, de caráter diferente. De outro lado, Belluzzo alerta que não se deve cair no nominalismo, pois "o que importa não é o nome, mas a essência". Contudo, trata-se exatamente do contrário: nominalismo é doutrina de acordo com a qual não existem ideias gerais, que seriam apenas nomes, sons vazios (*flatus vocis*). A realidade está nas coisas individuais. Ora, os adeptos da unificação colocam a essência no nome ("campeão nacional"), não nas coisas (Taça Brasil, Taça de Prata, Campeonato Brasileiro). Em vez de raciocínios aproximativos, quem apoia a unificação deveria se interessar pela lógica modal, a lógica do necessário e do possível, que busca uma intelecção mais rigorosa acerca das relações entre a maneira como as coisas são, a maneira como elas têm de ser e as diversas maneiras como poderiam ser.

Enfim, quando o dossiê proclama que "a Taça Brasil não é uma competição para ser questionada, mas sim aplaudida" (p. 43), ele tem toda a razão. Não se discute a Taça Brasil em si mesma. Aliás, ironicamente, quem a questiona de forma inconsciente são aqueles que querem modernizá-la, que desrespeitam sua memória transformando-a no Campeonato Brasileiro atual *avant la lettre*. A Taça Brasil e o Robertão foram competições charmosas, importantes para o período; elas refletiam seu momento histórico, não o futuro que não podiam conhecer. O valor daquelas competições é inegável, o que não significa torná-lo igual àquilo que veio depois. "O nobre exemplo do reconhecimento ao passado de ouro de nosso futebol" (p. 149) deve acontecer pela preservação de sua identidade, de sua especificidade, não travestindo-o de outra época. Não se pode projetar no passado algo que é estranho a ele.

Em história não existe equivalência, equiparação. Todo fato, todo fenômeno, é único. Deve ser visto à luz do seu presente, que o explica, e não modelado à imagem e semelhança de um período posterior que olha para trás para servir aos seus próprios interesses. Aquilo que Marco Polo del Nero em um dos prefácios ao *Dossiê* enfatiza como uma grande virtude — "o passado foi revisto e passado a limpo" (p. 10) — é tão somente um absurdo autoritário e pretensioso. Se cada presente for "passar a limpo" seu passado, este será tantas vezes reescrito e alterado que nada se saberá sobre ele. Ele simplesmente deixará de existir como tal. Resgatar o passado como quer o dossiê (cujo presunçoso subtítulo é "O documento que resgatou a história do futebol brasileiro") é com frequência, inclusive nesse caso, deformar o passado.

A equivalência de títulos é não só inconsistente no plano metodológico, mas também injusta no plano moral. Por que retirar do Palmeiras e do Santos a glória de terem conquistado torneios de prestígio que seus rivais jamais conseguiram? Corinthians e São Paulo nunca venceram o Roberto Gomes Pedrosa, o que é um diferencial qualitativo que jamais poderão igualar. Entretanto, ambos possuem o Campeonato Brasileiro em bom número, e se com a tal padronização ficaram inferiorizados no plano quantitativo, esse é um dado efêmero que pode ser superado em alguns anos. Dito de outra forma, se aparentemente Palmeiras e Santos (e os outros quatro clubes) foram beneficiados pela unificação de títulos, na verdade foram espoliados de coisas que poucos conseguiram e foram rebaixados ao mesmo patamar de todos os dezessete clubes que têm o Campeonato Brasileiro no seu currículo. Os homens do futebol nunca leram Paul Ricoeur, é claro, senão saberiam da importância de se fazer um trabalho de luto do passado, sem a tentação mórbida de repeti-lo, mas com reconhecimento de dívida que permite se liberar do seu fardo para abrir todas as possibilidades ao presente. A questão, como diz o filósofo, é que quando não é claro o horizonte de espera, a relação com o passado torna-se problemática, há dificuldade em fazer dele um espaço de experiência para revisitar as hesitações e alargar as expectativas.

Outro exemplo de anacronismo — que tenta criar para certo momento o que não existia porque não tinha ainda condições históricas de existir — é considerar a Copa Rio como Mundial de Clubes. É de se esperar que, embora tão vaidosos e corruptos quanto os homens da CBF, os membros da Fifa, trabalhando em ambiente menos pobre intelectualmente, não caiam nesse anacronismo. Escrever a história necessita de fontes específicas e amplas, interpretação cuidadosa e isenta, argumentação convincente para a opinião pública em geral (não apenas um segmento dela). É por isso que não se pode aceitar a estranha recomendação que um dia o sempre ponderado Ugo Giorgetti fez ao Palmeiras: "Nunca deveria ter reivindicado esse título nos moldes em que reivindicou. Deveria, pura e simplesmente, ter tomado a iniciativa de proclamar unilateralmente a Copa Rio como uma conquista equivalente a um campeonato do mundo" (*O Estado de S. Paulo*, 8 abr. 2007). Ora, nenhuma pessoa, instituição ou nação vive isolada e pode proclamar unilateralmente coisas sobre a história que nunca é só dela, uma vez que envolve outras pessoas, instituições e nações. Sem dúvida, muito pouca gente — salvo os chamados negacionistas — concordaria se, apesar das provas históricas existentes, a Alemanha negasse oficialmente a morte sistemática de milhões de judeus, ciganos e homossexuais em campos de concentração nazista.

Os defensores da equivalência de títulos fundam-se tão somente em interesses clubísticos. É sintomático que o Palmeiras, campeão da Copa Rio de 1951, tenha oficializado o pedido nesse sentido à Fifa depois de ter perdido a Intercontinental em 1999 e de o Corinthians ter ganhado o primeiro Mundial em 2000. Na mesma linha, fundamentada na política interna do clube e não na história, também o Fluminense viria a pedir à Fifa o reconhecimento da Copa Rio de 1952. Nos dois casos, argumenta-se, a competição teve autorização da Fifa, e seu regulamento era semelhante ao do Mundial de Clubes de 2000. Contudo, a autorização era e ainda é concedida a diferentes torneios amistosos.

Trata-se de procedimento burocrático que não legisla sobre os critérios e o valor da disputa. Comparar a Copa Rio com o Mundial de 2000 apenas esvazia a legitimidade moral deste, sem reforçar a daquela.

É verdade que aquele Mundial reuniu clubes convidados e não escolhidos por critério técnico coerente. A competição não se deu em duas partidas (dentro e fora de casa) entre o campeão da Europa e o campeão da América, como acontecia na Copa Intercontinental antes de 1980, tampouco em um único encontro em terreno neutro (Japão), como foi até 2004, nem envolveu todos os campeões continentais, como passaria a ser a partir de 2005. É correta a avaliação de Alex Ferguson sobre o Mundial de 2000: "Havia um clube do México selecionado sob um critério, um da Austrália sob outro. Não era, na minha opinião, uma competição entre as melhores equipes do mundo". A prova de que ele tinha razão é que a Fifa suspendeu a disputa durante cinco anos, e quando a retomou foi em outros moldes. Mas também é verdade que o Mundial de 2000 foi organizado pela entidade máxima do futebol (enquanto a Copa Rio o foi pela então Confederação Brasileira de Desportos, a CBD) e montado expressamente para ser um mundial (enquanto a competição brasileira se intitulava "Torneio dos Campeões"), contando ali com dois campeões continentais (o que não existia na época da Copa Rio). A rigor, a limitação das duas competições foi a mesma: como escolher um campeão mundial sem concorrentes que tenham passado por seletivas nacionais e continentais?

Que a Copa Rio não tinha estatuto de campeonato mundial percebe-se facilmente pela recusa de Argentina, Escócia, Espanha e Inglaterra em enviarem representantes. Países de menor expressão futebolística naquele momento tomaram o lugar com seus respectivos campeões nacionais, caso de França (Nice) e Portugal (Sporting). Outros não mandaram seus campeões da temporada 1950-1 que acabava de se fechar. Da Áustria não veio o campeão Rapid Viena (que preferiu disputar e ganhar a Copa Mitropa, que entre 1927 e 1992 reuniu equipes importantes da Europa central), e sim o vice Áustria Viena. Da Itália, o campeão Milan preferiu jogar a Copa Latina (disputada de 1949 a 1957 entre os campeões de Espanha, França, Itália e Portugal) e a vice Internazionale optou pela Copa Mitropa, restando a Copa Rio para a terceira colocada, a Juventus. De países de futebol forte, os únicos campeões que compareceram foram o Estrela Vermelha (Iugoslávia) e o Nacional (Uruguai), mas este colocou em campo apenas um jogador da seleção campeã mundial no ano anterior e não pareceu muito interessado pela competição.

O espírito dos europeus em relação à Copa Rio pode ser sintetizado pela declaração que a delegação do Sporting de Portugal fez no aeroporto antes de embarcar para o Rio de Janeiro: "A equipe encontra-se fatigada, não só pelos efeitos normais de uma longa e dura época, como pelo esforço enorme que despendeu na Taça Latina" (*A Bola*, 28 jun. 1951). Assim, a intenção declarada da equipe era apenas "fazer boa figura", diz a mesma notícia. Na França, o jornal *L'Équipe* reservou naquele período as primeiras páginas às competições de automobilismo, ciclismo e atletismo que ocorriam no começo do verão europeu, noticiando a Copa Rio umas poucas vezes em curtos espaços. A notícia da decisão mereceu dezoito linhas sob o título: "Ao Palmeiras a primeira Copa Rio" (23 jul. 1951). Já que a final envolveu um time italiano e outro da colônia italiana, *La Gazzetta dello Sport* dedicou um pouco mais de espaço, um oitavo de página, com a manchete: "Ao Palmeiras a Taça Rio". Nos dois periódicos, nenhuma menção ao alcance "mundial" da competição.

De forma geral, os clubes estrangeiros e a imprensa internacional trataram o evento pelo que ele era: mais um dos tradicionais torneios de verão europeu, quando as equipes daquele continente se preparam para as competições oficiais que começam a seguir. Em alguns locais a Copa Rio sequer foi noticiada, caso da Inglaterra, em que jornais como *The Guardian*, *The Times* e *Daily Mail* nada escreveram sobre o evento.[2] Para o jornal português *A Bola*, aquele era "o último torneio internacional da temporada" (25 jun. 1951). Na revista *France Football* (n. 275, 26 jun. 1951), Maurice Pefferkorn alertou antes do começo da Copa Rio que esta era "um engodo e um perigo para as equipes europeias" porque ocorria no período de férias, impedindo que os times se apresentassem bem e comprometendo a preparação para a temporada seguinte, enquanto para os sul-americanos ela acontecia no meio da temporada. Enfim, "como a coisa se apresenta", escreveu o jornalista francês, a Copa Rio "não tem absolutamente a significação que de início devia ter". Entretanto, ele percebeu que, apesar de empalidecida, a disputa mantinha para a CBD seu sentido original, explicitado na manchete da revista: "Revanche da Copa Jules Rimet".

Esta era, com efeito, a motivação dos organizadores: criar um torneio que deveria ser uma espécie de redenção do Maracanazo do ano anterior. A forma-

---

2. Devemos este levantamento na imprensa inglesa ao nosso amigo Christian Schwartz, a quem agradecemos.

tação do torneio, com uma sede paulista e outra carioca, partia do princípio de que o Palmeiras seria o primeiro colocado de uma e o Vasco da outra, de maneira a poderem se enfrentar numa final "mundial" só brasileira. No entanto, a derrota do Palmeiras no Pacaembu para a Juventus de Turim por 4 a 0 colocou-o na segunda posição do grupo e atrapalhou os planos dos organizadores, pois a partida entre Vasco e Palmeiras aconteceu na semifinal e, pior, com a derrota do clube carioca por 2 a 1. O correspondente do *L'Équipe* comentou o quanto "a surpreendente eliminação do Vasco da Gama causou no Rio de Janeiro uma impressão tão penosa quanto a perda da própria Copa do Mundo" (17 jul. 1951). Ainda assim, o caráter compensatório que a Copa Rio tinha para os brasileiros não esmoreceu: "Parece que os esportistas aqui [Rio] se interessam tanto, talvez mais, por este torneio de campeões do que pela Copa Jules Rimet de 1950" (3 jul. 1951). O interesse apenas foi transferido: "O Palmeiras será apoiado por todo o Brasil" (18 jul. 1951).

A vitória final palmeirense não foi tanto de uma comunidade clubística, e sim de toda a nação, daí a insistência com que a imprensa brasileira da época, só a brasileira, falou em "campeão mundial de futebol". Na revista mensal *Vida Esportiva* de julho de 1951, Dario Lorenzo comentou que "todos os brasileiros, sem distinção de clubes e de cidade, se colocaram ao seu lado [Palmeiras]. Houve o front único do torcedor brasileiro em torno do Palmeiras. Aliás, o nome não importava mais, importava que a Taça Rio fosse conquistada pelo futebol do nosso país". O correspondente português confirma esse sentimento coletivo. A vitória foi comemorada com gritos do nome do clube e de "Brasil", muito choro e riso, em "cenas verdadeiramente patéticas". Tudo porque, percebeu com lucidez o jornalista, "no fim de contas o público não era bem o Palmeiras que estava aclamando. A sua vitória era tida por uma grande vitória do futebol brasileiro. Era, portanto, o Brasil que a multidão aclamava" (*A Bola*, 23 jul. 1951).

Assim, não é porque a imprensa nacional da época referiu-se aos "campeões mundiais" que a avaliação é correta. Qualquer que seja o testemunho de um evento, ele não pode ser confundido com a verdade histórica apenas porque foi testemunhado. Com muita frequência, como sabem policiais, advogados e psicólogos, o testemunho de um acontecimento revela mais um ponto de vista pessoal do que a autenticidade dos fatos narrados. No caso, não se pode perder de vista que a imprensa é produto do seu meio e da sua época e parte interessada em repercutir e amplificar o sentimento do torcedor.

As mesmas questões conceituais são, evidentemente, válidas para a Copa Rio do ano seguinte. Em 1952, além de Fluminense e Corinthians, aceitou o convite o Peñarol (campeão uruguaio do ano anterior). A Juventus de Turim, campeã italiana, não quis participar. Como o Barcelona não aceitara o convite do ano anterior, foi chamado o Real Madrid, apesar de não ser o então campeão espanhol, e ele também recusou, preferindo na mesma época disputar o Torneio de Caracas (também conhecido por Pequena Copa do Mundo). Foram chamados, então, times de países sem grande tradição futebolística, como o Sporting (campeão português), o Grasshopper (campeão suíço) e o Libertad (que não ganhava o campeonato paraguaio havia seis anos e naquela temporada foi vice-campeão), além de representantes de países de futebol enfraquecido naquele momento, como o Áustria Viena (vice-campeão nacional) e o Saarbrücken (vice-campeão alemão).

Também anacronismo é pretender igualar o torneio vencido pelo Vasco da Gama em 1948, em Santiago do Chile, a uma Libertadores. É verdade que, a pedido do clube, a Conmebol tacitamente aceitou a equivalência em 1996, ao permitir que o clube participasse da Supercopa da Libertadores que reunia todos os antigos vencedores desta competição. No entanto, a equiparação explícita e oficial não aconteceu, porque o chamado Campeonato Sul-Americano de 1948 é bem diferente da Libertadores. Ele não era oficial, já que foi organizado por um clube, o Colo-Colo, e não por uma confederação; foi disputado uma única vez, em uma única cidade; teve somente sete participantes, inclusive do então fraco futebol da Bolívia, do Chile, do Equador e do Peru; o representante brasileiro foi indicado ex cathedra pela CBD por ser campeão carioca, e não após alguma seletiva nacional. O torneio de Santiago é no máximo um ancestral da Libertadores, como sugere o site da Conmebol, da mesma maneira que a Copa Latina e a Copa Mitropa são consideradas pela Uefa predecessoras da Liga dos Campeões, sem que nunca alguém na Europa tenha pensado em solicitar equivalência desses títulos.

Que certas competições tenham pesos comparáveis relativamente às suas épocas é algo admissível. Porém, provocar identificação com fatos então inexistentes é bem diferente: é procedimento que responde apenas à emotividade do futebol, não a alguma lógica histórica.

OBRAS CITADAS

AINAUD DE LASARTE, Josep Maria et al. *Libro oficial del centenário del FC Barcelona. Barça, centenario de emociones*. Barcelona: Lunwerg, 1999.

BRANDER, Miriam Lay. "Der Anachronismus als literatur-und kulturwissenschaftliche Kategorie". Em Cristina Albizu, Hans-Jörg Döhla et al. (Orgs.), *Anachronismen/ Anachronismes/ Anacronismi/ Anacronismos. Atti del V Dies Romanicus Turicensis*. Pisa: ETS, 2011, pp. 13-27.

CUNHA, Odir. *Time dos sonhos: História completa do Santos F.C.* [2003]. São Paulo: Códex, 2004.

_____; PERES, José Carlos. *Dossiê: Unificação dos títulos brasileiros a partir de 1959. O documento que resgatou a história do futebol brasileiro*. Rio de Janeiro; Brasília: Stillgraf, 2012.

FEBVRE, Lucien. *O problema da incredulidade no século XVI: A religião de Rabelais* [1942]. Trad. de Maria Lucia Machado. São Paulo: Companhia das Letras, 2009.

NORA, Pierre; LACOUTURE, Jean. "Journalistes ou historiens?". Em Edith Remond (Org.), *Journalisme et Sciences Sociales*. Bordeaux: Université de Bordeaux III, 1977, pp. 26-31.

POPPER, Karl. *A lógica da pesquisa científica* [1959]. São Paulo: Cultrix, 1988.

RIBEIRO, Péris. *Didi: O gênio da folha seca*. Rio de Janeiro: Gryphus, 2009.

RICOEUR, Paul. *Temps et récit*. Paris: Seuil, 1983-5, 3 v.

TUDESQ, André-Jean. "La Presse, document de recherche pour l'historien". Em Edith Remond (Org.), *Journalisme et Sciences Sociales*. Bordeaux: Université de Bordeaux III, 1977, pp. 19-22.

59. Mais veneno que remédio: o futebol e o Brasil*

Para a limitada literatura nacional sobre futebol, a contribuição de um intelectual como José Miguel Wisnik só poderia ser bem-vinda. *Veneno remédio: O futebol e o Brasil* (Companhia das Letras, 2008) é um oásis de reflexão no imenso deserto de clichês no qual ficam perdidos os brasileiros interessados em entender o futebol enquanto fenômeno sociocultural. Abordar pertinentemente o futebol é bem mais complexo do que pensam aqueles que veem nele apenas um entretenimento e que o reduzem a um objeto de estudo menor. De fato, ele exige um arsenal teórico tão amplo quanto o necessário para a crítica literária, os estudos sociológicos ou a análise histórica.

Alguns poderiam objetar que "amor que se analisa é amor que já morreu", como já disse alguém, ou seja, estudar o futebol significaria retirar tudo que há nele de emoção. E no mundo atual culturalmente tão padronizado, esterilizado e globalizado, muitas pessoas prefeririam renunciar à compreensão a fim de resguardar a afetividade que cerca o futebol. Mas — o denso ensaio de Wisnik é prova disso — trata-se de falsa escolha: "O futebol pode ser objeto simultâneo de paixão e desafio intelectual" (p. 46), diz nosso autor. Paixão que ele não

---

* Texto originalmente publicado na *Revista de História*, n. 163, pp. 369-89, 2010.

escamoteia pelo futebol brasileiro e pelo seu Santos Futebol Clube. Desafio intelectual que ele enfrenta com brio e boas ideias.

É verdade que o equilíbrio entre aqueles dois componentes é delicado mesmo para os bem-equipados como Wisnik. Ele sabe disso, e em certa medida o título de seu livro não deixa sutilmente de propor certa dose de indulgência por eventuais derrapagens ao lembrar que o futebol pode matar e curar — tanto no plano literal como no figurado —, que ele é veneno e remédio, dependendo da dosagem e do efeito desejado. Ele reconhece, com louvável honestidade intelectual, que suas "ambições críticas e analíticas" têm relações "no limite suspeitas" com seu objeto de estudo, já que vivencia o futebol de forma passional (pp. 28-9). E, com efeito, ele não consegue escapar de certas armadilhas da paixão.

Mas como paixão não se contesta, respeita-se, olhemos para o desafio intelectual que Wisnik se propôs. A começar pelo diagnóstico cultural dos seus possíveis leitores: "No Brasil, a imersão na vida futebolística se faz de uma maneira tal que não passa por uma atividade refletida, ou então *passa tanto* [grifo do autor] que todo mundo se considera mais na posição de ensinar futebol do que de aprender sobre ele" (p. 12). A formulação não poderia ter sido mais feliz, e na verdade coloca um problema que atinge não somente o autor, e sim todos que refletem sobre futebol. Como transmitir algo a quem quer apenas vivenciá-lo sem pensar nele, ou a quem imagina já saber tudo sobre ele? Mostrar a complexidade do assunto pode convencer estes, porém pode afastar ainda mais aqueles. Simplificar a análise não acrescentaria muito aos primeiros e desiludiria os segundos. A resposta passa, então, pela necessidade de transmitir a reflexão com paixão e de alimentar a paixão com critério. Ou seja, a solução do problema depende muito da linguagem utilizada, da forma de argumentação e da abordagem realizada. Examinemos esses pontos em sequência inversa.

Quanto ao último ponto, não é preciso exaltar a opção por uma análise multifacetada, que toma em conta elementos de natureza histórica, sociológica, antropológica, psicanalítica e literária, pois foi a que eu próprio adotei em *A dança dos deuses: Futebol, sociedade, cultura* (Companhia das Letras, 2007), e nessa mesma sequência enunciada por Wisnik, reservando a cada uma delas capítulo específico. Pela mesma razão, não posso deixar de endossar a tese de que o futebol tornou-se mundial por comportar facetas épicas, dramáticas, trágicas, líricas, cômicas e paródicas. Compartilho igualmente o cuidado de *Veneno remédio* em não equiparar o futebol aos jogos com bola anteriores ao século XIX. Também não posso deixar de destacar, por ter defendido a mesma ideia, a "tese de fundo" (p. 21) do futebol como diálogo não verbal. Apesar disso tudo — estranhamente, diga-se de passagem —, Wisnik (que conhecia *A dança dos deuses*, publicado pela mesma editora um ano antes do seu livro) não faz referência alguma a essas convergências. Assim como não faz explicitamente às nossas divergências de ponto de vista sobre o futebol. E perdeu-se assim a oportunidade — fato infelizmente comum no nosso meio acadêmico — de uma frutífera troca de ideias. Dessa forma, a pretensão do presente texto é esboçar alguns pontos desse debate.

Para não ficar a injusta impressão de que os pontos fortes de *Veneno remédio* haviam sido antecipados por *A dança dos deuses* (ainda que cada livro à sua maneira), é preciso lembrar que aquele está centrado no Brasil, enquanto este é um ensaio global. Mesmo nessa perspectiva mais ampla há certas reflexões importantes que não aparecem no meu estudo e estão contempladas na obra de Wisnik. É o caso, desenvolvendo ideias de Luiz Sérgio Coelho de Sampaio, das lógicas do futebol comparadas às do rúgbi e do futebol americano (pp. 120-54). Ou, inspirado no espanhol Vicente Verdú, das férteis considerações sobre o caráter feminino da função de goleiro, aquele que zela pela virgindade de seu posto e que, acompanhando a liberação da mulher a partir da década de 1970, mudou seus trajes (abandonando o discreto e maternal preto por uniformes coloridos) e, sobretudo, sua postura em campo (permitindo-se a masculina atitude de sair várias vezes do seu domicílio na pequena área e inclusive, em certos casos, atacar e marcar gols).

O essencial das contribuições de *Veneno remédio* está, contudo, parece-me, no seu capítulo 3 — "A elipse: o futebol brasileiro" —, a parte mais longa e original do livro, seu centro físico e anímico que abre várias pistas de pesquisa em hipóteses concêntricas desenvolvidas a partir da ideia-mãe de que a oscilação brasileira entre a máxima grandeza e a impotência encontrou no futebol seu melhor campo de expressão. Passemos a palavra ao autor: "Ludicamente gratuito e seriamente jogado, o futebol teve a capacidade de reverter a dialética negativa do círculo vicioso, convertendo-o numa reação em cadeia de elipses virtuosas" (p. 172).

Tal foi o caso da participação negra e mestiça na formação futebolística do Brasil. Questão sempre espinhosa, na qual a adesão de Wisnik a Gilberto Freyre não é feita automática e acriticamente, tanto que para ele "a democracia racial do futebol brasileiro prescreve (no sentido médico, de indicar um remédio) mas não descreve o Brasil" (p. 240). Pelo encaminhamento do autor, o mulato, por razões simplistamente raciais, deixa de ser o futebol brasileiro para ser o veículo pelo qual falam recalques históricos da sociedade e da cultura nacionais. É por intermédio do mestiço que entram em cena a sociabilidade ambivalente e a inteligência corporal, como desde os primeiros tempos mostram Arthur Friedenreich, Domingos da Guia e Leônidas da Silva. A agilidade criativa não é, contudo, necessariamente física, como comprova a lembrança das figuras de Machado de Assis, Lima Barreto ou Noel Rosa. A ideia é reforçada pela vitoriosa precocidade do futebol uruguaio (ouro olímpico em 1924 e 1928, Copa do Mundo em 1930), cuja seleção atuava com jogadores negros desde 1919, enquanto em 1921 o presidente do Brasil ainda vetava a participação de Friedenreich em competição na Argentina. Nada disso, porém, alerta com razão Wisnik, significa que todos os negros e mestiços tenham propensão ao esporte e à música. A questão é cultural, não racial. A contraprova está na branca Argentina, dona desde aquela época de um futebol de reconhecida qualidade mundial.

No longo processo de transformação do círculo vicioso em elipse virtuosa, momento marcante foi, como se sabe, a dolorida derrota do Brasil em 1950 frente ao Uruguai em pleno Maracanã recém-inaugurado. Em razão desse peso histórico, a partida já mereceu alguns estudos específicos e inúmeros comentários pontuais. Mas antes de Wisnik tinham sido insuficientes os olhares lançados sobre o papel que teve nisso o jogo anterior, contra a Espanha, verdadeiro prefácio vitorioso que paradoxalmente anunciava a conclusão trágica. Suas páginas a respeito são luminosas, como deve ter sido aquela tarde para os espectadores presentes no Maracanã. Ele mostra a simbiose entre o ritmo de jogo da seleção e o ritmo da marchinha carnavalesca cantada pela multidão, "Touradas em Madri", analisada no contexto cultural do Brasil da época e no contexto psicológico da partida. Retomando os termos de uma crônica de Machado de Assis referida no início do capítulo, a marchinha é vista como expressão "da mais avançada das civilizações" e ao mesmo tempo "não passa da primeira das verduras" (p. 256). Ou seja, é mais uma demonstração dos extremos do espírito nacional.

Quanto à argumentação, *Veneno remédio* não está isento de certas oscilações. Ao lado de passagens bem fundamentadas, há em outras expressões de entendimento inequívoco e significado equívoco, como definir o Brasil pelo clichê "melhor futebol do mundo" (p. 360) — se temos, talvez, os melhores futebolistas (mão de obra), não temos, com certeza, o melhor futebol (produto final), ou seja, competições bem organizadas e de alto nível técnico, graças à concentração de grande número dos maiores jogadores de todos os países.[1] Outras vezes, falta matizar determinadas ideias, como a recorrente oposição entre tempo produtivo e tempo improdutivo do jogo. Para evitar um entendimento simplista, teria sido útil explicitar que "improdutivo" toma por referencial a busca da meta quantitativa (gol) e explicar que esse mesmo tempo é altamente "produtivo" quando se trata de manter a posse de bola e fazer passar o tempo para garantir um resultado positivo.

Em outras oportunidades, a argumentação derrapa. Por exemplo, depois de fazer considerações histórico-psicanalíticas interessantes sobre as semelhanças e diferenças entre Argentina e Brasil, Wisnik afirma que nossos vizinhos sentem "inveja de uma cultura sincrética e mestiça" (p. 337) e, na página seguinte, que há um "desprezo argentino pela condição mestiça brasileira". Para além do fato ilógico de não se invejar aquilo que se despreza, a assertiva embute um juízo de valor na melhor das hipóteses discutível (por que se invejaria uma cultura sincrética e mestiça?) e na pior, perigoso (uma suposta superioridade da cultura sincrética e mestiça).

Algumas vezes o texto ressente-se de maior clarificação. É o que acontece a respeito da ideia de aleatório e de acaso, cuja presença no futebol o autor parece às vezes acatar, outras minimizar.[2] Exemplo da primeira postura está na afirmativa de que a propalada fórmula "o jogo vai ser definido no detalhe" é eufemismo de "acaso" (p. 131). Mas geralmente técnicos e jogadores utilizam aquela frase no sentido literal de pormenor, miudeza, como um lateral mal batido, uma falta desnecessária, uma desatenção num lance de bola parada etc. Exemplo da segunda postura encontra-se na suposta existência de um "acaso ativo da imprevisibilidade produzida" dos dribles e outros gestos técnicos (pp. 132 e 295), fórmula que parece retirar autonomia ao acaso, vendo-o como

---

1. Sobre a questão, ver aqui o ensaio 30, "Brasil, país do futebol?".
2. Nossa posição sobre o tema encontra-se no ensaio 51, "O imponderável no futebol".

decorrência de um ato voluntário. Ora, nenhum drible ou chute a gol é totalmente previsível para quem o executa (justamente devido ao acaso), e nenhum drible ou chute a gol é totalmente imprevisível para quem o sofre (hipótese em que não seriam jamais desarmáveis e defensáveis).

O fatídico segundo gol uruguaio em 1950 teve, de acordo com Wisnik (p. 261), "uma relativa participação do Gravatinha [personificação criada por Nelson Rodrigues para designar os imprevistos no futebol]", mas os depoimentos dos envolvidos, que ele cita a seguir, comprovam que o problema foi tático (má cobertura no lado esquerdo da defesa brasileira), técnico (pensando que ocorreria um cruzamento, o goleiro Barbosa não fechou o ângulo de tiro do ponta uruguaio) e psicológico (o gol de empate uruguaio minutos antes instalara a insegurança no time brasileiro). A explicação do goleiro foi astuciosa — "ele pensou errado e deu certo; eu pensei certo e deu errado" —, mas não passou de uma justificação.

Os pensamentos que Barbosa qualificou de "certo" e "errado" foram avaliações de determinado momento da disputa no qual cada jogador buscou, bem de acordo com o espírito do jogo, ludibriar o outro. Ghiggia não pensou errado: percebeu que Barbosa se adiantava para cortar eventual cruzamento e assim resolveu tentar o chute direto. O fato mesmo de haver pouco ângulo induziu o goleiro brasileiro à apreciação enganosa de que o adversário centraria a bola. Talvez na maioria de lances idênticos o chute fosse ou para fora ou em cima do goleiro, mas é preciso não esquecer que além de esporte o futebol também é um jogo. Implica assumir riscos. Aliás, grande jogador é justamente aquele que melhor calcula — seja por aguda inteligência espaçotemporal das circunstâncias da jogada, seja por instinto — as chances de sucesso de cada lance em que se vê envolvido.

Poderia ter sido interessante discutir a questão do acaso através de um personagem que Wisnik estuda mais à frente, de outro ponto de vista, Marcos Carneiro de Mendonça, o famoso goleiro do Fluminense da década de 1910. Típico representante da época do amadorismo, esse aristocrata com formação de engenheiro dizia defender as bolas chutadas contra seu gol tomando por base o estudo dos ângulos do jogo de bilhar. A partir da observação da posição da perna do atacante é que ele, segundo assegurava, previa a direção do chute calculando em instantes a triangulação bola-gol-goleiro. Ou seja, conforme a ironia de Mário Filho, aquele goleiro só deixava passar bolas imperfeitamente chutadas, que se colocavam "fora de todos os cálculos", no dizer do cronista. Em outros termos, para Marcos de Mendonça o acaso não existe: o que se chama assim é apenas o resultado de uma avaliação incorreta. Podemos ver nisso um eco da máxima iluminista de Voltaire — que não é absurdo imaginar que fosse de conhecimento daquele membro da elite carioca fortemente afrancesada no começo do século XX —, para quem o acaso é somente "o efeito conhecido de uma causa desconhecida"? Ou é preferível ver na posição de Marcos de Mendonça uma crítica social, pela qual a "causa desconhecida" resulta da ignorância humana e entrou no futebol como consequência do profissionalismo e da abertura do esporte às camadas sociais mais baixas, mudança que ele não aceitava?

A argumentação de *Veneno remédio* padece também de certas contradições. Logo de início, afirma que para muitos "viver o futebol dispensa pensá-lo, e, em grande parte, é essa dispensa que se procura nele" (p. 11), para páginas adiante criticar a bem conhecida ideia de matiz marxista do futebol enquanto "ópio do povo" (pp. 42-4). Não menos estranho é que Wisnik se defina como dono de "incurável tendência a ver sentido em tudo" (pp. 39 e 41) e abandone essa busca quando diz que as Copas do Mundo revelam algo do seu momento histórico "por fatalidade e acaso" (p. 21). Embora sua busca de sentido seja tão forte que ele a qualifica de "síndrome" (p. 39), o fato de que o Brasil "não para de produzir craques" é explicado por um vago "automatismo congênito e inconsciente" (p. 360). Mais significativo, a expressão que serve de título ao livro denota a intenção de examinar o futebol como *coincidentia oppositorum*, mas minimiza as obras que tratam daquilo que "cerca, mobiliza, reage, produz, envolve, explora o mundo do jogo", já que seu grande esforço pessoal "é tratar desse buraco negro que é o próprio campo do jogo, perguntando o que acontece nele, e seus efeitos" (p. 18). Ora, assim procedendo, sua tentativa de apreender "a experiência total do futebol na vida brasileira" (p. 16) fica comprometida, por criar um desequilíbrio na complementaridade das duas vertentes — "o interno e o entorno" (p. 18) — que se propõe a investigar.

Também é conflitante atribuir "caráter oracular" a cada Copa do Mundo, pois se nelas "algo do estado contemporâneo das coisas se dá a ver" (p. 21), elas não antecipam, e sim sintetizam tendências já presentes.[3] Ocorre que Wisnik

---

3. Ver todos os ensaios da Parte I do presente livro.

hiperdimensiona, parece-nos, tal competição. É correto afirmar que Copa do Mundo é um momento em que "a nação ritualiza um acerto de contas consigo mesma" (p. 182), porém é preciso acrescentar que tais momentos, bem espaçados (a cada quatro anos) e condensados (grosso modo, um mês), são uma espécie de festa cívico-religiosa que envolve muita gente que habitualmente pouco se interessa pelo futebol. A essência do jogo está nas suas manifestações cotidianas, nas rivalidades locais, palpáveis, vividas face a face, muito mais do que nas internacionais e intercontinentais, esmaecidas pelas distâncias e pelos idiomas.[4] Se cada Copa "ritualiza", é simplesmente porque, parece-nos, o futebol é um rito, o que recebe várias demonstrações corretas ao longo do livro. Por isso mesmo é incoerente afirmar que o surgimento do futebol "separou o jogo do rito" (p. 75), para depois dizer que ele é o "jogo que uma parcela imensa da população do planeta escolheu como o seu rito" (p. 162), é "jogo-rito" (p. 429).

Para terminar esse plano dos comentários, apenas mais duas ilustrações de arrazoado contraditório. Primeira ilustração: a antiga tradição camponesa de encarniçadas disputas festivas ficou bloqueada a partir de meados do século XVII com a imposição do ascetismo religioso, de maneira que o surgimento do futebol dois séculos mais tarde teria sido "um retorno do reprimido" (p. 85). Mas Wisnik reconhece que tal bloqueio foi relativo, já que o grande vazio no lazer popular deu-se apenas entre 1820 e 1860, e, sobretudo, que os jogos de bola ganharam então "configuração inteiramente nova" que os impedia de "degenerarem em distúrbios e choques descontrolados". Ou seja, mais do que retorno do reprimido, ocorreu um retorno da repressão. Segunda ilustração: *Veneno remédio* começa anunciando que "vai contra a visão simplificadora e conspiratória de que o futebol se resume aos seus bastidores empresariais, à sua manipulação publicitária e a seus efeitos espetacularizantes" (pp. 18-9), e termina avaliando o futebol como "um lugar privilegiado para a manobra de captura do inconsciente pela capitalização" para converter ambos "numa só coisa" (p. 352). Não se poderia ser mais conspiratório.

Quanto à linguagem, não é despropositado certo ceticismo sobre a escolha de Wisnik. Seu estilo ressente-se de maior limpidez, prefere torneamentos dispensáveis a formulações mais diretas, que não seriam por isso, forçosamente, menos elegantes ou menos precisas. Ele mostra gosto acentuado pelo jogo

---

4. Assunto que discutimos no ensaio 31, "Comunitarismo e nacionalismo".

de palavras, que, se redunda em soluções interessantes várias vezes, em outras resulta em ornamentos desnecessários tanto do ponto de vista estético quanto de eficácia comunicativa. Tal questão não é meramente acessória, pois como as ciências humanas raramente podem trabalhar com demonstrações e provas, elas o fazem com argumentos, ou seja, com recursos retóricos.

No jogo complementar entre aquele que emite a mensagem (orador ou *ethos*), aquele que a recebe (interlocutor ou *pathos*) e o meio que os une (discurso ou *logos*), o papel central, diziam Cícero e Quintiliano, cabe ao primeiro, que deve ser fiável e justo. Algumas vezes, no entanto, não é essa a impressão que fica de *Veneno remédio*. Por exemplo, há afirmativas peremptórias que se fundam em palavras de forte conteúdo conceitual e não necessariamente consensual, redundando em flacidez de sentido. Afirmar que o futebol é "um sistema simbólico que traciona o imaginário" (p. 46) pressupõe um acordo não estabelecido entre autor e leitor sobre o significado de "símbolo" e de "imaginário". Outras vezes, recorre-se a palavras de sentido equívoco: o futebol é qualificado de "uma espécie de língua geral" (pp. 16, 20, 88 e 399) que no Brasil se constituiu como linguagem (p. 309), o que adota uma distinção teórica controversa e não previamente justificada.

A estrutura algo rebuscada da linguagem repercute na estrutura do livro (ou o inverso), o que produz um encadeamento de ideias que nem sempre é o mais adequado. Daí, talvez, a presença de certa oscilação entre o geral e o particular, isto é, entre o jogo e sua manifestação brasileira. Por exemplo, os interessantes comentários sobre as funções concretas e simbólicas do árbitro, válidos para toda época e todo local em que se pratica futebol institucionalizado, contêm um "o juiz se expõe aos apupos prévios, vingativos e catárticos, da massa" (p. 105), dado que faz parte da realidade social e cultural brasileira (no limite, latino-americana), mas não do futebol europeu, africano, asiático ou oceânico.

Na mesma linha, ao falar da "futebolização do mundo", o autor denuncia a transformação do futebol numa infindável partida "com peças intercambiáveis, os jogadores e técnicos em permanente rodízio pelas equipes continuamente desfiguradas" (p. 352), o que uma vez mais retrata a situação latino-americana e africana, não mundial. Daí, igualmente, certa indefinição do próprio objeto que o aditivo do subtítulo (*O futebol e o Brasil*) não ajuda a elucidar. Na prática, ele estuda mais o futebol *do* Brasil que o futebol *no* Brasil. É o que revela a existência de apenas uma centena de referências aos grandes clubes brasileiros (conforme o índice remissivo) num livro de 430 páginas. Daí, por fim, certa pulverização de temas importantes — o caso mais claro é o da relação entre violência e futebol —, que, embora tenham sido objeto de insights promissores ao serem abordados no meio de outros assuntos, acabam por ficar subestimados e correm o risco de permanecer subcompreendidos.

Esses três níveis — abordagem, argumentação e linguagem — são evidentemente complementares por terem um pano de fundo comum que lhes dá sentido, isolada e articuladamente — o aparato teórico. É inútil insistir em que a panaceia conceitual imaginada pelo século XIX não existe: cada objeto requer a construção, quase sempre com material preexistente, de um conceito próprio. Tem razão Wisnik ao afirmar logo no começo de seu ensaio que "o lugar muito especial do futebol no mundo contemporâneo acaba por exigir uma leitura específica, a ser inventada" (p. 19). Invenção sempre delicada e que nunca pode reivindicar um suposto monopólio explicativo. No caso em questão, a diferença entre a opção adotada em *Veneno remédio* e a de *A dança dos deuses* pode em parte ser encontrada nas respectivas formações de seus autores, literária de um lado, historiográfica de outro, embora ambos sejam sensíveis à área alheia (e a várias outras).

Todavia, o largo conhecimento das ciências humanas não imunizou Wisnik de certas imprecisões conceituais. É o caso da passagem em que, criticando a atual capitalização do futebol, afirma que "a distinção entre economia e cultura vacila, se não sucumbe" (p. 358). Ora, essa suposta distinção evidentemente não existe. Seja entre as sociedades coletoras dos povos ditos primitivos, as sociedades agrárias antigas e medievais ou as sociedades industriais do capitalismo moderno, as modalidades e práticas econômicas expressam a cultura, e paralelamente as modalidades e práticas culturais adequam-se à economia.

Outro problema, importante do ponto de vista de um historiador, é a a-historicidade que ronda seu texto sob forma de anacronismo — por exemplo, quando qualifica de "campeonato brasileiro" (p. 36) a Taça Brasil da década de 1960.[5] Outras vezes o a-historicismo assume a forma de ucronia, para recorrer ao termo forjado em fins do século XIX pelo filósofo francês Charles Renouvier, isto é, "utopia dos tempos passados", ou "a história não tal como ela

---

5. Sobre a questão, ver o ensaio anterior, "Futebol, campo de anacronismos".

foi, mas como teria podido ser". É verdade que todo torcedor de futebol é largamente ucronista, está sempre a refazer jogadas, partidas e campeonatos inteiros na base do *se* tal bola tivesse entrado, *se* tal jogador não tivesse sido expulso, *se* o juiz tivesse marcado aquele pênalti, *se* a equipe não tivesse perdido aqueles pontos bobos etc. Wisnik cita exemplos disso sem identificar o problema, e no seu próprio discurso aparecem certas marcas ucrônicas.

Todavia, o a-historicismo de *Veneno remédio* é, sobretudo, utópico. Para o autor, o futebol funciona como suspensão do tempo, regressão à infância, quando na praia de São Vicente ele vivia em "dimensão definitivamente atemporal e utópica" (p. 31). Daí várias vezes o livro propor uma visão idealizada que nega a situação concreta e busca a situação pretensamente perfeita. Esse olhar é lançado sobre indivíduos, como Domingos da Guia, cujo estilo refinado, mas também em certos momentos irresponsável, é interpretado como submissão do "primado do princípio de realidade, do qual um zagueiro é o representante por excelência, ao teste do princípio do prazer" (p. 191), de maneira que seu estilo de jogo teria ainda outra característica utópica: criava "um tempo sem tempo" (p. 190).

O mesmo tipo de olhar é lançado sobre o futebol brasileiro como um todo, pois este "carrega consigo a utopia de uma disponibilidade infantil sem deixar, intrigantemente, de atingir uma inequívoca maturidade viril" (p. 367), daí o favoritismo do Brasil na Copa de 2006 ter representado "a possibilidade de um renascimento utópico do futebol" (p. 385). De forma mais larga, para Wisnik "o futebol brasileiro torna possível em campo aquilo que a sociedade brasileira sistematicamente não realiza" (p. 408). O corolário inevitável aparece páginas adiante: apesar da "desgraça incontornável da herança histórica", vê-se o Brasil "forçar o rumo na direção da invenção utópica pela festa e pelo jogo, tornados realidade" (p. 417). O país é, consequentemente, "uma espécie de lugar do sem lugar *que é o lugar* [grifo do autor]", ou seja, ele claramente corresponde ao célebre jogo de palavras de Thomas More — o Brasil é *ou-topos* ("não lugar") que se revela *eu-topos* ("lugar da felicidade").

Se analiticamente Wisnik insiste no mote da ambiguidade do veneno remédio, afetivamente revela inclinação pelo lado remédio de nosso caldo cultural, do qual extrai "uma potência utópica" (p. 180), na esteira de Pier Paolo Pasolini, Vilém Flusser, Oswald de Andrade e Gilberto Freyre, autores que cita 62 vezes ao longo do ensaio. Coerente com a duplicidade do *fármacon* que estrutura toda a sua demonstração, ele declara que é preciso evitar a armadilha da tradicional oscilação do espírito nacional entre o pessimismo e o otimismo (poderíamos dizer entre o histórico e o utópico), mas propõe uma saída nada clara, ao menos para nós: "O equilíbrio tem de se fazer, justamente, compensando a queda para os dois lados, de modo que saber cair nos dois riscos seja a condição para não cair da corda" (p. 183). A pequena distinção nacional entre o público e o privado, fonte de inúmeros problemas no plano político, é considerada "fecunda para a vida cultural", tanto que "produziu o samba, o futebol e a poesia modernista" (p. 170). Como muitos brasileiros trocariam, sem dúvida, esses três produtos culturais por igualdade social, moralidade política, segurança, educação e saúde públicas de qualidade, é claro que, ao contrário do que enunciou, Wisnik pende a "gangorra enganosa do otimismo e do pessimismo" (p. 177) para aquele primeiro lado.

É verdade que ele adota posição ponderada entre o balanço negativo da formação do Brasil formulada por Caio Prado Jr. e o balanço positivo de Gilberto Freyre, preferindo a interpretação que Sérgio Buarque de Holanda faz do ambivalente "homem cordial" brasileiro, ao mesmo tempo afetivo e arbitrário, afável e truculento, personalista e inconsequente. Da mesma forma, entende que se deve guardar certa distância tanto da conclusão favorável de Antonio Candido de Mello e Souza, que enxerga na sociabilidade brasileira um "mundo sem culpas" e pouco propenso ao enraizamento da personalidade autoritária, quanto da postura hipercrítica de Paulo Arantes, que vê o Brasil como a "vanguarda do pior", como o "país do futuro" apenas no sentido de realizar antes dos outros a fratura social em andamento nos Estados Unidos e na Europa. Contudo, o utopismo de Wisnik retorna ao lembrar que "o jogo só acaba quando termina", deixando em aberto a possibilidade de que as "potencialidades surpreendentes e transformadoras do país, mesmo que utópicas ou frustradas" (p. 421), possam se revelar de maneira duradoura.

Dessa visão idealizada do mundo, do futebol e do Brasil encontramos uma indicação logo nas primeiras páginas do livro. Ali está dito que a escolha de um time para o qual se torcer é ato de livre-arbítrio (p. 34), o que minimiza o enquadramento da família, do grupo de amigos, do bairro ou da cidade em que se reside. Enquadramento de forte presença, como comprova o próprio esboço autobiográfico no qual Wisnik insere aquela declaração voluntarista. A necessidade de haver uma escolha clubística como parte do processo de socialização do indivíduo leva à conclusão de que sua suposta autonomia não se dá num mundo livre das ideias, e sim na incontornável ancoragem em um mundo social. Mundo que sempre coage, ainda que em intensidade variável conforme cada contexto. O fato de, retrospectivamente, o indivíduo não perceber as sutis amarras desse enredo social do qual é ator, não autor, não retira ao enredo seu caráter coator. Maurice Halbwachs já assinalou, aliás, há muitas décadas, que a parte do social na memória de cada indivíduo é bem maior do que comumente se pensa.

Para o garoto José Miguel, tratou-se de reação intuitiva à situação vivida, não, é claro, de opção pelo idealismo filosófico. Idealismo que, apesar do desfavor de que foi objeto ao longo do século XX, não deve ser entendido no senso comum de posição ingênua. Ele possui forte poder epistemológico e pode servir como elemento de reequilíbrio diante da ingenuidade do real, que jamais é independente do pensamento. Tal função é clara em *Veneno remédio*, que desde o início (pp. 18-9, 23, passim) alerta que irá contra a visão simplista do futebol resumido às suas injunções econômicas. Idealismo, contudo, é rótulo amplo demais. Sem enveredar pela discussão filosófica, que não cabe nos limites deste ensaio bibliográfico, comparemos apenas a posição de Wisnik com as duas grandes vertentes idealistas.

O idealismo dito subjetivo de Fichte, por exemplo, define ideia antes de tudo como representação, enquanto para Wisnik "o jogo é o lugar por onde passa o substrato de todas as práticas, sem se fazer a representação de uma *outra coisa* [grifo do autor]" (p. 80). Mas não se pode a partir disso concluir pela negação do idealismo subjetivo, cuja discussão sobre o alcance do acordo entre representação e realidade exterior interessa a Wisnik, para quem na primeira metade do século XIX, após a falência dos antigos jogos de bola e antes da emergência do futebol, houve um interregno durante o qual se desenvolveram "modalidades pré-burguesas e burguesas de representação, com sua separação característica entre palco e plateia" (p. 84). Ademais, ele denuncia a crescente violência que atinge o futebol por provocar a "erosão de sua representatividade e de sua eficácia simbólica" (p. 351).

Se não fica claro, então, que este seja o tipo de idealismo adotado pelo livro, tentemos ver pelo ângulo do idealismo objetivo, aquele que confere à ideia uma realidade em si, independente tanto da consciência quanto do mundo sensível. Para Platão, o grande nome desta corrente, as ideias são realidades individuais que servem de modelo (arquétipo) e fundamento às coisas sensíveis, derivações menos reais que as ideias. Estas não engendram fisicamente as coisas sensíveis, mas fazem-nas existir ao torná-las nomeáveis e pensáveis. O mundo sensível distingue-se do mundo das ideias pelo movimento, pela ação, e uma delas é o jogo (παιδιά), que tem seu fim em si mesmo, é "gratuito", como significativamente insiste *Veneno remédio* (pp. 20, 33, 60, 135, 142, 146, 150, 172, 181, 221, 242, 272, 313, 320, 350, 358, 385, 397 e 400).

Do ponto de vista do filósofo grego, o jogo não procura descrever ou explicar o real, e sim fazer esquecer a ausência da realidade imitada, dando à aparência produzida o estatuto de realidade. Para Platão, essa imitação ocorre no teatro, por exemplo; para Wisnik, no futebol, "teatro inédito para o desfile polêmico e não verbal das gestualidades, das disposições mentais, das potencialidades criativas" (p. 103). Talvez não seja casual, portanto, que, ao menos em parte, o título do livro tenha decorrido da leitura da obra de Jacques Derrida, *A farmácia de Platão* (p. 40). É sintomático que para Wisnik, na primeira metade do século XX cada partida que não se via, a não ser através do rádio, fosse "até mais real como índice do nosso comportamento psíquico do que o esquadrinhamento atual, por todas as câmaras, do jogo que queremos ver e que não coincide com o jogo que *não* [grifo do autor] queremos ver" (p. 187).

Se minha leitura de *Veneno remédio* é plausível, a fonte de tal platonismo talvez possa ser encontrada na observação de um amigo do autor que "afirmou sem hesitar que o fato de eu ter sido exposto, em tenra idade, à força daqueles fatos [a avalanche de vitórias santistas], *como se isso fosse normal* [grifo dele mesmo], produziu danos irreversíveis à minha personalidade" (p. 39). Diante do caráter algo enigmático desse diagnóstico, Wisnik tenta uma exegese da frase do seu amigo, que estaria se referindo à já citada tendência do autor a encontrar sentido em tudo. Ora, o único sentido encontrável por um garoto em 23 grandes títulos (e mais um monte de torneios menores por todo o mundo) conquistados por seu time do coração em catorze anos seguidos — justamente os anos-chave na formação da própria identidade e de sua relação com o mundo — é que há um "mundo ideal" no futebol ou o futebol constitui um "mundo ideal".

Mas é permitido qualificar de platônica a visão de futebol desse torcedor apaixonado, frequentador de estádios? A resposta fica afirmada com clareza quando ele admite que "cada jogador, jogo e time" é "manifestação de um arquétipo" (p. 102). A cobrança de um pênalti é para o goleiro manifestação de sua "solidão arquetípica" (p. 138). Se Robinho pareceu-lhe "renovar como ninguém a perspectiva de um futebol criativo no Brasil" (p. 41), não seria como miragem do arquétipo Pelé, de quem "lembra [...] certos instantâneos" (p. 393)? Ademais, o livro não afirma que o Rei pareceu preparado pelo destino para "sanar essa falha arquetípica [o fracasso do pai Dondinho no futebol]" (p. 286)? Não diz que Pelé transforma em atual o virtual, isto é, as formas perfeitas, o mundo das ideias (p. 288)? Se a singularidade de um toque ou de uma jogada bem arquitetada é "promessa de felicidade e *nostalgia* [grifo meu]" (p. 104), não seria como manifestação do arquétipo Santos Futebol Clube dos anos 1960? Aliás, por detrás de todo time posterior do Santos não se encontra "a eterna busca da revivescência da criatividade santista" (p. 51)? A nostalgia não se refere também à seleção de 1970 montada por João Saldanha, "personalidade utópica" (p. 391)? *Veneno remédio* não apenas encaminha a resposta positiva a todas essas questões, como sugere ter consciência de seu viés platônico. A infância e a adolescência do autor estiveram situadas em "uma ilha da fantasia que era, *ao mesmo tempo* [grifo dele], real" (p. 33). Ao sociologismo automático ele reconhece que "prefiro ainda meu idealismo ginasiano" (p. 33).

O problema é que tanto uma postura quanto outra distorcem. A primeira parte dessa afirmativa Wisnik certamente endossa, atribuindo-me, sem citar, tal tipo de desvio. De acordo com ele, Verdú apresenta a mais convincente interpretação do futebol como mimese, ou seja, como representação do jogo social, pois "não cai no equívoco de pensar o futebol diretamente como 'metáfora' — ou espelho — da sociedade" (p. 66). Com efeito, em *A dança dos deuses* proponho que o futebol é metáfora de diferentes planos do viver humano nas condições históricas do último século e pouco, e reservo cinco capítulos a examinar as funções metafóricas do jogo. Mais do que isso, proponho ver o futebol como metáfora da vida. Curiosamente, Wisnik concede que elementos estruturais do jogo permitem "identificar o futebol com a vida" (p. 20), entretanto diz ser equivocado o caráter metafórico que vejo no futebol e aplaude a interpretação de Verdú sobre seu caráter metonímico. Assim fazendo, ele subestima quatro pontos importantes.

Primeiro, a distinção entre metonímia e metáfora é problemática, se não artificial. O último termo com frequência engloba o primeiro, como acontece desde a segunda metade do século IV a.C. com Aristóteles (cujos dois primeiros tipos de metáfora são sinédoques ou metonímias por extensão), passando ainda, por exemplo, por Emanuel Tesauro em meados do século XVII (todo tropo é metáfora) e chegando, entre outros, a Umberto Eco (é nas trocas metonímicas que se opera a metáfora). Segundo, nuançando ou no limite invalidando a exegese de Verdú, a metáfora é mimese, como mostrou Aristóteles. Terceiro, ela é clareza e cifragem para o filósofo grego (entre os tipos de metáfora ele inclui o enigma), da mesma forma que o futebol o é para Wisnik. Quarto, sendo metáfora "um mecanismo semiótico que aparece em quase todos os sistemas de signos" (Eco), não apenas na língua, ela não poderia estar ausente da linguagem corporal que é o futebol. A natureza profunda do jogo corresponde exatamente à observação do semiólogo italiano: "Quem faz metáfora, literalmente falando, *mente* — e todos sabem disso". A questão que aí se coloca é a mesma da ficção: "*Se finge* fazer asserções, e contudo se quer *a sério* afirmar algo de verdadeiro para além da verdade literal" (grifos do próprio Eco).

Por simplificar essas questões, à interpretação metafórica Wisnik opõe, sempre seguindo o sociólogo espanhol, a interpretação metonímica que vê no futebol "índice interno do processo social" (p. 66). Ora, poucas páginas adiante ele considera que "é estar cego" para o essencial pensar que fatores "externos" como o poder econômico e a instrumentalização ideológica estejam "por dentro de tudo" (p. 76). Por isso taxa tanto a gestualidade como a dança, a música e a religião de "ações extraideológicas" (p. 412), o que, vistas as interfaces de tais expressões culturais com o futebol,[6] enfraquece a interpretação metonímica anteriormente defendida. Ainda assim, ele insiste em que o futebol "não se dá como metáfora nem como alegoria", pois "o jogo enquanto tal promove o esquecimento do sentido" (p. 79). Mas se promove o esquecimento do sentido sequer é metonímia, que assim como a metáfora fornece compreensão. O fundamental, porém, é que o esquecimento do sentido manifesta-se durante a vivência do jogo, e o intelectual enquanto tal (não na sua persona de jogador e/ou torcedor) não deve vivenciar seu objeto de estudo, e sim observá-lo. Deve lançar sobre ele o que Lévi-Strauss chamou de *regard éloigné*.

Se o futebol "põe em cena o teatro humano em todo o seu espectro, da finura à grossura extremas" (pp. 101-2) — quer dizer, perícia, elegância, arte,

---

6. Essas aproximações são aqui examinadas nos ensaios 52, "Futebol, religião laica", e 53, "A dança do futebol".

astúcia, insídia e violência —, se ele "imita a vida" (p. 144), não é precisamente por trabalhar com metáforas? Como mostraram George Lakoff e Mark Johnson, as metáforas fazem parte da vida cotidiana, pois, completa Eco, são instrumento para melhor compreender o código cultural da sociedade examinada. Por que, então, Wisnik refuta a interpretação metafórica? Talvez porque a função referencial da contiguidade metonímica pareça-lhe mais em sintonia com o fato de o futebol ser "um campo de jogo em que se confronta o vazio da vida, isto é, a necessidade premente de procurar-lhe sentido" (p. 45). De fato, o livro extrai "muito do seu ânimo e sua energia do Santos de Diego e Robinho", com a criatividade deste jogador tendo feito com que "eu jogasse no destino dele, instintivamente, o destino do meu próprio assunto neste livro". A contiguidade vai ainda além, levando-o a registrar que Robinho nasceu e cresceu, como ele, Wisnik, em São Vicente (p. 41). A busca de sentido empreendida pelo livro dá-se, portanto, nas duas acepções do termo: ela é intelectiva (compreensão racional das coisas) e sensível (captação física de sensações).

Estranhamente, contudo, o livro descarta a possibilidade oferecida pela observação de Aristóteles segundo a qual a metáfora é a uma só vez instrumento cognoscitivo e instrumento de prazer. Sobretudo porque o conhecimento proporcionado pela metáfora é o da dinâmica do real, o da cultura em ação, o que serviria perfeitamente às intenções analíticas de *Veneno remédio*. Melhor, talvez, que falar em elipse, como ele faz — enquanto metáfora e metonímia são figuras de conteúdo, elipse é de expressão, portanto de pouca serventia para entender o sentido do futebol e os "conteúdos conflitivos e catárticos" que ele põe em cena (p. 45). Ademais, a função da elipse está contida num tipo comum de metáfora, a metáfora *in absentia*, aquela não presente na frase e reconstituída pelo ouvinte ou leitor. Por fim, a tese de Wisnik de que a singularidade do futebol brasileiro está em ser elipse (como figura ao mesmo tempo retórica e geométrica) poderia sair reforçada caso admitisse para o jogo a ideia aristotélica de que produzir metáforas "é sinal de disposição natural do engenho", proposição não distante da "prontidão", da "inteligência do corpo" do futebolista nacional (pp. 226-8).

As metáforas não se constituem apenas em transferência do nome de um objeto para outro, como na definição clássica, e sim em "condensação" (Freud), em modificação do conteúdo semântico de um termo mais do que na sua substituição (Grupo µ da Universidade de Liège), em "vaivém de propriedades" (Eco), pois elas não jogam somente com similaridades, mas também com oposições, o que ajuda a pensar o imbricamento, as trocas, a relação especular entre sociedade e futebol. Apesar da crítica que faz a respeito, diversas passagens de *Veneno remédio* não desmentem minha proposição teórica de que "a história do futebol não pode ser dissociada da história geral das civilizações".

Quando Verdú, nas palavras endossantes de Wisnik, percebe que "elementos indicativos de mudanças históricas vão entrando no jogo, conotando-o, e remetendo, pontualmente, mas também difusamente, ao todo em que ele se inclui" (p. 66), ele confirma minha ideia do futebol como construção cultural, portanto tributária da sociedade que o gerou, e que também age, exatamente devido a essa identificação profunda, sobre a matriz social. Que o futebol nos seus princípios tenha sido "movido" pelo ambiente industrial sem perder motivações agrárias anteriores, o que deixou marcas na codificação do jogo e na sua tática inicial (pp. 66-7), corresponde perfeitamente à minha demonstração de determinadas tendências sociais incorporadas pelo futebol. Aqui cabe a definição de Lacan: "O sintoma é uma metáfora".

Explicitamente, *Veneno remédio* não aceita a ideia de que o futebol seja espelho (portanto metáfora e sintoma) da sociedade, mas *malgré lui* fornece várias indicações nesse sentido. Se o futebol está alinhado ao "estado geral" da arte contemporânea e é "a maior expressão de uma cultura de massas no planeta" (p. 157), não é por responder aos grandes influxos e acompanhar as grandes tendências do mundo que o gerou e o alimenta? Se na América do Sul o jogo explora muito a "margem ambígua entre a infração e a lei", com ampliação da violência, e na Europa isso ocorre bem menos porque é maior "a exigência do público consumidor pela qualidade do espetáculo" (p. 351), não temos aí um evidente reflexo da sociedade sobre o futebol? Se a explicação popular de que o fracasso da seleção brasileira de 2006 deveu-se à "amarelada" na hora decisiva é "tese de valor sintomático que sinaliza uma insegurança em si, projetada sobre quem o representa" (p. 373), não se está falando de um dado da psicologia coletiva, portanto social, que ecoa no futebol? Se o destino do futebol "é o do equilíbrio frágil e explosivo que as sociedades contemporâneas ritualizaram nele" (p. 401), não é porque a sorte dele depende da sorte destas? Se nos efeitos lúdicos do futebol encontram-se "as cifras da cultura e sociabilidade singulares que neles se entranham" (p. 402), isso não significa dizer que a vida social vê na encenação futebolística a si própria? Dito de outra forma, o sucesso do futebol não seria resultado desse olhar narcísico no espelho do jogo?

Enfim, quando afirmo que o futebol é espelho da sociedade não estabeleço, é evidente, nenhuma relação simplista de causa e efeito. Mesmo se há inegável preeminência cronológica e ontológica da sociedade, esta não sai ilesa dos olhares que lança a si mesma por intermédio do futebol. As transformações sociais repercutem no futebol, e o futebol, sem perder sua identidade profunda, se adapta a elas, e assim a dialética dos olhares cruzados intensifica a dinâmica cultural. Se no fracasso de 2006 "o país, como sujeito ou objeto", participou "da instauração de um estado de soberana confusão entre preparação e resultado final, concentração e vitória antecipada, treino e mito" (p. 389), não é porque há relação especular entre o Brasil e sua seleção? Se o futebol é o veneno remédio do país — "o *fármacon* que converte a violência, a desagregação social, o primarismo, o oportunismo vicioso e estéril, em arte e em perspectiva de afirmação do país" (p. 243) —, não é porque essa ambiguidade está contida no Brasil, porque *é* o Brasil?

Outra manifestação do claro vínculo entre a história de uma comunidade e o futebol que ela joga é fornecida por Wisnik baseando-se em estudo de José de Souza Martins sobre as partidas entre negros e brancos disputadas em uma favela paulistana. Nelas, todos os jogadores fingem os preconceitos que efetivamente sofrem fora dali, numa encenação que durante o tempo do jogo neutraliza a agressão social vivenciada no dia a dia (p. 49). O fato de o futebol, ainda no mesmo caso, submeter "a oposição de classes a uma outra lógica que a sociologia tem dificuldade em captar" (p. 50) não significa que tal lógica seja associal e anistórica. Aliás, pouco adiante Wisnik admite que o futebol "se tornou, no mundo contemporâneo, o índice oscilante e problemático da própria condição de possibilidade da vida civilizada" (p. 55). Mais à frente, constata que o "futebol vem mudando", tornando-se "presa das contingências que o cercam e o tomam", o que faz dele "um índice inegável do mundo contemporâneo" (p. 57).

Mais uma expressão dos elos estruturais entre jogo e sociedade está na observação de que o *tlachtli* mesoamericano não teria podido surgir e ganhar as implicações que teve nas civilizações daquela região sem a descoberta da borracha e das técnicas de trabalhá-la, criando-se assim a bola compacta e de precisão elástica que definiu muito as características daquele jogo (pp. 72-5). Também quando afirma que o futebol inventado no século xix "simula as próprias precondições da competição no mundo burguês-capitalista" (p. 75), *Ve-*

neno remédio reconhece que é a partir das circunstâncias históricas (modelo) que surge o futebol (imagem), espécie de simulacro (palavra da mesma raiz que *simular*) do jogo social. Embora negue que o futebol seja reflexo da sociedade, Wisnik não deixa de vê-lo como "avesso do jogo social" (p. 76), o que dá no mesmo, pois ambos os termos (espelho e avesso) implicam uma inversão do objeto observado e, dado fundamental, pressupõem que, ao inverter algo, se parte desse algo (no caso, a sociedade).

Ademais, ele reconhece que "a invenção do futebol, como a do rúgbi, é o resultado de um trabalhoso consenso à inglesa [...] impensável sem o regime parlamentar e pluripartidário que vigorou na Inglaterra do século XVIII" (p. 89), quer dizer, aqueles jogos foram determinados pelas condições históricas. E completa mais adiante, de maneira insofismável, que os burgueses que "criam o futebol estão correspondendo, de maneira involuntária ou inconsciente, aos padrões ativos, combativos, empreendedores e anti-intelectualistas da classe que aspira ao privilégio do poder, à identidade grupal e à iniciativa individual audaciosa" (p. 97). Se a derrota da seleção brasileira de 1982 "soava surdamente como um fracasso da possibilidade, quase tangível em campo, de uma civilização brasileira" (p. 335), é justamente porque o futebol espelha a sociedade. Afinal, ao contrário do que enunciara, talvez Wisnik não considere tão equivocado focar a sociedade pelos olhos do futebol e vice-versa.

Todavia, ao longo do texto prossegue certa hesitação entre uma visão idealista e os dados históricos que vai coletando na sua pesquisa. A tentativa de convergência manifesta-se algumas vezes sob a forma de uma personalização do objeto: "O futebol pôs em jogo, claro que sem premeditar o efeito, uma zona limiar de tempos culturais que acabou fazendo dele um laboratório demonstrativo das culturas e um ponto de interrogação sobre o destino da civilização" (p. 94). Ou, ainda, "o futebol imprime aos jogos pré-modernos a norma burguesa" (p. 95). É evidente que não foi o futebol que estabeleceu a nova área de inquietação cultural ou a nova normatização social. Foram indivíduos — isto é, membros de uma sociedade com toda a carga de seu passado, as contradições de seu presente, os projetos para seu futuro — que exprimiram por intermédio do jogo as tensões e expectativas de sua sociedade, ou de parcelas dela. Foi a norma burguesa imprimida aos jogos pré-modernos que engendrou o futebol, não o inverso. Como insisto em *A dança dos deuses*, por mais importante que seja o futebol (ou qualquer outra criação do espírito), ele não pode ser maior do que a cultura que o gerou, alimentou e reproduziu. Assim, parece-me algo sonhadora a conclusão de que o futebol brasileiro é "promessa de felicidade que se cumpre" (p. 429), é ao menos emplasto da alma, é, proclama Wisnik adotando os termos de Machado de Assis em *Memórias póstumas de Brás Cubas*, "alívio da nossa melancólica humanidade" (p. 430).

Em suma, não estar muitas vezes de acordo com *Veneno remédio* não diminui seu valor. Na verdade, atesta a riqueza da obra, que estimula diversas reflexões, permite vários debates, aponta para diferentes possibilidades de pesquisa. O comentário feito por Wisnik sobre o clássico estudo de Paulo Perdigão pode em certa medida ser aplicado ao seu próprio livro: "O inegável exercício de maturidade em que se constitui *Anatomia de uma derrota*, evidenciado pela qualidade crítica do ensaio, parece não poder deixar de repisar eternamente o núcleo infantil que é a sua matéria" (p. 247). Há, é verdade, diferenças de conteúdo, forma e motivação. Perdigão examina uns poucos dias que emolduraram a trágica final da Copa do Mundo de 1950, Wisnik analisa a década e meia (1956-70) magnífica para o Santos Futebol Clube e a seleção brasileira. Perdigão desnuda despudoradamente seu intenso envolvimento pessoal com o objeto estudado, Wisnik deixa entrever o seu de maneira mais sutil e elaborada. Perdigão parece escrever para exorcizar o fantasma futebolístico de sua infância, Wisnik o faz para representificar a beatitude futebolística da sua.

A rigor, embora insista na intenção de entender o futebol por dentro, a verdadeira meta de *Veneno remédio* é outra. Ele parte do jogo, fala muito do jogo, mas como instrumento para tentar decifrar o enigma Brasil (p. 40). Curiosamente, apesar da crítica que faz à análise especular discutida acima, para Wisnik o futebol é espelho do Brasil e o Brasil é espelho do futebol. Somente olhando um no outro é que cada um deles se autodescobre. Não de maneira simétrica, é verdade, já que o futebol desenvolveu plenamente suas potencialidades e o país não. Daí o autor conclamar a que se abandone a postura reducionista de ver no país "ou receita de felicidade ou fracasso sem saída — ou total ou nulo, ou panaceia ou engodo, ou paradisíaco ou infernal" (p. 408). O objeto de estudo — o futebol no Brasil, o Brasil no futebol — não é em si mesmo nem veneno nem remédio. É o olhar do observador que cria uma ou outra categoria. Com objetos variados a cada caso, o procedimento é praticado por muitos povos. Talvez o brasileiro seja somente mais hiperbólico, porque enfim talvez seja mais veneno que remédio.

OBRAS CITADAS

ARISTÓTELES. *Poétique*. Org. e trad. de Jean Hardy. Paris: Les Belles Lettres, 1990.
CÍCERO. *De oratore/De l'orateur*. Org. e trad. de Edmond Courbaud e Henri Bornecque. Paris: Les Belles Lettres, 1922-30, 3 v.
ECO, Umberto. "Metáfora" [1980]. Em *Enciclopédia Einaudi*. Trad. de Maria Bragança. Lisboa: Imprensa Nacional; Casa da Moeda, 1994, v. 31, pp. 200-46.
FICHTE, Johann Gottlieb. *La Théorie de la science* [1804]. Trad. de Didier Julia. Paris: Aubier, 1999.
FREUD, Sigmund. *L'Interprétation du rêve* [1900]. Trad. de Janine Altounian, Pierre Cotet et al. Paris: PUF, 2010 (Oeuvres complètes, v. IV).
GRUPO μ. *Rhétorique générale*. Paris: Seuil, 1982.
HALBWACHS, Maurice. *La Mémoire collective* [1950]. Org. de Gérard Namer. Paris: Albin Michel, 1997.
LACAN, Jacques. "L'Instance dans la lettre dans l'inconscient ou la raison depuis Freud" [1957]. Em *Écrits*. Paris: Seuil, 1966, pp. 493-528.
LAKOFF, George; JOHNSON, Mark Leonard. *The Metaphors We Live By*. Chicago: University of Chicago Press, 1980.
LÉVI-STRAUSS, Claude. *Le Regard éloigné*. Paris: Plon, 1983.
MORE, Thomas. *L'Utopie de Thomas More*. Org. e trad. de André Prévost. Paris: Mame, 1978.
PLATÃO. *A república*. Trad. de Jacó Guinsburg. São Paulo: Perspectiva, 2006.
QUINTILIANO. *De institutione oratoria/De l'institution oratoire*. Org. e trad. de Jean Cousin. Paris: Les Belles Lettres, 1975-9, 6 v.
RENOUVIER, Charles. *Uchronie* [1876]. Paris: Fayard, 1988.
TESAURO, Emanuele. *Il cannocchiale aristotelico*. Veneza: Baglioni, 1655.
VOLTAIRE. *Le Philosophe ignorant* [1766]. Em *Mélanges*. Org. de Jacques van den Heuvel. Paris: Gallimard, 1961 (Pléiade, n. 152), pp. 859-912.

60. Por uma ciência social do futebol*

Apesar (ou por causa) de todo o seu alcance popular, o futebol ainda não é um campo de estudo consolidado academicamente no Brasil, mesmo que os progressos dos últimos anos sejam inegáveis. A intenção agora não é, contudo, fazer um balanço deles, e sim sugerir linhas de pesquisa a privilegiar no futuro, algumas já contempladas aqui e ali, umas apenas tangenciadas, outras até agora desconsideradas.

O nó vital, para o qual auspiciosamente tem confluído a maioria dos estudos, é constituído pelas relações entre futebol, sociedade e cultura. Escolha importante, que delineia as fronteiras entre o futebol tratado por dois ângulos diferentes, o interdisciplinar da universidade e o unidirecional do jornalismo. Não se trata, é claro, de proclamar a suposta superioridade de um ou outro, e sim de afirmar suas respectivas identidades, detentoras de locais e momentos próprios. Em essência, os eventos futebolísticos que constituem o cerne da visão jornalística são colocados em segundo plano na perpectiva acadêmica.

---

* Versão remanejada da "Conclusão" ao I Simpósio de Estudos sobre o Futebol (USP/PUC-SP/Museu do Futebol, 14 maio 2010), publicada como "Futebol, sociedade, cultura", em Flavio de Campos e Daniela Alfonsini (Orgs.), *Futebol, objeto das ciências humanas*. São Paulo: Leya, 2014, pp. 366-83.

Nesta, os fatos e os personagens do jogo não são objeto nem de descrição nem de análise em si mesmos, são indícios de fenômenos mais amplos e complexos. A exposição factual em obras acadêmicas deve ser inversamente proporcional ao que acontece nas arquibancadas, nas ruas e em boa parte dos veículos de informação. Evidentemente, isso não significa desconsideração pelos gestos técnicos do jogo, pelos gols, pelas vitórias, pelas conquistas, pelas personalidades que constroem e alimentam a condição de torcedor.

Esta deve ser, aliás, muito mais valorizada do que tem sido até o presente, salvo por alguns poucos trabalhos de qualidade na França e na Inglaterra. De fato, quando o torcedor é o objeto central de observação, é geralmente para discutir sua faceta mais desagradável, como a violência, o fanatismo, a tendência criminal de suas organizações grupais. Ora, se historicamente foram as características do jogo-esporte futebol que criaram seu torcedor, foi este que possibilitou a expansão da modalidade e a posição que ela ocupa na sociedade contemporânea. E se aqui o estudioso do futebol depara-se com um objeto de estudo muito rico, encontra também um importante problema epistemológico e deontológico — o observador é igualmente torcedor.

Claro que a escolha de um objeto de estudo em qualquer área do conhecimento deve muito, além da sua importância teórica, à empatia que o pesquisador tem por ele. A interferência afetiva não poupa sequer estudos na aparência eminentemente técnicos, sejam eles de astrofísica (dependendo da opção religiosa do pesquisador), biologia molecular (se há na família algum problema de saúde nesse campo) ou macroeconomia (conforme o viés ideológico do estudioso). Com mais razão, a dificuldade de isenção cresce em quase toda pesquisa em ciências humanas, e os estudos sobre futebol são uma espécie de caso-limite. O que não quer dizer que esses estudos estejam todos necessariamente destinados ao *parti pris*. Mas a atenção na seleção de material e na sua análise é fundamental. Talvez a declaração explícita da simpatia clubística desde o início do estudo possa funcionar como instrumento de autocontrole, dificultando as emergências inconscientes que falseiam o trabalho científico. E do lado do leitor, minimizando interpretações imaginativas sobre supostas intenções tendenciosas do estudioso.

A inclinação dos estudos atuais a privilegiarem as conexões entre futebol e sociedade significa reconhecimento de que não é possível entendê-lo, das origens até hoje, sem o historicizar. Postura correta, pois se toda história é social, conforme a conhecida lição de Lucien Febvre, a do futebol também o é. Daí por que David Goldblatt acertou ao observar que "nenhuma história do mundo moderno é completa sem levar em conta o futebol", embora devamos avançar ainda mais e afirmar que nenhum relato sobre futebol é completo sem a história, mundial ou nacional ou ao menos local.

Que sirva de exemplo a discussão sobre o gol que classificou a França para a Copa do Mundo de 2010 graças à mão de Thierry Henry. Centrado na moralidade do gesto, esse debate nunca levou em conta que moral não é valor anistórico, depende do contexto em que ela se manifesta. Em 1914, em partida realizada em Buenos Aires pela Copa Roca, o argentino Leonardi marcou um gol de mão validado pelo árbitro. O próprio jogador e seus companheiros indicaram o fato, o gol foi anulado, a decisão foi aplaudida pelo público e o Brasil venceu o jogo. Nenhuma semelhança, é claro, com seus compatriotas de sete décadas depois no famoso lance de Maradona contra a Inglaterra no Mundial de 1986. O contraste é ainda mais gritante se considerarmos que no primeiro caso não havia recurso tecnológico para comprovar a irregularidade do lance e registrá-la para a posteridade, ao contrário do segundo. Em 1914, a moral não se escondeu atrás da falta de prova; em 1986, debochou-se ("mão de Deus") da prova divulgada em todo o mundo.

Alguns observadores tentaram explicar esse último evento pela personalidade de Maradona. Entretanto, o duplo episódio não deve ser visto apenas em função dos personagens nele envolvido. Pelo contrário, só pode ser compreendido levando em conta que nesse meio-tempo a Argentina passou da condição de um dos mais importantes países do mundo (50% do PIB latino-americano em 1910) para a de um país cujo amor-próprio ficou reduzido ao futebol depois de décadas de peronismo, populismo, ditadura, tortura institucionalizada e decadência econômica (10% do PIB latino-americano em 2010).

O futebol encarado de forma não imediata, e sim aprofundada, deve sem dúvida ser considerado no seu enquadramento histórico. E ao assim fazer, não se pode, evidentemente, minimizar o fato de que desde fins do século XIX, quando ele nasce, até hoje, no pano de fundo da globalização, o quadro histórico foi largamente ultrapassando os limites nacionais. Todavia, entre nós, pouco se estuda o futebol estrangeiro apesar da abundância de informação. A justificativa de que os nativos sempre conhecem melhor a realidade observada é um falso truísmo que, aplicado ao pé da letra, teria matado a antropologia no nascedouro. No entanto, insiste-se na antiga questão: quem pode conhecer melhor o Brasil, em todos os planos, se não os brasileiros? Alguém pode compreender em profundidade a Inglaterra, se não for inglês? E assim por diante.

A resposta afirmativa parece se impor com naturalidade, mas devemos ser céticos quanto a tanta evidência. É mesmo legítimo inverter a questão: devido ao envolvimento emocional, quem pode apreender menos eficazmente a Itália do que os italianos? Ou a Espanha que os espanhóis? E, claro, o Brasil que os brasileiros? Sem ser esse, é lógico, o lugar para realizar tal debate epistemológico, lembremos apenas que *Retrato do Brasil* seria inconcebível sem os anos de Paulo Prado em Paris, da mesma forma que *Casa-grande & senzala* pareceria impossível se Gilberto Freyre não tivesse vivido em Nova York, Oxford, Lisboa e Stanford, ou *Raízes do Brasil* sem a estadia de Sérgio Buarque de Holanda em Berlim, ou *Formação do Brasil contemporâneo* sem o exílio de Caio Prado Jr. em Paris. Roberto DaMatta já relatou que foi num ano acadêmico passado fora do país que ele descobriu o futebol como tema de estudo. Enfim, se grandes intérpretes do Brasil precisaram desse olhar distanciado, por que os interessados pelo estudo do futebol o dispensariam?

Na impossibilidade de praticar o olhar de fora, pelo menos recorramos ao olhar para fora, que também aguça a visão, faz emergir comparativismos fecundos desde que consciente de sua tendência a privilegiar as diferenças e minimizar as similitudes. Evidentemente, esse olhar comparativo não deve ficar limitado ao plano do evento, não pode se reduzir a assistir jogos de campeonatos estrangeiros pela televisão. O olhar para fora não deve ser simples curiosidade, nem nostalgia por craques brasileiros atuando em clubes estrangeiros, tampouco esnobismo de torcedor. Deve ser olhar de etnólogo de gabinete. Trata-se de tentar saber como lá fora o futebol é praticado, vivido, sentido, pensado. Inegavelmente, vamos entender muito melhor o futebol brasileiro se tivermos esse contraponto do exterior. Pela simples razão de que qualquer identidade — e o tema da identidade nacional é no Brasil recorrente nos estudos sobre futebol — forma-se a partir da conscientização da existência do outro.

O alcance dessa observação é ainda mais amplo. Remete-nos a outro plano possível — desejável — da investigação, que com muita frequência favorece as relações entre futebol e sociedade em detrimento daquelas entre futebol e cultura. Dito de outra forma, a pesquisa sobre futebol centra-se demais no plano da conjuntura deixando à sombra o da estrutura. Ora, por mais duradoura que toda sociedade pareça ser, quando vista na longa duração histórica, ela é uma conjuntura. Estrutura, de seu lado, é o conjunto de elementos articulados (o termo deriva de *struere*, "juntar", "organizar", "construir", "instruir") que possibilita a própria sociedade: por exemplo, língua, comportamentos coletivos, religião, mitos, ritos, instituições, ou seja, a cultura.

Como não podemos aqui discutir os complexos problemas das relações entre conjuntura e estrutura, lembremos apenas que as duas instâncias funcionam de forma muito estreita, estão constantemente se redefinindo na sua relação dialética. Daí por que, para bem compreender o futebol, não basta vê-lo como fenômeno social, é necessário igualmente observá-lo enquanto fenômeno cultural. Não nos referimos, contudo, às conexões óbvias existentes entre diferentes produtos culturais de um mesmo momento histórico, como jornalismo, literatura, cinema, música e futebol. Não porque tais relações não sejam significativas, mas porque estão no plano já comentado da conjuntura.

É preciso ir além e pensar o futebol não apenas como manifestação cultural, e sim como cultura *à part entière*. Poder-se-ia objetar que, desde os iluministas do século XVIII, cultura é característica inerente à condição humana coletiva, sendo o oposto de natureza. Por consequência, como pondera o psicólogo Fred Donaldson, jogo seria o "triunfo da natureza sobre a cultura", no sentido de trazer à tona manifestações indomadas como a agressividade. Anteriormente, o historiador Johan Huizinga também tinha caminhado nessa direção ao considerar que "o jogo é fato mais antigo que a cultura". Entretanto, é factível inverter o raciocínio e ver no jogo a vitória da cultura, que disciplina e normatiza manifestações da natureza, ou pelo menos as sublima.[1] Este talvez seja o sentido último da famosa afirmativa de Nelson Rodrigues, para quem "a mais sórdida pelada é de uma complexidade shakespeariana", na qual "a bola é um reles, um ínfimo, um ridículo detalhe. O que procuramos no futebol é o drama, é a tragédia, é o horror, é a compaixão".

O que se busca nele, portanto, poderíamos acrescentar, são componentes naturais na cultura. Aliás, o sucesso do jogo se deve, parece, justamente a essa condição limítrofe. De um lado, ele utiliza as partes mais animais e naturais do corpo humano (pés), e não as mais humanas e culturais (mãos). De outro lado, como o futebol estabelece um equilíbrio frágil — porém jamais irremediavel-

---

1. Sobre tais debates, ver o ensaio 50, "Na fronteira do esporte e do jogo".

mente quebrado — entre força e talento, espontaneidade e normatização, individualidade e coletividade, ele atrai o interesse de todos os grupos sociais, independentemente de seu nível cultural; ele é representante típico daquilo que já definimos como cultura intermediária.

De fato, podemos reconhecer no futebol todos os elementos presentes na clássica definição de cultura formulada por Edward Tylor em 1871, poucos anos depois da codificação das regras do novo esporte: "Conjunto complexo que inclui conhecimentos, crenças, arte, moral, direito, costumes e todas as outras aptidões e hábitos adquiridos pelo homem enquanto membro de uma sociedade". Sem dúvida, o futebol é um conjunto complexo que reúne tudo isto: 1) conhecimento técnico de controle da bola, das regras do jogo e do próprio corpo, além de aspectos da psicologia dos adversários, dos árbitros, dos torcedores, dos jornalistas; 2) crenças de variados matizes, supersticiosas ou institucionalizadas, por parte de todos os personagens envolvidos, devido ao próprio caráter aleatório e arriscado do jogo; 3) arte ou talento (de dominar a bola, passá-la, defender, driblar, finalizar) posto em prática para atingir certa finalidade (*goal*), conforme o sentido etimológico do latim *ars* (nesse sentido, todo futebol é arte, com diferentes estilos conforme o local e a época, da mesma maneira que a escultura, a pintura ou a música);[2] 4) moral, isto é, certo comportamento esperado de todos os participantes, ditado pelas regras do jogo e pelas regras não escritas da convivência social (em tempos recentes, por exemplo, os dribles de Garrincha seriam tachados de "desrespeitosos aos colegas de profissão"); 5) direito ou conjunto de normas legais que busca zelar pelo respeito àquela moral (regras, árbitros, tribunais esportivos, controle antidopagem); 6) costumes, quer dizer, procedimentos não normativos que ao longo do tempo acabam por se impor como prática corrente, caso do uso de rede no gol ou do intervalo de quinze minutos; 7) aptidões físicas específicas para praticar o jogo e aptidões psicológicas para convivência prolongada em grupo reduzido e íntimo, no caso dos elencos profissionais; 8) hábitos sociais que permitam a convivência esporádica e contudo emocionalmente intensa de grandes grupos, no caso dos torcedores.

Justamente por se tratar de "conjunto complexo", nas palavras de Tylor, a unidade universal da cultura historicamente se expressa na diversidade de cul-

---

2. Ver o ensaio 56, "O futebol arte".

turas (ou subculturas, na terminologia antropológica anglo-saxônica). Se cada uma delas se exprime por meio de língua, arte, crenças e costumes que compõem um estilo próprio, diz Franz Boas, tais "diferenças significativas" possuem limites que "aproximadamente coincidem", completa Lévi-Strauss. Transpondo tal reflexão ao futebol, as diversas culturas (que não negam a cultura, isto é, o jogo) são as diversas maneiras particulares de praticá-lo. Guus Hiddink, depois de ter treinado equipes na Holanda, Espanha, Inglaterra, Coreia do Sul, Austrália, Rússia e Turquia, reconhece que se não é possível negar a internacionalização do futebol nos últimos quinze anos, é inegável que existe uma cultura do futebol própria a cada país. José Mourinho compartilha da ideia e insiste em que no futebol "o aspecto cultural é muito importante. A construção das equipes deve ser feita em função da cultura do campeonato" que disputam. Mais do que isso, ele acredita que se o treinador pode ter princípios de jogo, "fundamentais" são o clube e o campeonato nos quais trabalha, de forma que "se você tenta jogar contra isso, joga contra si mesmo" (*So Foot*, n. 79, set. 2010).

À mesma coisa já tinha se referido décadas antes Gianni Brera, importante jornalista esportivo italiano, quando declarou que "um povo não pode ir contra sua própria natureza, nem no jogo" (*La Gazzetta dello Sport*, 6 jul. 1954). Contudo, devemos precisar que essa "natureza" é, na verdade, cultura fortemente interiorizada, é resultado do ininterrupto fenômeno de transmissão cultural interna a uma sociedade, aquilo que com frequência é chamado de "tradição", "costume" ou "herança cultural". Mais precisamente, aliás, toda cultura é tradicional, mesmo quando se quer inovadora, porque visa a se reproduzir, se perpetuar, se tornar enfim uma tradição, ainda que não reconheça em si tal tendência. Até porque, diz Jean Pouillon, "a tradição de que se tem consciência é aquela que não se respeita mais, ou ao menos da qual se está perto de se separar".

Na base desse processo seguramente está a língua, por ser um dos primeiros elementos com que se depara o indivíduo, conforme a clássica formulação de cultura como "aquilo que se encontra ao nascer". Há muito Boas demonstrou que toda língua é igualmente complexa e adequada à sua função, tendo uma coerência própria da qual seus locutores não têm consciência. Daí por que sugerimos em *A dança dos deuses* que o futebol, nas sociedades que apresentam condições históricas favoráveis para tanto, é praticado de forma espontânea, como linguagem, como mais uma herança cultural. Desenvolvendo a hipótese daquele antropólogo, o linguista Noam Chomsky propôs que na língua interna de cada locutor há estruturas sintáticas hierarquizadas que não são aprendidas, são de natureza psicológica, o que é corroborado pela afirmação do ex-líbero italiano Franco Baresi de que o ponto forte de seu jogo, a antecipação, não foi algo aprendido como a movimentação e o posicionamento — "o jogo é instinto" (*El País*, 2 nov. 2009).

No plano cultural é que se deve colocar, por exemplo, a referida discussão sobre o futebol arte. O grande representante dessa forma de jogar teriam sido os três primeiros minutos da seleção brasileira de 1958 contra a União Soviética? Ou o quarto gol na final de 1970 contra a Itália? Ou o segundo gol de Maradona contra a Inglaterra em 1986? A bem da verdade, os dois termos da expressão não são redutíveis a eventos. No limite, pouco importa que tenha sido de Carlos Alberto Torres a conclusão precisa de 1970 ou quem tenha sido a Mona Lisa da célebre pintura de Leonardo da Vinci. O essencial é pensar tanto no futebol quanto na arte como recriação simbólica da realidade objetiva, portanto pensar as relações entre cultura e sociedade. É o que parece sugerir o Santos de Pelé, cuja criatividade, dinamismo e magnetismo não estavam desconectados — embora seja difícil apontar os motivos e as modalidades dessa múltipla conexão — do país de então, redemocratizado, terra de Brasília, da Bossa Nova, do Cinema Novo. É o que indica também (com as mesmas dificuldades epistemológicas) o paralelismo entre a decadência daquele time e a instalação e o endurecimento do regime militar. Nesta hipótese, todavia, como explicar a seleção brasileira de 1970, suprassumo do futebol arte para muitos comentadores, se o país conhecia então o auge do regime militar?

É claro que o fato de o futebol fazer parte do patrimônio cultural de uma sociedade não significa que ele esteja imune a influências externas. Nenhuma cultura é isolada nem vive hegemonicamente, como alguns poderiam pensar sobre a cultura de massa estadunidense ou o futebol brasileiro. Aliás, a própria atuação supostamente hegemônica no contato entre culturas cria situações de projeção recíproca, mas não simétrica, pois sua intensidade e sua velocidade dependem de diversas variáveis. O mesmo ocorre no futebol. Por vinte anos, entre 1953 e 1973, os clubes espanhóis não puderam contratar jogadores estrangeiros, e quando isso se tornou possível, causou certos estranhamentos nos primeiros tempos.

Ao fazer sua estreia no Barcelona, em fins de 1974, o zagueiro brasileiro Marinho Peres ficou surpreso diante do silêncio do Camp Nou lotado quando aplicou um "chapéu" no atacante adversário. Quando, porém, minutos depois, deu um vigoroso "carrinho" que pôs bola e adversário pela lateral, foi muito aplaudido. Como em uma tourada, o *aficionado* esperava do futebolista profissional gestos positivos de habilidade, mas sobretudo gestos negativos de desprezo à dor, ao cansaço, ao medo. Quase três décadas depois, em março de 2004, em contexto muito diferente, com a Espanha democratizada e inserida na União Europeia, o público do mesmo estádio teve reação bem diversa ovacionando Ronaldinho Gaúcho quando, em partida contra o Athletic de Bilbao, aplicou três "chapéus" seguidos num adversário. Exemplo mais significativo ocorreria em novembro de 2005, em Madri, quando o mesmo jogador foi aplaudido de pé pela torcida local depois de fazer seu segundo belo gol (terceiro do Barça), que selou a derrota do time da casa.

Se o Milan dos últimos anos da década de 1980 e primeiros da de 1990 foi extraordinariamente ofensivo para os padrões italianos, deveu-se aos três holandeses da equipe (Rijkaard, Gullit e Van Basten), cuja "mentalidade ofensiva nos contagiava", explica Baresi na entrevista já citada. Com a globalização e a entrada maciça de jogadores estrangeiros nos grandes campeonatos europeus, as línguas futebolísticas nacionais foram dando lugar a uma *koiné* nascida da mistura de falantes. Na final da Liga dos Campeões de 2006, entre Arsenal e Barcelona, eram estrangeiros os dois técnicos e 21 dos 27 jogadores que participaram da partida (eles representavam nove diferentes seleções nacionais que participariam da Copa do Mundo dois meses depois). Em 2010, a Internazionale de Milão ganhou a mesma competição com o treinador e onze titulares estrangeiros.

A pouca atenção dedicada ao futebol enquanto cultura explica por que é mais frequente estudos abordarem a questão da identidade nacional ou regional do que a identidade daquilo que é o sangue do corpo futebolístico de qualquer país e que será cada vez mais em tempos de globalização: a identidade dos clubes. Enquanto a identidade nacional é quase sempre dada pela natureza, é autoritária (nasce-se brasileiro ou argentino, holandês ou alemão), a identidade clubística é oferecida pela cultura, é democrática, resulta de uma escolha (ainda que menos aberta do que em teoria, devido aos condicionamentos das diferentes redes sociais de que o indivíduo faz parte, como família, escola, vizinhança, trabalho etc.). Excetuado talvez o caso escocês do Celtic de católicos e do Rangers de protestantes, de algumas décadas para cá os clubes em todo o mundo perderam seu perfil sociológico inicial, que se mantém apenas como preconceito alimentado pelas rivalidades. Há muito o Manchester United não é clube de trabalhadores ferroviários, ou a Juventus de operários da indústria automobilística, ou o River Plate de ricos, ou o Grêmio de descendentes de alemães, ou o Fluminense da elite carioca etc.

Muito mais do que pelo ponto de vista social, a identidade clubística deve ser compreendida de um ponto de vista cultural. O clube não é time nem diretoria, pois estes se renovam com rapidez. Tampouco é algo concreto e mais duradouro como um estádio (clubes importantes sequer possuem um). Nem mesmo é a torcida, que, devido à ineluctável lei demográfica das gerações, se renova a cada 25 anos. A constatação é evidente, mas pouco considerada: a torcida da época da fundação de qualquer clube tradicional não existe mais e há muito tempo. O que é então um clube? É memória cultural.

Mas o que se deve entender por "memória cultural"? A expressão forjada pelo semiólogo russo Yuri Lotman na década de 1960 foi desde então desenvolvida por autores de diferentes áreas, sobretudo mais recentemente Jan Assmann, egiptólogo alemão e professor da Universidade de Heidelberg. Da mesma forma que todo indivíduo, toda sociedade forma imagens de si mesma que partem da simples conservação de fatos (memória stricto sensu) para logo serem inconscientemente trabalhadas, filtradas, adaptadas, penetradas por experiências posteriores, antecipadas por desejos; reconstruídas, enfim. Tal processo gera uma memória que é mais cultural que neurológica. Esta é fenômeno interno, é objeto da fisiologia e da psicologia, enquanto a memória cultural é externa: sua capacidade de reter certos conteúdos e não outros, a forma de organizá-los e o tempo da preservação de dados são objeto da história e da sociologia.

A memória cultural, afirma Assmann, é o que denota sentido aos outros aspectos da memória externa, isto é, a memória mimética (das ações que os humanos imitam para aprender a agir), a memória material (dos objetos que remetem os indivíduos ao passado — *objectus* é "aquilo que se apresenta aos olhos") e a memória comunicativa (da linguagem que é sempre desenvolvida e praticada nos atos sociais). Com efeito, prossegue aquele autor, quando a repetição mimética torna-se rito, quando os objetos deixam de ser apenas úteis ou belos e tornam-se símbolos e representações, quando a linguagem ultrapassa a função de transmitir experiências, nesse momento surge a memória cultural que lhes atribui significado.

A partir de então, conforme o título do trabalho de Karl Schmid, é "a memória que instaura a comunidade". A rigor, diz o sociólogo francês Maurice Halbwachs, mesmo a memória individual é social, pois está associada a várias memórias grupais (família, escola, amigos, cidade, país etc.). No máximo são individuais as "impressões" corporais que temos de certos fatos, enquanto a lembrança delas tem sua origem no pensamento dos grupos aos quais estamos ligados. O passado é uma construção social marcada pela necessidade de sentido e pelos quadros referenciais do presente que empreende tal tarefa. O passado não existe em si, é criação da cultura. As lembranças de um grupo e sua identidade são determinadas mutuamente. Qualquer grupo só ganha uma identidade, seja ela tribal ou nacional, quando se compreende e se representa enquanto tal. No mundo do futebol, isso se dá quando os indivíduos deixam temporariamente de lado seu perfil familiar, social, profissional, para se fundir na comunidade que se define como seguidora de determinado clube.

O caso do Barcelona serve de exemplo modelar a essas reflexões teóricas. A rememoração dos feitos esportivos e a forte identidade catalã da comunidade transformaram-no em *més que un club*. A língua local não é somente um instrumento de comunicação no presente, é um elo com o passado. Daí por que quando o brasileiro Marinho Peres, de origem espanhola, chegou ao clube e não respondeu perguntas em catalão justificando que se tratava de dialeto difícil, ouviu a observação indignada de que não se tratava de dialeto, e sim de língua, mais antiga que o castelhano. Cruijff conquistou os catalães com suas atuações em campo, mas também dando ao seu filho o nome do padroeiro da Catalunha, Jordi (Jorge). Até 2011 a camisa do clube não tinha publicidade paga devido ao seu caráter de bandeira nacional.

Correspondentemente à catalanidade do Barcelona, temos a identidade basca do Athletic de Bilbao, fundado em 1898 e que por décadas usou apenas atletas bascos e não teve patrocínio em seu uniforme. A recente flexibilização dessa política (no começo de 2008 um mulato pôde vestir a camisa do clube por ser filho de pai basco e mãe angolana; em meados do mesmo ano surgiu publicidade na camisa) gerou protestos na comunidade local. Outra agremiação basca, a Real Sociedad de San Sebastián, aceitou o primeiro jogador de fora da região, um irlandês, em 1989, oitenta anos depois da criação do clube. Fundado em 1873 como símbolo da facção protestante da população escocesa, o Rangers de Glasgow levou mais de um século para ter o primeiro atleta de outra religião (um judeu em 1987, um católico em 1989). Seu rival local, o Celtic, criado em 1888, só aceitou contratar protestantes quase setenta anos depois (um técnico em 1965, um jogador no ano seguinte).

A memória cultural ajuda a explicar determinados comportamentos dentro de campo. É o caso do grande empenho histórico de certos times. A "raça" da Celeste uruguaia ou da Nationalmannschaft alemã parece ser expressão direta da memória cultural desses povos que, por diferentes razões, tiveram dificuldades para constituir seus Estados nacionais. O Uruguai como nação independente surgiu em 1828, mas sofreu intervenções da Argentina em 1852 e do Brasil em 1864, fatos ainda marcantes quando em 1891 foi fundado o Peñarol, em 1899 o Nacional (*"primer equipo criollo de América Latina"*) e em 1901 a seleção nacional jogou pela primeira vez. Na Alemanha, a introdução do futebol (1874) e a primeira partida da seleção nacional (1908) ocorreram pouco depois da unificação dos vários pequenos Estados regionais num só Estado nacional alemão (1871). Além dos fatos históricos objetivos, há toda uma mitologia que mereceria ser estudada pelo ângulo da antropologia histórica do futebol. Na garra uruguaia, que papel atribuir ao mito do sangue charrua ou ao célebre e apócrifo tapa que Obdulio Varela teria dado em Bigode na final da Copa de Mundo de 1950? O que é evidente é que a emoção despertada pelo futebol faz com que nele as representações superem os fatos em si. E as representações passadas acabam por ser a chave explicativa de fatos futuros e até mesmo, de certa forma, seus condicionantes.

É o caso inclusive da adoção de certas opções táticas. O jogo baseado na troca rápida de passes, sempre pelo chão, com movimentação constante no meio, marcação adiantada e ataque pelos flancos foi implantado no Barcelona por Rinus Michels (1971 a 1975), enraizado por Cruijff (1988 a 1996), prolongado (com variantes) por Van Gaal (1997 a 2000) e Rijkaard (2003 a 2008). Ou seja, treinadores cuja mentalidade holandesa pôde ser facilmente assimilada pela mentalidade catalã por se tratar de dois países com interessantes pontos em comum. Ambos são de pequena extensão (a Holanda com pouco mais de 40 mil quilômetros quadrados, a Catalunha de 32 mil), grande densidade populacional (380 habitantes por quilômetro quadrado num caso, 250 no outro), idiomas secundários nas respectivas famílias linguísticas (germânica no caso holandês, românica no caso catalão), ousadia histórica na expansão territorial (a Holanda ganhou terras ao mar e ocupou colônias em três continentes, enquanto a Catalunha, como parte da Coroa de Aragão, dominou as ilhas do Mediterrâneo, a metade sul da Itália e parte da Grécia) e grande abertura ao mundo (Roterdã tem o mais movimentado porto da Europa, e Barcelona o do Mediterrâneo). Assim, o sistema de jogo holandês encontrou terreno fértil no clube catalão por excelência, onde não é apenas opção tática, e sim parte da cultura, da memória coletiva, daquela comunidade clubística.

No sentido inverso, uma cultura tática pouco enraizada tem dificuldades para se impor, mesmo mostrando-se eficaz. O 3-5-2 rendeu ao São Paulo Futebol Clube vários títulos entre 2001 e 2008, mas não a simpatia de sucessivos técnicos que nesse período utilizaram-no por inércia. Embora as conquistas de um Torneio Rio-São Paulo, um Campeonato Paulista, três Campeonatos Brasileiros, uma Libertadores e um Mundial de Clubes tenham feito o 3-5-2 entrar na memória cultural recente do clube, ele sempre sofreu a concorrência de uma dupla memória cultural anterior, mais aprofundada. De um lado, pesou a tradição cultural local, pois foi com o 4-4-2 sob o comando de Telê Santana que o clube conseguira na década anterior suas mais expressivas conquistas. De outro lado, pesou a tradição cultural nacional, cuja experiência fracassada com o 3-5-2 na Copa de 1990 não foi apagada pela campanha vitoriosa com o mesmo sistema na Copa de 2002, tendo continuado no imaginário brasileiro a ser considerado defensivo, afastado de nossas tradições. É sintomático que a reintrodução do sistema no Brasil depois da tentativa malsucedida de Lazaroni na seleção tenha se dado em clube de menor expressão, onde, porém, se revelou produtivo (o Carrossel Caipira do Mogi-Mirim de 1992 e 1993), sendo depois seguido por outros: o São Caetano vice-campeão brasileiro de 2000 e 2001 e vice-campeão da Libertadores de 2002, o Atlético-PR campeão brasileiro de 2001.

Se a memória cultural é a própria essência dos clubes, por que eles não a preservam? Poder-se-ia argumentar que vários clubes têm memoriais, mas estes não podem ser confundidos com memória cultural. Memorial é museu para eventos exclusivamente positivos e marcantes da história do clube. Para isso, basta um espaço onde reunir todos os troféus e algumas fotos relativas a essas competições. A tarefa de organizar e manter esse espaço laudatório geralmente cabe a uns poucos funcionários do clube, dedicados mas sem formação historiográfica, arquivística ou museológica para tanto. O memorial apresenta, contudo, imediatez de uso interno (política no clube) e externo (interesses mercadológicos do clube) que a memória cultural parece não possuir. Esta é mais complexa, reconhece que a trajetória de qualquer clube é feita de vitórias e derrotas, de fases melhores e fases piores, de títulos conquistados e títulos perdidos. Não é, portanto, obra de amantes do clube e amadores da história. É obra de técnicos. Enquanto *memorialis* é etimologicamente "aquilo que faz lembrar", "aquilo que ajuda a memória" (taças, medalhas, flâmulas, fotos), *memoria* é o conteúdo lembrado e conservado. A memória cultural não exibe apenas o que é conhecido: ela busca o que é desconhecido ou foi esquecido.

Memorial é instrumento para exaltar, e memória cultural é instrumento para compreender. Para o primeiro, o clube é reduzido às grandes conquistas atribuídas a alguns dirigentes, times e comissões técnicas. Para a segunda, o clube é um organismo vivo cujas glórias e fracassos expressam não apenas suas vicissitudes próprias, como também uma trajetória histórica bem mais ampla que ele. Ao contrário do memorial, a memória não promove esquecimentos. As frustrações fazem parte da memória e ajudam a perceber as opções que a coletividade teve diante de si naqueles momentos. As derrotas não têm culpados individuais a serem esquecidos ou crucificados, pois elas também nasceram de expectativas e pressões mais amplas, em quadros sociais que devem ser identificados e entendidos. Nesse sentido, a memória cultural é utensílio poderoso para construir o futuro. E da mesma forma que este, é tarefa longa e permanente, cujo resgate é obra de especialistas. É preciso examinar as atas de diretoria, fazer levantamento da imprensa esportiva da época, cruzar todos os dados específicos assim recolhidos com os fornecidos pela historiografia local, regional, nacional e internacional. Além das fontes arquivísticas públicas, deve-se buscar arquivos e acervos privados. Recorrendo a técnicas da história oral, é preciso entrevistar dirigentes, jogadores, torcedores e funcionários da velha guarda que possuem informações não registradas em outro lugar.

Esse projeto necessário não implica forçosamente grandes despesas, já que para sua realização existem mecanismos de financiamento de pesquisa e de incentivo fiscal. O empecilho é de vontade política. Em visão imediatista, os dirigentes parecem ver na tarefa poucos dividendos — memorial é para torcedores, é levantado para o presente; memória é para cidadãos, é preservada para o futuro. Em razão dessa visão estreita, o futebol brasileiro já deixou passar momentos marcantes para projetos desse tipo, como a comemoração do cinquentenário do seu primeiro título numa Copa do Mundo (2008)[3] ou o centenário de fundação de clubes importantes como Ponte Preta (2000), Fluminense (2002), Grêmio de Porto Alegre (2003), Botafogo (2004), Atlético-MG (2008), Internacional, Coritiba e Náutico (os três em 2009), Corinthians (2010), Flamengo (2011, cem anos do departamento de futebol), Santos (2012) e Palmeiras (2014).

É verdade que projetos de memória futebolística podem contar, em São Paulo, desde 2008, com o Museu do Futebol. Todavia, sendo museu, etimologicamente "templo das musas" (μουσειον, *mouseion*), ele tem por vocação reunir, classificar e preservar a matéria-prima memorialística, mais do que analisá-la. O Centro de Referência do Futebol Brasileiro, inaugurado em outubro de 2013, projeto importante do referido museu, alarga a disponibilidade de dados, mas o estudo aprofundado e multidisciplinar deles continuará, por definição, fora de sua alçada. Para que o imenso acervo a ser reunido nos próximos tempos não fique subutilizado, reduzido a uma massa estéril de informações, os especialistas das mais diversas procedências devem criar um centro de memória do futebol que efetivamente transforme esse esporte em objeto das ciências humanas. Assim se poderá, de forma sistemática e coordenada, não somente melhor compreender esse fenômeno multifacetado, como também o mundo contemporâneo para o qual ele é janela privilegiada.

Para tanto, são necessários instrumentos fornecidos, entre outras áreas, pela antropologia, história, psicologia, semiótica e sociologia. Com esses fundamentos, pode-se sonhar com uma futura ciência humana do futebol — ludopelogia, ou, simplesmente, de maneira menos pedante, renunciando às raízes clássicas que denominam a maior parte das áreas do conhecimento, futebologia. Esta teria pouco a ver com o jornalismo esportivo, com o cotidiano das competições e seus personagens, com a imediatez dos fatos. Como bem lembra Marc Augé, assim como a antropologia religiosa só ganhou existência científica quando deixou de ser monopólio de missionários, a futebologia não

---

3. Ver a propósito o ensaio 38, "O cinquentenário de um esquecimento".

pode ser feita por jornalistas esportivos, jogadores ou árbitros — personagens que são parte do objeto de estudo, não sendo, portanto, observadores privilegiados. Sua intenção seria trabalhar em outro plano, buscar decodificar as conjunturas significativas, tentar alcançar as estruturas do jogo, procurar enxergar aquilo que, pelo clima fortemente emocional, nenhum dos personagens usuais (torcedores, jogadores, treinadores, mas também dirigentes, patrocinadores, jornalistas) avalia de forma global e adequada. É nessa direção que a futebologia deverá no futuro — tarefa premente, importante e difícil — forjar seus próprios métodos.

Enfim, talvez não seja exagerado parafrasear o primeiro-ministro francês Georges Clemenceau, que em 1917 afirmou que a guerra é muito importante para ser deixada nas mãos de militares — não será o futebol muito importante para ser deixado exclusivamente nas mãos de seus protagonistas tradicionais?

OBRAS CITADAS

ASSMANN, Jan. "What Is Cultural Memory?". Em *Religion and Cultural Memory: Ten Studies* [2000]. Stanford, CA: Stanford University Press, 2006, pp. 1-30.

_____. *Das kulturelle Gedächtnis: Schrift, Erinnerung und politische Identität in frühen Hochkulturen*. Munique: C. H. Beck, 1992, pp. 29-160.

AUGÉ, Marc. "Football: de l'histoire sociale à l'anthropologie religieuse". *Le Débat*, Paris, n. 19, pp. 59-67, 1982.

BOAS, Franz. *Race, Language and Culture*. Nova York: Macmillan, 1940.

CHOMSKY, Noam. *The Minimalist Program*. Cambridge, MA: MIT, 1995.

DONALDSON, Fred. "Play to Win and Every Victory Is a Funeral". *Somatics*, Novato, Califórnia, n. 4, pp. 29-36, 1984.

FEBVRE, Lucien. *Combats pour l'histoire* [1953]. Paris: Armand Colin, 1992.

FRANCO JÚNIOR, Hilário. "Meu, teu, nosso: reflexões sobre o conceito de cultura intermediária" [1991]. Em *A Eva barbada: Ensaios de mitologia medieval* [1996]. São Paulo: Edusp, 2010, pp. 27-40.

GOLDBLATT, David. *The Ball Is Round: A Global History of Football*. Londres: Viking, 2006.

HALBWACHS, Maurice. *La Mémoire collective* [1950]. Org. de Gérard Namer. Paris: Albin Michel, 1997.

HUIZINGA, Johan. *Homo ludens* [1938]. São Paulo: Perspectiva, 1980.

LÉVI-STRAUSS, Claude. *Anthropologie structurale*. Paris: Plon, 1958.

LOTMAN, Yuri. *Tesi per una semiotica delle culture: Raccolta di saggi*. Roma: Meltemi, 2006.

POUILLON, Jean. "Tradition". Em Pierre Bonte e Michel Izard (Orgs.), *Dictionnaire de l'ethnologie et de l'anthropologie*. Paris: PUF, 1991, pp. 710-2.

RODRIGUES, Nelson. "O divino delinquente" [1963]. Em *À sombra das chuteiras imortais: Crônicas de futebol*. Org. de Ruy Castro. São Paulo: Companhia das Letras, 1993, pp. 115-7.

SCHMID, Karl. *Gedächtnis, das Gemeinschaft stiftet*. Munique; Zurique: Schnell & Steiner, 1985.

TYLOR, Edward. *Primitive Culture: Researches into the Development of Mythology, Philosophy, Religion, Language, Art and Custom*. Londres: Murray, 1871, v. 1.

Índice remissivo

11 Freunde (revista alemã), 131
1958: o ano em que o mundo descobriu o Brasil (documentário), 196
1-1-3-2-3, tática *ver* ferrolho suíço (sistema tático)
1-3-2-1-3, tática, 335
1-4-2-3, tática *ver* catenaccio (sistema tático italiano)
2-3-5, tática, 335
3-2-2-3, tática *ver* WM (sistema tático)
3-4-3, tática, 271
3-5-2, tática, 335-6, 427
4-2-3-1, tática, 270, 335, 344
4-2-4, tática, 36, 39, 248, 257, 269-70, 335, 338
4-3-2-1, tática, 335
4-3-3, tática, 270, 335, 337-8
4-4-2, tática, 270, 335, 337-8, 427
4-5-1, tática, 335, 338

Abadia de Westminster (Londres), 196
Abedi (jogador brasileiro), 193
Aberdeen (clube escocês), 114, 265-6, 313
Abissínia, 220

Academia Real de Dança (França), 330
Ademar (jogador brasileiro), 322
Adidas, 91
Adriano (jogador brasileiro), 323, 363
AEK Atenas (clube grego), 144
AFA (Associação de Futebol Argentino), 288
África, 18, 26, 47, 60, 62, 66, 72, 75, 126, 167, 191, 241, 243-4, 290, 330, 371
África do Sul, 17, 60, 62, 65, 69, 72, 77, 79, 86, 88-90, 102, 109, 112, 137*n*, 179, 285
Agnelli (família italiana), 211
Águas, José (jogador português), 241, 256-7
Ajax (clube holandês), 50, 132, 206, 209, 271-2, 274, 346
Akaminko, Jerry, 122
Akhenaton, faraó, 372
Al Ahly (clube egípcio), 206
Alabarces, Pablo, 297
Alagoas, 190, 194, 313
Al-Amin, Maomé (califa), 347
Albânia, 137*n*
Alcântara, Thiago (jogador espanhol), 122
alcoolismo, 363

Alemanha, 15-6, 26-7, 29, 32, 36-7, 46, 48, 50-2, 54, 56-8, 61, 64, 73-4, 76, 83-6, 89-90, 95, 97, 107, 109, 121-2, 126, 128, 131-5, 137n, 143-4, 146, 149, 169, 171, 174, 189, 197-8, 257, 263, 269-70, 307, 311, 313, 325-6, 336, 353, 383-4, 387, 426
Alemanha Oriental, 52
Alemann, Juan, 55
Alemão (jogador brasileiro), 60
Alfredo II (jogador brasileiro), 154
alienação, capitalismo e, 157, 160
Allianz Arena (Munique), 97
Alpini (tropa italiana de montanha), 23
Altafini (jogador ítalo-brasileiro), 249, 322
altruísmo, 172-3
Alves, Afonso (jogador brasileiro), 190
Amaury (jogador brasileiro), 323
Amea (Associação Metropolitana de Esportes Amadores), 216
América (clube brasileiro), 56, 128
América (clube mexicano), 206
América Central, 48
América do Norte, 21, 48, 254
América do Sul, 21, 47-8, 135, 241, 286, 381, 410
América Latina, 20, 60, 65, 126, 137n, 191-2, 222, 290, 353, 362, 426
Américo Netto (jornalista), 356
Amsterdam (Holanda), 20, 51, 209, 244
anacronismos, futebol e, 371-91
analfabetismo no Brasil, 95, 121, 221, 228
Anatomia de uma derrota (Perdigão), 413
Ancelotti, Carlo, 112, 260, 274, 311, 335
Anderson (jogador brasileiro), 190
Anderson, Benedict, 141
Andrade, Auro de Moura, 245
Andrade, Oswald de, 403
Anelka (jogador francês), 78
Angola, 76
animais como símbolos de clubes e jogadores, 322-3
Anistia (Brasil — 1979), 227-8

Annese, Franck, 294-6
Antonioni, Michelangelo, 354
antropologia, 141, 323-4, 417, 426, 429
apartheid, 62, 70, 72, 77
Arábia Saudita, 17, 63, 69, 190
Aragão, Coroa de, 427
Arantes, Paulo, 404
árbitros, 20-1, 35-6, 42, 47, 58, 61, 66, 70, 92, 152, 200, 223, 226, 234, 242, 255, 293-6, 305, 309, 313-4, 319, 326, 366, 401, 417, 420, 430
Arco do Triunfo (Paris), 196, 212
Arena (Aliança Renovadora Nacional), 60
Arena Corinthians (São Paulo), 94, 96-7, 100, 103, 231
Arena do Grêmio (Porto Alegre), 103
arena grega, 330
arenas, 105, 216, 223; *ver também* estádios
Arendt, Hannah, 155, 364
Argélia, 56, 60, 121, 137n, 143, 175, 322
Argentina, 16-7, 21, 24, 26, 29-32, 40, 48, 52-5, 57, 59-63, 66, 73, 109, 121-2, 133, 135, 137n, 143, 151, 169, 270, 289, 295, 309, 311-2, 316, 326, 331, 381, 388, 396-7, 417, 426
Argentinos Juniors (clube argentino), 311
Aristóteles, 141, 301, 407, 409
Armistício de Rethondes (1919), 168
Arnold, Matthew, 299
Arnold, Thomas, 299
Arouca (jogador brasileiro), 200-1
Arsenal (clube inglês), 24, 116, 145, 157, 169, 180, 189-90, 206, 267-8, 294, 363, 423
Arte da guerra, A (Sun Tzu), 167
"arte", conceito de, 351, 358; *ver também* estética; futebol arte
ASA de Arapiraca (clube brasileiro), 313
Asbeg, José Carlos, 196
Ásia, 18, 48, 70-1, 77, 86, 105, 190, 241, 287, 371
Assis (jogador brasileiro), 200
Assis, Machado de, 396, 413
Assmann, Jan, 424

astecas, 168
Aston Villa (clube inglês), 322
Atena (divindade grega), 330
Athletic de Bilbao (clube basco), 149, 152, 154, 206, 423, 425
Atlas Guadalajara (clube mexicano), 128
Atlético de Madrid (clube espanhol), 208, 353
Atlético-MG (clube), 102, 129, 206, 218, 232, 246, 322, 324, 381, 429
Atlético-PR (clube), 206, 234, 324, 427
atletismo, 300, 315, 389
Augé, Marc, 320, 429
aurea mediocritas, elogio romano da, 237
Austrália, 52, 122, 388, 421
Áustria, 16, 24, 27, 32, 40, 143, 388, 391
Auto, L' (jornal italiano), 25
Auxerre (clube francês), 342
Avellino (clube italiano), 337
Avós da Praça de Maio, associação das (Argentina), 54
Azincourt, Batalha de (séc. xv), 170
Azzurra *ver* seleção italiana

Baader-Meinhof (organização alemã de esquerda), 50
Bach, Johann Sebastian, 355
Badstuber (jogador alemão), 122
Bagdá medieval, 347
Bahamonde, Ángel, 212
Bahia, 194, 245
Bahia (clube), 128, 313, 379, 383
Balog, Tibor, 189
Balotelli, Mario (jogador italiano), 210, 295
Balzac, Honoré de, 355, 373
"banalização do mal", 364
Banco Central Europeu, 142
Banco Excel-Econômico, 233
Bangladesh, 126, 137*n*
Bangu (clube brasileiro), 157
Barbosa (jogador brasileiro), 398
Barcelona (Catalunha), 58, 152
Barcelona (clube catalão), 15, 116, 129, 131-2, 148-9, 152-4, 187, 189, 191, 206, 208-12, 226, 248, 255, 261-2, 265, 272, 274, 281-3, 309, 314, 334-5, 343-4, 352, 354, 361, 383, 391, 423, 425-7
Baresi, Franco (jogador italiano), 272-3, 346, 354, 422-3
Barreto, Lima, 136, 396
Barroso, José Manuel Durão, 262
Barthez, Fabien (jogador francês), 366
Barueri (SP), 212
bascos, 149, 208, 425
basquete, 65, 315, 336, 354
Bate, Richard, 273
Batteux, Albert, 260
Bayer Leverkusen (clube alemão), 308, 322
Bayern de Munique (clube alemão), 16, 51, 115, 131-2, 206, 263, 307, 310-1, 336-7
Beatles, 44, 237
Beckenbauer, Franz (jogador alemão), 46, 51, 64, 101, 171, 307, 340, 346
Beckham, David (jogador inglês), 277-8
Beethoven, Ludwig van, 59
Beijing Guoan (clube chinês), 128
Belenenses (clube português), 262
Bélgica, 21, 48, 57, 84, 109, 122, 131, 137*n*, 146, 152, 167, 169, 325
Bellini (jogador brasileiro), 39-40, 198
Bellone, Bruno, 309
Bellos, Alex, 125
Belluzzo, Luiz Gonzaga, 223, 385
Belo Horizonte (MG), 32, 91, 135, 218, 220-1
Belqola, Said, 70
Beltrán Espada, Kevin, 229
Benfica (clube português), 129, 145, 149, 206, 208, 240-1, 243-59, 264, 270, 309-11, 315, 322, 324, 374-6
Benítez, Rafael, 261, 274
Benteke (jogador belga), 122
Bento Gonçalves (RS), 200-1
Benzema, Karin (jogador francês), 153

Berezovsky, Boris, 233
Berlim, 54, 196, 198, 418
Berlin, Brent, 185

Berlusconi, Silvio, 67, 150-1, 278
Berna (Suíça), 256, 309-10
Bernard (jogador brasileiro), 84
Best, George (jogador irlandês), 44, 295, 323, 363
Betis (clube espanhol), 206
Bianchi, Carlos, 114, 341, 353
Bianchi, Rolando, 189
Bíblia, 141, 185, 319
Bigode (jogador brasileiro), 154, 426
Bilardo, Carlos, 295
Bizâncio, 207
Blackburn (clube inglês), 312
Blanc, Laurent (jogador e técnico francês), 180
Blatter, Joseph, 60, 72, 87, 101, 284-6, 290
Bleus *ver* seleção francesa
BNDES (Banco Nacional de Desenvolvimento Econômico e Social), 94, 98
Boa Vista (clube português), 206
Boas, Franz, 329, 421
Boban, Zvonimir, 263
Boca Juniors (clube argentino), 114, 169, 206-8, 212, 313, 326
Bola da Vez (programa de TV), 102
Bola de Ouro, instituição do prêmio, 68
Bola de Ouro, prêmio (1968), 44, 68
Bola de Ouro, prêmio (1969), 209
Bola de Ouro, prêmio (1971), 51
Bola de Ouro, prêmio (1972), 51
Bola de Ouro, prêmio (1973), 51
Bola de Ouro, prêmio (1974), 51
Bola de Ouro, prêmio (1976), 51
Bola de Ouro, prêmio (1988), 273
Bola de Ouro, prêmio (1991), 311
Bola de Ouro, prêmio (2013), 153
Bola, A (jornal português), 130, 145, 241, 254n, 374, 389-90
Boli, Basile (jogador francês), 295
Bolívia, 21-2, 151, 229-31, 381, 391
Bolonha (Itália), 23-4
Bolsa de Valores de Nova York, quebra da (1929), 21

Bolsa Família (programa assistencial brasileiro), 96
Bolsas de Valores mundiais, 142
Bom Despacho (MG), 221
Borges (jogador brasileiro), 278
bororos, índios, 186-7
Borussia Dortmund (clube alemão), 128, 206, 325
Bosi, Ecléa, 218
Bosman, Jean-Marc, 189
Bossa Nova, 197, 422
Boswell, James, 155
Boszik (jogador húngaro), 270
Botafogo (clube brasileiro), 232, 238, 246, 322, 355, 374, 376, 379, 383, 429
Bradford (clube inglês), 322, 360
Braga, Ruy, 106
Branco (jogador brasileiro), 295
Brandão, Oswaldo, 38
Brandenstein, Wilhelm, 318-9
Brander, Miriam, 373
Brandi, Felicio, 218
Brasil, 16-9, 21, 24, 27-33, 35-42, 45, 48-52, 54-5, 57-8, 60-1, 63, 66-7, 70, 73, 79, 84, 86-7, 89-93, 95-7, 100-3, 105-10, 112, 117, 120-2, 124-8, 130-2, 134-8, 142, 144, 153, 158, 169-70, 174, 176-7, 182, 189-90, 192-3, 196-8, 201-2, 215, 219, 221, 226-30, 236, 240-1, 243-5, 251, 257, 261, 269-70, 277, 282, 284-7, 289, 293-4, 297, 308-9, 311, 321-4, 329, 331, 336, 355-7, 363, 377-8, 380, 390, 393-7, 399, 401, 403-4, 407, 411, 413, 415, 417-8, 426-7
Brasil Telecom, 231
Brasileirão *ver* Campeonato Brasileiro
Brasília, 42, 87, 93-4, 97, 109, 197-8, 231, 242, 422
Bray, Ken, 316, 337
Breno (jogador brasileiro), 277
Brera, Gianni, 421
Brescia (clube italiano), 322, 337
Brohm, Jean-Marie, 236
Bromberger, Christian, 205, 319

Brunoro, José Carlos, 217
Bruxelas (Bélgica), 167
Budai (jogador húngaro), 270-1
Budapeste (Hungria), 269
Budapeste Honvéd (clube húngaro), 322
Buddenbrook, Os (Mann), 215
Buenos Aires, 16, 21-2, 127, 153, 251, 258, 326, 376, 417
Bukovi, Márton, 268-9
Bulgária, 45
Bunbury, Sir Charles, 207
Bundesliga (Alemanha), 132, 263, 307, 336
Burton, Robert, 294
Buzánszky (jogador húngaro), 271

Cafu (jogador brasileiro), 85, 174
Caillois, Roger, 302, 304
Caixa Econômica Federal, 98
Calábria (Itália), 382
calcio (jogo italiano), 175
Caldas, Waldenyr, 216
Camarões, 17, 56-7, 62-3, 66, 72, 107, 121, 322
Cambridge (Inglaterra), 350
Camp Nou (Barcelona), 148, 154, 210, 423
Campeonato Brasileiro, 127, 129, 131-2, 217, 224, 228, 278, 316, 377, 382-3, 385-6
Campeonato Brasileiro de 1990, 238
Campeonato Brasileiro de 1996, 112
Campeonato Brasileiro de 1998, 312
Campeonato Brasileiro de 2000, 289
Campeonato Brasileiro de 2005, 234, 322
Campeonato Brasileiro de 2006, 144
Campeonato Brasileiro de 2008, 196, 222
Campeonato Brasileiro de 2010, 279, 289
Campeonato Brasileiro de 2013, 222, 231
Campeonato Brasileiro de 2015, 223
Campeonato Carioca de 2003, 222
Campeonato Paulista, 427
Campeonato Paulista de 1935, 247
Campeonato Paulista de 1942, 220
Campeonato Paulista de 1946, 171
Campeonato Paulista de 1955, 247
Campeonato Paulista de 1956, 247
Campeonato Paulista de 1957, 183
Campeonato Paulista de 1958, 247
Campeonato Paulista de 1960, 247
Campeonato Paulista de 1961, 247
Campeonato Paulista de 1979, 238
Campeonato Paulista de 1982, 238
Campeonato Paulista de 1983, 238
Campeonato Paulista de 1986, 313
Campeonato Paulista de 1997, 238
Campeonato Paulista de 2008, 219
Campeonato Paulista de 2009, 238
Campeonato Paulista de 2011, 279
Campeonato Paulista de 2012, 279
Campeonato Sul-Americano de 1948, 391
Campinas (SP), 212, 242
Canarinho *ver* seleção brasileira
Candelária, chacina da (1993), 67
Candido, Antonio, 404
Canhoteiro (jogador brasileiro), 183, 363
Cannavaro (jogador italiano), 74, 78, 175
Cantona (jogador italiano), 295, 323
Capello, Fabio, 113, 261, 267, 304, 354-5
capitalismo, 21, 159-60, 211, 218, 241, 271, 287, 305, 332, 402, 411
Caracu (cerveja), 215
Carandiru, massacre do (1992), 67
Carandiru, Pavilhão Nove do, 229
Cardini, Franco, 169
Cardoso, Fernando Henrique, 99
Careca (jogador brasileiro), 61
Carlin, John, 288
Carlos (jogador brasileiro), 61, 309
Carlos Alberto (jogador brasileiro), 48-9, 51, 236, 422
Carlotto, Estela de, 54
Carmen Saliare (hino romano), 330
Carrossel Caipira (esquema tático), 427
Carrossel Holandês (esquema tático), 50, 271, 336, 344
cartão amarelo, punição com, 78, 314
cartão vermelho, punição com, 314
cartões coloridos, introdução do uso de, 47
Carvalho, Paulo Machado de, 38, 45, 197

Casa-grande & senzala (Freyre), 418
Casagrande (jogador brasileiro), 60, 363
Cassano (jogador italiano), 295
Castela (Espanha), 226
Castillo (jogador equatoriano), 122
Catalunha, 15, 148-9, 208, 212, 226, 425-7
Catar, 95, 285, 288
catenaccio (sistema tático italiano), 335
catolicismo, 243, 323
católicos, 153, 169, 211, 327, 424, 426
Cattani, Oberdan (jogador brasileiro), 171
Cavém (jogador português), 255, 259
CBD (Confederação Brasileira de Desportos), 24, 32, 38, 56, 125, 170, 388-9, 391
CBF (Confederação Brasileira de Futebol), 19, 56, 59-60, 63, 75, 85, 87, 95, 100, 102, 108, 125, 132-3, 174, 176, 193, 196, 201, 226, 228, 234, 284-6, 289-90, 377-9, 384-5, 387
Ceará, 194
Ceausescu, Nicolae, 151
Ceilão, 169
Celeste *ver* seleção uruguaia
celtas, 167, 318
Celtic (clube escocês), 114, 169, 206-7, 211, 265, 313, 325, 424, 426
Celtic Marseille (clube francês feminino), 166
Ceni, Rogério (jogador brasileiro), 277, 315-6, 340, 345
Centro de Referência do Futebol Brasileiro (Museu do Futebol), 429
Cervantes, Miguel de, 237, 373
Chamalidis, Makis, 261
Champions League (Inglaterra), 147
Chapman, Herbert, 24, 267-8, 274
Charlton, Bobby (jogador inglês), 311
Charlton, Jack (jogador inglês), 322
Chauvin, Rémy, 172
Chedid, Nabi Abi, 59
Chelsea (clube inglês), 112, 116, 129, 134, 147, 208-9, 218, 261, 263, 322, 343, 352-3
Chess Player's Chronicle (revista inglesa), 349
Chilavert (jogador paraguaio), 345
Chile, 16, 21, 41-3, 84, 92, 108-9, 137n, 151, 242, 244-5, 249, 251, 254n, 381, 391
China, 17, 26, 71, 112, 126, 137n
China antiga, 349
Chipre, 137n
Chirac, Jacques, 69
Chivas (clube mexicano), 316
Chomsky, Noam, 422
Churchill, Winston, 104
Cícero, Marco Túlio, 401
ciclismo, 300, 354, 389
cidadania, futebol e, 86, 89-90, 101
Cidade do Cabo, 77
Cidade do México, 48
ciências humanas, 401-2, 416, 429
cinema, 159, 163, 165, 232, 354, 419
Cinema Novo, 422
"civilização do espetáculo", 158, 163, 351
civilização *versus* instintos, 297, 353
classe social/clubes, relação, 224, 232
Clastres, Pierre, 145
Cláudio (jogador brasileiro), 153
Clausewitz, Carl von, 169
Clemenceau, Georges, 430
Clinton, Bill, 66
Clube dos 13 (futebol brasileiro), 100, 102, 289
clubes/público, relação, 128-9
cocaína, 164, 363
Coelho Neto, 136
Cohen, Anthony, 141
Collina, Pierluigi, 296
Collor de Mello, Fernando, 67
Colo-Colo (clube chileno), 151, 206, 391
Colômbia, 60, 62, 84, 92, 109, 121-2, 137n, 313, 381
Colombo, Cristóvão, 381
colonialismo, 18, 68, 137n, 146, 148, 159, 175, 221, 226, 241, 371
Colorado (clube brasileiro), 120, 312, 316
Coluna, Mário, 241, 258, 310
Comissão Europeia, 262
Companhia Antarctica Paulista, 221
Compostela (clube espanhol), 283

Comunidade Europeia, 59, 76, 133, 189; *ver também* Europa
comunidade, identidade e, 143
comunistas, 16, 64, 75, 241, 245, 271; *ver também* socialistas
comunitarismo, 141, 148-54
Concacaf, 290
Congresso Nacional (Brasil), 85, 87, 93, 96
Conmebol, 277, 284, 288-90, 380, 391
Conselho Deliberativo do Palmeiras, 219
Constantinopla (atual Istambul), 206-7
Constituição brasileira (1988), 63
contracultura, 164
Contursi Goffar Majzoub, Mustafá, 216, 219
Convenção de Genebra (1864), 167
Cook, Thomas, 159
Copa Africana de Nações, 52, 70
Copa América, 30, 135
Copa Báltica, 142
Copa Cidade de São Paulo de 1975, 238
Copa da Ásia, 190
Copa da Espanha, 383
Copa da Itália, 383
Copa da Itália de 2003, 151
Copa das Confederações de 2013, 18, 34, 84, 89, 104, 111-2, 130, 314
Copa do Brasil, 382
Copa do Brasil de 1991, 112, 313
Copa do Brasil de 1994, 112
Copa do Brasil de 1998, 112
Copa do Brasil de 2002, 313
Copa do Brasil de 2004, 313
Copa do Brasil de 2009, 238
Copa do Brasil de 2012, 84, 112, 219
Copa do Mundo, 15-8, 21, 46, 51, 54, 57, 60, 66, 68-9, 74-5, 84, 107, 135, 149, 153, 168, 197, 250, 253, 281, 285, 296-8, 315, 345, 372, 399
Copa do Mundo de 1930, 16-7, 20, 23-4, 30, 41, 48, 53, 63, 122, 135, 372
Copa do Mundo de 1934, 17, 23, 26, 30, 41, 43, 53, 63, 122, 135
Copa do Mundo de 1938, 16-7, 26, 30, 32, 36, 40-1, 51, 53, 63, 122, 125, 135, 138, 322-3, 357
Copa do Mundo de 1942 (abortada pela Segunda Guerra Mundial), 29-30, 32
Copa do Mundo de 1946 (abortada pela Segunda Guerra Mundial), 29-30
Copa do Mundo de 1950, 16, 32-3, 38-40, 41, 53, 63, 117, 269, 313, 316, 372, 398
Copa do Mundo de 1954, 16-7, 35-6, 38, 41, 63, 72, 142, 144, 146, 197-8, 269
Copa do Mundo de 1958, 38-9, 41, 47-8, 63, 125, 196-9, 270
Copa do Mundo de 1962, 41, 48, 53, 63, 244, 251, 254*n*
Copa do Mundo de 1966, 44-7, 63, 125, 199, 252-3, 313
Copa do Mundo de 1970, 16, 46-7, 49, 63, 130, 171, 295, 323-4
Copa do Mundo de 1974, 16, 50-1, 63-4
Copa do Mundo de 1978, 16-7, 31, 53-4, 63, 79, 125, 208, 309
Copa do Mundo de 1982, 17, 56, 58, 63, 125, 138, 143, 199, 208, 325, 356
Copa do Mundo de 1986, 16, 31, 59-60, 63-4, 125, 208, 265, 309, 313
Copa do Mundo de 1990, 62-3, 125, 143, 295, 427
Copa do Mundo de 1994, 48-9, 63, 65-6
Copa do Mundo de 1998, 16, 68, 73, 125, 175, 283
Copa do Mundo de 2002, 48, 65, 71-3, 77, 86, 112, 129, 308, 427
Copa do Mundo de 2006, 16, 71, 74, 76, 89, 101, 116, 125, 152, 174, 176, 190, 199, 262, 403, 423
Copa do Mundo de 2008, 429
Copa do Mundo de 2010, 18, 65, 70, 72, 77, 102, 125, 142, 149, 153, 179, 270, 313, 417
Copa do Mundo de 2014, 32-3, 72, 85-7, 89-93, 95-6, 101-4, 106, 110-1, 117, 119, 121-2, 144, 153, 228, 287, 290, 297, 314
Copa do Mundo de 2018, votação para sede da, 122, 285

439

Copa do Mundo de 2022, votação para sede da, 285, 288
Copa do Mundo de 2026, projeções para a, 18
Copa dos Campeões Europeus, 115, 243-4, 247, 258, 265, 310, 381; *ver também* Liga dos Campeões
Copa dos Campeões Europeus de 1961, 244, 247, 255-6, 309
Copa dos Campeões Europeus de 1962, 247-8, 264, 324
Copa dos Campeões Europeus de 1967, 313
Copa dos Campeões Europeus de 1976, 310
Copa Escandinávia, 142
Copa Europeia, 241
Copa Europeia dos Vencedores de Copas, 114
Copa Eusébio de 2013, 279
Copa Intercontinental, 152, 261, 307, 388
Copa João Havelange, 222, 289; *ver também* Havelange, João
Copa Latina, 388, 391
Copa Libertadores da América de 1960, 380
Copa Libertadores da América de 1962, 246-7, 250
Copa Libertadores da América de 1994, 313
Copa Libertadores da América de 1995, 112
Copa Libertadores da América de 1999, 112
Copa Libertadores da América de 2000, 112
Copa Libertadores da América de 2002, 427
Copa Libertadores da América de 2004, 313
Copa Libertadores da América de 2006, 236, 315-6
Copa Libertadores da América de 2008, 309
Copa Libertadores da América de 2010, 282
Copa Libertadores da América de 2011, 279, 282, 313, 361
Copa Libertadores da América de 2012, 282, 336, 361
Copa Libertadores da América de 2013, 229, 279
Copa Mitropa, 142, 388, 391
Copa Rio Branco de 1931, 22
Copa Rio de 1951, 387-90
Copa Rio de 1952, 387, 391
Copa Roca de 1914, 417
Copa Sul-Americana, 241, 277
Copa Sul-Americana de 2012, 279
Copas Intercontinentais, 151, 273
Copas Libertadores da América, 312, 353, 382, 385, 391, 427
Coreia do Norte, 44, 313
Coreia do Sul, 65, 69-71, 73, 86, 90, 269, 421
cores dos clubes, 181, 184-6, 207-8
Corinthians (clube), 23, 88, 98-9, 101-3, 109, 112, 128-9, 132, 144-5, 147, 153, 158, 184, 189, 206-8, 212, 214, 216-7, 219-21, 224-36, 238-9, 261, 282, 285, 289, 313, 325, 335-6, 374, 381, 386-7, 391, 429
Corinto (Grécia), 184
Coritiba (clube), 128, 206, 227, 429
Correcher, Manuel, 216, 235
Corriere della Sera (jornal italiano), 15, 249
corrupção, 54, 67, 72, 75, 87-8, 90, 93-5, 97, 103, 120, 122, 191, 226, 230, 234, 284-5, 287-90
Córsega (França), 175
Cortina de Ferro, 17, 64
Cosme Velho, igreja do (Rio de Janeiro), 322
Cosmos (clube norte-americano), 254
Costa do Marfim, 76, 116, 121, 172, 322
Costa Rica, 17, 84, 92, 109, 126, 137n, 190
Costa, Diego (jogador espanhol), 18-9, 92
Costa, Flávio, 38-9, 153
Costa, Jair da (jogador brasileiro), 310
Coubertin, Pierre de, 287, 299, 318
Coutinho (jogador brasileiro), 248, 251, 259, 375, 377
Coutinho, Cláudio, 54-5
Coutinho, Giulite, 56, 60
Criciúma (clube brasileiro), 313, 382
criminalidade, futebol e mitificação da, 229
Cristian (jogador brasileiro), 228
cristianismo, 159, 166, 185-7, 299, 320, 326, 338, 350, 364
Cristiano Ronaldo (jogador português), 78, 152-3, 277
Croácia, 69

Cronos (divindade grega), 330
Cruijff, Johan (jogador e treinador holandês), 11, 51, 55, 148, 209, 265, 272-4, 304, 322, 337, 340-1, 346, 425-6
Cruz (jogador português), 259
Cruz Azul (clube mexicano), 157
Cruzeiro (clube brasileiro), 129, 200, 206, 215-6, 218, 220-1, 224-5, 227, 232, 238, 282, 316, 322, 379, 383
Crystal Palace (clube inglês), 322
Cuba, 41, 95, 245
Cuiabá (MT), 94, 97, 108
cultura, alta, 137, 160-1, 165
cultura, distinção entre natureza e, 159, 304, 419-20
Cumbica, aeroporto de (Guarulhos), 94
Cunha, Loris Baena, 381
Cunha, Odir, 373, 375-7, 379-80, 384
Curitiba (PR), 32
Cury, Athiê Jorge, 246
Czibor (jogador húngaro), 270-1

D'Alembert, Jean, 301
Dagoberto (jogador brasileiro), 278
Daily Express (jornal inglês), 171
Daily Mail (jornal inglês), 152, 389
Daily Telegraph, The (jornal inglês), 117
DaMatta, Roberto, 418
Dança dos deuses: futebol, sociedade, cultura, A (Franco Júnior), 10-1, 226, 361, 394-5, 402, 407, 412, 421
dança, futebol e, 329-32
Dante Alighieri, 281, 283
Darwin, Charles, 172, 301
Datafolha, 129, 224, 231
Davis, Rhain, 191
De Gaulle, Charles, 177
Debord, Guy, 160-1, 163
Deco (jogador português), 19
del Bosque, Vicente, 149, 354
del Nero, Marco Polo, 386
Delaunay, Henri, 20
Deloitte Touche Tohmatsu, 218

democracia, 63, 67, 104, 106, 136, 191, 200, 241, 287, 372, 396
Democracia Corinthiana (movimento), 158, 228
Demoiselles d'Avignon, Les (pintura de Picasso), 356
Denílson (jogador brasileiro), 190, 277
depressão, 363
dérbi, 207; *ver também* rivalidades clânicas do futebol
Derby, Lorde, 207
Derrida, Jacques, 406
Desailly (jogador francês), 69
Descendência do homem, A (Darwin), 172
Di Bartolomei, Agostino, 363
Di María (jogador argentino), 122
Di Stéfano, Alfredo, 43, 251, 255-6, 264, 266, 324, 351, 375, 377
Diables Rouges *ver* seleção belga
Diderot, Denis, 301
Didi (jogador brasileiro), 198, 377
Diego (jogador brasileiro), 321
Dinamarca, 72, 137*n*, 313
Dínamo de Bucareste (clube romeno), 206, 322
Dinei (jogador brasileiro), 363
Dirceu (jogador brasileiro), 188
direita política, 16, 18, 42, 50, 99, 165, 179
ditadura getulista (1930-45), 198, 356; *ver também* Estado Novo (1937-45); Vargas, Getúlio
ditadura militar argentina (1976-83), 16, 53-5, 60, 288, 298
ditadura militar brasileira (1964-85), 16, 18, 63, 122, 158
ditadura paraguaia (1954-89), 288
ditadura salazarista (1932-68), 241; *ver também* Salazar; salazarismo
Divina comédia (Dante), 281
Djorkaeff (jogador francês), 69
Dobelli, Rolf, 162
Dodô (jogador brasileiro), 309
Dom Quixote (Cervantes), 237, 273

Domenech, Raymond, 78-9
Domingos da Guia (jogador brasileiro), 27, 30, 125, 357, 396, 403
Donaldson, Fred, 304, 419
Dondinho (jogador brasileiro, pai de Pelé), 407
Donizete (jogador brasileiro), 322
Dortmund (Alemanha), 101
Dorval (jogador brasileiro), 375
Dossiê: unificação dos títulos brasileiros a partir de 1959 (Cunha& Peres), 379, 384-6
Dostoiévski, Fiódor, 365
Douglas, Mary, 320
Drechsel, Sammy, 261
"drible" (primeiros registros da palavra inglesa), 293
dribles, 167, 180, 293-4, 331, 336, 352, 355-6, 375, 397-8, 420
drogas, 164, 229, 363, 365
Drogba, Didier (jogador marfinense), 116
Dualib, Alberto, 216, 233-4
Ducasse, François, 261
Duchamp, Marcel, 347
Dunga (treinador brasileiro), 18, 79
Dunning, Eric, 146, 366
Duvauchelle, Nicolas, 212

Eco, Umberto, 408
economia brasileira, 42, 61, 67, 94, 245
economia portuguesa, 245
Edmundo (jogador brasileiro), 264, 294
educação no Brasil, orçamento da, 87-8, 94
educação no Brasil, ranking da, 89, 121
Egito, 18, 63, 137n
Egito antigo, 372
Ehrenberg, Alain, 169
Ehrenreich, Barbara, 166, 332
Einstein, Albert, 347
Eintracht Frankfurt (clube alemão), 128, 322
El Salvador, 48, 57, 172
Elias, Norbert, 146, 366
Eliminatórias da Copa do Mundo de 1958, 40, 135

Eliminatórias da Copa do Mundo de 1970, 48
Eliminatórias da Eurocopa de 2012, 178
Eliot, T.S., 160-2, 165
Elkjaer-Larsen (jogador dinamarquês), 322
Embratur, 91
emigração futebolística, 189, 191, 194
emigração futebolística, 188-94
Emirados Árabes, 17, 62
Encyclopédie (Diderot & D'Alembert), 301
English Team *ver* seleção inglesa
Enke, Robert, 363
enxadristas, 342-5, 347-9; *ver também* xadrez, jogo de
Epsom (Inglaterra), 207
Equador, 73, 122, 391
Équipe, L' (jornal francês), 51, 130, 152, 166, 250-2, 265, 287, 375, 389-90
Erikson, Erik, 303
ES Le Cannet-Rocheville (clube francês feminino), 166
Escobar (jogador colombiano), 17
Escócia, 17, 40, 51, 54, 114, 137, 169, 207, 211, 265, 325, 388
escolaridade/clubes, relação, 231-3, 239
escolinhas de futebol, 126
Espanha, 17-8, 24, 26-7, 29, 32, 42-3, 50, 56-7, 59, 61, 78, 84, 92, 122, 131-4, 136, 148-9, 152-4, 169, 171, 189-90, 209, 265, 270, 311, 314, 335, 352-4, 383, 388, 396, 418, 421, 423
Espanyol (clube catalão), 148, 206, 208
espírito do futebol, 294
Espírito Santo, 194
ESPN Brasil (canal de TV), 102
Esporte e a Guerra, O (congresso internacional em Rennes, França — 2012), 169
Esportivo de Bento Gonçalves (clube brasileiro), 200-1
esquerda política, 16, 18, 28, 50, 99, 165, 179, 211
Estádio Azteca (Cidade do México), 49
Estádio da Luz (Lisboa), 149, 250-1, 255, 258
Estádio de Chamartín (Madri), 212

Estádio de Heysel (Bélgica), 323
Estádio do Maracanã (Rio de Janeiro), 32-3, 58, 72, 87, 97, 121, 246, 248, 254-9, 310, 313, 323, 396
Estádio do Morumbi (São Paulo), 88, 98, 100-2, 228, 277, 315, 321
Estádio do Pacaembu (São Paulo), 32, 158, 220, 234, 236, 390
Estádio Independência (Belo Horizonte), 32
Estádio Mineirão (Belo Horizonte), 85, 316; *ver também* Mineirazo de 2014
Estádio Monumental de Núñez (Buenos Aires), 55
Estádio Olímpico de Amsterdam, 244
Estádio São Januário (Rio de Janeiro), 158, 216
Estádio Sarrià (Barcelona), 58
estádios, 23, 25, 32-4, 41, 47, 66, 74, 77, 85, 87-9, 94-7, 101, 104-6, 121, 127-8, 150-1, 154, 182-3, 200, 232, 285, 287, 406
Estado de S. Paulo, O, 88, 100, 154, 199, 214, 217, 221, 228, 235, 355, 378, 387
Estado Novo (1937-45), 356
Estados Unidos, 17, 21, 50, 65-6, 69, 73, 89, 93, 122, 126, 136, 137n, 158, 209, 253, 313, 362, 404
Estátua da Liberdade (Nova York), 196
Esteno (personagem mitológica), 286
estética, 184, 353-4, 356, 360, 362
Estocolmo (Suécia), 42, 144, 299
Estrela Vermelha (clube sérvio), 206, 388
Estudiantes (clube argentino), 116, 212, 316
éter, vício em, 363
Euríale (personagem mitológica), 286
Eurocopa, 20, 153
Eurocopa de 1976, 209
Eurocopa de 1984, 260
Eurocopa de 1992, 313
Eurocopa de 2000, 73
Eurocopa de 2004, 152
Eurocopa de 2008, 149
Eurocopa de 2012, 71, 149, 153, 178, 334
Eurocopa de 2016, 103

Europa, 17-8, 21, 24, 26, 29-30, 32, 41, 45, 47, 51, 53, 59, 65, 71, 76, 86, 92, 105, 114, 129, 133-5, 138, 142-4, 146-7, 151, 167, 189, 191, 201, 220, 241, 246-9, 251-2, 256, 265, 268-9, 273, 287, 311, 330, 350, 355, 362, 372, 378, 388, 391, 404, 410, 427
Eusébio (jogador português), 44-6, 149, 241, 249-59, 324
Evans, Angela, 297
Evans, Tony, 101
Evans-Pritchard, E. E., 329
Everton (clube inglês), 206, 208, 325
Expresso (jornal português), 106, 134

Facchetti (jogador italiano), 310
Facchina Nunes, Carlos Bernardo, 216
Facchina Nunes, Delfino, 216
faixa etária/clubes, relação, 224
Falcão (jogador brasileiro), 58, 60, 188
Falcao (jogador colombiano), 122
Falci, Antonio, 218
Fantástico (programa de TV), 186
Farinha, Alfredo, 374
Farmácia de Platão, A (Derrida), 406
fascismo/fascistas, 16, 23, 25, 28, 30, 75, 122, 151, 169, 220, 243
Fátima, Nossa Senhora de, 243
Faure, Jean-Michel, 10
Faustino (jogador brasileiro), 374
Fausto, a Maravilha Negra (jogador brasileiro), 22, 189
FBF (Federação Brasileira de Futebol), 24
Febvre, Lucien, 371, 417
Federação Holandesa, 209
Federação Inglesa de Futebol, 363
Federação Italiana, 209
Felipão *ver* Scolari, Luiz Felipe
Felipe (jogador brasileiro), 212
Fellini, Federico, 354
feminino, futebol, 166
Fenerbahçe (clube turco), 206
Feola, Vicente, 39, 42, 45, 270, 279-80
Ferdinand, Rio, 208

Ferguson, Alex, 114, 211, 261, 266, 276-80, 341, 388
Ferran, Jacques, 375
ferrolho suíço (sistema tático), 268
fetichismo da mercadoria, 160
Feyenoord (clube holandês), 206, 209, 325
Fiat, 211
Fichte, Johann Gottlieb, 405
Field, The (jornal inglês), 350
Fifa (Federação Internacional de Futebol), 17, 20, 24, 26, 30, 32-4, 36, 42, 46-7, 50, 53-4, 57, 60, 63, 65, 68-9, 71-2, 76-7, 87, 89-90, 95-7, 101-2, 119, 126, 133, 135, 142, 147, 168, 180, 189, 218, 242, 274, 284-8, 290, 309, 314, 372, 377, 387-8
Figueroa (jogador chileno), 46
Filó (jogador ítalo-brasileiro), 23, 189
Finlândia, 137n
Finney, Tom, 269
Fiorentina (clube italiano), 206
Fla-Flu, partidas, 129
flamenga, comunidade (Bélgica), 146
Flamengo (clube brasileiro), 100, 128-9, 132, 151, 154, 206, 212, 220, 222, 224, 231, 233, 238, 264, 279, 313, 322, 325, 355, 374, 381, 429
Fleming, Alexander, 381
Fliessbach, Klaus, 364
Florença (Itália), 23-4
Florenzano, José Paulo, 228
Fluminense (clube), 129, 132, 206, 212, 222, 227, 231, 246, 264, 278-9, 309-10, 323-4, 345, 379, 387, 391, 398, 424, 429
Flusser, Vilém, 403
FMI (Fundo Monetário Internacional), 71, 189
Foggia (clube italiano), 337
Folha de S.Paulo, 29, 106, 121, 334
Foni, Alfredo, 268
Fontaine (jogador francês), 68, 175
Fontes, Fabinho, 228
foot-ball (na Inglaterra medieval), 146, 349
Formação do Brasil contemporâneo (Prado Jr.), 418

Fórum Econômico Mundial, 89
FourFourTwo (revista inglesa), 130-1, 147
Fragelli, Renato, 94
França, 16-7, 21, 26, 28, 32, 39-40, 53, 57, 61-2, 68-9, 72-3, 75-6, 79, 103, 122, 125, 130-1, 133-4, 136, 137n, 145, 150, 153, 158, 167, 169, 171, 174-5, 177-80, 191, 210, 265, 270, 309, 311, 322, 330, 335, 353-4, 384, 388-9, 416-7
France Football (revista), 87-8, 132, 251, 260, 288, 290, 294, 309, 325, 375-6, 389
Francisco, papa, 153
Franco, Itamar, 67
Frankfurt (Alemanha), 176
Freitas, Heleno de (jogador brasileiro), 363
Freitas, Márcio Rezende de, 234
Freud, Sigmund, 263, 297, 303, 327, 353, 356, 409
Freyre, Gilberto, 124, 136, 138, 142, 329, 357, 396, 403-4, 418
Friedenreich, Arthur (jogador brasileiro), 238, 322, 396
Frobenius, Leo, 301
futebol americano, 315, 395
futebol arte, 351, 353, 355-8, 422
"futebologia", 429

Gabillou, gruta de (França), 330
Gabriel (jogador brasileiro), 322
Gagliano Netto (radialista brasileiro), 27
gahuku-gama (tribo), 302
Galatasaray (clube turco), 206, 322
Galeano, Eduardo, 53
Gamard, L., 145-6, 349
Gambini, Bianco Spartaco, 219
game, distinção entre *play* e, 300, 303
Gana, 76, 121-2, 137n
Ganso (jogador brasileiro), 323
García Meza, Luis, 151
Gardel, Carlos, 21
Garibaldi, Giuseppe, 175
Garrincha (jogador brasileiro), 31, 39, 42-3, 125, 242, 254, 282, 293-5, 304, 323, 331, 340, 355, 363, 420

Gascoigne, Paul, 295, 363
Gautier, Théophile, 161
Gaviões da Fiel (torcida organizada corintiana), 229-30
Gaviões da Fiel, escola de samba, 100
Gazeta Esportiva (jornal brasileiro), 130, 257
Gazzetta del Popolo, La (jornal italiano), 249
Gazzetta dello Sport, La (jornal italiano), 28, 130, 134, 249, 252, 263, 389, 421
Gebauer, Günter, 226
Geisel, Ernesto, 50
Genebra (Suíça), 167, 288
Genoa (clube italiano), 206, 265
genocídio ruandês, 66
Gênova (Itália), 23
Gento (jogador espanhol), 264, 375
geometrismo/senso geométrico humano, 338
Germano (jogador português), 255-7
germanos, 167
Germi, Pietro, 354
Gérson (jogador brasileiro), 48-9, 51, 323
Ghiggia (jogador uruguaio), 31, 33, 398
Giants Stadium (Nova York), 254
Giggs (jogador inglês), 277
Gilmar (jogador brasileiro), 40, 258
Gimnasia y Esgrima (clube argentino), 212
Gino (jogador brasileiro), 270
Giorgetti, Ugo, 214, 216-9, 222-3, 225, 387
Giorno, Il (jornal italiano), 351-2
Giro d'Italia (competição de ciclismo), 326
Gladiador (filme), 117
Glasgow (Escócia), 114, 207, 310
Glazer, Malcolm, 152
globalização, 17, 65, 69, 72, 77-8, 142, 151-2, 161, 188-9, 191, 205, 417, 423
Globo *ver* Rede Globo
Glória, Otto, 45, 257
Goa (Índia), 244
Goethe, Johann Wolfgang von, 355
Goiás, 194
Goldblatt, David, 417
golfe, 318
gols, 17, 21, 24-5, 27, 31, 33, 36-7, 39, 42-9, 51-2, 54-8, 61-3, 65-8, 73, 78, 84-5, 89, 107, 132, 137, 143, 154, 162, 168-9, 171-2, 174-5, 177, 182, 198, 209, 219, 223, 241, 246, 248, 251, 253, 255, 258-9, 265, 267-9, 272-3, 283, 293-6, 308-10, 313-4, 316, 321-3, 326-7, 335, 339, 344-6, 352-3, 356, 360, 362, 375, 377-8, 395, 397-8, 416-7, 420, 422-3
Górgonas (personagens mitológica), 286, 290
Gottschall, Jonathan, 332
Goulart, João, 16, 18, 41-2, 241-2
Governo Federal (Brasil), 98
Grã-Bretanha, 170; *ver também* Inglaterra; Reino Unido
Grande Depressão, 17, 21, 128
Granja Comary (Teresópolis), 56
Grasshopper (clube suíço), 391
Grécia, 137*n*, 144, 330, 427
Grécia antiga, 158, 305
Greco, Antero, 378
Green, Geoffrey, 312
Gregório de Nazianzo, 207
Grêmio Porto Alegrense (clube), 103, 128-9, 147, 169, 190, 206, 227, 312-3, 323, 424
Grenal, partidas, 129
greves, 41, 179
Grondona, Julio, 288
Groos, Karl, 303
Grosics (jogador húngaro), 270-1
Guadalajara (México), 48, 206
Guangzhou Evergrande (clube chinês), 128
Guarani (clube brasileiro), 206, 208
Guardian, The (jornal britânico), 162, 389
Guardini, Romano, 320-1, 326
Guardiola, Josep (jogador e treinador espanhol), 78, 116, 148-9, 210, 272, 274, 335, 354
Guarisi, Anfilogino *ver* Filó (jogador ítalo-brasileiro)
Guatemala, 137*n*
Guðmundsson, Albert, 294
Guerin Sportivo (revista italiana), 37, 51
Guerra das Malvinas (Argentina-Inglaterra — 1982), 16, 57

Guerra do Biafra (1969), 172
Guerra dos Cem Anos (França-Inglaterra — 1337-1453), 170, 349
Guerra dos Sete Anos (Europa — 1756-1763), 378
Guerra Fria, 17, 35, 60, 66
guerra, analogia entre futebol e, 145, 167, 169-70
Guerras Napoleônicas, 371, 378
Guillemard, Arthur George, 293
Guingamp (França), 150
Guizhou Moutai (clube chinês), 128
Gullit (jogador holandês), 272-3, 423
Guttmann, Béla, 39, 248, 256, 263-4, 270

Haiti, 52
Halbwachs, Maurice, 195, 405, 425
Hamburgo (clube), 257, 322
Hampden Park (Glasgow), 310
Handke, Peter, 356
Hannover (clube alemão), 323, 363
Hanot, Gabriel, 265, 375
Hapoel (clube israelense), 193, 206
Harris, Paul, 303
hassassins (seita mística xiita), 327
Havelange, João, 38, 45, 50, 53, 60, 63, 285-8, 379, 381; *ver também* Copa João Havelange
Hello Research, 130
Henry (jogador inglês), 73
Henry, Thierry (jogador francês), 69, 126, 417
Herberger, Sepp, 36
Hernanes (jogador brasileiro), 277
heroína, 363-4
Herrera, Helenio, 313, 335
Hesíodo, 364
Heynckes, Jupp, 336, 341
Hidalgo, Michel, 260, 325
Hiddink, Guus, 421
Hidegkuti (jogador húngaro), 270-1
Hildegarda de Bingen (abadessa), 186
Hino Nacional do Brasil, 109, 117
historiadores, diferença entre jornalistas, 373
Hitler, Adolf, 27, 30, 54, 151, 378

Hitzfeld, Ottmar, 261
HMTF (fundo de investimentos Hicks, Muse, Tate & Furst), 233
Hobsbawm, Eric, 142
Hoffenheim (Alemanha), 150
Holanda, 50-3, 55, 63, 78, 108, 122, 131, 134, 137n, 169, 190, 209, 270-1, 325, 336, 421, 426
Holanda, Sérgio Buarque de, 120, 201, 404, 418
Holden (jogador norte-americano), 122
Holocausto, 387
"homem cordial", brasileiro como, 120, 201, 404
Homero, 330
Homo fallax/Homo sapiens, 297
Honduras, 56, 78, 172
Honvéd de Budapeste (clube húngaro), 152
hooligans alemães, 69
hooligans ingleses, 327
hóquei, 315
Horácio (poeta romano), 237
Houllier, Gérard, 307
Hugo (jogador brasileiro), 278
Huizinga, Johan, 301-2, 304, 419
Hungria, 16, 21, 24, 28, 32, 35-7, 40, 45, 51, 57, 170, 197, 269, 271, 352
Hunter, Johnny, 24, 267
Hurst (jogador inglês), 313
hutu, etnia, 66

ianomâmis, índios, 67
Ibope, 129, 224, 232, 247n
Ibrahimovi (jogador sueco), 113, 295
Idade Média, 145-6, 321, 349
idealismo, 405, 407
IFFHS (Federação Internacional de História e Estatísticas do Futebol), 211, 238
Igreja católica, 153, 159, 320, 372
igualitarismo, 162, 201
Ilhas Britânicas, 167
Ilhas Faroé, 137n
Illustrated London News (jornal inglês), 350

Iluminismo, 161
imigração/imigrantes, 75, 92, 147, 192-3, 211, 214-6, 218-9, 221, 225, 227, 235, 245
Império austro-húngaro, 24
Império Romano, 167
imponderável/imprevisível, futebol e, 307-16
imprensa, 10, 48, 57, 67, 87-8, 105, 117, 125, 141, 163, 169, 182, 188, 193, 196, 209, 241, 249-52, 257, 262, 264, 269, 276, 282, 308, 373-5, 379-80, 384, 389-90, 428
Independence Day norte-americano, 196
Independiente (clube argentino), 206, 312
Índia, 126, 137n
Índias Orientais Holandesas, 17
índios, 67, 186, 330
indo-europeus, povos, 185-6, 318
Indonésia, 17, 137n
industrialização, 198, 245, 362
inflação, 42, 61, 67, 93
Ingenieros, José, 237-9
Inglaterra, 26, 30, 40, 43-7, 54, 61-3, 68, 92, 112, 115-6, 122, 126, 128, 131-4, 146, 150, 158, 169-70, 180, 189, 207, 251, 257, 263, 267-70, 277, 285, 296, 300, 308, 311-4, 319-20, 325, 332, 349, 353, 360, 362, 383, 388-9, 412, 416-8, 421-2
ingresso/habitante, relação (Brasil-Portugal), 127
Iniesta (jogador espanhol), 272, 334
Inocêncio III, papa, 186
instinto social, 172
Instituto Zander (Nova York), 299
Internacional de Limeira (clube), 313
Internacional de Porto Alegre (clube), 128-9, 147, 154, 169, 188, 206, 234, 242, 312, 315-6, 323, 381, 429
Internacional, A (hino socialista), 180
internacionalização do futebol, 421
Internazionale (clube italiano), 206, 208-10, 262-3, 268, 282-3, 310, 313, 375, 377, 388, 423
internet, 131, 161, 163, 189, 251, 362
"Inútil" (canção), 138

Ipsos Marplan, 224, 232
Irã, 54, 69, 121
Iraque, 190
Irlanda, 63, 137n, 211
Irlanda do Norte, 40, 137n, 211
Isambert, François-André, 319
ISL (International Sport and Leisure), 286, 288
Islândia, 137n
Israel, 48, 137n, 193
Istambul (Turquia), 206, 323
Itália, 15-7, 20-1, 23-32, 43, 45, 48-9, 54, 56-8, 62-3, 66-7, 73-4, 76, 92, 111, 117, 121-2, 131-5, 143, 151, 154, 169, 171, 174-5, 184, 188, 201, 210, 268-9, 273, 311, 313, 315, 323, 337, 375, 382-3, 388, 418, 422, 427
ítalo-brasileiros, 215-9, 221, 225n
Itaquerão *ver* Arena Corinthians (São Paulo)
Iugoslávia, 21-2, 27, 43, 51, 54, 64, 69, 388
Ivair (jogador brasileiro), 323

Jabulani (bola da Copa de 2010), 78
Jacinto (jogador português), 259
Jacobino, O (jornal brasileiro), 221
Jacopo de Cessoles (monge), 350
Jairzinho (jogador brasileiro), 48-9, 51
Jamaica, 69
Jango *ver* Goulart, João
Jano (divindade romana), 167
Japão, 65, 69-71, 86, 90, 95, 112, 147, 190, 388
Jardel (jogador brasileiro), 363
Jennings, Andrew, 87, 101, 286
Jerkovi (jogador iugoslavo), 43
Jesus Cristo, 159
Jetchev (jogador búlgaro), 45
jocus, significado da palavra latina, 296
Jogador, O (Dostoiévski), 365
"jogo", campo semântico/função do, 301-5
jogos de azar, 305, 363, 365-6
Jogos Olímpicos de Amsterdam (1928), 372
Jogos Olímpicos de Berlim (1936), 32, 54
Jogos Olímpicos de Helsinque (1952), 36, 269
Jogos Olímpicos de Londres (1948), 30
Jogos Olímpicos de Londres (2012), 91, 296

Jogos Olímpicos de Paris (1924), 20, 167, 372
Jogos Olímpicos de Tóquio (1964), 326
Jogos Olímpicos do Rio de Janeiro (2016), 97
Jogos Olímpicos na era moderna, renascimento dos, 299
Jogos Olímpicos na Grécia antiga, 158, 170
Jogos Pan-Americanos (Rio de Janeiro — 2007), 96
Johnson, Mark, 409
Johnson, Samuel, 155
Joinville (clube brasileiro), 223
Jongbloed (jogador holandês), 272
Joorabchian, Kia, 233
Jornal dos Sports (jornal brasileiro), 257, 357
jornalistas, diferença entre historiadores, 373
judeus, 155, 227, 330, 387, 426
Júlio César (jogador brasileiro), 61, 309
Juninho Paulista (jogador brasileiro), 277
Júpiter (divindade romana), 167
Juvenal (jogador brasileiro), 154
Juvenal (poeta romano), 96
Juventude (clube brasileiro), 382
Juventus da Mooca (clube brasileiro), 162
Juventus de Turim (clube italiano), 132, 144, 189, 206, 208, 210-1, 234, 261, 263, 315, 323, 388, 390-1, 424

Kafka, Franz, 279
Kaká (jogador brasileiro), 78-9, 323
Kalil, Alexandre, 102
Kant, Immanuel, 352-3
Karembeu (jogador francês), 69
Kasparov, Garry, 342
Kassab, Gilberto, 99, 101-2
Kay, Paul, 185
Keane, Roy (jogador inglês), 278
Keller, Olivier, 338
Kempes, Mario (jogador argentino), 54, 79
Kfouri, Juca, 147
Kimpton, George, 17
Kissinger, Henry, 53
Kistner, Thomas, 101, 286
Klemm, Gustav, 159

Klinsmann, Jürgen (jogador e treinador alemão), 263
Knobel, George, 209
Kocsis (jogador húngaro), 271
Koeman (jogador holandês), 272
Koff, Fábio, 100
Kopa, Raymond (jogador francês), 171
Kovács, tefan, 50
Krol, Ruud, 272
Kubitschek, Juscelino, 38, 197, 245
Kuwait, 17, 56

La Bombonera (Buenos Aires), 326
La Louvière (clube belga), 322
La Masia (centro de formação do Barcelona), 148
La Volpe, Ricardo, 78
Labruna (jogador argentino), 31
Lacan, Jacques, 410
Lacerda, Thiago, 93
Lacombe (jogador francês), 54
Lacoste, Carlos Alberto, 54
Lacouture, Jean, 373
Lakoff, George, 409
Lampard (jogador inglês), 313
Lance! (jornal brasileiro), 130, 224, 232
Landa, Honorino, 42
Laporta, Joan, 206
Laslett, Peter, 362
Laudrup, Michael, 263-4, 272
Lazaroni, Sebastião, 63, 427
Lazio (clube italiano), 169, 189, 206, 220, 278, 322
Le Bon, Gustave, 236
Leandro (jogador brasileiro), 60
Lecce (clube italiano), 337
Ledesma, Ledesma, 55
Lee, Kang, 297
Leeds (Inglaterra), 361
Lei Bosman (Comunidade Europeia — 1995), 133, 189
Leicester City (clube inglês), 322
Leitenberg, Milton, 170

Leme, Tiago, 254*n*
Leonardi (jogador argentino), 417
Leonardo da Vinci, 422
Leônidas (jogador brasileiro), 27, 30, 125, 137, 189, 257, 357, 396
Leoz, Nicolás, 284, 288-9
Leplat, Thibaud, 210
Levante (clube espanhol), 209
Lévi-Strauss, Claude, 179, 302, 323, 408, 421
Libertad (clube paraguaio), 391
Libertadores *ver* Copa Libertadores da América
Liga dos Campeões, 68, 115, 151-2, 154, 244, 261, 265, 277-8, 282, 336, 391
Liga dos Campeões de 2002, 308
Liga dos Campeões de 2006, 423
Liga dos Campeões de 2010, 210, 262, 423
Liga dos Campeões de 2011, 148
Liga dos Campeões de 2012, 270
Liga dos Campeões de 2013, 147, 270, 314
Liga espanhola, 132
Lima (jogador brasileiro), 258
Lima (Peru), 326
língua, comunidade e, 150, 425
Lins do Rego, José, 136
Lipovetsky, Gilles, 161
Lippi, Marcello, 116, 175, 261, 267, 311
Lisboa, 149, 243, 246-9, 254*n*, 255-9, 315, 322, 374, 418
Lituânia, 137*n*
Liverpool (clube inglês), 115, 145, 206, 208, 296, 308, 313, 315, 323, 325
Lombardia (Itália), 24
London Chess Club, 350
Londres, 44, 127, 145, 159, 196, 233, 350
Lopes, Dirceu (jogador brasileiro), 225
Lorenzo, Dario, 390
Lotário de Segni, cardeal, 186
Lotman, Yuri, 424
Loustau (jogador argentino), 31
Lucarelli, Cristiano (jogador italiano), 189
Lucerna, lago (Suíça), 159
Lucescu, Mircea, 324

Lúcio (jogador brasileiro), 196
Luckmann, Thomas, 160
ludus, distinção entre *paidia* e, 302, 304
Luís Fabiano (jogador brasileiro), 196
Luís xiv, rei da França, 330
Lula (técnico brasileiro), 258
Lula da Silva, Fábio Luís (Lulinha), 231
Lula da Silva, Luiz Inácio, 87-8, 90, 96, 99-102, 176-7, 199, 228, 230-1, 239, 285, 290
lusofobia no Brasil, 221
Luxemburgo (Grão-Ducado), 137*n*, 178, 180
Luxemburgo, Vanderlei, 117, 134, 265
Luz (mg), 221
Lyon (clube francês), 102, 322
Lyra Filho, João, 36

Maccabi (clube israelense), 206
Machado, Gilka, 125, 137-8
Madri (Espanha), 208, 212, 423
Magalhães, Juracy, 245
Magath, Felix (jogador e treinador alemão), 322
Magdeburgo (clube alemão), 313
maias, 168
Maier, Sepp (jogador alemão), 322
Maio de 1968, revolta estudantil de, 44, 160, 351-2
Malásia, 193
Malraux, André, 353
Manaus (am), 94, 97, 108
Mancha Verde (torcida organizada palmeirense), 220
Manchester (Inglaterra), 152, 361
Manchester City (clube inglês), 144, 206, 210, 322
Manchester United (clube inglês), 44, 115, 132, 144, 151-2, 157, 191, 206, 209-10, 257, 261, 276-8, 280, 296, 311, 314, 366, 424
Mancini, Roberto (jogador e treinador italiano), 112
manifestações populares de junho (Brasil — 2013), 34, 89, 98, 104-6

Mann, Thomas, 215
maoísmo, 371
Mapa da Violência, relatório do (2014), 121, 192; *ver também* violência social
Maracanã *ver* Estádio do Maracanã (Rio de Janeiro)
Maracanazo de 1950, 48, 83, 104, 106, 108, 323, 389
"Maracanazo social", 33, 106
Maradona (jogador argentino), 16, 51, 57, 61, 121, 143, 154, 171, 208, 295-6, 314, 331, 340, 363, 417, 422
Maranhão, 194
Marca (jornal espanhol), 130, 153
Marco Antônio (jogador brasileiro), 51
Maricá, Marquês de, 237
marijuana, 164
Marinha da Argentina, 57
Marinha Real Britânica, 332
Mário Filho, 136, 357, 398
Marrocos, 48, 60, 63, 66, 175, 366
Marselha (França), 28, 116
Marselhesa, A (hino da França), 180
Marte (divindade romana), 167, 330
Martini, Bruno, 342
Martino, Rinaldo, 31
Martins, José de Souza, 100, 411
Marx, Karl, 157, 160
Mata, Juan (jogador espanhol), 352
Matarazzo, Eduardo, 219
Matarazzo, família, 221
Mateos (jogador espanhol), 375
Materazzi (jogador italiano), 75
Mateus, Evangelho de, 374
Matheus, Vicente, 216, 233
Mato Grosso, 186
Matthews, Stanley (jogador inglês), 30
Matysiak, Jean-Claude, 365
Maurinho (jogador brasileiro), 270
Mauro (jogador português), 245, 256
Mauss, Marcel, 304, 329
May Day inglês, 196
Mazzola, Sandro (jogador italiano), 209

Mead, George, 303
Médici, Emílio Garrastazu, 151
Mediterrâneo, ilhas do, 427
Medusa (personagem mitológica), 284, 286
Mello, Fábio (jogador brasileiro), 324
Mémoires olympiques (Coubertin), 318
memória cultural, 424-8
Memórias póstumas de Brás Cubas (Machado de Assis), 413
Mendes, Adalberto, 219
Mendonça, Marcos de (jogador brasileiro), 399
Menezes, Mano, 111
Mengálvio (jogador brasileiro), 258
Mensalão, escândalo do (2006), 87, 96, 176, 230-1, 285-6
mentiras, crianças/sociedade humana e, 297
Mercosul, 59, 222
Messi (jogador argentino), 78, 191, 262, 272, 331
mestiçagem/mestiços, 38, 136, 201-2, 396-7; *ver também* miscigenação racial
metáfora, 105, 117, 240, 350, 407-10
metonímia, 407-9
Metz (França), 178, 322
Meu nome é Eusébio (autobiografia), 252
México, 17, 21, 43, 46-9, 51, 54, 59-60, 78, 84, 92, 107, 109, 121-2, 137n, 190, 316, 388
"Mi noche triste" (tango), 331
Michelangelo, 274
Michels, Rinus, 50, 55, 270-2, 274, 346, 426
Milagre de Berna, O (filme), 197
Milan (clube italiano), 67, 113, 115, 145, 151, 188, 190, 206, 208-10, 263, 272-4, 278, 282, 310-1, 313, 323, 335, 346, 354, 388, 423
Milão (Itália), 23-4, 154, 210-1, 249, 283, 310, 423
Milla, Roger (jogador camaronês), 62, 66
Millwall (clube inglês), 206
Milutinović, Bora, 17
Minas Gerais, 194, 221
Mineirazo de 2014, 83, 106, 108, 323
Ministério das Cidades (Brasil), 99

Ministério das Relações Exteriores (Brasil), 170
Ministério dos Negócios Estrangeiros (França), 168
Ministério Público (Brasil), 233
Miranda, Eurico, 222-3
miscigenação racial, 38, 357
"mitologia do futebol", 227, 323-4
mitologia grega, 284, 286, 330
Moçambique, 250
Modeo, Sandro, 270
Mogi Mirim (SP), 200
Mogi-Mirim (clube brasileiro), 427
Mona Lisa (pintura de Da Vinci), 422
Monaco (clube monegasco), 366
Monde, Le (jornal francês), 16
Monterrey (clube mexicano), 128
Montes (jogador mexicano), 122
Montevidéu, 21, 25, 189, 248, 250-1
Monti, Luis (jogador ítalo-argentino), 17, 23
Montolivo (jogador italiano), 122
Montreal Impact (clube canadense), 128
Morais (jogador português), 46, 252
Morales, Evo, 230
More, Thomas, 403
Moreira, Aymoré, 42
Moreno (jogador argentino), 31
Morris, Desmond, 157, 163, 205, 324
Moscou, 36, 152, 233
Motherwell (clube escocês), 267
Mourinho, José, 9, 113, 116-7, 153, 210, 262-3, 265, 267, 270, 314, 343, 421
Mozart, Wolfgang Amadeus, 354
MSI (Media Sports Investment), 228, 233
MTK Budapeste (clube húngaro), 268
muçulmanos, 75, 327
Mulamba, Ndaye, 66
mulheres, 105, 166, 172, 186
Müller (jogador brasileiro), 61
multiculturalismo, 162
Mundial de Clubes, 147, 152, 230, 282, 387, 427
Mundial de Clubes de 2000, 387
Mundial de Clubes de 2005, 315
Mundial de Clubes de 2007, 151
Mundial de Clubes de 2008, 152
Mundial de Clubes de 2009, 116
Mundial de Clubes de 2012, 129, 147, 314, 336
Mundial de Clubes de 2013, 279
Munique (Alemanha), 51, 97
Munique 1860 (clube alemão), 307, 322
Muñoz (jogador argentino), 31
Muñoz, Miguel (jogador e treinador espanhol), 247, 251
Murdoch, Rupert, 152
Muro de Berlim, queda do (1989), 64, 66
Museu do Futebol (São Paulo), 429
música, 9, 161, 163-4, 183, 237, 312, 331, 338, 347, 355, 396, 408, 419-20
Mussolini, Benito, 23, 25, 28, 30, 151
Mutu, Adrian (jogador romeno), 363

nação, identidade e, 143
Nacional (clube uruguaio), 206, 388, 426
nacionalismo, 71, 119, 122, 141-3, 148-54, 243; *ver também* patriotismo
Namíbia, 60
Napoleão Bonaparte, 111, 175
Nápoles (Itália), 23, 143
Napoli (clube italiano), 143, 154, 211
natação, 300, 315
Natal (RN), 94, 97, 109
Nationalfeiertag alemão, 196
Nationalmannschaft *ver* seleção alemã
Náutico (clube brasileiro), 128, 355, 429
nazismo/nazistas, 16, 27-8, 30, 68, 74, 146, 151, 170, 371, 387
Negro no futebol brasileiro, O (Mário Filho), 357
Nejedlý (jogador tcheco), 43
Nena (jogador brasileiro), 154
neocolonialismo, 159
Nepal, 290
Nêumanne Pinto, José, 99
Neves, Tancredo, 59, 60, 242
Neville, Gary (jogador inglês), 296

Newell's Old Boys (clube argentino), 206
Neymar (jogador brasileiro), 34, 109, 122, 154, 247n, 296, 355
Nice (clube francês), 322, 388
Nietzsche, Friedrich, 161
Nigéria, 17, 66, 72, 121, 137n, 172, 322
Niginho (jogador brasileiro), 220
nível técnico do futebol brasileiro, 131-2, 154, 385, 397
Nixon, Richard, 50
Nobel, prêmio, 137n, 158, 160, 168
Noite, A (jornal brasileiro), 246
Nora, Pierre, 373
Noronha (jogador brasileiro), 154
Noronha, Rosemary, 231
Noruega, 28, 137n
Nottingham Forest (clube inglês), 312, 322
Nova Guiné, 302
Nova York, 196, 254, 299-300, 418
Nova Zelândia, 56, 176
novelas televisivas, 129
Nureyev, Rudolf, 338

Oceania, 48, 241
Ocidente, 44, 141, 159, 167, 241, 271, 349, 371
"Ode à alegria" (Beethoven), 59
Odebrecht, Organização, 99-100
OEA (Organização dos Estados Americanos), 41
OEI (Organização dos Estados Ibero-Americanos), 192
Offside (revista sueca), 131
oftalmopediatria, experimentos de, 185
Olavo (jogador brasileiro), 258
Olimpíada do Xadrez, 342
Olimpíadas *ver* Jogos Olímpicos
Olivieri, Aldo (jogador italiano), 322
Olympiacos (clube grego), 144, 206
Olympique de Marseille (clube francês), 206, 295, 311, 323, 366
Olympique Lyonnais *ver* Lyon (clube francês)
Once Caldas (clube colombiano), 313
ONU (Organização das Nações Unidas), 192, 378

Operação Mãos Limpas (Itália — 1992), 67
Oriente, 26, 241, 277
Oriente Médio, 134, 167
Origem das espécies, A (Darwin), 172
Oruro (Bolívia), 229-30
Oscar (jogador brasileiro), 58
Osservatore Romano, L' (jornal do Vaticano), 326

pacifismo, 168, 287
Paços de Ferreira (Portugal), 150
paideuma, conceito de, 301
paidia, distinção entre *ludus* e, 302, 304
Paillet, Christophe, 267, 352, 354
País Basco, 208
País de Gales, 40, 363
País, El (jornal espanhol), 55, 78, 105, 141, 263, 288, 334, 422
Palácio do Planalto, 242
Palestra Itália (clube brasileiro), 24, 184, 189, 208, 216, 218-21, 227
Palmeiras (clube brasileiro), 84, 101, 112, 129, 144, 171, 184, 206-7, 214-20, 222-5, 227, 232-3, 238, 263-4, 277, 313, 322, 327, 361, 379, 383, 385-7, 389-90, 429
Palumbo, Gino, 249
Panamá, 193
Panathinaikos (clube grego), 144, 206
panem et circenses (política populista romana), 96
Papin, Jean-Pierre (jogador francês), 311
Paquistão, 137n
Pará, 194
Paraguai, 21, 381
Paraná, 194
Parc des Princes (Paris), 376
Parc Olympique Lyonnais (Lyon, França), 103
Paris (França), 20, 166, 196, 246, 251, 254, 322, 375-6, 418
Paris Saint-Germain (clube francês), 132, 206, 212, 323
Parma (clube italiano), 272
Parmalat, 217-8, 224, 225n, 233

Parque Antártica (São Paulo), 98
Parque Iraola (cemitério argentino), 326
Parreira, Carlos Alberto, 17, 39, 62, 174, 176-7, 304, 352
Partido dos Trabalhadores *ver* PT
Partizan (clube sérvio), 206
Pasolini, Pier Paolo, 49, 351-2, 354, 403
Passarella (jogador argentino), 208
Pato, Alexandre (jogador brasileiro), 188, 190
Patos de Minas (MG), 200
patriotismo, 109, 119, 155, 184, 208; *ver também* nacionalismo
Patusca, Araken (jogador brasileiro), 22
Paulista (clube brasileiro), 382
Paulistano (clube), 158, 184, 238
Paulo César Caju (jogador brasileiro), 363
Paulo VI, papa, 53, 326
Paulo, apóstolo, 184, 364
Pavilhão Nove (torcida organizada corintiana), 229
paz *ver* pacifismo
Pedernera (jogador argentino), 31
Pedro Pauleta (jogador português), 323
Pefferkorn, Maurice, 25, 389
Pelé (jogador brasileiro), 31, 39, 42-3, 45, 49, 51, 109, 121-2, 125, 162, 171-2, 238, 247n, 248-55, 257-9, 282, 295, 304, 313, 323-5, 340, 351, 355, 374-7, 379, 407, 422
Pelé: a autobiografia (redação de Bellos & Duarte), 247n
Pellicciari, Romeu (jogador brasileiro), 220
"Pelo telefone" (samba), 331
pênaltis, 27, 42, 57, 61, 63, 66-7, 107, 115, 172, 212, 234, 297, 309, 311, 316, 337, 340, 345, 403, 407
Peñarol (clube uruguaio), 189, 206, 246, 248, 251, 376, 391, 426
Pepe (jogador brasileiro), 251, 259, 375, 377
Pepe (jogador português), 19, 190
Perdigão, Paulo, 413
Pereira, Alberto da Costa, 241, 248, 255-9
Peres, José Carlos, 379, 384
Peres, Marinho (jogador brasileiro), 423, 425

Pérez, Florentino, 210
periódicos esportivos, tiragens de, 130-1
Pernambuco, 193
Perón, Juan Domingo, 151
Peru, 17, 21, 48, 54-5, 57, 135, 137, 200, 237, 326, 391
Petraglia, Mário Celso, 234
Petrobras, 90, 93
Petrolão, escândalo do (2014), 231
Piacenza (clube italiano), 322
Piaget, Jean, 303
Piauí (revista), 100
Piazza (jogador brasileiro), 51, 225
Picasso, Pablo, 338, 356
Pinhão, Carlos, 257
Pinheiro, Daniela, 100
Pinker, Steven, 364
Pinochet, Augusto, 151
Pinto, Jair Rosa (jogador brasileiro), 374
Piqué (jogador espanhol), 261
Pires (jogador francês), 69
Pisa (Programme for International Student Assessment), 121
Placar (revista), 130-1, 147, 219, 224, 229, 233, 239, 261, 294, 380
Plano Cruzado (1986), 61
Plano de Metas (anos 1950), 38, 197
Plano Paulo Machado de Carvalho, 197
Plano Real (1994), 67
Platão, 185, 405, 406
Platini, Michel (jogador francês), 175, 179, 309
play, distinção entre *game* e, 300, 303
Pluri Consultoria, 129, 224
Polícia Federal, 234
política, futebol e, 16, 26-8, 35, 41, 60, 74-5, 85, 88-90, 92-3, 95, 100, 122, 135, 149-50, 157, 167, 169, 176-7, 179, 191, 197, 205, 208, 211, 226, 230, 234, 241-2, 245-6, 285-6, 290, 342, 351, 356, 373, 381, 383, 404
Polônia, 52, 58, 71
Ponte Preta (clube brasileiro), 206, 208, 429
populismo, 18, 87, 198, 417

Pornschlegel, Clemens, 151
Portão de Brandemburgo (Berlim), 196
Porto (clube português), 149, 190, 206, 244, 263, 322
Porto Alegre (RS), 32, 103, 147, 188, 242, 316, 429
Portugal, 19, 29-30, 44-5, 50, 59, 127, 131, 133-4, 137n, 144-5, 149-50, 169, 177, 190, 240-1, 244-5, 247, 251, 256, 262, 270, 374, 383, 388-9
Portuguesa (clube brasileiro), 216, 257, 323, 327
portugueses, 69, 134, 221, 227, 243, 248, 256-7, 259, 262, 264, 311
pós-cultura, era da, 161, 163-4
Pouillon, Jean, 421
Poy (jogador argentino), 270, 279
Pozzo, Vittorio, 23, 30, 315
Prado Jr., Caio, 404, 418
Prado, Paulo, 418
Praga (Tchecoslováquia), 269
Pré-História, 158, 185, 322, 338, 353
Premier League (Inglaterra), 117, 131-2, 134, 263
Preud'homme (jogador belga), 345
Primeira Guerra Mundial, 23, 26, 68, 167, 169-70, 378
Primeiro Mundo, 100, 121
proselitismo cristão, 159
protestantes (no futebol escocês), 169, 211, 424, 426
Proust, Marcel, 373
Provence, La (jornal francês), 210
PSD (Partido Social Democrático), 99
psicologia, treinamento futebolístico e, 260-6
PSV Eindhoven (clube holandês), 157, 209, 283, 311
PT (Partido dos Trabalhadores), 85, 88, 93, 95, 98-100, 228, 230
Puskás (jogador húngaro), 17, 37, 43, 264, 269-71, 375
Pyta, Wolfram, 146

Queda da Bastilha francesa, 196
Quintiliano, Marco Fábio, 401
Quirino (divindade romana), 167

Racing (clube argentino), 151, 206, 311
Racing de Paris (clube francês), 322
racismo, 28, 62, 75, 136, 200-2, 208, 210
Radcliffe-Brown, Alfred Reginald, 319
rádio, transmissão do futebol pelo, 27, 131, 163, 243, 362, 406
Raí (jogador brasileiro), 202
Raízes do Brasil (Buarque de Holanda), 418
Ramalho, Muricy (jogador e treinador brasileiro), 115, 276-80, 308, 355
Ramos, Graciliano, 136
Ramsey, Alf (jogador e treinador inglês), 46
Rangers (clube escocês), 114, 169, 206-7, 211, 322, 424, 426
Ranieri, Claudio (jogador e treinador italiano), 112, 117, 265, 277
Rappan, Karl, 27, 335
Raul (jogador brasileiro), 309
Read, Herbert, 358
Real Madrid (clube espanhol), 117, 129, 134, 148-9, 151, 153, 190, 206, 208, 210-1, 218, 226, 246-8, 256, 261, 263-5, 281, 308-9, 313-4, 319, 324, 337, 351, 354, 374-7, 391
Real Sociedad (clube basco), 149, 154, 206, 208, 425
Realidade (revista), 45
Recife (PE), 32, 206, 322
Recopa Europeia, 144, 307, 313
Recopa Sul-Americana de 2012, 279
Rede Globo, 102, 129, 186, 228, 234, 289
Rede Record, 233, 289
Redfield, Robert, 143
regras do futebol, estabelecimento das (Londres — 1863), 44, 159, 167, 293, 301, 350
Reinaldo (jogador brasileiro), 363
Reino Unido, 131, 137n, 211
religião, 97, 141, 146, 157, 161, 166-7, 318-20, 323-7, 408, 419, 426
Renato Gaúcho (jogador brasileiro), 60

Renganeschi, Armando, 171
Rennes (França), 169
Renouvier, Charles, 29, 402
Rensenbrink (jogador holandês), 54-5, 309
República Democrática do Congo, 66
República Velha (1889-1930), 356
Retrato do Brasil (Prado), 418
Reus, Marco (jogador alemão), 122
Revolução Constitucionalista (São Paulo — 1932), 158
Revolução Francesa (1789), 195
Revolução Industrial, 159, 362
Ribeiro, João Ubaldo, 175
Ribéry (jogador francês), 122
Ricardinho (jogador brasileiro), 261, 322
Ricoeur, Paul, 386
Riera, Fernando (jogador e treinador chileno), 245
Rigi, monte (Suíça), 159
Rijkaard, Frank (jogador holandês), 210, 272-4, 343-4, 423, 426
Rimet, Jules, 20, 22, 26, 28-9, 33, 50, 168, 287, 389-90; *ver também* taça Jules Rimet
Rio de Janeiro, 22, 32, 56, 90, 96, 105, 153, 158, 193, 197, 219-21, 246, 249, 254n, 255, 258, 389-90
Rio de Janeiro, estado do, 193-4
Rio Grande do Sul, 194, 312
Riolo, Daniel, 267, 352, 354
Rivaldo (jogador brasileiro), 85
rivalidades clânicas do futebol, 205-13
Rivellino (jogador brasileiro), 37, 49, 51, 60, 238, 323
River Plate (clube argentino), 31, 169, 206-8, 424
Rivera, Gianni (jogador italiano), 209, 249
Roberto Carlos (jogador brasileiro), 85, 177, 308-9
Roberto Dinamite (jogador brasileiro), 223
Robinho (jogador brasileiro), 331, 355, 407, 409
Robson, Bobby (jogador inglês), 210
Rocha, Francisco Brochado da, 42, 242

rock 'n' roll, 44, 158
Rodrigues, Nelson, 125, 198, 307, 312, 398, 419
Roger (jogador brasileiro), 345
Roma, 23-5, 211, 269
Roma (clube italiano), 117, 151, 169, 206, 210, 278, 322, 363
Roma antiga, 96, 158, 167, 186, 237, 330, 372, 382, 384
Romário (jogador brasileiro), 64, 95, 106, 264, 272, 282-3, 288
Romênia, 21, 48, 62, 137n, 151
Ronaldinho Gaúcho (jogador brasileiro), 85, 176-7, 308, 323, 335, 423
Ronaldo Fenômeno (jogador brasileiro), 34, 68-9, 73, 75, 85, 177, 238, 281-3, 323
Rooney, Wayne (jogador inglês), 152, 277
Roraima, 67
Rosa, Noel, 396
Rosario Central (clube argentino), 206
Rossi (jogador italiano), 295
Rossi, Giuseppe, 122, 189
Rossi, Paolo (jogador italiano), 57-8
Rousseff, Dilma, 90, 94, 99, 105, 107, 228
Roustan, Désiré, 160
Ruanda, 66
rúgbi, 65, 293, 300, 315, 318, 395, 412
Rugby School (Inglaterra), 299
Rússia, 95, 121-2, 131, 137n, 176, 285, 421
Ryswick, Jacques de, 33

SA (Sturmabteilung, "tropa de assalto"), 151
Sacchi, Arrigo, 272-4, 278, 335, 352, 354, 372
sacrifícios de animais, religião e, 322
Saint-Étienne (clube francês), 310, 312
Salazar, António de Oliveira, 241, 243-4
salazarismo, 30, 50, 243
Saldanha, João, 356, 407
Salernitana (clube italiano), 337
sálios (dançarinos romanos), 330
salto com vara, 300
Salve Jorge (telenovela), 129
samba, 100, 331, 404

Sampaio, Luiz Sérgio Coelho de, 395
Sampdoria (clube italiano), 206
San José (clube boliviano), 229
San Lorenzo de Almagro (clube argentino), 153
San Sebastián (Espanha), 208, 425
Sanchez, Andrés, 98-9, 101-2, 216, 229, 231, 233, 235-6, 238-9, 285
Sánchez, Hugo (jogador mexicano), 319
Sani, Dino (jogador brasileiro), 270
Santa Cruz (clube brasileiro), 128, 144, 206
Santana (jogador português), 248, 255, 258-9
Santana, Joel, 112
Santana, Jorge, 218
Santana, Telê (jogador e treinador brasileiro), 56, 59-60, 115, 238, 277, 304, 355, 427
Santiago (Chile), 42, 391
Santo André (clube brasileiro), 313, 382, 383
Santos (clube brasileiro), 22, 144, 154, 172, 200, 206, 217-8, 228, 234, 238, 241, 245-54, 256-9, 261, 276, 279, 312-3, 322-3, 351, 355, 361, 373-7, 379, 383, 386, 394, 407, 409, 413, 422
Santos (SP), 379
Santos Vivo (ONG), 379
Santos, André (jogador brasileiro), 228
Santos, Giovani dos, 191
Santos, João Malaia, 216, 222
Santos, Nilton (jogador brasileiro), 39-40
São Caetano (clube brasileiro), 427
São Paulo (clube brasileiro), 39, 100-2, 128, 132, 144, 153, 158, 171, 184, 186-7, 190, 206, 208, 212, 217-20, 224, 232-4, 238, 256, 261, 270, 277-80, 309, 312-3, 315-6, 322-4, 345, 355, 381, 386, 427
São Paulo (SP), 22, 32, 90, 98, 101, 197, 219-21, 227-8, 238, 429
São Paulo, estado de, 98-9, 158, 194, 277
São Vicente (SP), 403, 409
Sarkozy, Nicolas, 179
Sarney, José, 59-60
Savoia, Eduardo, 233
Scarpa, Chiquinho, 215

Scarpa, família, 215
Scarpa, Nicolau, 215
Schalke 04 (clube alemão), 145, 151, 206, 326
Schiaffino (jogador uruguaio), 31
Schmid, Karl, 425
Scholes (jogador inglês), 277
Schulze-Marmeling, Dietrich, 146
Schuster, Bernd (jogador alemão), 211
Scoglio, Franco, 265
Scolari, Luiz Felipe, 18-9, 39, 84, 108, 111-2, 116-7, 134, 177, 219, 263
Seattle Sounders (clube norte-americano), 128
Sebes, Gusztáv, 36, 268-9, 271, 274
Segunda Guerra Mundial, 15, 29, 36, 44, 68, 135, 168, 170, 197, 219, 378
seleção alemã, 16, 18, 27, 36, 51, 74, 426
seleção angolana, 322
seleção argelina, 322
seleção argentina, 31, 46, 143, 208
seleção austríaca, 27
seleção belga, 146, 167
seleção brasileira, 18-9, 27, 34, 39, 45, 48, 52, 54, 56, 58-9, 75, 79, 84-5, 88, 102, 105, 107, 117, 122, 175-6, 188, 198, 252-4, 261, 264, 270, 281, 310, 322, 351-2, 410, 412-3, 422, 427
seleção espanhola, 149, 324, 334, 337, 353, 355
seleção francesa, 18, 78, 167, 175, 178-80, 261, 265, 308, 311, 322, 342, 366
seleção holandesa, 50, 209, 272
seleção húngara, 36, 198, 268-70, 351
seleção inglesa, 18, 152, 208, 256, 296, 322
seleção italiana, 18, 23, 30, 32, 48, 189, 209, 249, 262, 315
seleção iugoslava, 323
seleção marfinense, 322
seleção mexicana, 319
seleção nigeriana, 322
seleção portuguesa, 19, 323
seleção suíça, 27
seleção sul-africana, 112
seleção uruguaia, 426

selk'nam (indígenas), 186
Senado brasileiro, 245
Senado italiano, 75
Senegal, 72
Série A brasileira, 87, 222, 361
Série A italiana, 132, 151
Série B brasileira, 144, 190, 222-4, 234
Série C brasileira, 144, 224
Serrado, Ricardo, 244
Sese Seko, Mobuto, 66
Sevilla (clube espanhol), 206
Shakespeare, William, 237, 419
Shakhtar Donetsk (clube ucraniano), 324
Shankly, Bill, 115, 296
Shenk, David, 347
Shilton, Peter, 322
show businnes, 159
Signal Iduna Park (Dortmund), 101
Silva, Márcio Chagas da, 200
Silva, Mauro (jogador brasileiro), 337
Silva, Thiago (jogador brasileiro), 109
Simões (jogador português), 258
Simone, Marco (jogador italiano), 113
Sindicato de Jogadores (Europa), 263
"síndrome de abstinência" do futebol, 363
Síria medieval, 327
sistema educacional inglês (séc. XIX), 299
Skoblar, Josip (jogador e treinador iugoslavo), 323
Skol (cerveja), 215
Smith, David, 297
Smith, William Robertson, 319
Sneijder, Wesley (jogador holandês), 262
So Foot (revista francesa), 106, 130-1, 165, 295, 298, 337, 421
Sochaux (clube francês), 157, 322
socialistas, 16, 157, 169, 357; *ver também* comunistas
Sociedade Germânia (Rio de Janeiro), 219
Sócrates (jogador brasileiro), 57, 60-1, 233, 238, 356, 363
Sofsky, Wolfgang, 162
Soldado, Roberto (jogador espanhol), 324
Sorocaba (SP), 219
soule (jogo francês medieval), 145, 349
Spartak de Moscou (clube russo), 152
Speed, Gary, 363
Sport Club do Recife (clube), 206, 322
sport, significado medieval da palavra, 301
Sporting (clube português), 145, 149, 208, 248, 322, 374, 388-9, 391
Sporting Chance (organismo inglês), 263
Sporting Gazette (jornal inglês), 293
Sprachgemeinschaft ("comunidade linguística"), 150
Stálin, Ióssif, 372, 378
stalinismo, 371
Steaua de Bucareste (clube romeno), 151, 206
Stein, Jock (jogador e treinador escocês), 265
Steiner, George, 161
Štimac (jogador croata), 69
STJD (Superior Tribunal de Justiça Desportiva), 223, 234
Stochos Sports & Entertainment, 129
Stroessner, Alfredo, 288
Strootman (jogador holandês), 122
Suárez, Luis (jogador uruguaio), 119
Suaud, Charles, 10
Sudão, 193
Suécia, 21, 29-31, 39-40, 42, 49, 72, 131, 137, 144, 154, 190, 196-9, 242, 251, 268, 372
Suíça, 20, 27, 29, 35, 39, 78, 122, 131, 137n, 159, 197-8, 269, 288
suicídio de futebolistas, 363
Şükür (jogador turco), 54
Sun Tzu, 167
Sunday Mirror, The (jornal britânico), 46
Sunderland (clube inglês), 147
Supercopa da Espanha de 2011, 153
Supercopa da Europa de 1983, 265
Supercopa da Itália, 273
Supercopa da Libertadores de 1996, 391
Supercopas da Europa, 114, 151, 273, 277
Supercopas da Inglaterra, 116
Supercopas da Liga Italiana, 151
Superga, basílica de (Turim), 315

superstições de futebolistas, 324-5
Suriname, 193
Swansea (clube galês), 134

Taça Brasil, 380-5, 402
Taça Brasil de 1959, 313, 377, 383
Taça Brasil de 1960, 380
Taça Brasil de 1961, 247
Taça Brasil de 1968, 377
Taça de Prata, 377, 385
Taça Intercontinental de 1962, 240-1, 244-5, 250, 254n
taça Jules Rimet, 22, 42; ver também Rimet, Jules
Talleres (clube argentino), 157
tango, 21, 331
Targum (versão aramaica da Bíblia), 185
táticas de jogo, 334-9
Tchecoslováquia, 25, 27, 32, 43, 64, 170, 269
Teixeira, Marcelo, 379
Teixeira, Ricardo, 63, 87, 100-2, 284-7, 289-90, 379, 384-5
Tel Aviv (Israel), 193
Telemar, 231
televisionamento e direitos televisivos do futebol, 35, 46-7, 49, 57, 60, 75, 100, 102, 105, 107, 129, 131, 143, 151, 159, 163, 176, 178, 180-1, 183, 189, 232, 282, 287, 289, 294, 314, 362, 365, 418
tênis, jogo de, 300, 315, 354
Terceiro Mundo, 100, 121
Teresópolis (RJ), 56
Terra do Fogo (Argentina-Chile), 186
Terry, John (jogador inglês), 208-9
Tesauro, Emanuel, 408
Tesouro Nacional (Brasil), 94
Tevez (jogador argentino), 238-9
Thor (divindade germânica), 167
Thuram (jogador francês), 69
Tibete, 137n
Times, The (jornal britânico), 101, 170, 296, 389

Tinga (jogador brasileiro), 200
Tite, 114, 336
tlachtli (jogo dos astecas e maias), 168, 411
Togo, 76
Tolima (clube colombiano), 313
Tonhão (jogador brasileiro), 327
Toni, Luca (jogador italiano), 189
Toniolo, Alfredo, 250
torcidas organizadas, 149, 172, 220, 229, 231, 327
Torino (clube italiano), 31-2, 143-4, 206, 208, 268, 315
Torneio de Caracas, 391
Torneio do Povo de 1971, 238
Torneio Laudo Natel de 1973, 238
Torneio Rio-São Paulo, 427
Torneio Rio-São Paulo de 1966, 238
Torneio Rio-São Paulo de 2002, 345
Torneio Roberto Gomes Pedrosa, 377, 386
Torquemada, Ricard, 272
Tostão (jogador brasileiro), 49, 51, 106, 134, 225, 238, 323, 334-5, 352
totalitarismo, 162
Tottenham (clube inglês), 169, 206, 324
Toulouse (França), 21
"Touradas em Madri" (marchinha), 396
Transparência Internacional (ONG), 120
Trapattoni, Giovanni, 263
treinadores, 17-9, 36, 38-9, 45-7, 56, 64, 74-6, 78-9, 84-5, 108, 111-7, 125, 134, 143, 148, 153, 171, 174-5, 179-80, 189-90, 208-11, 255, 257, 260-8, 270, 272, 274, 277-9, 295-6, 300, 305, 307-8, 314, 316, 324-5, 331, 336, 340-4, 347, 353-4, 363, 421, 423, 426, 430
Tremembé II, penitenciária (SP), 228-9
Trente Glorieuses (França — 1945-75), 179
Trezeguet (jogador francês), 69, 73
tribo, conceito de, 205
Tribuna da Imprensa (jornal brasileiro), 257
Trieste (Itália), 23
Trinidad e Tobago, 137n

Troféu Ramón de Carranza, 238
Tudesq, André-Jean, 384
Tunísia, 54, 66, 76, 190
Turim (Itália), 23-4, 154, 189, 211, 315, 354
turismo sexual, 91
Turquia, 72-3, 421
tútsi, etnia, 66
Tylor, Edward, 420

Uberlândia (clube), 200
Ucrânia, 71, 189
ucronia, 29, 31, 402
Uefa, 247, 290, 296, 391
Ultraje a Rigor (grupo de rock), 138
União Soviética, 36, 40, 54, 61, 170, 372, 422
Universidad de Chile (clube), 206
Urawa Red Diamonds (clube japonês), 128
Uruguai, 15, 20-1, 24, 26, 29-31, 33, 37, 40, 48, 72, 84, 119, 122, 135, 154, 169, 269, 316, 372, 381, 388, 396, 426
Uzbequistão, 84, 111-2

Vaessen, Paul, 363
Valcareggi, Ferruccio, 209
Valcke, Jérôme, 101, 285, 287
Valdés (jogador espanhol), 122
Valencia (clube espanhol), 324
Valleur, Marc, 365
Van Basten (jogador holandês), 272-4, 354, 423
Van der Kuijlen, Willy (jogador holandês), 209
Van der Vaart (jogador holandês), 122
Van der Wiel (jogador holandês), 122
Van Gaal, Louis, 210, 426
Van Nistelrooy, Ruud, 278
Varela, Obdulio (jogador uruguaio), 33, 316, 426
Vargas Llosa, Mario, 141, 158, 164
Vargas, Getúlio, 23, 35, 158
Vasco da Gama (clube brasileiro), 128, 154, 189, 193, 206, 215-6, 219-20, 222-5, 227, 231, 238, 246, 264, 374, 390-1

Vasović, Velibor (jogador sérvio), 346
Vázquez Montalbán, Manuel, 212
Vélez Sarsfield (clube argentino), 114, 313
Veneno remédio: o futebol e o Brasil (Wisnik), 393, 395, 397, 399-403, 405-7, 409-10, 412-3
Venezuela, 137n
Verdú, Vicente, 395, 407-8, 410
Vergne, Robert, 375
vermelho-branco-preto, sistema cromático, 185-6
Verona (clube italiano), 278, 322
VGA Saint-Maur (clube francês feminino), 166
viciados em futebol, 360-7
Vickery, Tim, 125
Vida Esportiva (revista brasileira), 390
Videla, general, 53
Vieira (jogador francês), 69
Vieira, Jorvan, 190
Viena (Áustria), 263, 388, 391
Vietnã, 193
Vigário Geral, chacina de (1993), 67
Vila Belmiro (Santos), 154, 247, 251, 254
Villarreal (clube espanhol), 324
Violanti, Emilio, 249
violência no futebol, 24, 37, 46, 69, 119, 166, 172, 212, 229-30, 326, 364, 402, 405, 409, 416
violência social, 34, 67, 78, 89, 106, 109, 121, 167, 188, 191-3, 235, 363, 410-1
Virgem de Montserrat (padroeira da Catalunha), 148
Vitória (clube brasileiro), 217
Vitória de Setúbal (clube português), 262
Vogts, Berti (jogador alemão), 53
Völler, Rudi (jogador alemão), 322
Voltaire, François Marie Arouet, *dito*, 187, 316, 399
Voz do Brasil, A (noticiário de rádio), 243
vuvuzelas (cornetões de torcida), 78-9

Wahl, Alfred, 226
Walcott (jogador inglês), 122

Walter, Fritz (jogador alemão), 146
Washington (jogador brasileiro), 278
Washington Luís, 158
Watergate, escândalo de (EUA — 1972), 50
Weber, Max, 159
Wembley (Inglaterra), 269, 311
Wenger, Arsène, 113, 116, 180, 189, 217
Werder Bremen (clube alemão), 206
West Ham United (clube inglês), 145, 157, 206
When Saturday Comes? (revista inglesa), 320
Wilde, Oscar, 298, 356
Willems (jogador holandês), 122
Wilstermann (clube boliviano), 151
Wimbledon (clube inglês), 313
Winnicott, Donald, 303-4
Winterbottom, Walter, 256
Wisnik, José Miguel, 393-413
WM (sistema tático), 24, 27, 36, 257, 268-9, 271, 335
Wolf, Ror, 138
Wolverhampton (clube inglês), 152, 322
Woodstock, Festival de (1969), 44
World Soccer (revista inglesa), 206, 238
Wortmann, Sönke, 197
Wunderteam *ver* seleção austríaca

Xabi Alonso (jogador espanhol), 337
xadrez, jogo de, 341-50

Xavi (jogador espanhol), 148, 272
xenofobia, 78, 201

Yale (clube brasileiro), 221
Yale, Universidade, 121
Yashin (jogador soviético), 43, 323
Yorke, Dwight, 278

Zagallo (jogador e técnico brasileiro), 39, 51, 270, 336
Zaire, 51-2, 66, 76
Zamalek (clube egípcio), 206
Zander, Gustav, 299
Zanin, Luiz, 154
Zeman, Zdeněk, 337
Zenit (clube russo), 324
Zeus (divindade grega), 330
Zezé Procópio, 35
Zico (jogador brasileiro), 37, 60-1, 238, 262, 309, 323, 355
Zidane (jogador e treinador francês), 69, 75, 175, 179, 308
Zito (jogador brasileiro), 258
Zizinho (jogador brasileiro), 30, 183, 270
zodíaco, 318
Zoff, Dino (jogador italiano), 58
zona do euro, 93
Zweig, Stefan, 343

ESTA OBRA FOI COMPOSTA EM MINION PELO ACQUA ESTÚDIO E IMPRESSA
PELA PROL EDITORA GRÁFICA EM OFSETE SOBRE PAPEL PÓLEN SOFT DA SUZANO PAPEL
E CELULOSE PARA A EDITORA SCHWARCZ EM AGOSTO DE 2017

A marca FSC® é a garantia de que a madeira utilizada na fabricação do papel deste livro provém de florestas que foram gerenciadas de maneira ambientalmente correta, socialmente justa e economicamente viável, além de outras fontes de origem controlada.